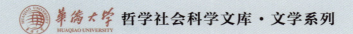

华侨大学哲学社会科学文库·文学系列

文库主编：贾益民

安仁方言语法研究

A STUDY ON ANREN DIALECT'S GRAMMAR

周洪学　著

社会科学文献出版社
SOCIAL SCIENCES ACADEMIC PRESS (CHINA)

本书得到华侨大学哲学社会科学学术著作专项资助计划和福建省社会科学规划项目青年项目"安仁方言语法研究"（项目编号：2013C084）资助

发展哲学社会科学　推动文化传承创新

——《华侨大学哲学社会科学文库》总序

　　哲学社会科学是研究人的活动和社会历史发展规律、构建人类价值世界和意义世界的科学，是人类文化的核心组成部分，其积极成果有助于提升人的素质、实现人的价值。中国是世界文明古国，拥有丰富的文化历史资源，中华文化的发展是世界文化发展进程中不可或缺的重要一环。因此，努力打造具有中国特色的哲学社会科学，全面继承和发展中华文化，对于推进中华文明乃至世界文明进程具有深远的意义。

　　当代中国，全面深化改革已经进入关键时期，中国特色社会主义建设迫切需要对社会历史发展规律的科学认识，需要哲学社会科学发挥其认识世界、传承文明、创新理论、资政育人和服务社会的作用。因此，深化文化体制改革、繁荣哲学社会科学，不仅是建设社会主义文化强国、丰富人民精神世界的需要，也是实现中华民族伟大复兴的中国梦的必由之路。中共中央高度重视哲学社会科学在实现中华民族伟大复兴的历史进程中的重要作用，先后出台《中共中央关于进一步繁荣发展哲学社会科学的意见》《中共中央关于深化文化体制改革　推动社会主义文化大发展大繁荣若干重大问题的决定》《中共中央办公厅　国务院办公厅转发〈教育部关于深入推进高等学校哲学社会科学繁荣发展的意见〉的通知》《高等学校哲学社会科学繁荣计划（2011—2020 年)》等一系列重要文件，全面部署繁荣哲学社会科学、提升中华文化软实力的各项工作，全面深化教育体制改革，为我国哲学社会科学事业的繁荣和发展创造了前所未有的历史机遇。

　　高等学校是哲学社会科学研究的重要阵地，高校教师和科研人员是哲学社会科学研究的主要承担者。因此，高校有责任担负起繁荣哲学社会科学的使命，激发广大教师和科研人员的科研积极性、主动性和创造性，为哲学社会科学发展提供良好的制度和环境，致力于打造符合国家发展战略和经济社会发展需要的精品力作。

华侨大学是我国著名的华侨高等学府，也是中国面向海外开展华文教育的重要基地，办学 55 年以来，始终坚持"面向海外、面向港澳台"的办学方针，秉承"为侨服务，传播中华文化"的办学宗旨，贯彻"会通中外，并育德才"的办学理念，坚定不移地走内涵发展之路、特色兴校之路、人才强校之路，全面提升人才培养质量和整体办学水平，致力于建设基础雄厚、特色鲜明、海内外著名的高水平大学。

在这个充满机遇与挑战的历史时期，华侨大学敏锐洞察和把握发展机遇，贯彻落实党的十七大、十七届六中全会、十八大、十八届三中全会、十八届四中全会精神，发挥自身比较优势，大力繁荣哲学社会科学。

一方面，华侨大学扎根侨校土壤，牢记侨校使命，坚持特色发展、内涵发展，其哲学社会科学的发展彰显独特个性。"为侨服务，传播中华文化"是华侨大学的办学宗旨与神圣使命，其办学活动及其成果直接服务于国家侨务工作与地方经济社会发展。为此，华侨大学积极承担涉侨研究，整合、利用优势资源，努力打造具有侨校特色的新型智库，在海外华文教育、侨务理论、侨务政策、海上丝绸之路研究、海外华人社团、侨务公共外交、华商研究、海外宗教文化研究等诸多领域形成具有特色的研究方向，推出了以《华侨华人蓝皮书：华侨华人研究报告》《世界华文教育年鉴》等为代表的一系列标志性成果。

另一方面，华侨大学紧紧抓住国家繁荣哲学社会科学的时代机遇，积极响应教育部繁荣哲学社会科学的任务部署，颁布实施《华侨大学哲学社会科学繁荣计划（2012—2020）》，为今后学校哲学社会科学的发展提供发展纲领与制度保证。该计划明确了学校哲学社会科学发展的战略目标，即紧抓国家繁荣发展哲学社会科学的战略机遇，遵循哲学社会科学的发展规律，发挥综合大学和侨校优势，通过若干年努力，使华侨大学哲学社会科学学科方向更加凝练，优势更加突出，特色更加鲜明，平台更加坚实；形成结构合理、素质优良、具有国家竞争力的高水平学术队伍；研究创新能力显著增强，服务国家侨务工作的能力明显提升，服务经济社会发展的水平不断提高，适应文化建设新要求、推进文化传承创新的作用更加凸显；对外学术交流与合作的领域不断拓展，国际文化对话与传播能力进一步增强。到 2020 年，力争使华侨大学成为国内外著名的文化传承与知识创新高地，国家侨务工作的核心智库，提供社会服务、解决重大理论和现实问题的重要阵地。

为切实有效落实《华侨大学哲学社会科学繁荣计划（2012—2020）》，学校先后启动了"华侨大学哲学社会科学青年学者成长工程""华侨大学哲学社会科学学术论文专项资助计划""华侨大学哲学社会科学学术著作专项资助计划""华侨大学哲学社会科学百名优秀学者培育计划""华侨大学人文社会科学研究基地培育与发展计划"五大计划，并制定了相应的文件保证计划的有效实施，切实推进学校哲学社会科学的繁荣发展。

"华侨大学哲学社会科学学术著作专项资助计划"作为《华侨大学哲学社会科学繁荣计划（2012—2020）》的重要配套子计划，旨在产出一批在国内外有较大影响力的高水平原创性研究成果，打造学术精品力作。作为此资助计划的重要成果——《华侨大学哲学社会科学文库》将陆续推出一批具有相当学术参考价值的学术著作。这些著作凝聚着华大文科学者的心力、心气与智慧：他们以现实问题为导向，关注国家经济社会发展；他们以国际视野为基础，不断探索开拓学术研究领域；他们以学术精品为目标，积聚多年的研判与思考。

《华侨大学哲学社会科学文库》按学科门类划分系列，共分为哲学、经济学、法学、教育学、文学、历史学、管理学、艺术学八个系列，内容涵盖哲学、应用经济、法学、国际政治、华商研究、旅游管理、依法治国、中华文化研究、海外华文教育等基础理论与特色研究，其选题紧跟时代问题和人民需求，瞄准学术前沿，致力于解决国家面临的一系列新问题、新困境，其成果直接或间接服务于国家侨务事业和经济社会发展，服务于国家华文教育事业与中华文化软实力的提升。可以说，该文库的打造是华侨大学展示自身哲学社会科学研究力、创造力、价值引领力，服务中国特色社会主义建设事业的一次大胆尝试。

《华侨大学哲学社会科学繁荣计划（2012—2020）》已经实施近两年，经过全校上下的共同努力，华侨大学的文科整体实力正在逐步提升，一大批高水平研究成果相继问世，一批高级别科研项目和科研成果奖成功获评。作为华侨大学繁荣哲学社会科学的成果，《华侨大学哲学社会科学文库》集中反映了当前华侨大学哲学社会科学的研究水平，充分发挥了优秀学者的示范带动作用，大力展示了青年学者的学术爆发力和创造力，必将鼓励和带动更多的哲学社会科学工作者尤其是青年教师以闽南地区"爱拼才会赢"的精神与斗志，不断营造积极向上、勇攀高峰的学术氛围，努力打造更多造福于国家与人民的精品力作。

当然，由于华侨大学面临的历史和现实等主客观因素的限制以及华大哲学社会科学工作者研究视野与学术积累的局限性，《华侨大学哲学社会科学文库》在研究水平、研究方法等方面难免存在不足之处，我们在此真诚地恳请各位读者批评指正。

最后，让我们共同期待《华侨大学哲学社会科学文库》付梓，为即将迎来 55 岁华诞的华侨大学献礼！让我们一起祝福华侨大学哲学社会科学事业蒸蒸日上！让我们以更大的决心、更宽广的视野、更精心的设计、更有效的措施、更优质的服务，培育华大社科的繁花硕果，以点滴江河的态势，加速推进华侨大学建设成基础雄厚、特色鲜明、海内外著名的高水平大学，更好地服务海外华侨华人，支持国家侨务工作，配合国家发展战略！

华侨大学校长、教授、博士生导师　贾益民

2015 年 4 月 28 日于华园

内容摘要

安仁方言属于赣方言的一种次方言，主要通行于安仁县内。其流通范围不广，使用人口也不多。本书以安仁方言的语法为主要研究对象，在实地调查的基础上对其中较有特色的语法现象进行了初步的考察和研究。

本书是对安仁方言语法的择点研究，研究的重点在于语法事实的描写和挖掘，主要运用描写语言学的方法，研究安仁方言的一些比较有特色的语法现象，并在描写的同时，主要以普通话语法为参照并结合周边方言进行比较，以揭示该类语法现象的规律和特点。对于部分语法现象，本书还从类型学和语法化的角度进行了比较和分析。

全书内容共分七章。第一章"引言"，主要介绍了安仁的地理历史概况、安仁方言研究的现状，同时指出了本书的研究对象和方法以及语料来源和体例。第二章"语缀"，主要对安仁话中一些常见语缀的意义和用法逐个进行考察和研究，并按照语缀出现的位置和构成分成前缀、中缀、后缀、复合语缀四个部分。第三章"词类"，主要介绍了安仁方言中的代词、语气词和否定副词。其中代词又分为人称代词、指示代词和疑问代词三大类，并分析它们的用法特点。语气词又从单用和合用两个方面进行考察。第四章"安仁方言的时体范畴"，主要包括时体范畴和安仁方言的时体两大部分，其中时体范畴部分主要描写安仁方言的先行、起始、进行、持续、存续、完成、经历、短时、尝试、反复等时体意义的表达形式。第五章"安仁方言的程度表达"，主要从附加、重叠、前加状语、后加补语、固定格式等几个方面描写安仁方言的程度表达方式。第六章"安仁方言的若干句法现象考察"，主要考察了安仁方言的若干句法现象，其中包括"得"字句、"到"字句、双宾句、比较句和正反问句。第七章"结语"，概括总结了安仁方言的语法特点并提出关于方言研究的一些思考。

Abstract

Anren dialect belongs to a kind of Gan dialect, principally spoken in Anren, the distribution is not wide, and the use of population is not much. This book take Anren dialect grammar as the main object of study, preliminary make an primary investigation and study to the special grammar phenomenon on the basis of investigation.

This book is about the grammar of Anren dialect of selection point. the research focuses on the description and detection of the fact of the grammar, mainly using the methods of descriptive linguistics, studies some characteristic grammatical phenomenon of Anren dialect, and in the same time mainly compared with Mandarin or other dialects, in order to reveal the rules and characteristics of such grammatical phenomena.

The book is divided into seven chapters, the first chapter is introduction, mainly introduces the general situation of the geography and history of Anren, the present situation of the research of Anren dialect. at the same time explain the object and methods of this book, as well as the source of stuff and conventions. The second chapter is affix, mainly investing and studying the meaning and usage of the affix, and according to the position and constitute of affix, divided into prefix, midfix, suffix, and composite affix in four categories. The third chapter is the category of words, mainly introduces the pronouns, modal particles and negative adverb of Amen dialect. The pronoun is mainly divided into personal pronouns, demonstrative pronouns and interrogative pronouns in three categories, and analyse their usage. Modal particles mainly inspect from the single and combined two aspects. The fourth chapter is grammatical categories of the aspect, mainly include aspect itself and aspect of Anren dialect, the aspect include antecedence, initiation, conduct, continued, continues to exist, complete, experience, short, attempts, repeated, etc. The fifth chapter is the degree category of Anren dialect, mainly describe the expression way of degree from the additional, overlapping, before the adverbial, complement, and fixed format several aspects in Anren dialect . The sixth chapter mainly investing some syntactic phenomena of Anren dialect, including " de" sentence, " dao" sentence, double object sentences, comparative sentence and the positive and negative questions. The seventh chapter is conclusion, summarized the grammatical characteristics of Amen dialect and put forward some thoughts about the study of dialect.

目　　录

Contents

第一章 引言

第一节 安仁

一 安仁地理概况

安仁县地处东经 113°05′~113°36′，北纬 26°17′~26°50′，位于湖南省东南部，郴州市北部。安仁县东邻茶陵、炎陵，南接资兴、永兴，西连耒阳、衡南，北界衡东、攸县，素有"八县通衢"之称。县城距茶陵 62 公里，距炎陵 97 公里，距资兴 127 公里，距永兴 77 公里，距耒阳 71 公里，距衡南 28 公里，距衡东 95 公里，距攸县 41 公里，距衡阳 102 公里，距郴州 132 公里，距长沙 223 公里。县境南北最大直线距离为 44 公里，东西最大直线距离为 41 公里，全县总面积为 1462.05 平方公里，占全省总面积的 7‰。

全县整体地势自东南向西北倾斜，属半山半丘陵区，万洋山脉蜿蜒于东南部，五峰仙屹立于西部边境，武功山脉的茶安岭从东北斜贯县境中部，醴攸盆地从北向南、茶永盆地从东向西南横跨其间，形成"三山夹两盆"的地貌格局。永乐江顺地势由东南向西北流贯全境。境内气候炎热湿润，雨量充沛，江河宽阔纵横，山林郁密，土地肥沃，十分适合发展农业，是一个农业大县。

二 安仁历史沿革

安仁在唐代以前名不见经传，不为世人所知，官方在此地也没有设立独立的行政管理机构。据史料记载，安仁在商周时为古荆州地，春秋战国时属楚黔中地，秦时属长沙郡湘南县地。西汉时属长沙王国，东汉时属长沙郡湘南、酃二县地。三国时属吴之衡阳、湘东二郡之衡山、酃二县地。

晋及南北朝时属衡阳、湘东二郡之衡山、临蒸（鄮县并入）二县地。隋时属长沙、衡山二郡之衡山、衡阳二县。

唐武德五年（622 年），设置安仁镇，属潭州长沙郡衡阳县，这是"安仁"这一称呼的最早由来。贞观元年（627 年），划属江南道衡州衡阳郡。开元二十一年（733 年），改属江南西道衡州衡阳郡。五代后唐清泰二年（935 年），改安仁镇为安仁场，割衡山之宜阳、熊耳二乡为其辖地，隶属衡州衡阳郡。

宋乾德三年（965 年），安仁场升为安仁县，属荆湖南路衡州衡阳郡。宋咸平五年（1002 年），县令高岳奏准将衡阳之浦阳里、衡山之兴德乡划归安仁管辖，并徙县治永安铺香草坪（今永乐江镇地）。元至元十四年（1277 年）属湖广行中书省衡州路，明洪武九年（1376 年），属湖广省衡州府。清初先属湖广省后属湖南省衡永郴桂道衡州府。民国 3 年（1914 年），湖南分为四道，安仁属衡阳道。民国 11 年（1922 年）直隶湖南省。民国 26 年（1937 年），划属湖南省第五行政督察区。民国 29 年，改属湖南省第二行政督察区。中华人民共和国成立后，初属湖南省衡阳专区，1952 年 11 月划属湘南行政区，1954 年 7 月改属郴州专区（1960 年更名为郴州地区）。1983 年 2 月经国务院批准划属株洲市，同年 7 月经国务院批准由株洲市划归郴州地区。从"安仁镇"到"安仁场"，再到"安仁县"，"安仁"这一名称沿用到今，中间从未变易更改过，至今已有将近 1500 年的历史。

第二节　安仁方言

一　安仁境内方言的差异

安仁县现共设 5 个镇、12 个乡：永乐江镇、安平镇、龙海镇、关王镇、灵官镇、龙市乡、渡口乡、华王乡、牌楼乡、平背乡、坪上乡、承坪乡、竹山乡、豪山乡、羊脑乡、新洲乡、洋际乡①。县政府所在地为永乐

---

① 2012 年以前为 6 个镇、15 个乡。2012 年将原清溪镇、禾市乡、排山乡、军山乡、城关镇成建制合并，设立了永乐江镇。下文中，为了行文方便及研究所需，仍按 2012 年以前行政设置表述。

江镇，该镇同时也是全县经济文化的中心。据最新的人口普查，安仁现在总人口有 40 多万人，其中汉族占 99.9%，基本上没有少数民族，民族成分单一；但内部方言复杂，俗话称"十里不同音"。

长期以来，人们对安仁方言内部的划分有着不同的看法。陈满华（1995）认为，"安仁方言"可以有两种理解：一种理解是通行于安仁绝大部分地区的方言，不包括以下两片的方言：一是渡口乡和禾市乡潭湖村的衡东、衡南话，即湘方言内部的另一种次方言；二是东南部的关王、豪山、羊脑三个乡六个村的客家方言。这个意义上的"安仁方言"可由城关镇、安平镇及禾市乡三处的话分别作为中部、南部和北部的代表，而城关话还可以作为整个这一地区的方言的代表。另一种理解是指全安仁县境内的话。

张伟然（1998）也就安仁方言内部的分区问题提出了一些看法。他认为，安仁境内的方言一般可以分为三种类型：一是分布在安仁境内的其他方言，如渡口乡和禾市乡潭湖村的衡东、衡南话，东南部关王、豪山、羊脑三个乡六个村的客家话。二是感觉像外县话但实际上与外县话又有区别的方言，如坪上、新洲、关王、羊脑、豪山四个乡的话，听起来与茶陵话非常相似；龙市话与攸县话非常相似。三是严格意义上的安仁方言，基本上可以分为上四里话与下四里话两种。前者分布于安平、牌楼、平背、承坪、龙海五个乡镇，可以安平司话为代表；后者分布于清溪、排山、洋际、朝阳（今灵官）、华王、军山六个乡镇，可以县城话为代表。上四里话与下四里话各自的内部一致性非常强，仅边缘地带略有异样口音。与其他方言相比，其差别非常细微，主要表现为部分语汇和个别语音，其差异只有在彼此之间才能显示出来，只要接触其他的方言，这种差异便可以忽略不计。

《安仁县志》（安仁县志编纂委员会，1996）认为，在语音上，安仁大致可分为四个方言区：城关区包括城关、排山、清溪、洋际、华王、朝阳（今灵官）、牌楼、安平、平背、承坪、竹山、龙海和军山、禾市的部分地区；龙市区仅龙市乡；渡口区包括渡口和禾市、军山的部分地区；关王区包括关王、豪山、坪上、羊脑、新洲。

以上各种分区从不同的角度对安仁境内的方言作了分类，都有其合理性。由于本书主要不是讨论安仁方言的分区问题，故不再赘言。

一般说来，安仁方言有两种概念，一种是安仁境内的方言，另一种就是通常所说的安仁话。关于前者，由于历史上政区的规划与调整、经济发展与交流再加上人口的流动等因素，导致安仁境内的方言比较复杂。如上面各种分区所提到的一样，有些方言属于客家话，还有些方言（特别是安仁周边一些地区）与邻近的外县话非常相似。这些方言根据其具体情况，又可以分为两类，一类属于湘方言，另一类属于赣方言。这些方言与安仁话之间都存在较大差异，当地人往往不会把它们看成一种话。

安仁县内的其他方言除了客家话是由于历史迁移造成的外，其他方言特别是那些与邻近的县市相同或相近的方言大都是由于境域的变迁造成的，都有史可查。据县志记载，安仁县至宋乾德三年（965 年）建县以来，境域几经变迁，历史上中央政府曾多次将安仁邻近县市的一些地方划归安仁管辖。例如，宋咸平五年（1002 年）将衡阳的浦阳里、衡山的兴德乡划归安仁，明永乐十年（1412 年）将兴德乡的石脚、过家到和熊耳乡的高石、豪下、枫木仙、井塘湾、岘上、尺塘、梧头、砖坑、小波塘、溪临港、官坡、塘下、王洞仙、米凹里、土地河、朋过冲、青南江、箕山冲等地划作茶陵卫屯田，清康熙二十七年（1688 年）茶陵卫撤销，以上屯地复归安仁。民国 18 年（1929 年），茶安两县对原茶陵卫第四屯高豪等处的管辖权发生纠纷，同年 9 月，经省政府批准该地以及茶永居民一律归安仁管辖。民国 20 年和 23 年，经省政府批准，先后将耒阳县濠塘冲和小背团堆上至界头等地划归安仁县。民国 30 年接管攸县东冲、接迎冲和长滩，接管茶陵县罗家湾、石脚、乌坡渡、白沙、港口、车下、松林、滩头州和过家到等地，分别划属安仁军山、潭湖二乡管辖。1958 年省人民政府将衡山县长冲、双江、深潭 3 个农业生产合作社划归安仁管辖。总体来说，安仁境内的其他方言分布大体上和这种历史上境域的变迁是相符合的，也是主要由境域变迁造成的。

关于后者，即通常所说的安仁话，这种话内部的一致性非常强，分布的地域最广，使用的人口也最多。本书中所说的安仁方言如无特殊说明指的都是后者。本书的考察以安仁县安平司周围方圆约 5 公里的地域为调查点。安平司是安仁县的一个镇，处于安仁中部，其境内的方言和我们通常所说的安仁话具有很强的一致性，一般可以作为安仁话的一个代表点。本书的语料也大都取自这一地区。

二　安仁方言的语音概况

总体来说，安仁方言在语音上与赣方言一样去声不分阴阳，泥、来二组，洪音不分，细音分，如兰＝南＝男，老＝恼，路＝怒，女≠旅，泥≠梨，略≠虐。这与湘方言的代表长沙话明显不同。长沙话不但去声分阴阳，且泥、来二组洪音和细音也有区分。但是，安仁方言与长沙话一样，入声独立，古浊塞音、塞擦音今音仄声送气、平声不送气，这与赣方言又不太一样。赣方言今音无论平仄一律变送气清音。另外，安仁方言鼻音重，具有较多的鼻化音，这也是安仁方言语音上一个显著的特点。

安仁方言的声韵调（陈满华，1995）。

1. 声母

安仁方言中有 18 个声母，包含零声母。

p 包边	p′ 片胖	m 门命	f 扶发
t 冻多	t′ 天大		l 类闹
ts 只资	ts′ 次		s 思生
tʃ 知真	tʃ′ 出件		ʃ 书说
k 家格	k′ 卡空	ŋ 我眼	h 红汉
Φ 欧阿			

2. 韵母

安仁方言中韵母有 29 个。

ɿ 资师	i 必西	u 乌物	y 于税
e 革来	ie 业写	ue 为最	
æ 大筛		uæ 外怪	
a 拉杂	ia 亚借	ua 娃花	
ə 而斗			
ɔ 包告	iɔ 要消		

o 窝索　　　io 约略

　　　　　　　iɯ 由救

ã 三篮　　　　　　　　uã 万贯

　　　　　ɩ̃ 烟连　　　uɩ̃ 冤缘

en 真剩　　　ien 音新　　uen 温昏

eŋ 风宋

oŋ 光霜　　　ioŋ 秧厢

ŋ̍ 你嗯

3. 声调

安仁方言中的声调有 5 个，不包括变调和轻声。

阴平	44	高夫鹿旦
阳平	35	民陈龙荣
上声	51	走想女王
去声	31	去住右帅
入声	313	急国壁吃

三　安仁方言的归属问题

从历史的沿革可以看出，安仁虽然现在归属郴州市管辖，但历史上大都都是受衡州也就是现在的衡阳市管辖，且从地理上来看，安仁处于郴州北部的边缘地带，其距衡阳的距离要近于距郴州的距离。所以，从地理和历史的因素来看，衡阳方言对安仁方言的影响不容忽视。除此之外，安仁周边县市的方言历史上与安仁方言也存在过广泛的语言接触，对安仁方言产生了或多或少的影响。这都使得安仁方言表现出多种方言交叉的特点，在语音、词汇、语法等各个方面都呈现出多重方言重叠的特性，但同时又与各种方言显著区别。这反映在对安仁方言的归属问题上，学者们素有不同的意见。1958 年的全国方言普查曾将安仁方言归入湘方言的第三区——湘东方言区。鲍厚星、颜森（1986）和《中国语言地图集》（1987）把安仁方言归入赣方言区耒阳资兴片。李蓝在《湖南方言分区述评及再分区》（1994）中将安仁方言划归西南官话区。陈满华在《安仁方言》（1995）中认为，安仁方言是介于赣语和湘语之间的次方言，是一种"过渡型"的方言，不好硬性划归其中任何一方。《安仁县志》（安仁县志编纂委员会，1996）则认为，安仁方言是属于湘方言和赣方言的双重方言，具有方言重叠的特征。这些争议从一个侧面反映出了安仁方言内部许多问题的复杂性，其中既有安仁方言特有的语言现象，也有与其他方言一致或交叉的语言现象。因此，描写安仁方言特有的语言现象，比较安仁方言与其他方言一致或交叉的语言现象，将有助于我们进一步认识安仁方言与其他方言的关系，为方言研究提供语料。同时可通过安仁方言与周边方言的比较，发现安仁方言与周边方言接触、渗透、交融和变异等相关问题，丰富语言接触、语言变异的理论。可以说，安仁是一片方言研究的富矿。

本人认为，《中国语言地图集》（1987）把安仁方言归入赣方言比较合理，这有地理历史的依据。地理上安仁处于湖南省东部，靠近江西，历史上屡有江西人因避战乱等原因移居安仁，这一点不但史志有所记载，如清同治《安仁县志》就多次记载江西移民移居安仁的历史，并且在民间的族谱中，据本人翻阅和了解，境内的大多姓氏如李、刘、周、侯、谢等均系江西迁来。此外在民间传说中也有大量从江西移民的故事。移民的因素特别是大规模的移民，对语言的本质往往有决定性的作用。正是由于历史上江西人大规模不间断地向安仁移民，决定了安仁方言赣方言的本质。虽然在其后的发展中由于方言间的语言接触，特别是与属于湘方言的周边方言的接触，使得安仁方言带上了一些湘方言的特点，但不能据此就否认其赣方言的本质。由于本书主要不是讨论安仁方言的归属问题，故其他一些理由就不多说了。

四　安仁方言的研究现状和意义

1935年，著名语言学家赵元任和杨时逢在对湖南省内的方言作调查的时候也调查记录了安仁方言的一些语音，这些调查成果1974年在台北集结成《湖南方言调查报告》出版。这是对安仁方言最早的调查研究。遗憾的是，当时的调查是以语音为主，并没有涉及词汇和语法。另外，所调查的方言点是安仁县内的新渡村（属安仁县禾市乡，距禾市街2.2公里，距县城 5.5 公里）。新中国成立后，为了在全国推广普通话，国家曾组织专业人员对全国各个方言点进行过较为详尽的方言调查。这些成果有李新梯的《安仁音系简介》和《安仁话与普通话》两本著作。由于当时的调查主要是为推广普通话服务的，所以侧重点在语音方面，相对来说还不够全面。20 世纪 80 年代以来，对安仁方言词汇、语法的研究开始逐步引起人们的注意，并零星散见于一些陆续发表的论文中，如李新梯的《"细前日"和"外后日"》（《语言教学与研究》1986 年第 2 期），陈满华的《湖南安仁方言词汇》（《方言》1995 年第 2～4 期、1996 年第 1期）、《安仁方言的结构助词和动态助词》（载胡明杨主编《汉语方言体貌论文集》，江苏教育出版社，1996）、《湖南安仁方言的句段关联助词》（《中国语文》1993 年第 3 期），张伟然的《关于湖南安仁方言中句段关联助词的讨论》（《中国语文》1999 年第 2 期），吕华萍的《安仁方言词语考释》（《湖南冶金职业技术学院学报》2006 年第 6 期）、《安仁方言的程度副词》[《大学时代》（B 版）2006 年第 4 期]、《湖南安仁方言古词语考释》（《职业时空》2008 年第 8 期），李艳华的《湖南安仁方言中几组有特色的程度标记》[《现代语文》（语言研究版）2006 年第 12 期]。其中特别需要提到的是陈满华的《安仁方言》（北京语言学院出版社，1995），这是第一本详尽介绍安仁方言全貌的综合性著作。该书第一次以学术专著的形式深入描写安仁方言，提供了大量前人没有描写、研究过的语言事实。书中除了详尽描写安仁方言的语音和词汇外，也对安仁方言的语法进行了描写，是我国较早重视语法内容的全面描写语音、语汇和语法的方言专著之一。其后，张伟然在《关于〈安仁方言〉的若干问题》（《湘潭师范学院学报》1998 年第 1 期）中也曾就书中的一些问题提出了一些商榷性的意见。但是总体来说，《安仁方言》作为第一本深入研究安仁方言的正式出版物，其开创性的工作仍然值得学习和肯定。此外，《安仁县志》（中国社会出版社，1996）也简单地介绍了安仁方言的一些特点，这里就不再赘述了。

综上所述，近几十年来，安仁方言的研究同以往比起来，有了长足的进步，但是还是有很多东西尚待我们去发掘。特别是相比语音、词汇的研究，语法的研究还可以进一步深化，还有许多语法现象未被人们发现。

第三节　本书的研究对象和方法

本书主要以安仁方言的语法为研究对象，但同时由于考虑到语法系统的相对开放性，难以详尽，若拿现代汉语语法系统去参照，虽简便易行，但势必丢失许多方言特有的东西，不利于对方言中一些有价值的语言现象进行挖掘与分析，若面面俱到的话，又不胜烦琐，绝非一个人三年五载能穷尽的。基于此，本书就希望以安仁方言口语为考察研究对象，立足于方言语法系统本身，不在于全面展示安仁方言的语法面貌，而是以突出方言特殊语法现象、特殊语法规律为原则，重点通过对安仁方言中一些比较有特色的语法现象的研究，如方言语法在语缀、句法上的多样性，以点带面，对安仁方言的语法面貌和特点进行比较深入的研究和探讨，并总结出其中带有规律性的东西，为方言研究提供新的材料，同时加深对方言语法现象历史发展的认识。

本书主要的研究方法如下：

（1）调查法。对方言语法现象作全面深入的调查和描写是研究工作的起点，没有基础的描写，就没有研究的开始。可靠的方言语法调查材料是论文立论的基础。因此在本书的写作前后自己非常注重在当代语言学理论的指导下深入挖掘方言的材料和事实，曾多次深入语言实际，调查、发掘，再调查、再发掘。

（2）归纳法。归纳法是描写语言学的基本方法，就是从大量纷乱复杂的语言现象中概括抽象出其中的规律。本书在前面调查获取大量真实语料的基础上，对其进行鉴别和分类，然后再作进一步的归纳分析，探求规则。

（3）比较法。包括共时的比较和历时的比较。一方面对方言语法事实本身从语形、语义、语用三个不同的角度进行考察。另一方面把方言的语法研究和普通话语法研究及汉语历史语法研究结合起来。立足于方言，纵观古汉语，看方言现象在历史上的表现；横观普通话，看方言现象在普通话中的反映；同时还跟别的方言进行比较，看在别的方言中的反映。

第四节 语料来源和体例说明

一 语料来源

本人出生于安仁县，安仁方言是自己的母语。读大学之前我一直生活在安仁，现在虽在外面求学，但每年都能回去一两趟，对安仁方言也比较熟悉，周边的亲戚朋友也都说安仁话，因此在获取安仁方言的语料方面比较方便。具体获取语料的方法如下：

（1）实地暗中调查获取语料。在家乡作田野调查的时候自己随身携带了一支录音笔，找亲戚朋友们聊天，或到集上买菜，在对方不知情的情况下录下会话内容，回来后再整理成语篇和句子，以获取最真实的语言材料。

（2）实地专题询问调查获取语料。针对一些专题问题，前一种方法往往难以获得有用的材料，这时自己就用询问调查的方法，在调查前设计好所要调查的项目，然后向调查者说明自己要调查的项目，让调查者发言，自己再加以记录。有时为了加强调查的准确性，对同一调查项目自己往往调查多人。

（3）电话调查获取语料。现代通信工具的发达，手机电话的普及，为异地电话调查提供了方便，特别是在本书的写作中经常需要一些补充材料，这时常采取电话调查的方式去获取语料。

（4）通过内省的方法获取语料。由于田野调查所搜集的语料是有限的，一些语法现象和事实确实存在，但不一定都能在所调查的语料中呈现。这时根据自己的语感用内省的方法自造了一些句子。虽然安仁方言是本人的母语，自幼耳熟能详，但为了语料的准确性，自造的句子都是先请当地人核实后再用。

二 体例说明

（1）本书所采用的方言语料，尽可能用方言本字标注，本字不明的就用音同或音近的字代替，并在该字下划横线；对本字不明，而又无音同音近字的则用"□"代替并在后面加注读音。

（2）本书注音一律采用国际音标，调值一律在音节右上角用数字表示。由于本书主要是研究语法现象，为节省篇幅，引例都不标音，只在一些重要的部分或者特殊读音的部分注音，其他一些不影响语法现象的地方未注音。

（3）引例中难懂的方言语料随文用小字加注，多次出现的，只在首次出现时加注。

（4）在例句前加"＊"表示方言中该说法不成立，加"?"表示方言中该说法不太可能出现。

（5）论文中使用的一些常见字母符号如下。

N 名词	N_1 第一个名词	N_2 第二个名词
V 动词	A 形容词	N_{um} 数词
M_w 量词	$N - M_w$ 数量词	P_{rep} 介词
A_d 副词	NP 名词性短语	VP 动词性短语
S 主语	P 谓语	O 宾语
$O_直$ 直接宾语	$O_间$ 间接宾语	C 补语

第二章 语缀

第一节 概说

语缀是一些小于词的虚语素,它们只能黏附在实语素及其组合上面,作为一种接头、接尾或嵌中成分。其活动范围除了可以入词,还可以入结构、入句子,起到构词和构形的作用。广义的语缀除了包括入词的词缀外还包括入结构的结构缀和入句的句缀。结构缀和句缀都属于句法范畴。在语法学界,结构缀和句缀通常有别的名称,只有词缀才以"缀"名之。所以狭义的语缀主要指的就是词缀。本书中所说的语缀,如无特殊说明,指的都是狭义的语缀。

语缀是一种常见的语言现象,根据位置,可以分为前缀、中缀和后缀。关于语缀的定性,汪国胜(1993)认为,通常主要依据两个标准:一是语缀是一种虚语素,表示抽象的语法意义,标明词的语法功能;二是语缀是一种定位语素,或居词头,称前缀,或居词尾,称后缀,还可以嵌入词中,称中缀。根据第一个标准,又可以按语素意义虚化的程度,把意义完全虚化的语素称为典型的语缀,把意义还没有完全虚化的语缀称为类语缀。本书中所收的语缀既包括典型语缀又包括一部分类语缀。

在汉语的许多方言中都有语缀,但情况不尽相同,各有特点。就安仁话来说,在语缀上有几个显著的特点。

(1)数量比较丰富,其中既有意义完全虚化的典型语缀,又有意义正在虚化但还没有完全消失的类语缀。相比之下,后者的数量相对多一些。

(2)彼此发展不平衡,有的语素能产性很高,可以和许多实语素搭配，甚至还可以和其他的语缀一起构成复合语缀，而有些语缀的能产性极低，只能和极少的几个实语素搭配。

（3）关系错综复杂。在安仁话中，前缀、中缀和后缀，词缀、结构缀和句缀在语形上有时是交叉的；同一个语缀形式，可能既作前缀又作中缀，也可能既作词缀又作结构缀或句缀。

（4）不少的语缀在构词的同时还具有转类（转变词类）、变义（改变词义）、增义（增加感情色彩）、分类（区分小类）、指义（指示意义，消除歧义）、衍音（增加音节）等形态功能。

本书试图对安仁话中一些常见的语缀的意义和用法逐个进行考察和研究。下面主要按照语缀出现的位置及构成分成前缀、中缀、后缀、复合语缀四个主要部分来逐一考察。

第二节　前缀

安仁话中的前缀不多见，主要有"初"［ts′a⁴⁴］、"第"［ti³¹］、"老"［lɔ⁵¹］、"小"［ʃiɔ⁵¹］、"满"［mã⁵¹］、"经"［tsen⁴⁴］等几个。

一　初

"初"加在数字"一"到"十"的前面，表示农历每个月前十天的次序，如：初三、初十、章月初一_{正月初一}、初六落雨。

如果数字比"十"大，则不用再到前面加"初"，可以单说数字，或在后面加量词"日"，如：十二、八月十五、二十六日。

如果表示阳历，无论比"十"大还是比"十"小，一律采用数字后面再加量词"号"的形式，后面的量词不能省略，如：一号、五号、十号、十六号、二十七号开学。

在安仁话中，阴历用"日"［i⁴⁴］，阳历用"号"［hɔ³¹］，二者分工明确，绝不会混淆。

二　第

"第"加在数词前面表示次序，如：第一、第二、第三、第一百名、第六间屋。

　　除非表示单纯的排序，数词后面通常要有量词或量名词组，但在语意明确的情况下也可以省略不用。如：

　　固回考试渠考哒全校第一（名）（ku^{35} hue^{35} k'ɔ^{51} si^{31} tʃ i^{35} k'ɔ^{51} ta tʃu ȋ^{35} ʃiɔ^{31} di^{31} yi^{313}）。这回考试他考了全校第一名。

　　表示时间、编号和某些简称不要加"第"，如：二月、十月、三中、二医院。

三　老

　　（1）"老"加在"大""满""几"和"二""三""四"等数词前面表示排行，如：老大、老二、老三、老满、老几。

　　"老大"表示排行最前面的，"老满"表示排行最后面的，"老几"常用于反问，带有轻蔑的意味。如：

　　渠算老几？还轮不到渠来哇（tʃi^{35} suã^{31} lɔ^{51} tʃi^{31}？hæ^{35} luen^{35} pu^{35} tɔ^{31} tʃi^{35} le^{35} ua^{313}）。他算老几？还轮不到他来说。

　　由于"老×"主要是用来表示小孩的排名，最初生的叫"老大"，其次叫"老二"，最小的叫"老满"。由于受人类生育能力的限制，很少有超过十个，因此"老"后面的数字以"二"到"十"之间的数字为主，像"老十一""老二十"这种说法在安仁话中并不多见。

　　（2）"老"加在姓氏前，构成称呼，如：老张、老李、老王、老赵。

　　这种称呼常用于同辈之间，显得彼此关系比较亲密。如果彼此不是很熟悉，或是晚辈对长辈，则通常不采用这种称呼。

　　对于一些双音节的姓氏，如果采用这种称呼，通常不用"老"加姓氏的全称，而是取其中一个字。至于取哪一个字，没有特别的规律，常常是看哪一个字和"老"组合起来叫起来顺口，听起来顺耳。

　　（3）"老"加在其他一些语素前，构成其他名词。

　　其一，构成表示亲属关系的称谓词，如：老兄、老弟、老妹、老表、老倌丈夫、老娘妻子、老公曾祖父、老婆曾祖母、老外公外曾祖父、老外婆外曾祖母。

　　在"老公""老婆""老外公""老外婆"这些称谓中"老"要读作变调，要由上声"51"调变成入声"313"调。

其二，构成普通的表示人的名词，如：老板、老师、老乡、老华_{同名者}、老家_{同姓者}、老庚_{出生时间相同者}、老同_{同岁异姓者}、老头子_{指老人贬称}。

其三，构成表示动物的名词，如：老鼠、老虎。

四　小

"小"加在姓氏前，用来称呼年轻人，如：小陈、小李、小王、小张。

这种称呼常用于长辈对晚辈，年纪大者对年小者，和"老×"的称呼不存在对应关系。也就是说，长辈可称呼晚辈为"小×"，反过来晚辈却不能称呼长辈为"老×"。

五　满

"满"加在称谓语前表示亲昵，如：满崽、满女、满孙、满叔。

"满"在安仁话中有"最小"的意思，作为语缀，其在构词的同时又增加了表示亲昵的感情色彩意义，但其原来的意义还没有完全虚化，仍含有"小"的意思在里面，不是一个典型语缀。

在安仁话中和"满"意义相仿的还有一个"细"〔si^{313}〕，"细"也可以用在称呼语前，如：细崽、细女、细孙、细叔。

"细"在词语中单纯表示排行"最小"，没有附加意义，是一个形容词性的实语素，不是前缀。

六　经

"经"加在动词性语素前，构成形容词，表示某物"经得起……"或"可以长期使用"等意思，如：经劳、经用、经吃、经看、经泡、经晒、经烧、经煮、经饿、经洗、经穿、经戴。

"经"的能产性比较强，能附在许多动词性语素前，构成形容词，表示"经得起该动作或行为长久持续进行"；可用在句中作谓语，前面还可以受"蛮、几、一点、好"等程度副词和否定副词"不"的修饰。如：

<u>固</u>珠石头好经劳，用铁锤敲哒敲不烂（ka^{35} tsu^{44} sa^{35} te ka^{31} $hɔ^{313}$ $tsen^{44}$ $lɔ^{35}$，ien^{31} $t'ie^{35}$ tsu^{44} $k'ɔ^{44}$ ta $k'ɔ^{44}$ pu^{35} $luã^{31}$）。这块石头很硬实，用铁锤砸都砸不碎。

固件衣裳蛮经穿，穿咖几年哒还曼烂（ku³⁵tʃ ʼi³¹ ɨ⁴⁴ sã³¹ mã³⁵ tsen⁴⁴ tʃʼu ĩ⁴⁴，tʃʼu ĩ⁴⁴ta tʃi³¹³ ɨ³⁵ ta hæ³⁵ mã³¹lã³¹）。这件衣服很经得穿,穿了几年了还没破。

管不经烧，烧一下就冒得哒（kua³¹³ pu³⁵ tsen⁴⁴ sɔ³⁵，sɔ³⁵ i³¹³ ha³¹ tʃiɯ³¹ mɔ³⁵te ta）。稻草经不得烧,烧一下就没有了。

第三节　中缀

安仁话中的中缀有"打"〔ta〕、"往"〔uã〕、"里"〔li〕、"拉巴"〔la³⁵ pa〕、"啊"〔a〕等几个，能产性都不怎么高。

一　打

"打"作为中缀，与部分量词一起构成"×打×"的结构，如：年打年、月打月、天打天、十打十、百打百、千打千、万打万、斤打斤、两打两、吨打吨、箩打箩、筐打筐、瓶打瓶、担打担。

与"打"组合的量词首先必须是单音节的量词，双音节的复合量词不能进入这种结构，下面的说法是不成立的，如：*小时打小时、*公斤打公斤、*十万打十万。

就量词的种类来说，既可以是时量词，如年打年、月打月、天打天，也可以是物量词，如斤打斤、两打两、吨打吨、箩打箩、筐打筐、瓶打瓶、层打层，还可以是"十""百""千""万""亿"等数量单位，如十打十、百打百、千打千、万打万。但不能是动量词，下面的说法是不成立的，如：*次打次、*回打回、*步打步。

此外，"×打×"这一结构前后的量词必须相同，不能是不同的量词，像下面这些说法也都不成立，如：*年打月、*斤打两、*百打十。

"×打×"这一结构表示事物的量"至少大于一×"，可以是"一×多"也可以是"好几×"，并且说话者主观上认为量多。例如，"年打年"表示的是"一年多或好几年，最少不止一年"的意思。"×打×"这种结构可以在句中作定语、状语、谓语或补语。如：

张华到广东打工年打年曼回哒（tsoŋ⁴⁴ hua³⁵ tɔ³¹³ koŋ³¹ ten⁴⁴ta³¹ ken³⁵ ɨ³¹³ ta ɨ³¹³ mã³¹ hue³⁵ ta）。张华在广东打工有一年多没回来了。

固只鱼固大总有斤打斤（ku³⁵ tʃia³¹³ y³⁵ ku³⁵ t'æ³¹³ tseŋ³¹ iɯ³¹³ tʃen⁴⁴ ta tʃen⁴⁴）。<small>这条鱼这么大估计有好几斤重。</small>

渠挑咖箩打箩菜走街上卖去了（tʃi³⁵ tiɔ³⁵ ka lo³⁵ ta lo³⁵ ts'æ³¹³ tsie³¹ kæ⁴⁴ soŋ³⁵ muæ³¹ k'e³¹ ta）。<small>他挑了一箩多菜上集卖去了。</small>

"打"作中缀还可以插入单音节形容词重叠的中间，但其能产性不强，在安仁话中只有一个"明打明"，表示"很明显"的意思。如：

渠明打明是来敲干咯（tʃi³⁵ mien³⁵ ta mien³⁵ sʅ³¹ le³⁵ k'ɔ⁴⁴ kã³¹³ k'e）。<small>他很明显是来敲竹杠的。</small>

你固样做，明打明要吃亏咯（ŋ³¹ ku³⁵ ioŋ⁵¹ tsa³¹，mien³⁵ ta mien³⁵ iɔ³¹ tʃ'a⁵¹ k'u ĩ⁴⁴ k'e）。<small>你这样做，很明显是要吃亏的。</small>

二 往

"往"作中缀，用在叠用的时间名词或量词中间，如：年往年、月往月、日往日、夜往夜、天往天。

这种"×往×"的结构，表示"每一"的意思，如：

佢月往月行单位寄钱得屋底（tʃi³⁵ ue⁴⁴ uã ue⁴⁴ hoŋ³⁵ tã⁴⁴ ue³⁵ tʃi³¹ ts'ĩ⁵¹ te u³¹³ ti）。<small>他每月都从单位寄钱给家里。</small>

现在由于受普通话的影响，人们表示这一意思时通常也采用普通话的说法，直接用时间名词的重叠方式，如：年年、月月、日日、天天、夜夜。这一表达现在越来越普遍，有取代前者的趋势。

三 里

"里"用在部分双音节形容词中间，构成"A 里 AB"式，如：蠢里蠢气、小里小气、猛里猛气、流里流气、痞里痞气、土里土气、妖里妖气、怪里怪气、邋里邋遢、糊里糊涂、啰里啰唆、马里马虎。

构成这类结构的双音节形容词本身带有贬义色彩，加中缀构成"A 里 AB"式后进一步强化了这种消极的色彩。

四 拉巴

"拉巴"用在一些双音节形容词中间，构成"A 拉巴 B"式，如：墨拉巴黑、蛇拉巴臭、绷拉巴硬、蛇拉巴酸、苦拉巴咸、墨拉巴烂。

构成这类结构的双音节形容词本身是中性的，或者说消极的色彩不是很明显，加中缀构成"A 拉巴 B"式后，强化了消极的色彩。试比较：

固间屋墨黑（ku^{35}kã^{44}u^{313}me^{35}he^{51}）。

固间屋墨拉巴黑（ku^{35}kã^{44}u^{313}me^{35}la^{35}pa he^{51}）。

前一句说话者只是客观地叙述；后一句说话者带有较强的主观色彩，表达说话者对这种状况的不满态度。

五　啊

"啊"用在叠用的单音动词中间，构成"×啊×"的结构，如：走啊走、唱啊唱、吃啊吃、挤啊挤、跳啊跳、默啊默。

这种结构表示动作反复进行的情态，如"走啊走"表示"不停反复地走"。

第四节　后缀

安仁话中的后缀比较多，既有那些词汇意义已经完全消失的典型后缀，还有词汇意义正在虚化的类后缀。其功能也比较复杂，同一个语缀形式既可以作词缀，又可以作结构缀或句缀。下面着重考察它们的各种实际用法，不明确区分究竟是什么语缀。主要的后缀有：唧［tʃi］、子［tsi］、崽［tse^{51}］、牯［ku^{51}］、公［keŋ^{44}］、倌［kuã^{31}］、婆［po^{35}］、头［tie］、脑［lɔ］、人［ŋ^{35}］、相［ʃio ŋ^{35}］、气［tʃʹi^{51}］、法［fa^{35}］、首［ʃiɯ^{313}］、场［tsʹoŋ^{313}］、得［te］、咯［ke］、南［lã^{35}］、家［ka^{44}］、底［ti］、巴［pa］、把［pa^{51}］等。

一　唧

"唧"作为一个常用的后缀，在湖南境内的许多方言中都存在，彼此之间的用法既有相同之处也有不同之处。有的方言中把它记作"几"。在安仁话中"唧"的能产性强，可以附在多类实词后面，可作词缀、结构缀和句缀，表示各种不同的语法意义。具体用法如下：

（1）"唧"用在表示亲属称谓的名语素后，构成亲属称谓词。如：公唧_{爷爷}、婆唧_{奶奶}、爹唧、娭唧_{妈妈}、婶唧、叔唧、姑唧、姨唧、舅唧、哥唧、姐唧、伯唧。

亲属称谓不带"唧"都不能单说，"唧"具有成词的功能。这种称呼方式不受性别的限制，不管是称呼男性亲属还是称呼女性亲属都可以这样称呼，但称呼的对象必须是长辈。也就是说，一般晚辈对长辈这样称呼，相反长辈对晚辈却不这样称呼。比如，你称呼某人"哥唧"，对方往往不称呼你"弟唧"。

以前这种亲属称呼方式在安仁话中很普遍，包括对父母都是采用这种"×唧"的称呼方式，如称父亲为"爹唧"，称母亲为"娭唧"。对关系比较疏远的亲属或对没有亲属关系的长辈既要用亲属称呼表示亲近，又要区别亲疏，这时往往采用"姓名＋亲属称谓＋唧"的方式。

现在由于受普通话的影响，像"爷爷""奶奶""爸爸""妈妈"这样的称呼语也广泛进入了安仁话。现在年轻的一代称呼自己的父母都是"爸爸""妈妈"，像"爹唧""娭唧"这种老式称法只存在于一些年纪比较大的人口中。同时由于普通话的影响，普通话的称呼和方言的称呼共存在安仁话的亲属称谓系统中。现在年轻的一代在亲属称谓的使用上已发展出明显的不同分工，如对直系亲属表示亲近用普通话的称呼，如"公公""婆婆""姑姑""婶婶"等，而对比较疏远的亲属或对没有亲属关系的长辈，为表示尊重，称呼为"公唧""婆唧""婶唧"等。也就是说，由于与普通话的接触和影响，普通话的亲属称呼词进入了安仁话中，引起了安仁话中原有亲属称谓系统的变化，这是一个正在进行中的变化。据笔者考察，现在对父母，普通话中的"爸爸""妈妈"已完全取代原来的"爹唧""娭唧"的老式称法，同时原来表示亲近的称呼方法"亲属称谓＋唧"已渐渐变得不再表示亲近，和原来"姓名＋亲属称谓＋唧"表示远亲的称呼方法趋同，并有取代后者的趋势，而其原先的位置已被进入方言中的普通话亲属称谓语所取代。这可以说是一个正在发生的语言接触引起语言系统变化的例子。

（2）"唧"用在人名后，表示昵称，如：华唧、亮唧、云唧、军唧、学唧。

这种称呼方式具有较强的能产性。一个人如果叫"张三",人们一般把他称作"三唧";是"李四",一般称作"四唧"。

称呼的对象如果是单名则直接用"单名＋唧",简单明了;如果是双名,也就是名字中有两个字,则常常从两个字中选一个字来组合,这和湖南其他地方的一些方言不太一样。在湖南有一些方言如衡阳方言中,如果是双名,"唧"可以直接加在双名后表示昵称(彭玉兰,2005)。而在安仁话中常常要从两个字中选一个字来组合,至于具体选哪一个字,则没有特别的规律,往往是看哪一个字和"唧"组合起来叫起来顺口,听起来顺耳。

这种称呼中的人名(包括单名和双名中的一个字)不带"唧"都不能单说,"唧"在此也有成词的功能。这种称呼方式对称呼对象不分大小,也不分男女,可以从小叫到大,很常用,甚至叫惯了真名是什么反而被人忘记了。一般常用于长辈对晚辈,或平辈之间,显得亲切。如果晚辈对长辈这样称呼会让人觉得没有礼貌。

(3)"唧"用在名词性语素后,表示小称,如:细把唧_{小孩}、俫唧、妹唧、鸟唧_{小鸟}、麻鸟唧、燕鸟唧、狗崽唧、猪崽唧、牛崽唧、鸭崽唧、鸡崽唧、鹅崽唧。

被加的语素有两种情况:

其一,原来不成词,加"唧"后构成具体名词,如:细把唧、俫唧、妹唧、鸟唧小鸟、麻鸟唧、燕鸟唧。

对于这类词,"唧"尾有成词的功能,其能产性不强,在安仁话中只限于上述几个词。"细把唧"是指小孩的通称,"俫唧""妹唧"是儿子、女儿的专称。"鸟唧"是鸟的通称。

其二,原来成词,不带"唧"也能单说,带"唧"主要表"小称",如:狗崽唧、猪崽唧、牛崽唧、鸭崽唧、鸡崽唧、鹅崽唧、凳崽唧、箩崽唧。

这种称呼方法具有普遍性,对许多动物的幼仔都可以采用"×崽唧"的称呼方法,表示称呼对象"小"而"可爱"的特点。对于这类词,"唧"尾主要起表小称的作用。

(4)"唧"用于数量词或短语后,表概数,如:两天唧、十斤唧、天把唧、件把唧、千把块唧、三个月唧。

在安仁话中，几乎所有的数量词或短语都可以在后面加"唧"，表示概数。例如，"三天唧"表示"大概三天左右"，"十斤唧"表示"大概十斤左右"。"唧"在这里主要起到结构缀的作用。

根据其所附的结构的特点，可以分两种类型：

其一，"数词＋量词＋唧"结构，如：三个月唧、两天唧、十斤唧。数词是确数时，如"三""两""十"等，进入这个结构后从原来的确数变成了概数，"唧"表示概数，但如果是"概数＋量词＋唧"，则"唧"不表概数，只表小称，如：两三粒唧、百多里唧。

在这种情况下，由于数字本身就表示概数，所以即使不带"唧"，也表示概数，如"两三粒""百多里"。"概数＋量词＋唧"这种结构之所以形成可能是受"确数＋量词＋唧"这种结构类推产生的，在后一种结构中"唧"不能少。缺少"唧"就从概数变成了确数了；而前一种结构中由于数字本身就表示概数，所以从表示"概数"的作用上来看"唧"是多余的。在这种情况下"唧"表示小称的作用便凸显出来了。"十多天唧"和"十多天"相比更凸显时间之紧，"三四千块钱唧"和"三四千块钱"相比更凸显说话者主观上认为钱少。试比较：

> 还有十多天开学哒（hæ^{35} iɯ^{35} ʃi^{44} to^{35} tʼ ɿ^{51} kʼæ^{44} ʃio^{35} ta）。
> 还有十多天唧开学哒（hæ^{35} iɯ^{35} ʃi^{44} to^{35} tʼ ɿ^{51} tʃi kʼæ^{44} ʃio^{35} ta）。

后一种说法更凸显说话者主观上认为时间少。

其二，"量词＋把＋唧"结构，如：天把唧、件把唧、斤把唧、只把唧、十把唧、百把唧、千把唧、万把唧。

当数字是"一"时，表示概数，既可以采用上面"数词＋量词＋唧"这种结构，如：一天唧、一块唧、一斤唧。这和上面的形式是统一的。还可以采用另一种表述方式，把"一"省略不说直接用"量词＋把＋唧"的形式表示概数。相比来说后一种说法更为常见。如：天把唧、件把唧、斤把唧。

"把"在这里也是一个表示概量的词缀，前面不能再加数词了（十、百、千、万等表示数量单位的词除外）。此外，虽然"量词＋把＋唧"的结构包含"一"的意思，但也不能再把"一"说出来，下面的说法都是不成立的，如：＊三天把唧、＊十五把唧、＊一个把唧。

（5）"唧"用于状态形容词后，增强形容词的生动性，如：墨黑唧、焦干唧、垒胖唧、清甜唧、捞轻唧、锐尖唧。

在安仁话中能直接加"唧"尾的形容词都是一些描摹事物性状的状态形容词，如"墨黑""焦干""垒胖"等。这些形容词的一个特点是本身就包含一个表示程度或状态的成分，可以单独说，如：墨黑、焦干、垒胖、清甜、捞轻、锐尖。

"墨黑唧""焦干唧""垒胖唧"等，相比不加"唧"尾的说法显得更加形象、生动。

有一些性质形容词不能直接加"唧"尾，而其对应的生动形式却可以加，如：＊黑唧——墨黑唧、＊干唧——焦干唧、＊胖唧——垒胖唧、＊甜唧——清甜唧、＊轻唧——捞轻唧、＊尖唧——锐尖唧。

像这些形容词，还包括其他一些类型的性质形容词如"聪明""舍己_{勤奋}""蠢""高""矮"等，都不能直接加"唧"尾。这些形容词必须要先和程度副词"好"或指示代词"固"搭配后才能加"唧"尾，如：好黑唧、好干唧、好胖唧、好甜唧、箇轻唧、好聪明唧、好舍己唧、好蠢唧、固高唧、固矮唧。

（6）"唧"用于重叠形式后，如：高高唧、矮矮唧、胖胖唧、瘦瘦唧、根根唧、块块唧、粒粒唧、条条唧。

在安仁话中有两类词可以重叠后加"唧"尾。

其一，形容词的重叠加"唧"尾，如：高高唧、矮矮唧、胖胖唧、瘦瘦唧、黑黑唧、栾栾东东唧_{圆圆的}、扁扁甫甫唧_{扁扁的}、干干净净唧。

"唧"可以加在两类形容词重叠形式后面有两种情形。

一是单音节形容词的重叠"AA"式，如：高高唧、矮矮唧、胖胖唧、瘦瘦唧、黑黑唧。对这类词，"唧"尾是必不能少的，具有成词的功能。在安仁话中，一些单音节的形容词重叠形式不能单说，必须要带上"唧"尾，如"高高""胖胖"在安仁话中都不能说，必须得带上"唧"尾后构成"高高唧""胖胖唧"才能表情达意。

二是双音节形容词的重叠"AABB"式，如：栾栾东东唧、扁扁甫甫唧、干干净净唧。对这类词，"唧"尾可带可不带，不带也可以单说，对表达的意思没有多大影响，加了"唧"尾后使得表达更加生动。

对双音节形容词的重叠形式来说，只有"AABB"的重叠形式可以加"唧"尾，而"ABAB"的重叠形式不能加"唧"尾。例如，下面的说法都不成立：蛇臭蛇臭唧、捞轻捞轻唧、飞快飞快唧。

由于在安仁话中形容词的两种重叠方式"AABB"和"ABAB"表示的语法意义各不相同，"AABB"主要是摹状，"ABAB"主要是增强程度，故前者可以加"唧"尾，后者通常不能。

上述的形容词重叠加"唧"尾，不管是哪一种形式，"唧"尾都有增强形容词的生动性的作用，"唧"尾表达的意思相当于普通话"……的样子"，使得形容词的描述更加形象生动。

其二，量词的重叠加"唧"尾，如：根根唧、块块唧、粒粒唧、条条唧、丝丝唧。这种结构有很强的能产性，在安仁话中几乎所有的量词都可以重叠后加"唧"尾，表达的意思相当于"每一……都"，如"根根唧"意思是"每一根都……""粒粒唧"意思是"每一粒都……"

表达上述意思也可以在量词的重叠形式中间加"一"，如：根一根唧、块一块唧、粒一粒唧、条一条唧、丝一丝唧。

这两种说法表达的意思一样，没有什么区别，估计前一种说法是后一种说法中的"一"省略后的结果。

（7）"唧"与指示代词"固_这/那"搭配使用，构成"固/那×唧"结构，如：固开唧_{这里}、那开唧_{那里}、固时唧_{这时}、那时唧_{那时}、固高唧、固胖唧、固大唧、固细唧、固好唧、固聪明唧。

根据其内部成分的不同，可以分为两类。

其一，"固+形容词+唧"，如：固高唧、固胖唧、固大唧、固细唧、固好唧、固聪明唧。

这类词还可以写出很多，构成这类词的指示代词只能是表示近指的"固"，不能是表示远指的"那"，如：固高唧——那高唧、固大唧——那大唧。

指示代词"固"还可以单独和形容词组合，构成"固×"的结构，在安仁话中有两种意思：

一种是加强形容词表示的程度，如：几年曼看到你，你就长起固高哒（tʃi⁵¹ʔi̠³⁵mã³⁵ kʼã³¹ tɔ ŋ³¹，ŋ³¹tʃ ʼiɯ³¹tioŋ³¹³ʃi³¹ ku³⁵ kɔ³⁵ ta）。几年没看到你，你就长得这么高了。

曼默到佢养猪赚咖固多钱（mã³⁵me³⁵tɔ⁵¹tʃi³⁵ioŋ⁵¹tsu³⁵ts'uã³¹ka ku³⁵tɔ⁴⁴tsʔi⁵¹）。没想到他养猪赚了这么多钱。

另一种意思是用来描摹状态，常用来表示参照比较一个标准的结果，如：渠□日看到一条固大格蛇（tʃi³⁵ts'æ⁴⁴i⁴⁴kʼã³¹tɔ⁵¹i³¹³tio³⁵ku³¹t'æ³¹³ke sa³⁵）。他昨日看到一条这么大的蛇。

因为有语境的制约，并且说话者在表示后一种意思的时候往往会伴有手势作比较，或者把比较对象说出来，如"碗口固大"表示有碗口那么大，所以在日常交流的时候"固＋形容词"这种表达一般不会有歧义。

"固＋形容词"加了后缀"唧"后，就只能是后一种意思了，"固大唧"表示和比较的对象一样大，"固高唧"表示和比较的对象一样高。也就是说，表示前一种意思不能再加"唧"，而表示后一种意思加不加"唧"都可以，加了"唧"后表意更加明确了，"唧"尾具有摹状性，同时具有指义的功能。

其二，"固/那＋名词＋唧"，如：固开唧_{这里}、那开唧_{那里}、固时唧_{这时}、那时唧_{那时}。

构成这一结构的指示代词可以是表示近指的"固"，也可以是表示远指的"那"。名词主要是处所名词"开 ［kʼæ⁴⁴］"和时间名词"时 ［sɔ⁴⁴］"。"固开唧""那开唧"相当于普通话的"这里""那里"，常用来指代一个具体的地点，也可以不带"唧"尾单说，带了"唧"尾后所指的地域范围缩小，确指性更强。"固时唧""那时唧"相当于普通话"这时候""那时候"，指代的是一个具体的时间点，同样也可以不带"唧"尾单说，带了"唧"尾后所指的时间范围缩小，确指性更强。"唧"在这里有缩小指示范围的作用。

（8）"唧"用于单音节动词重叠后，表示该动作时间的短暂，如：看看唧、坐坐唧、听听唧、等等唧。表达的意思和普通话中的"看一看""坐一坐""听一听""等一等"意思差不多，在安仁话中还可以采用单音动词加"下唧"的说法，表示的意思和这差不多，如：看下唧、坐下唧、听下唧、等下唧。

（9）"唧"用于表示物品的名词后表示列举，如：

你走街上买点瓜子唧、落生唧回来（ŋ³¹ tse⁴⁴ kæ⁴⁴ soŋ³⁵ mæ⁵¹ t ĭ³¹ kua⁴⁴ tsi tʃi, lo³⁵ sen⁴⁴ tʃi hue³⁵ le³⁵）。你去街上买点瓜子、花生什么的回来。

吃咖饭再吃点酒唧（tʃ'ia³¹³ ka fã³¹ tsæ³¹ tʃ'ia³¹³ ĭ³¹ tʃiɯ⁵¹ tʃi）。吃完饭再吃点酒什么的。

赶场买点菜唧回来吃（kuã⁵¹ ts'oŋ³¹³ mæ³¹ tĭ³¹ ts'æ³¹ tʃi hue³⁵ le³⁵ tʃ'ia³¹³）。上集买点菜什么的回来吃。

"唧"用于物品名词之后，表示列举，相当于普通话中的"什么的""之类"的意思。

"唧"表示列举如上所述既可以放在单个名词后，也可以放在两个或两个以上的名词后，当是后一种情况时，前一个"唧"常可以省略，如例句中的"瓜子唧落生唧"也可以说成"瓜子、落生唧"。有意思的是，在安仁话中，"唧"放在物品名词后表列举，在句子中必须前面要有动词支配，用作前面动词的宾语，当在句子中作主语时，前面没有动词支配，在这种情况下表列举，一般不用"唧"尾，而是在名词后加"麻格"（相当于普通话的"什么"）来表示。如：菜麻格下得鸡吃咖哒（tsæ³¹ ma⁴⁴ ke ha³¹ te³⁵ tʃi⁴⁴ tʃ'ia³¹³ ka ta³⁵）。菜什么的都被鸡吃了。

瓜子麻格、落生麻格洒咖一地（kua⁴⁴ tsi ma⁴⁴ ke、lo⁵¹ sen⁴⁴ ma⁴⁴ ke ha³¹ sa⁵¹ ka i³⁵ t'i³¹³）。瓜子什么、花生什么洒了一地。

（10）"唧"和表示特指疑问的疑问词搭配使用，如：你身上还有好多钱唧？（ŋ³¹ sen⁴⁴ soŋ³⁵ hæ³⁵ iɯ³⁵ hɔ⁵¹ to⁴⁴ tʃ'ĭ³¹³ tʃi?）你身上还有多少钱？

不晓得渠麻格时唧回来？（pu³⁵ ʃiɔ⁵¹ te tʃi³⁵ ma⁴⁴ ke sĭ³⁵ tʃi hue³⁵ le⁴⁴?）不知道他什么时候回来？

还有好久唧下课？（hæ³⁵ iɯ³¹³ hɔ⁵¹ tʃiɯ⁵¹ tʃi ʃa³¹ k'o³¹?）还有多久下课？

"唧"在句中常和表示疑问的疑问词"好""麻格"搭配使用，表示估计、揣测的语气。主要起到语气词的作用，可以看作一个句缀。

二 子

"子"的本义是指婴儿。《说文解字》记载："子，十一月阳气动，万物滋，人以为称。"后发展为古代对男子的通称。现在，"子"是普通话和许多方言中常见的后缀，在一些湘方言中（如长沙方言），"子"的用法很普遍，许多普通话中不带"子"的词在长沙方言中都带"子"尾（李永明，1991）。这种现象在其他的一些湘方言中也存在，可以说"子"尾词极其丰富，这是湘方言的特点之一。

和长沙话相比，安仁话中的"子"尾词并不算多。在长沙话里，"子"尾还可以缀加在形容词、数量词和某些短语后面，如：慢慢子、高高子、一点子、三斤子、好多子、不大不细子。

这些"子"尾，在安仁话里则用"唧"表示。甚至和普通话相比，安仁话中的"子"尾词也不算多，在普通话中有许多"子"尾词在安仁话中都不带"子"尾，如下面的这些例子，左边的北京话都带"子"，右边的安仁话都不带"子"：

凳子——凳、桶子——桶、鞋子——鞋、刀子——刀、锅子——锅、裤子——裤、孙子——孙、勺子——勺、梳子——梳、扇子——扇。

在安仁话中还有很大一部分词虽然从外表看和我们这里所说的"子"尾词很相像，实际上一比较并不相同，如：茶子、瓜子、蚕子、棉子、鸡子、鸭子、鹅子、鱼子、莲子、棋子、渣子、才子、孝子、侄子。

像这类词虽然是以"子"结尾，但实际上"子"在这里并不是作词缀，而是有实际意义，或表示植物或动物的种子或卵子，如茶子、棉子、瓜子等，指的是植物的种子，有时候也把"子"写作"籽"，意思不变。又如鸡子、鸭子、鹅子等，指的是禽类的蛋。或表示小粒状物，如棋子、渣子等。从构词上来看，"子"在词中不是作词缀而是作词干，"子"前面的成分是修饰成分，整个结构是偏正结构。另外从语音上来看，当"子"作词缀时都要轻读，而在作词干时要读本调，这也是两者的一个较大的区别。

我们这里所说的"子"尾词主要是指"子"作词缀的词。在安仁话中"子"作名词后缀，具有名词的成词功能，许多动词、形容词或量词，加上"子"尾后都可以转变为名词。也可以说"子"尾在安仁话中是一个名词标记。具体构成如下：

（1）"子"附在名语素后，构成表物或表人的名词，如：盒子、瓶子、坛子、个子、句子、本子、位子、条子、格子、班子、份子、对子、箱子、桌子、架子、柱子、盘子、屉子、猴子、狮子、豹子、兔子、枣子、李子、梨子、桃子、柚子、茄子、柿子、柑子、饺子、粽子、包子、馆子、鼻子、嗓子、辫子、疖子、胆子、肚子、肠子、腰子、舌子、牙子、胡子、金子、银子、日子、爪子、色子、沙子、坯子、样子、筛子、模子、笛子、梭子、院子、亭子、带子、稗子、袜子、岔子、叶子、篙子、棍子、板子、筷子、柜子、杯子、绸子、缎子、呢子、帽子、领子、袖子、帕子、案子、庵子、影子、面子、里子、底子、帐子、厨子、头子、脚子、车子、键子、婊子、票子、毫子、条子_{小竹条}、墨子_{拳荞}、癞子、麻子、疤子、眼子、耳巴子_{耳光}、狗腿子、马婆子、糖粒子、门页子、手套子、皮管子、笔筒子、沙不口［le⁴⁴］子_{瘫子}。

这类词最多，根据其构成和意义可以分五种情况。

其一，原来的名词语素不成词，"子"尾起词化的作用，不改变意义，这类词数量较大。如：

表示动物的：猴子、狮子、豹子、兔子。

表示植物的：枣子、李子、梨子、桃子、柚子、茄子、柿子、柑子、稗子、叶子。

表示人的器官的：肚子、肠子、舌子、牙子、胡子、鼻子。

表示建筑的：庵子、院子、亭子、柱子。

表示食物的：饺子、粽子。

表示器具的：篙子、棍子、板子、筷子、柜子、杯子、袜子、绸子、缎子、呢子、帽子、领子、袖子、帕子、案子。

其二，原来的语素成词，后面带不带"子"，意义无变化。如：皮管子、手套子。

其三，原来的语素成词，独用时只作量词，加"子"尾后变成名词。如：盒子、瓶子、坛子、个子、句子、本子、位子、格子、班子、份子、对子、条子、箱子、桌子。

其四，不管原来的语素成不成词，"子"尾改变了意义，转指另一事物。如：胆子、面子、里子、腰子、头子、月子、脑子、底子、狗腿子、马婆子。

其五，不管原来的语素成不成词，"子"尾除了改变意义，还增添了感情色彩。如：麻子、疤子、癞子、眼子_{失明的人}。

这类词主要用来表示人，表示具有某种不好性状或品质的人，通常指男性，"子"尾在这里带有贬义色彩。

（2）"子"附在动词性语素后，构成表工具的名词或指人的名词。如：

筛子、叉子、夹子、钳子、链子、套子、罩子、钩子、起子、刷子、扣子、担子、补子、进子、包子、摊子、摆子_{疟疾}、流子_{流氓}、拜［pæ⁴⁴］子_{瘸子}、结子_{口吃者}、拐子_{专门拐卖小孩的人}、□［fe⁴⁴］子_{调皮的小孩}、骗子、败家子、告花子_{乞丐}。

根据其意义，又可以分三类：

其一，不带"子"是一个动词，加了"子"尾后变成了相关的工具名词。如：刷——刷子、起——起子、筛——筛子、扣——扣子。

这种构词方法在安仁话中并不普遍，有许多这类名词往往就用该动词来表示，并不加"子"尾，如：梳、箍、耙、磨、钻、铲、锤等，既可以表示相关的动作，又可以表示工具。

其二，不带"子"是一个动词，加了"子"尾后变成了该动词的对象或结果名词。如：补——补子、进——进子、摊——摊子、包——包子。

其三，用动词加子尾表示一类人。如：流子、拜子、结子、拐子、□［fe⁴⁴］子、骗子、败家子、告花子。

这类词表示具有某一类缺陷或不好品质的人，通常指男性。"子"尾带有贬义色彩。

（3）"子"附在形容词性语素后面，构成指人名词，多含贬义。如：聋子、哑子、猛子、蠢子、癫子_{疯子}、驼子_{驼背的人}、团子_{佝偻的人}、痞子、胖子、瘦子、高子、矮子、老子、尖子。

"子"加在形容词语素后面，表示与该性状相关的人，变成指人的名词，常用来表示某一类人，"子"尾在这里大都带有贬义，表示某人具有不好的性状或品质。"尖子"在安仁话中表示拔尖的人，表褒义，这是"子"尾表示褒义的一个例外，估计是受普通话渗透的影响。"老子"在安仁话中有两种意思，一是父亲的背称，二是表示自大的自称，这两种意思都与普通话相同。

三 崽

在安仁话中"崽"是"儿子"的意思，可以单称，也可以用作实语素来构词，如：满崽、姨崽、孙崽、外孙崽。

在这些词中，"崽"都是实语素，不是词缀。安仁话中"崽"的这种含义是古义的一种残留。西汉杨雄《方言》中就记载："崽者，子也。湘沅之会凡言是子者谓之崽，若东齐言子矣。"由此可见"崽"是一个很古老的字，随着社会的发展和语言的变化，安仁话中的"崽"除了保存本义外，在意义上又发生了一些变化，具体表现为"崽"不单可以表示人的"儿子"，而且还可以表示许多动物的幼崽，其表义范围已经由人扩展到许多动物。在安仁话中，许多动物的幼仔都可以采用"×崽"的方式称呼，如：鸡崽、鸭崽、鹅崽、狗崽、猪崽、牛崽、马崽、羊崽、鱼崽。

"崽"在这些词中都有实际意义，表示动物幼崽，也不是词缀，其后面还可以再加表示小称的语缀"唧"，构成"×崽唧"的说法。

在安仁话中还有一类词，如：凳崽、刀崽、箩崽。在这类词中"崽"表示幼儿的意义已经虚化，主要用来表示同类中的小者，可以看作一个意义正在虚化的类词缀。这类词中除了"刀崽"不能再在后面加"唧"尾外，其他的词都还可以在后面加"唧"尾，表示同类中更小者，如：凳崽唧、箩崽唧。

在安仁话中，"凳"可以单说，"凳崽"指称的对象要比"凳"小一些，而"凳崽唧"指称的对象比"凳崽"更小。

总体来看，"崽"在安仁话中作词缀的用法并不多见，主要限于上述几个词，能产性不强，并不像在湖南其他的一些方言中那么普遍，在安仁话中表示小称更多的时候是用"崽唧"而不是"崽"。

四 牯

"牯"在安仁话中有时也记作"古"，表示动物的性别时用"牯"，表示人或其他意义时则用"古"。仔细调查就会发现，从读音上来看，二者的读音完全一样，从功能上来看，后面的用法都是在前一种用法的基础上发展而来的。所以，笔者从合不从分，把它们都写作"牯"。

　　"牯"在汉语中是一个比较古老的字，最初指的是一种牛的名称。《广韵·姥韵》记载："牯，牯牛。"据古书记载，"牯"具体指的是"阉割过的公牛"，后来随着社会的发展，"牯"表示牛的性别和被阉割的意义逐渐淡化，也可用来泛指牛。

　　在安仁话中，"牯"已经不再有表示牛的意义了，随着社会的发展和语言的变化，"牯"已经由一个表示牛的名词变成了一个名词词缀。作为名词词缀的"牯"在安仁话中有如下一些具体的用法和意义。

　　（1）"牯"用于动物的名称后表示性别。

　　"牯"用在动物的名称后表示该动物是雄性，和表示雌性的"婆"相对。"牯"表示的动物都是体型相对较大的家畜，如牛、猪、狗、羊、猫等，如：牛牯——牛婆、狗牯——狗婆、猪牯——猪婆、猫牯——猫婆。

　　而对一些体型较小的家禽，如鸡、鸭、鹅等，虽然表示雌性也用"婆"，但表示雄性则不用"牯"，而用"公"与之对应，如：鸡公——鸡婆、鸭公——鸭婆、鹅公——鹅婆。

　　"牯"表示雄性的意义是从其最初表示"阉割过的公牛"这一意义发展而来的，后来"阉割过的"意义渐渐去除掉了，而"公牛"的意义则渐渐凸显出来，并且范围从牛扩大到其他一些牲畜。

　　（2）"牯"用于人的姓氏名称后，表示村落名。如：张牯、李牯、王牯、罗牯、侯牯。

　　安仁地处南方，人们的宗族观念比较强，同一家族的人往往会聚族而居，并随着人口的增加自然繁衍成村落，因此在安仁有很多村子的村民都是一个相同的姓氏，或以一个姓氏为主，人们对这些村子通常采用姓氏来命名，常用的方法是在姓氏名称后加"牯"（常写作"古"，可能是人们觉得"牯"是用来表示动物的，用在人的姓氏后面不雅，所以就用同音的"古"来替代了），如"张牯""李牯""王牯"。这类村名大都为姓氏村名，"牯"在这里并没有实际意义，由于在安仁话中，"牯"不能用在人名或姓氏后表示人，因此像前面所说的这类"×牯"形式，人们一听就知道指的是村落名，而不会有其他歧义，所以在安仁话中"牯"是一个很有特色的村名标记。

　　（3）"牯"用于指人，通常都是指男性，常带有贬义的色彩。如：贼牯、猛子牯、矮子牯、胖子牯。

"牯"用来指人常带有贬义，通常指男性，指女性用"婆"，具体有三种用法。

其一，用在动词语素后面。

这类词能产性不强，在安仁话中只有"贼牯"一词。"贼牯"指的是男性小偷，女性小偷则用"贼婆"表示。

其二，用在一些由形容词加"子"尾构成的表人的贬义名词后。如：猛子牯、矮子牯、胖子牯。

加了"牯"后表贬义的色彩更强了。这是由于"牯"本来是用来表示雄性的动物的，现在用来表示人，本身就有很强的戏谑色彩。

其三，在地名后加"牯"表示这个地方的人。如把永兴的男人叫作"永兴牯"，把永兴的女人叫作"永兴婆"。这种称呼只用来称呼外县的人，带有较强的贬斥色彩，一般背称，面称是不礼貌的。

（4）"牯"用于普通名词后，没有实在意义。

在一些表示普通事物的名词后加"牯"，如：石头牯_{石头}、砖头牯_{砖头}、拳头牯_{拳头}、膝牯脑_{膝盖}。

"牯"在这里已经完全不表示性别了，所带的感情色彩也淡化了很多。在这里"牯"常和一些其他的名词词缀组合构成"头牯""牯脑"之类的复合后缀，不带"牯"也能单说，意义不变，作为一个名词词缀，"牯"在这里主要起到增加音节的作用，没有实在意义。

五　公

"公"在安仁话中是一个常见的表示性别的词缀，用来表示雄性，和表示雌性的"婆"相对，具体用法如下。

（1）"公"用来表示家禽的性别，指雄性，如：鸡公、鸭公、鹅公。和普通话不同的是"公"要放在家禽名称的后面。

（2）"公"用来表示人，指男性，如：舅公、外公、斋公、新郎公。具体有以下两种情况。

其一，用在表亲属称谓语素后，构成表示亲属关系的称谓词，如：舅公、外公。

其二，用在身份名词后，如：斋公、新郎公。

（3）"公"与一些表示动物的名词语素组合表示动物名称，如：米 ［mien⁵¹］公_{蚂蚁}、虾公、显［ʃ ǐ⁵¹］公_{蚯蚓}。

指代的对象多是一些小动物，"公"在这里不表示动物的性别。

六　倌

"倌"作为词缀表示人，也只能表示男性，常见的词有"老倌"，是女子对自己丈夫的背称。在安仁话中，"新郎公"也可以称作"新郎倌"，"倌"表示性别只用于人，不用于动物，能产性比较低。

七　婆

"婆"在安仁话中也是一个常见的表示性别的词缀，用来表示雌性，与表示雄性的"牯"和"公"相对，既可以表示家畜，也可以表示家禽，还可以用来表示人。具体用法如下。

（1）表示动物的性别。

"婆"表示动物的性别具有普遍性，既可以表示家畜，又可以表示家禽，这和表示雄性时，家畜、家禽分别用不同的词来表示不同。表示雌性，家畜、家禽的性别标记词是同一的。

其一，指家畜，雌性，和"牯"相对应。如：猪婆、狗婆、猫婆、牛婆、马婆、羊婆。

其二，指家禽，雌性，和"公"相对应。如：鸡婆、鸭婆、鹅婆、抱鸡婆、野鸡婆。

（2）用来表示人，指女性。

由于安仁话中"婆"的能产性很强，可根据其不同的对应面分为不同的类。

其一，和表示男性的"子"相对应。

在安仁话中有很多子尾词是用来表示人的，如：麻子、疤子、哑子、结子、眼子、聋子、猛子、蠢子、癫子。

其中有一些是专指男性的，如果表示女性，则用相应的"婆"尾表示，如：麻子——麻婆、疤子——疤婆、哑子——哑婆、猛子——猛婆、眼子——眼婆、聋子——聋婆、蠢子——蠢婆、癫子——癫婆。

其二，和表示男性的"公"相对应，如：外公——外婆、斋公——斋婆、老公——老婆。

其三，和表示男性的"牯"相对应，如：贼牯——贼婆、永兴牯——永兴婆。

其四，专指某一类女性，如：寡婆、巴肚婆_{怀孕的女人}、接生婆、媒婆。

这类词表示的特性多为女性所具有，例如传统上做媒的人都是女性，因此往往把这类女性称作媒婆。

（3）不表性别，作为名词的标记，表示某些小动物或其他事物。

虱婆_{虱子}、叉婆_{蟑螂}、奶婆_{乳房}。

八 头

在安仁话中，用作实语素的"头"和作语缀的"头"读音一样，都读本调，因此要光从语音上把它们区别开来比较困难。从语义上来看，明确表示人或动物的头部以及由此直接引申出来具有比较具体意义的"头"，都是实语素，不是语缀。如：船头、床头、桥头、车头、平头、鱼头。像这些词中的"头"都有实在意义，是名词性实语素，不是词缀。

"头"用作词缀主要附在名语素、动语素或形语素后，构成具体名词或抽象名词。如：石头、砖头、日头、锄头、耙头、斧头、罐头、劲头、壁头、零头、心头、膝头、额头、拳头、骨头、来头、风头、派头、年头、丫头、上头、下头、里头、块头、甜头、苦头、对头、赚头。

具体有如下几种情况。

（1）用在名语素后。

其一，原来的语素是表示具体事物的，加"头"后仍构成表示具体事物的名词。如：石头、砖头、日头、锄头、耙头、斧头、罐头、膝头、额头、拳头、壁头、丫头、块头、个头。

其二，不管原来的语素是否表示具体事物，加"头"后都构成抽象名词。如：风头、派头、心头、手头、劲头、零头。

其三，原来的语素表示方位，加"头"后构成方位名词。如：上头、下头、里头。

（2）用在动词性语素后，构成名词，能产程度不高，在安仁话中只有以下几个：对头、来头、赚头。除"对头"指人外，"来头""赚头"都是表抽象含义的名词。

（3）附在形容词语素后，构成抽象名词，能产性较差。如：甜头、苦头。

九　脑

"脑"在安仁话中可用作实语素，表示事物的头部或底部，读作 [lɔ⁵¹]，如：屋脑、蒜脑、葱脑、薑脑、蔸脑_根。

这类词像"屋脑"指的是屋顶，"蒜脑"指的是大蒜底部的球形茎，都是名词性实语素，不是词缀。

"脑"作词缀时读作 [lɔ·]，声调弱化，作为后缀附在名词性语素后面，构成名词。如：坳 [ə³¹³] 脑_{山头}、洲脑、坡脑、角脑_{角落}、木脑、棍脑、锤脑、床脑_{枕头}、手指脑、脚趾脑、□ [tsua⁵¹] 脑_{高额头}。

这类词像"坳脑"指的是整座山，不指山顶，"床脑"指的是枕头，"木脑""棍脑"指的是木头和棍子，"脑"在其中表示事物的头部或底部的意义已经虚化。"脑"可以看作一个意义正在虚化的类语缀。

十　人

在安仁话中，"人"可以单独作为一个名词使用，也可以作为一个实语素构词，如：好人、坏人、大人、细人、老人、熟人、生人。

这类用法和普通话差不多。在安仁话中，"人"还可以用在一些指人的名词后，使其指称的范围扩大化。如：男子人、婆娘人、俫唧人、妹唧人。

在安仁话中"俫唧""妹唧"是"儿子""女儿"的专称。这和周边的一些方言不太一样，例如在常宁方言中"俫唧""妹唧"既可泛指男孩、女孩，又可专指儿子、女儿（吴启主，1998）。在安仁话中，如果泛指男孩、女孩则在后面加"人"，"俫唧人"就指的是男孩，"妹唧人"指的是女孩。除了上面所提的"俫唧""妹唧"外，在安仁话中还有"男子""婆娘"本来是"丈夫""妻子"的专称，后面加"人"后，"男子人"指的是成年男

子，"婆娘人"指的是成年女子。由此可见在安仁话中这类"人"具有使表
称对象指称范围扩大的语法功能，可以看作一个名词后缀，不过在安仁话
中，"人"作后缀其能产性不强，只限于上述几个词。

十一　相

"相"本义有"样貌"的意思，作词缀时，附在动词或形容词或少数
表人名词后面，表示一种性状或某种样子，表义大多是消极的。具体的用
法如下。

（1）"相"附在单音动词语素后，构成名词。如：站相、坐相、瞓
相、吃相、走相、哭相、笑相。

这类"相"尾名词通常都是由单音节的动词语素加"相"尾构成的，
除了"哭相""笑相"可以和数量词"一脸"搭配外（如一脸哭相、一
脸笑相），其他的大都不能与数量词组合（如一副站相、一副吃相）。

这类"相"尾名词也可以单用，在句中作主语或宾语。如：

箇个人冇得站相（ku^{35} ko^{44}ŋ^{35} mɔ^{51} te tsã^{31} ʃioŋ^{35}）；那个人冇得坐相
（le^{35} ko^{44} ŋ^{35} mɔ^{51} te ts′o^{31} ʃioŋ^{35}）；渠冇得吃相（tʃi^{35} mɔ^{51} te ts′a^{313} ʃioŋ^{35}）。

在通常情况下也可以把"相"尾名词从宾语位置移到主语位置，用
作主谓语句中的小主语，如上述例句也可以变成下面的句子，意思不变：
箇个人站相不好看（ku^{35} ko^{44}ŋ^{35} tsã^{31} ʃioŋ^{35} pu^{35} hɔ^{51} kã^{31}）；那个人坐相不
好看（le^{35} ko^{44} ŋ^{35} ts′o^{31} ʃioŋ^{35} pu^{35} hɔ^{51} kã^{31}）；渠吃相不好看（tʃi^{35} ts′a^{313}
ʃioŋ^{35} pu^{35} hɔ^{51} kã^{31}）。

这类相尾名词通常与表示肯定或否定的副词"有""冇"搭配使用，
一般构成"V+冇（得）+V+相"结构，对比用。如：站冇站相、坐冇
坐相、吃冇吃相、瞓冇瞓相、走冇走相、哭冇哭相、笑冇笑相。

（2）"相"附在形容词语素后，构成名词。如：苦相、丑相、蠢相、
恶相、急相、邋遢相、小气相、难看相、好吃相。

对构成"相"尾名词的形容词语素没有音节上的要求，单音节和双
音节的形容词都可以，这类"相"尾名词都能受数量词"副"的修饰。
如：一副苦相、一副丑相、一副邋遢相、一副小气相、一副蠢相、一副懒

相、一副恶相、一副急相。

这类"相"尾名词在句中可作主语或宾语，常和指示代词搭配使用。如：固副恶相吓煞格人（ku^{35} fu^{35} o^{31} ʃioŋ^{35} ha^{313} sa^{44} ke^{44} ŋ^{35}）。这副凶相吓死人了。

看到固副蠢相就饱哒（kʼa^{31} tɔ ku^{35} fu^{35} tsʼen^{51} ʃio ŋ^{35} tʃiɯ^{313} pɔ^{35} ta）。看到这副蠢相就饱了。

（3）"相"附在少数表人名词后，构成名词。如：蠢子相、痞子相、大人相、细人相。

"×相"表示具有该类人的性状或外貌特征。

十二　气

"气"本义是指云气，其甲骨文的字形像云气蒸腾上升的样子。《说文解字》记载："气，云气也。"后又作气体的通称，表示空气、气味等含义。下面这些词中的"气"虚化程度不高，是名词性的实语素，不是词缀。如：天气、空气、潮气、煤气、香气、腥气、风气、口气、暖气、蒸气、瘴气、臭气、沼气、力气、雾气。

"气"作词缀，主要附在形容词语素或名词语素后，其原来意义已经虚化，所构成的"气"尾词的词性与其原来词根的性质没有整齐的对应关系。

从其构成来看，有如下一些。

（1）"气"附在名词性语素后面，构成名词或形容词。如：骨气、脾气、土气、名气、手气、脚气、神气、福气、官气、妖气、土气、洋气、客气、妖气。

大多数"名词＋气"构成的词仍是名词性的，如：脾气、手气、脚气、名气、福气、骨气、官气。但有些变成形容词性的，如：神气、土气、洋气、客气、妖气。

（2）"气"附在形容词语素后面，构成形容词或名词。如：小气、大气、老气、蠢气、哈气、痞气、猛气、憨气、娇气。

"形容词＋气"所构成的词有些是形容词性的，如：小气、大气、老气、娇气，有些变成名词性的，如：蠢气、哈气、痞气、猛气、憨气。

十三　法

在安仁话中"法"有两种用法，第一种用法是用作名词，表示法律，如"劳动法""教育法""仲裁法"等。"法"在这类词中有实在的意义，是一个实语素，这和普通话中"法"的意义和用法一样。"法"的另一种用法是用作语缀。

（1）"法"附在动词后，表示见解或行为的方法。如：看法、想法、喊法、管法、洗法、叫法、骑法、骂法、穿法、戴法、搞法、嬉法、走法、打法、吃法、做法、开法、哇法、讲法、写法。所附的动词以单音节动词为主，能产性较强，如果是双音节的动词则通常取其中一个主要的动词语素和法尾搭配，如"下棋"附加"法"尾通常不说"下棋法"而是说成"下法"。

在一般情况下，这类"法"尾词不能自足，前面往往要带定语或者和指示代词"固只"搭配使用，说成"固只×法"，用在句中作主语或宾语。如：

你告诉我固只字的写法（ŋ³¹ kɔ³¹ ʃia⁴⁴ŋ o³¹³ ku³⁵ tʃia³⁵ tsi³¹ ke ʃæ⁵¹ fa³⁵）。你告诉我这个字的写法。

固只嬉法□要的？（ku³⁵ tʃia³⁵ ʃi³⁵ fa³⁵ o³⁵ iɔ³¹³ te？）这种玩法怎么行？

你固只哇法就不对哒（ŋ³¹ ku³⁵ tʃia³⁵ ua³¹ fa³⁵ tʃiɯ³¹³ pu³⁵ tue³¹ ta）。你这种说法就不对了。

（2）"法"附在形容词后，表示性状的程度。如：热法、胖法、丑法、蠢法、贵法、高法、硬法、亮法、小气法、客气法、耐烦法、聪明法、舍己法勤奋。所附的形容词没有音节上的要求，可以是单音节的，也可以是多音节的。这类"法"尾词也是不自足的，通常要和前面的指示代词"固（只）"和后面的语缀"子唧"一起搭配使用，构成"固只×法子唧"的说法，这种说法加深了形容词所表示的性状的程度。如：

曼默到渠固只小气法子唧（mã³⁵ me³¹ tɔ³¹³ tʃi³⁵ ku³⁵ tʃia³⁵ ʃiɔ⁵¹ tʃ'i³¹ fa³⁵ tsi⁵¹ tʃi）。没想到他这么小气。

你看书□是固只不耐烦法子唧？（ŋ³¹ k'ã³¹ ʃu³⁵ o³⁵ sʅ³⁵ ku³⁵ tʃia³⁵ pu³⁵ læ³⁵ fã³⁵ fa³⁵ tsi⁵¹ tʃi？）你看书怎么这么不耐烦？

固只热法子唧，人□热死哒（ku³⁵ tʃia³⁵ ie⁴⁴ fa³⁵ tsi⁵¹ tʃi，ŋ³⁵ a³⁵ ie⁴⁴ sʅ⁵¹ ta）。这么热，人都要热死了。

你固只蠢法子唧，蠢得吃狗屎（ŋ̍³¹ ku³⁵ tʃia³⁵ ts′en³¹³ fa³⁵ tsi⁵¹ tʃi，ts′en³¹³ te tʃa³¹³ ke⁵¹ sʅ³¹）。你这么蠢，蠢得吃狗屎。

"固只×法子唧"这种结构本身也是不自足的，在使用中前面往往需要有背景或先行句，后面也常接否定意义的句子。

通过以上考察我们可以发现，在安仁话中"×法"的活动并不那么自由，而是受到了很大的限制，它通常要求与指示代词"固只"和后缀"子唧"共现，并与上述词语组成相当固定的"固只×法（子唧）"格式，这说明"×法"不属于构词，而是受修饰成分和句式制约的特殊句法结构。因此我们有理由认为，在安仁话中，"法"不是一个典型的词缀，而是一个结构缀，按照传统的说法，可以称之为助词。"×法"也不能简单地看成词汇性组合，而应该是一种句法结构。

十四　首

"首"是头的意思，甲骨文中"首"像人头有发之形，"头"比"首"后出。《说文解字》记载："头，首也。"在普通话中，"头"后来渐渐取代了"首"的一些词义而限制了"首"的使用范围，并且"头"还不断引申出更多的新义和用法，虚化为名词性后缀，构成大量的"头"尾词，如"看头""吃头"等。在安仁话中，"头"没有发展出这一用法，而"首"却有这一类似的用法。

在安仁话中，"首"可以附在部分单音节动词后面构成表抽象意义的名词。如：看首、听首、默首、哇首、吃首、搞首。这种说法相当于北京话的看头、听头、想头、说头、吃头、搞头。

"首"在这些词中的意义虚化，只具有词缀的转类功能，把动词变成名词，也有人将其视为一个名词后缀。据本人调查发现，在安仁话中由"首"构成的名词只具有名词的部分语法功能，不能独立、自由地运用，不能作主语，只能作宾语，而且一般只能进入"有/冇（得）×首"格式。这种格式表示某种主观评价，对某种动作、心理、性质的价值、必要性或可能性加以肯定或否定。如：

快开学哒, 冇嬉首哒 (k'uæ³¹ kæ⁴⁴ ʃo³⁵ ta, mɔ³¹ ʃi³⁵ ʃiɯ³¹³ ta)。快开学了,不能玩了。

电视好看, 有点看首唧 (t'ʔi³¹ sʔ³¹ hɔ⁵¹ k'ã³¹, iɯ³¹³ tia³⁵ k'ã³¹ ʃiɯ³¹³ tʃi)。电视好看,值得看。

读书行固样读冇读首 (tu³⁵ ʃu³⁵ ho ŋ³⁵ ku³⁵ io ŋ³¹ tu³⁵ mɔ³⁵ tu³⁵ ʃiɯ³¹³)。读书这么读没有读下去的必要了。

通过以上考察我们可以发现, 在安仁话中"×首"的活动也并不那么自由, 而是受到了很大的限制, 它通常要求与表示肯定/否定的"有/冇"搭配使用, 构成相当固定的"有/冇×首"格式。这说明, "首"在安仁话中也不是单纯的词法平面上的构词成分, 而是在形态上受句法层面的谓语动词"有/冇"支配的成分。因此我们认为, 在安仁话中, "首"也不是一个典型的词缀, 而是一个结构缀。

十五　场

在安仁话中和"首"的用法类似的还有一个"场"。如: 看场、听场、默场、哇场、吃场、搞场。

"场"也通常附在单音节动词后面, "×场"也不能独立、自由地运用, 不能作主语, 只能作宾语, 也只能进入"有/冇×场"格式。这种格式也表示某种主观评价, 对某种动作、心理、性质的价值、必要性或可能性加以肯定或否定。如:

落雨哒, 冇得走场哒 (lo³¹³ y⁵¹ ta, mɔ³¹ te³⁵ tse⁵¹ ts'oŋ⁵¹ ta)。下雨了,不能走了。

固多菜, 还有滴吃场唧 (ku³⁵ to³⁵ tsæ³¹, hæ³⁵ iɯ³¹³ tia³⁵ tʃa³¹³ ts'oŋ⁵¹ tʃi)。这么多菜,还值得吃。

几块钱唧, 冇买场 (tʃi⁵¹ k'uæ⁵¹ tsʔi⁵¹ tʃi, mɔ³¹ mæ⁵¹ ts'oŋ⁵¹)。几块钱,没必要买。

在很多情况下"场"和"首"可以平行使用, 即使互换对意思的表达也没有影响。如: 有看场——有看首、有嬉场——有嬉首、有吃场——有吃首、冇看场——冇看首、冇嬉场——冇嬉首、冇吃场——冇吃首。

仔细比较, 可以发现它们之间还是存在一些细微的差别。

(1)"首"只能附在单音节动词后面, "场"的能产性要强些, 除了可以附在单音节动词后面外, 还可以附在少数单音节的形容词后面。如下面的句子，就只能用"场"不能用"首"。

固有麻格急场，在□渠（ku³⁵ iɯ³¹³ ma³¹ ke tʃa³¹³ ts'oŋ⁵¹，tsa³¹ xua³⁵ tʃi³⁵）。这有什么急的，由它去吧。

固盏灯坏咖哒，冇光场（ku³⁵ tsã⁵¹ ten⁴⁴ huæ³¹ ka⁴⁴ ta，mɔ³¹ koŋ⁴⁴ ts'oŋ⁵¹）。这盏灯坏了，不能用了。

（2）"场"要比"首"常用，用"首"的都能用"场"替换，不影响表义。如：

快开学哒，冇嬉场哒（kúæ³¹ kæ⁴⁴ ʃo³⁵ ta，mɔ³¹ ʃi³⁵ ts'oŋ⁵¹ ta）。快开学了，不能玩了。

电视好看，有滴看场唧（t'ʅ³¹ sʅ³¹ hɔ⁵¹ k'ã³¹，iɯ³¹³ tia³⁵ k'ã³¹ ts'oŋ⁵¹ tʃi）。电视好看，值得看。

读书行固样读冇读场（tu³⁵ ʃu³⁵ hoŋ³⁵ ku³⁵ ioŋ³¹ tu³⁵ mɔ³⁵ tu³⁵ ts'oŋ⁵¹）。读书这么读没有读下去的必要了。

十六　得

"得"可以作为一个实语素，构成一些动词或形容词，如：晓得、记得、冇得、易得、认得。

在这些词中"得"不是作为一个词缀。

在安仁话中"得"还可作为一个补语标记，用在动词、形容词与其后接的补语中间，如：生得好、跑得快、蠢得吃狗屎。这种用法和普通话一样。除此之外，"得"还可以附在单音节的动词后，构成动词或形容词。能产性强，主要有以下几种情况：

（1）"得"用于单音节的动词后，表示对事物的价值作出评估，有"值得"的意思，表达了说话者一种满意的情绪，可在句中作谓语。如：

固件事做得，蛮道在咯（ku³⁵ tʃ'ʅ³¹ sʅ⁴⁴ tsa³¹ te，mã³⁵ ʃiɔ³⁵ tsæ⁵¹ ke）。这件事值得做，很轻松。

固件东西不错，买得（ku³⁵ tʃi³¹ ten³⁵ ʃi pu³⁵ tsó³¹，ma³¹³ te）。这件东西不错，值得买。

固件衣裳还看得（ku³⁵ tʃ'ʅ³¹ i⁴⁴ sã⁵¹ hæ³⁵ k'ã³¹ te）。这件衣服好看。

你蒸咯米酒吃得（ŋ³¹ tseŋ⁴⁴ ke m ʅ⁵¹ tʃiɯ³¹ tʃa³¹³ te）。你蒸的米酒好喝。

（2）"得"用于单音节的动词后，表示有资格或有可能做某事，有

"可以"的意思，在句中可作谓语，也可以带"咯"作定语。如：

固种蘑菇吃得，冇毒（ku^{35} tsen^{51} mo^{35} ku^{44} tʃia^{313} te，mɔ^{51} tu^{35}）。这种蘑菇可以吃,没有毒。

猪养起固大哒，杀得哒（tsu^{44} io ŋ^{51} ʃi^{51} ku^{35} tʼæ^{31} ta，sa^{31} te^{44} ta）。猪养得这么大了,可以杀了。

固只东西是我买咯，我用得（ku^{35} tsia^{35} teŋ^{35} ʃi sʔ^{31}ŋ o^{31} mæ^{31} ke，ŋ o^{31} ien^{31} te）。这件东西是我买的,我可以用。

有吃得咯就先吃（iɯ^{313} tʃia^{313} te^{35} ke tʃiɯ^{313} ʃ ʔi^{51} tʃia^{313}）。有吃的就先吃。

冇麻格哇得咯（mɔ^{35} ma^{44} ke ua^{31} te^{35} ke）。没有什么可以说的。

冇得一件穿得咯衣裳（mɔ^{35} te^{35} i^{313} tʃʼʔi^{31} tsʼu ʔi^{313} te^{35} ke i^{51} sã^{51}）。没有一件可以穿的衣服。

你有不有用得咯笔？（ŋ^{31} iɯ^{313} pu^{35} iɯ^{313} ioŋ^{31} te^{35} ke pi^{35}？）你有没有可以使用的笔？

（3）"得"用于单音节动词后，表示某方面的能力强或特点突出，有"很能"的意思，相当于形容词，常受程度副词"一直不停地"的修饰。在句中通常作谓语。如：

渠只嘴巴尽哇得（tʃi^{35} tsia^{35} tsu^{51} pa^{44} tʃien^{313} ua^{31} te）。他的嘴巴很能说。

小李做事尽做得（ʃiɔ^{51} li^{51} tsa^{35} sʔ^{31} tʃien^{313} tsa^{35} te）。小李做事很能做。

渠一餐可以吃三碗饭，尽吃得（tʃi^{35} i^{35} tsʼã^{44} kʼo^{51} i^{51} tʃa^{313} sã^{44} uã^{51} fã^{31}，tʃien^{313} tʃia^{313} te）。他一餐可以吃三碗饭,很能吃。

（4）"得"用在单音节动词重叠后，作词尾，表示对事物的价值作出评估，表示该动作勉强还可以。如：

固件事做做得（ku^{35} tʃʼʔi^{31} sʔ^{31} tsa^{35} tsa^{35} te）。这件事做起还行。

固句话哇哇得（ku^{35} tsu^{35} hua^{31} ua^{31} ua^{31} te）。这句话说起还行。

固件衣裳穿穿得（ku^{35} tʃʼʔi^{31} i^{51} sã^{51} tsʼu ʔi^{313} tsʼu ʔi^{313} te）。这件衣服穿上还行。

固本书看看得（ku^{35} pen^{35} ʃu^{44} kʼã^{31} kʼã^{31} te）。这本书看起还行。

"得"用于动词重叠后表价值判断，和直接用于动词后表价值判断相比，语气略微弱些，表示"勉强还可以"，满意程度不如前者高，有时也通常采用"V啊也V得"的结构，表示的意思一样。如上面的例句也可以换成以下说法，意思不变。如：

固件事做啊做得（ku^{35} tʃʼʔi^{31} sʔ^{31} tsa^{35} a tsa^{35} te）。这件事做起还行。

固句话哇啊哇得（ku^{35} tsu^{35} hua^{31} ua^{31} a ua^{31} te）。这句话说起还行。

固件衣裳穿啊穿得（ku³⁵ tʃ'ĩ³¹ i⁵¹ sã⁵¹ ts'u ĩ³¹³ a ts'u ĩ³¹³ te）。这件衣服穿上还行。

固本书看啊看得（ku³⁵ pen³⁵ ʃu⁴⁴ k'ã³¹ a k'ã³¹ te）。这本书看起来还行。

十七　咯

安仁话中的"咯"是与普通话的"的"相当的语法成分。从用作词缀的功能来看，"咯"常附在动宾词组后，构成表人名词，这种构词方法有极强的能产性，许多表人名词都可以用这种方法来指称，如：卖票咯、作田咯、做事咯、读书咯、开车咯、做生意咯、当兵咯、剪脑咯、撸锅咯、打铁咯。

这些说法都不是一种临时性组合，而是结构相对固定的词，现在由于受普通话的影响，一些普通话的称呼渐渐取代了原有称呼。例如，现在人们一般用"司机"取代了"开车咯"的说法，但是还有许多表人的称呼都保留了原来的方式。

十八　南

"南"作词缀，主要附在人称代词后面，构成复数代词，如：我南、你南、渠南。作用相当于普通话中的"们"，不过能产性比"们"弱得多，在安仁话中只能加在上述三个人称代词后面表示复数，不能加在其他指人名词后。

十九　家

"家"作词缀可以附在一些名词语素和形容词语素后，构成人称代词或表人名词，如：自家、人家、后生家、亲家、老人家。

"自家"用作人称代词，指自己，"人家"用作名词，指的是别人。在安仁话中常见的说法"走人家""嫁人家"前者是走亲戚的意思，后者是嫁人的意思。"后生家"指青壮年，"亲家"和普通话中的意思一样，"老人家"是对老人的尊称，在面称时，常在前面加上代词"你"，使语气更为亲切。

二十　底

"底"作词缀主要用法如下。

（1）"底"加在名词性语素后面，构成名词。如：屋底、河底、水底、厂底、书底、心底、手底。

"底"相当于普通话的"里"，"河底"并不是指"河的底"的意思，而是指"河里"。

（2）"底"加在指别词后面，构成指示代词或疑问代词。如：固底、那底、哪底。

二十一　巴

"巴"在安仁话中是一个名词词缀，可构成如下一些名词，如：嘴巴、轮巴、线香巴、泥巴、牛老巴_{八哥}、□［mien³¹³］巴_{尾巴}。

"巴"还可以与另一个词缀"子"一起构成"巴子"。词缀"巴子"也能入词，但相对来说其能产性比较有限，常见的有：耳巴子、嘴巴子，还可用在骂人的话中，如"妈个巴子"。

二十二　把

"把"作词缀常加在单音节量词后面，表示约数。带"把"的量词前面，不能再用数词。具体用法如下。

（1）"把"加在单位量词后，表示数量接近"一"或"一"左右。如：里把路、丈把布、吨把钢材。

（2）"把"加在个体量词后，表示的数量通常为"一"，带有估量的语气，有时泛指少量。如：只把鸡、个把人、件把衣裳、间把屋。

"×把"结构后面还可以连用"两×"，构成"×把两×"结构，也表示概数。如：

渠年年要买件把两件新衣裳（tʃi³⁵ ĩ⁵¹ ĩ⁵¹ iɔ³¹ mæ³¹ tʃ' ĩ³¹³ pa⁵¹ lioŋ³⁵ tʃ' ĩ³¹³ ʃien³⁵ i˸⁴⁴ sã⁵¹）。他每年都要买一两件新衣服。

渠现在有钱哒，百把两百块钱渠不看重（tʃi³⁵ ʃ ĩ³¹ tsæ³⁵ iɯ³¹³ ts' ĩ⁵¹ ta, pe³⁵ pa⁵¹ lioŋ³⁵ pe³⁵ k'uæ³¹ ts'ĩ⁵¹ tʃi³⁵ pu³⁵ k'ã³¹ tsen³¹³）。他现在有钱了，一两百块钱他不放眼里。

在安仁话中"把"还可以和"唧"组合成"把唧"，其能产性更强，本书在关于复合语缀的部分还会再作详细的介绍。

第五节 复合语缀

在安仁话中，"唧"和"子"是很活跃的语缀，除了上述的单独用法外，"唧"和"子"还可以和一些其他的词语组合构成复合语缀。在安仁话中常见的复合语缀有崽唧、把唧、点唧、下唧、边唧、子唧、巴子、拐子、公子。

一 崽唧

如上文所述，"崽"［tse^{51}］在安仁话中有两个意思，一是专指儿子，属于老式称法，现在安仁话中称呼儿子、女儿为"俫唧""妹唧"。另一个意思指的是动物的幼仔，如狗的幼仔称作"狗崽"，猪的幼仔称作"猪崽"，鸡的幼仔称作"鸡崽"。由于指称的对象比较小，所以可以再加"唧"尾表示"小称"，具有"小"而"可爱"的意思。随着这种称呼方法的长期使用，后来经过重新分析，"崽"和"唧"已经固化成一个新的表小称的词缀"崽唧"。现在在安仁话中，人们往往也对一些没生命的东西，如小凳子、小竹箩、小桶子等，有时候为了强调其"小"的特点，称为"凳崽唧""箩崽唧""桶崽唧"。

虽然在安仁话中表小称也可以单独用"崽"，但"崽"的能产性不强，只限于有限的几个词，如"刀崽""凳崽""箩崽"，估计是受周边湘方言影响的结果。在安仁话中表示小称，更多的时候是用"崽唧"，相比"崽"而言，"崽唧"的使用更为普遍，能产性更强，许多带"崽"尾的词都能替换成"崽唧"（"刀崽"除外，由于其本身指称的对象已经很小了，故不能再小称化了）。

二 把唧

"把"在安仁话中既可以作量词又可以在"把字句"中作介词。在和"唧"组合构成"把唧"的结构中，"把唧"是一个表示概量的词缀，"×把唧"的形式表示概数，如"天把唧"表示"大概一天"，"件把唧"表示"大概一件"，"只把唧"表示"大概一只"。具体来说有以下几种情况。

（1）"把唧"附在量词后。

"把唧"前面的量词必须是单音节的量词，双音节的复合量词不能进入这种结构，几乎所有的单音节的量词都可以进入这种结构（"把"作量词时除外，不能进入这一结构，不说"把把唧"，因为两者同音）。就所附的量词的种类来说，有以下几类。

其一，附在集合量词后，表示概数，表示的数量在"一"左右。说话者倾向于客观地陈述事实。如：碗把唧、盒把唧、条把唧、桶把唧、车把唧、担把唧。

这类结构中的"唧"通常不能省略，常作定语修饰名词，后面的名词通常出现，不过在语境明了的情况下也可以省略。

其二，附在个体量词后，表示概数，表示的数量通常为"一"，但带有估计的语气，并且说话者主观上认为量少。如：件把唧、个把唧、根把唧、只把唧、间把唧、粒把唧、块把唧。

这类结构中的"唧"可以省略，意思不变，省略"唧"后，后面的名词不能再省略了。如下面的说法都是不成立的：件把、个把、根把、只把、间把、粒把、块把。

其三，附在动量词后面，表示概数，表示的数量通常为"一"，但带有估计的语气，并且说话者主观上认为量少。如：次把唧、回把唧、步把唧、趟把唧。

这类结构中的"唧"通常不能省略。和上述集体量词、个体量词不同的是，动量词加"把唧"后通常不出现中心语成分，如：

还看回把唧就冇得看哒（hæ³⁵ k'ã³¹ hue³⁵ pa⁵¹ tʃi tʃiɯ³¹³ mɔ³¹ te k'ã³¹ ta）。还看一回左右就没得看了。

还去次吧唧就可以哒（hæ³⁵ k'e³¹³ tsʅ³¹ pa⁵¹ tʃi tʃiɯ³¹³ k'o⁵¹ i⁵¹ ta）。还去一次左右就可以哒。

其四，附在表示度量衡的单位量词后面，表示概数，表示的数量在"一"左右。如：斤把唧、丈把唧、尺把唧、里把唧。

这类结构中的"唧"通常可以省略，省略"唧"后，后面的名词通常要出现，否则就不成立了。其后面除了可以接所修饰的名词外，还可以再接相关的形容词。如：里把路、斤把重、丈把深、尺把宽。

其五，附在表示时间单位的时量词后面，表示概数，表示的数量在"一"左右。如：天把唧、月把唧、年把唧、分把唧、秒把唧。

"小时"由于是双音节不能进入这一结构，不能说成"×小时把唧"。"月把唧"也可以说成"个把月唧"，意思一样。这类结构中的"唧"也不能省略。

（2）"把唧"附在位数词后，表示接近于某个位数，或在某个位数左右。如：十把唧、百把唧、千把唧、万把唧、亿把唧。

在通常情况下，"×把唧"的量词前面不能再加具体的数词了，数词是不能进入这一结构的，如不能说"×三天把唧"（虽然在安仁话中像"三把唧"可以说，但在这一结构中"把"已经纯粹是一个表示物量的物量词了，这和我们所说的情况不一样）。但"十、百、千、万"等单音节的位数词可以进入这种结构。如：

还有十把天唧就过年哒（hæ³⁵ iɯ⁵¹ ʃi⁴⁴ pa⁵¹ tʃ̍³⁵ tʃi tʃiɯ³¹³ ko³¹ ʔi³⁵ ta）。还有十天左右就过年了。

一年赚万把块钱唧冇问题（i³¹³ ʔi³⁵ tsʼuã³¹ uã³¹ pa⁵¹ kʼuæ⁵¹ ts ʔi³⁵ tʃi mɔ³⁵ uen³¹ tʼi³⁵）。一年挣万把块钱没问题。

"把唧"不管是后附于量词，还是后附于位数词，当后面所修饰限定的成分出现时，如果该成分是单音节的，则都要把该成分要插在"把唧"中间，如：百把人唧、块把钱唧、碗把饭唧、桶把水唧、斤把鱼唧、斤把重唧、里把路唧、个把人唧、十把天唧、粒把糖唧。不能说成：百把唧人、块把唧钱、碗把唧饭、桶把唧水、斤把唧鱼、斤把唧重、里把唧路、个把唧人、十把唧天、粒把唧糖。

如果后面的修饰成分是双音节的话，则既可以插在"把唧"中间，也可以放在"把唧"后面，如"件把衣裳唧"也可以说成"件把唧衣裳"，"只把苹果唧"也可以说成"只把唧苹果"，意思一样。在这种情况下，"唧"往往还可以省略，如说成"件把衣裳"、"只把苹果"，意思一样。

在安仁话中"把"也可以单独附在量词后面，表示概数，不过其能产性比较低，且有各种条件的限制，如要求后面的名词必须出现等。相比而言，"把唧"的使用更为广泛，能产性也更高，几乎所有带"把"的结构都可以换成"把唧"，意思都一样。

三 点唧

"点"[tiæ³⁵]在安仁话中是一个物量词,"点"与"唧"构成的"点唧"在安仁话中是一个常用的词缀,可以放在动词、形容词后,构成"动词/形容词+点唧"的结构,表示程度弱或数量少。

具体的用法如下。

(1)"点唧"用在形容词后面,构成"形容词+点唧"的结构,如:多点唧、少点唧、重点唧、轻点唧、高点唧、矮点唧、快点唧、慢点唧、老实点唧、认真点唧。

这类结构都带有命令、要求的口气,表示希望听话者如此,一般可直接用作祈使句,和普通话中的"点儿"意思一样,如"轻点唧"相当于普通话中的"轻点儿"。

(2)"点唧"用在动词后,构成"动词+点唧"的结构,如:吃点唧饭、买点唧东西、赚点唧钱。

通常这种结构后面常常要带宾语,"点唧"用来修饰后面的宾语,表示量少,有时候后面的宾语也可以省略,但通常根据上下文都能够理解,否则表意是不完整的。动词后面的宾语也可以插入"点"和"唧"之间,构成"动词+点+宾语+唧"的结构,如:吃点饭唧、买点东西唧、赚点钱唧。表达的意思和前面一样。有时候"唧"还可以省略,如:吃点饭、买点东西、赚点钱,意思也一样。

四 下唧

"下"[ha³¹]在安仁话中是一个动量词,常放在动词后表示动作行为的次数,如:

打咖渠两下(ta⁵¹ ka tʃi³⁵ lioŋ³⁵ ha³¹)。打了他两下。

在安仁话中,"下"与"唧"一起构成"下唧",只能用于动词后,表示量少。如:看下唧、走下唧、嬉下唧、讲下唧、哇下唧、问下唧、招待下唧、介绍下唧、安排下唧。

和单独的"下"表示动量相比,"下唧"用在动作词语后,并不用来精确地表示动作行为的次数,只是笼统地表示动作的量少,时间短。因此，不像"下"作量词时，可以受各种数字修饰，可以说"打咖一下"也可以说"打咖两下"，还可以说"打咖三下"……"下唧"用在动词后只能受数词"一"修饰，不能说：安排两下唧、＊看三下唧。

"下唧"受数词"一"修饰时表示的意思和单独用"下唧"一样，如"看下唧"也可以说成"看一下唧"，"走下唧"也可以说成"走一下唧"，意思都不变，前者可以看作后者省略"一"的结果。

在"×一下唧"这种结构中又可以把后面的"唧"省略，如"走一下唧"也可以说成"走一下"，意思也不变。如果不受"一"修饰，则"唧"通常不能省略，如"看下""走下"都必须要后面带上其他成分才能独立。像"看一下"表示这种意思应该是受普通话影响的结果，在安仁话中像"看一下"这样的说法是有歧义的，一种意思是表示"看"的次数是"一下"，另一种意思是表示"看"的时间很短，和普通话的意思一样，很明显后一种意思是受普通话影响的结果。在普通话中表示时间短，可以说"看一下""走一下"，也可以用动词的重叠来表示这种意思，如"看一看""看看"表示"看一下"的意思，"走一走""走走"表示"走一下"的意思。在安仁话中常不这么表示，通常采用在后面加"唧"尾的办法，如"看一下唧"，或者把"一"省略，直接加"下唧"如"看下唧"。

从意义上看，动量词"下"加了"唧"尾后，已经不是表示动作的次数，而是表示动作的时间了。"下唧"表示短暂的时间，如果表示的时间更短，还可以说"（一）下下唧"。"一下唧""下下唧"都能独立使用，而"下唧"不能独立使用，只能附在动词后面，因此可以看作一个词缀。

五　边唧

在安仁话中"边"［pĩ⁴⁴］是一个方位词，表示"旁边"的意思，与"唧"一起构成"边唧"，则很少用来表方位，主要用来表时间，含有"接近"的意思。如：午时边唧（接近中午）、茶时边唧（上午十时左右）、天光边唧（天亮时候）。

在安仁话中表示方位"旁边"说成"边□［tʃʼien⁵¹］"，不用"边唧"。

六　子唧

"子唧"常附在"法"尾词后面，通常和前面的指示代词"固

（只）"一起搭配使用，构成"固只×法子唧"的结构。如：

固只嬉法子唧□要的？（ku³⁵ tʃa³⁵ ʃi³⁵ fa tsʅ⁵¹ tʃi o³⁵iɔ³¹³ te?）_{这种玩法怎么行？}

你固只哇法子唧就不对哒（ŋ³¹ ku³⁵ tʃa³⁵ ua³¹ fa tsʅ⁵¹ tʃi tʃiɯ³¹ pu³⁵ tui³¹ ta）。_{你这种说法就不对了。}

曼默到渠箇只小气法子唧（mã³⁵ me³¹ tɔ⁵¹ tʃi³⁵ ku³⁵ tʃi a³⁵ ʃiɔ³¹³ tʃʼi⁴⁴ fa tsʅ⁵¹ tʃi）。_{没想到他这么小气。}

你看书□是固只不耐烦法子唧（ŋ³¹ kʼã³¹ ʃu⁴⁴ o³⁵sʅ⁴⁴ ku³⁵ pu³⁵ læ³¹ fã³⁵ fa tsʅ⁵¹ tʃi）。_{你看书怎么这么不耐烦？}

固只热法子唧，人□热死哒（ku³⁵ tʃa³⁵ ie⁴⁴ fa tsʅ⁵¹ tʃi，ŋ³¹ a³⁵ ie⁴⁴ sʅ⁵¹ ta）。_{这么热，人都要热死了。}

你固只蠢法子唧，蠢得吃狗屎（ŋ³¹ ku³⁵ tʃa³⁵ tsʼuen³¹³ fa tsʅ⁵¹ tʃi，tsʼuen³¹³ te tsʼa³¹³ ke⁵¹ sʅ⁵¹）。_{你这么蠢，蠢得要去吃狗屎。}

七 巴子

"巴"［pa⁴⁴］在安仁话中也是一个名词词缀，可构成如下一些名词：嘴巴、轮巴、线香巴、泥巴、牛老巴_{八哥}、□［mien³¹³］巴_{尾巴}。

"巴"还可以与另一个词缀"子"一起构成"巴子"，词缀"巴子"也能入词，但相对来说其能产性比较有限，常见的有：耳巴子、嘴巴子。

八 拐子

安仁话中"拐"单独作为词尾，可用在一些表示动物名称的词后面，如：蛇拐_蛇、鲶拐_{鲶鱼}。还可以用在动词短语后面，表示人，如用"好吃拐"表示那些贪吃的人。

"拐［kuæ⁵¹］子"在安仁话中本来是个"子"尾词，指的是那些专门拐骗小孩的人，用作词缀的"拐子"有两种用法。

（1）用在名词性的语素后，表示人或动物，能产性也不强，常见的如：左拐子_{左撇子}。

（2）用在人名（不包括姓氏）后，用作人的诨号，带有戏谑的意味，如：张云拐子。

九　公子

　　"公"在安仁话中是一个表示性别的词缀，既可以表示动物，也可表示人，"公"和"子"一起构成"公子"。安仁话中的"公子"不同于普通话中的用法，在普通话中，"公子"是古代对成年男子的一种称呼，带有尊称色彩，在安仁话中"公子"是一个复合词缀，不能单独使用，一般和一些表贬义的形容词搭配使用，表人，如"憨公子"。

第三章　词类

第一节　代词

代词是词类系统中独立于体词、谓词和加词的一类词，对于其是否能够作为一个词类，学者们的观点不一。有的主张取消代词这一类，有的主张把代词分别归入名词、形容词和副词之中，但是目前大部分语法书都将代词作为一个独立的词类来看待。

代词内部的功能差异性也很大，学者对代词的再分类也不尽相同。有人根据代词指代的词语是不是定指，将其区分为定指代词和不定指代词。有人根据代词的句法功能，将其区分为体词性代词、谓词性代词和加词性代词。不过本书还是按照传统的分类方法，按代词的指代功能，将代词分为人称代词、指示代词和疑问代词三大类。

具体说来，本章主要从三个方面分别介绍安仁方言的人称代词、指示代词和疑问代词系统，并分析它们的用法特点。

一　人称代词

1. 安仁方言人称代词的基本形式

人称代词主要起称代作用，安仁方言的人称代词跟普通话一样包括三身代词（第一、第二、第三人称代词）、反身代词、旁称代词等。主要形式如表 3 – 1 所示。

安仁方言中的第一、第二、第三人称代词分别是"我、你、渠"，其复数形式是在后面加词尾"南"［la³⁵］来表示，其中第三人称的"渠"复数形式直接在后面加"南"，"渠"的声韵调都不发生变化。第二人称的

表 3 - 1 安仁方言人称代词

类 别	人 称	单 数		复 数	
		用 字	读 音	用 字	读 音
三身代词	第一人称	我	ŋo³¹	卬南	āŋ³¹³ la³⁵
	第二人称	你	n̩³¹	你南	n̩³¹ la³⁵
	第三人称	渠	tʃi³⁵	渠南	tʃi³⁵ la³⁵
反身代词	—	自家（tsʅ³¹ ka⁴⁴）/ 自己（tsʅ³¹ tʃi⁵¹）			
旁称代词		别个（p'ie³⁵ ko⁴⁴）/ 人家（ŋ³⁵ ka⁴⁴）			

"你"复数形式在后面加"南"，"你"的声调发生变化，由原来的去声 31 变成了上声 51。第一人称的"我"复数形式在后面加"南"，"我"除了声调发生变化之外，声母、韵母也都发生了变化，由原来的〔ŋo³¹〕变成了〔āŋ³¹³〕。王力先生在《汉语史稿》中所列上古第一人称代词 ŋ 系中有个"卬"，拟音为〔ŋɑŋ〕。安仁方言第一人称的复数形式"卬南"中"卬"的读音和其类似，这也许就是古音的保留。

安仁方言中的"南"附在人称代词后面构成复数形式，其功能和普通话中的"们"类似，但和"们"相比，"南"只能附在第一、第二、第三人称代词后面构成复数形式，不能像普通话中的"们"一样还可以附在称人、称物名词后面，构成"老师们""同学们""鱼儿们"等说法。

安仁方言中的人称代词第二人称没有普通话表示尊称"您"的说法，安仁方言表示尊称通常是在第二、第三人称代词后面附加"老人家"来表示对老年人的尊敬，其形式为"你老人家""渠老人家"，称呼的对象只能是年纪比较大的人。同时，安仁方言第三人称"渠"一般不用来称代事物。

安仁方言中的反身代词有"自家""自己"两种说法。"自家"是通常的用法，"自己"较多流行于年轻人的群体中，大概是受普通话影响的结果。

安仁方言的旁称代词有"别个""人家"两种说法。其中"别个"是通用的说法，"人家"的说法只见于一些固定的短语中，如"走人家走亲戚""嫁人家嫁人"等。

2. 安仁方言中人称代词的意义和用法

（1）我、你、渠。

"我、你、渠"分别是安仁方言中第一、第二、第三人称代词，相当于普通话中的"我、你、他（她）"，在句子中可以作主语、宾语、定语。如：

我吃咖饭哒（ŋ o³¹ ts'ia³¹³ ka fã³¹ ta）。我吃了饭了。

小李开张喊你（ʃiɔ⁵¹ li⁵¹ k'æ⁴⁴ tsoŋ³⁵ hã⁵¹ ŋ̍³¹）。小李刚才叫你。

渠件衣裳丢咖哒（tʃi³⁵ tʃ'ʔ³¹ i⁵¹ sã³¹³ tiɯ⁴⁴ ka ta）。他的衣服丢了。

在安仁方言中，人称代词作定语时主要表示领属关系，主要有三种形式。

其一，当代词后面是表示亲属关系的名词或是表示方所的名词或短语时，直接接名词，构成"N代 + N"格式，如：我哥哥、你叔叔、渠姑姑、我头前、你背头、渠屋底。

"我哥哥""你叔叔"分别表示"我的哥哥""你的叔叔"，当定语不是人称代词时，如是人的名称，则不能直接带亲属名词表示领属，如：张三哥哥、李四叔叔，并不表示"张三的哥哥""李四的叔叔"，而是表示一种称呼，称呼别人叫"张三哥哥""李四叔叔"。如果要表示领属关系则要采用下面"N代 + 咯 + N"的格式，说成"张三咯哥哥""李四咯叔叔"。

其二，当代词后面是表示一般事物的名词时，如果要着重强调这种领属关系，则采用"N代 + 咯 + N"的格式，"咯"相当于普通话中的"的"，如：我咯衣裳、你咯书包、渠咯车子。

这种格式和普通话中"的"表领属的情况类似，但相比而言带有一种强调意味。

其三，当代词后面是表示人体某个部位的名词，或是其他一般事物的名词时，常采用"N代 + 量词 + N"的格式，如：我只眼珠、我件衣裳、我本书、你只嘴巴、你把锄头、你副单车、渠只手、渠支笔、渠丘田。

相比而言，在安仁话中这种格式更为常见些，除非特别强调时才会用"N代 + 咯 + N"的格式，通常都采用"N代 + 量词 + N"的说法。

（2）我南、你南、渠南。

"我南、你南、渠南"分别是第一、第二、第三人称的复数形式，相当于普通话中的"我们、你们、他们"。第一人称复数没有排除式和包括式的区别，全部用"我南"。这三个代词在句中主要作主语、宾语或定语。如：

我南读书克（ãŋ³¹³ lã³⁵ tua⁴⁴ ʃu⁴⁴ ke）。我们读书去。

老师来看你南哒（lɔ³¹ sɔ⁴⁴ le³⁵ kʼã³¹ŋ³¹ lã³⁵ ta）。老师来看你们了。

渠南咯事不好管（tʃi³⁵ lã³⁵ ke sɔ³¹ pu³⁵ hɔ⁵¹ kuã³¹³）。他们的事不好管。

复数人称代词直接修饰名词作定语的情况和单数人称代词的情况差不多，也主要有上述三种主要的形式。值得注意的是，人称代词复数形式后接量词，再接事物名词的组合，在安仁话中除有表示集体领有的含义外，还可以表示家庭领有的关系，如：我南只狗、你南间屋、渠南丘田。上述短语除了可表示"我们的狗""你们的房子""他们的田"的意思外，还可以表示"我家的狗""你家的房子""他家的田"。

此外，当人称代词复数形式后接表示亲属关系的名词时，虽然是复数形式，有时却并不表示复数意义，而是用复数的形式来表示单数的意义，如：我南叔叔、你南哥哥、渠南妹妹，可表示"我叔叔""你哥哥""他妹妹"的意义。

这种人称代词复数形式表示单数意义的情况，在近代汉语中也存在。对于这种现象，吕叔湘《近代汉语指代词》（吕叔湘，1985）中是这样解释的："由于种种心理作用，我们常有在单数意义的场所用复数形式的情形。很普通的是第一身跟第二身代词的领格，例如一个人称他的学校为'我们学校'，跟称之为'我的学校'是一样的合理的，这个我们就是前面说过的'我和跟我同在一起的人'的意思。在过去的中国社会，家族的重要性超过个人，因此凡是跟家族有关的事物，都不说我的，你的，而说我们的，你们的（的字通常省去），如'我们舍下'，'你们府上'。"吕叔湘先生又指出："有时候实在只跟个人有关，例如夫之于妻，妻之于夫，也依然用'我们（的）'，'你们（的）'；若照复数讲，这个'们'字可真有点儿没着落。"安仁方言中人称代词的这种情况也与此类似。

从上面的分析可以看出，安仁方言中人称代词复数形式的词尾"南"

和普通话的"们"并非完全等同，安仁方言中的"南"只能附在人称代词后面构成"我南、你南、渠南"的复数形式，不能附在指人的名词后面表示多数，如普通话可以说"工人们""同学们"，安仁话却不能说"工人南""同学南"。安仁方言中的这个"南"和现代汉语中的复数标记"们"不太一样，它和古代汉语的"侪、曹、属、等"用法相似。太田辰夫在《中国语历史文法》（2003）中曾谈道："在古代汉语的人称代词后面加'侪'、'曹'、'属'、'等'、'辈'等，乍一看，似乎可看作它们的复数形式。但如果好好地看看这些复数形式就可以明白……不能把它们和现代汉语人称代词的复数形式看成同一的东西。"他在书中举例说："夫文王犹用众，况吾侪乎？"并指出：其中的"吾侪"是指我们之类的人，不能说是复数。因此，我们把"吾侪、我辈、尔等"等看成集体应该更准确。安仁话中的"南"附在人称代词后，表达的也是"集体"的概念。

（3）自家、自己。

安仁方言中的反身代词有"自家""自己"两种说法，"自家"是通常的用法，"自己"较多流行于年轻人的群体中，可能是受普通话影响的结果。"自家"意义和"自己"相当，指代某人、某些人或某物自身。"自家"在句中可以作主语、宾语、定语和同位语。如：

自家曼做好还怪别个（ts'ɿ³¹ ka⁴⁴ mã³⁵ tsa³¹ hɔ⁵¹ hæ³⁵ kuæ³¹ p'ie³⁵ ko⁴⁴）。自己没做好还怪别人。

管别个先要管好自家（kuã⁵¹ p'ie³⁵ ko⁴⁴ ʃĩ⁵¹ iɔ⁴⁴ kuã⁵¹ hɔ⁵¹ ts'ɿ³¹ ka⁴⁴）。管别人先要管好自己。

你要看好自家略东西（ŋ³¹ iɔ³¹ k'ã³¹ hɔ⁵¹ tsɿ³¹ ka⁴⁴ ke teŋ³⁵ ʃi）。你要看好自己的东西。

你南自家决定（ŋ³¹ lã³⁵ ts'ɿ³¹ ka⁴⁴ tʃue³⁵ t'ien³¹³）。你们自己决定。

就"自家"能反身指代的对象来看，既可以是人称代词"我、你、渠"，还可以是其复数形式"我南、你南、渠南"，具有多可性。如：我自家、你自家、渠自家，我南自家、你南自家、渠南自家。

（4）别个、人家。

"别个"与普通话中的"别人"意义大致相同，代称某人或某些人以外的其他人。在句中主要作主语、宾语或定语。"人家"也是用来代称某人或某些人以外的其他人。其不同之处在于"别个"一般是泛指，即不确定指某个人，而"人家"一般是确指，所指对象是说话人和听话人都清楚的。如：

别个现在到忙，你莫要添乱（p'ie³⁵ ko⁴⁴ ʃ ï³¹³ tsæ⁴⁴ tɔ³⁵ moŋ³⁵，n̥³¹ po⁴⁴ iɔ³⁵ t'ï⁴⁴ luã³¹）。别人现在正在忙，你不要添乱。

你自家吃饱就不管别个哒（n̥³¹ s'ʅ³¹ ka⁴⁴ tʃ'yia³¹³ pɔ⁵¹ tʃiɯ³¹ pu³⁵ kuã⁵¹ p'i e³⁵ ko⁴⁴ ta）。你自己吃饱就不管别人了。

莫要乱动别个咯东西（mɔ³⁵ iɔ⁴⁴ luã³¹ teŋ³¹ p'ie³⁵ ko⁴⁴ ke teŋ³⁵ ʃi）。不要乱动别人的东西。

"人家"还可以后接一个表人的名词，对它进行复指，进一步确定所指对象。如：

人家小李好会读书唧（n̥³⁵ ka⁴⁴ ʃiɔ⁵¹ li⁵¹ hɔ⁵¹ hue³¹ tua⁴⁴ ʃu⁴⁴ tʃi）。小李很会读书。

人家校长都亲自来哒（n̥³⁵ ka⁴⁴ ʃiɔ³¹ tsoŋ³¹³ to⁴⁴ tʃ'ien⁴⁴ tsʅ⁵¹ le³⁵ ta）。校长都亲自来了。

二　指示代词

1. 安仁方言中的指示代词系统

指示代词既有称代作用，也有指别作用。安仁方言中最基本的指示代词是表示近指的"固"和表示远指的"那"，没有表示中指的词。"固"为近指，相当于普通话的"这"，"那"为远指，两类的区分表现出相对的空间距离观念。近指或远指是一种以说话人或听话人所处位置为参照的相对距离。安仁方言中的其他指示代词都是由它们派生出来的。按照性质和用法，可将安仁方言中的指示代词分组如下（见表3-2）。

表3-2　安仁方言中的指示代词

意义　　　　功能	近　指	远　指
指别或称代人、事物	固 ku³⁵	那 le⁴⁴
指别或称代处所、位置	固底 ku³⁵ ti⁵¹，固只垯 ku³⁵ tʃia³¹³ toŋ³¹，固开 ku³⁵ k'æ⁵¹	那底 le⁴⁴ ti⁵¹，那只垯，le⁴⁴ tʃa³¹³ toŋ³¹，那开 le⁴⁴ k'æ⁵¹
指别方向	固边 ku³⁵ p ï⁴⁴，固头 ku³⁵ te³⁵	那边 le⁴⁴ p ï⁴⁴，那头 le⁴⁴ te³⁵
称代时间	固时唧 ku³⁵ sɔ⁴⁴ tʃi，固会唧 ku³⁵ hue³¹ tʃi	那时唧 le⁴⁴ sɔ⁴⁴ tʃi，那会唧 le⁴⁴ hue³¹ tʃi

续表

意义 ＼ 功能	近　指	远　指
指代数量	固（拉巴）多 ku^{35} to^{44}，固些 ku^{35} ʃie^{44}，固点唧 ku^{35} tiæ^{35} tʃi	那多 le^{44} to^{44}，那些 le^{44} ʃie^{44}，那点唧 le^{44} tiæ^{35} tʃi
指别方式	固样 ku^{35} ioŋ^{51}	那样 le^{44} ioŋ^{51}
指别或称代性状、程度	固好/固坏 ku^{35} hɔ^{51}，固（拉巴）大/固细 ku^{35} t'æ^{313}	—

2. 指示代词的语法功能

（1）固、那。

安仁方言中的单音节指示代词"固""那"可以单用，也可以和其他词类连用，在句子中可以作主语、定语、状语等。"固"指代事物时表近指，"那"指代事物时表远指，不过有时候同一件事情究竟是用近指表示还是用远指表示对说话者来说都有较大的主观随意性。如：

"开张进来固个人是小王。""开张进来那个人是小王。"这两句话表达的意思都一样，用"固"还是用"那"由说话者的主观态度来决定。

具体来说，安仁方言中"固""那"的主要用法有以下一些。

其一，称代人或事物，在句中作主语。如：

固你就莫怪渠咪（ku^{35} ŋ^{31} tʃɯ^{31} mɔ^{44} kua^{31} tʃi^{35} læ）。这你就别怪他了。

那是我老师（le^{44} sʅ^{44} ŋo^{31} lɔ^{51} sɔ^{44}）。那是我老师。

固是西瓜，那是冬瓜（ku^{35} sʅ^{44} ʃi^{44} kua^{44}，le^{44} sɔ^{44}teŋ^{44} kua^{44}）。这是西瓜,那是冬瓜。

"固""那"很少能单独作宾语，用作宾语时后面常带指代的内容，如"固底""那底"等。

其二，指别人或事物，作定语，修饰名词、量词、数量词或数量短语。如：

固只比那只重（ku^{35} tsia^{313} pi^{51} le^{35} tsia^{313} tseŋ^{31}）。这只比那只重。

那个人蛮高咯（le^{44} ko^{44}ŋ^{35} mã^{35} kɔ^{44} ke）。那个人很高。

固件衣裳蛮好看（ku^{35} tʃi^{31} i^{51} sã^{51} mã^{35}hɔ^{51} kã^{313}）。这件衣服很好看。

那三本书送起得你（le^{44}sã^{35} pen^{51} ʃu^{44} seŋ^{35} ʃi^{51}te ŋ^{31}）。这三本书送给你。

你固两只字写闹哒（ŋ̍³¹ ku³⁵ lioŋ³⁵ tʃia⁵¹ ts ʔ⁴⁴ ʃiæ³¹³ lɔ³¹ ta）。你这两个字写错了。

那几捆柴是你杀咯（le³⁵ tʃi⁵¹ k'en⁵¹ ts'a³⁵ sɔ⁴⁴ŋ̍³⁵ sa³¹³ ke）。那几捆柴是你砍的。

和普通话不同的是，在安仁话中"固""那"不能直接用来修饰名词，名词前面必须要带量词或数量词，构成"固/那 + M_w/N－M_w + N"的结构。当所修饰的名词是单数时前面用量词，是多数时，前面用数量词，总之后面不能直接接名词。试比较：

普通话	安仁话
这人太懒了。	＊固人忒懒哒。／ 固个人忒懒哒。
那衣服破了。	＊那衣裳烂咖哒。／那件衣裳烂咖哒。

"固""那"单独修饰量词或数量词时，可以看作后面名词的省略了，一般都能够根据上下文的语境补出来，因此可以看作"固/那 + M_w/N－M_w + N"的结构后面省略名词的情况。

其三，用来指别程度，作状语，修饰动词、动词短语或形容词。

"固""那"指别程度，相当于普通话"这么""那么"的意思。常见的形式有下面几种：

首先，接动词、动词短语或形容词，构成"固 + V/A"的结构。如：

渠天天行固做事（tʃi³⁵ t'ʔi⁵¹t'ʔi⁵¹hoŋ³⁵ ku³⁵ tsa³¹ sʔ³¹³）。他天天这么干活。

曼默到你固喜欢打麻将（mã³⁵ me³⁵ tɔ⁵¹ ŋ̍³¹ ku³⁵ ʃi⁵¹ huã⁴⁴ ta⁵¹ ma³⁵ tʃioŋ³¹）。没想到你这么喜欢打麻将。

渠固小气哦要得哎？（tʃi³¹³ ku³⁵ ʃiɔ³¹³ tʃ'i³¹ o³⁵ iɔ³¹ te æ⁴⁴?）他这么小气怎么行？

你吃麻格吃得固有味？（ŋ̍³¹tʃ'ia³¹³ ma³¹ ke tʃ'a³¹³ te ku³⁵iɯ³¹³ ue³¹?）你吃什么吃得这么有味？

我冇得你固高（ŋ o³¹ mɔ³⁵ te ŋ̍³¹ ku³⁵ kɔ⁴⁴）。我没有你这么高。

有哒固多尽有哒（iɯ³¹³ ta ku³⁵ tɔ³⁵ tʃien⁵¹ iɯ³¹³ ta）。有这么多足够了。

构成这一结构的指示代词只能是表示近指的"固"，而不能是表示远指的"那"。像下面的说法在安仁话中都是不成立的：那高、那好、那爱嬉、那听话。

值得注意的是，在安仁方言中"固"后接形容词，构成"固 + 形容词"的结构，除了有指别程度的意思外还有描摹状态的意思，常用来表示参照比较一个标准的结果。如：

渠□日看到一条固大格蛇（tʃi³⁵ tsʼa⁴⁴ i³⁵ kã³¹ tɔ⁵¹ i³⁵ tiɔ³⁵ ku³⁵ tʼæ³¹ ke sa³⁵）。他昨日看到一条这么大的蛇。

因为有语境的制约，并且说话者在表示后一种意思的时候往往会伴有手势作比较，或者把比较对象说出来，如"碗口固大"表示有碗口那么大，所以在日常交流的时候"固＋形容词"这种表达一般不会有歧义。

"固＋形容词"表示后一种意思时，通常可以在形容词后面再加"唧"构成"固＋形容词＋唧"的说法，如：固高唧、固胖唧、固大唧、固细唧、固好唧、固聪明唧。

构成这类词的指示代词也只能是表示近指的"固"，不能是表示远指的"那"。"固＋形容词"加了后缀"唧"后，就只描摹状态，不再有指别程度的意思了。"固大唧"表示和比较的对象一样大，"固高唧"表示和比较的对象一样高。

其次，构成"固/那只＋V/A＋法子唧（后缀）"固定的表示程度的结构。如：

曼默到渠固只小气法子唧（mã³⁵ me³⁵ tɔ⁵¹ tʃi³⁵ ku³⁵ tsia³¹³ ʃiɔ³¹³ tʃi fa³⁵ tsi³¹ tʃi）。没想到他这么小气。

你看书哦是固只不耐烦法子唧？（ŋ³¹ kʼã⁴⁴ ʃu⁴⁴ o³⁵ sʅ³⁵ ku³⁵ tsia³¹³ pu³⁵ læ³¹ fã³⁵ fa³⁵ tsi³¹ tʃi?）你看书怎么这么不耐烦？

那只热法子唧，人哒热死哒（le⁴⁴ tsia³¹³ ie³⁵ fa³⁵ tsi³¹ tʃi, ŋ³⁵ ta⁴⁴ ie³⁵ sʅ⁵¹ ta）。那么热，人都要热死了。

你固只蠢法子唧，蠢得吃狗屎（ŋ³¹ ku³⁵ tsia⁴⁴ tʃʼuen³¹³ fa⁴⁴ tsi³¹ tʃi, tʃʼuen³¹³ te tʃʼia³¹³ ke⁵¹ sʅ⁵¹）。你这么蠢，蠢得要去吃狗屎。

固只搞法子唧哦要得？（ku³⁵ tsia⁴⁴ kɔ⁵¹ fa⁴⁴ tsi³¹ tʃi o³⁵ iɔ³¹ te?）这么做怎么行？

这一结构指示代词可以是"固"也可以是"那"，后面要接量词"只"，动词或形容词后面还要有复合后缀"法子唧"。这一固定结构主要用来强调动作或状态的强烈，同时传达出说话人对此主观上不满的态度。

其四，用作虚指主语，常见于一些习惯用语中。如：

固/那就好哒（ku³⁵/le⁴⁴ tʃiɯ³¹³ hɔ⁵¹ ta）。这/那就好了。

固/那哦何要得？（ku^{35}/le^{44} o^{35} he^{44} iɔ^{31} te?）。这/那怎么行？

固/那就要得哒（ku^{35}/le^{44} tʃiɯ^{313} iɔ^{31} te ta）。这/那就可以了。

上述句子都表示说话人对事态的一种判断，指示代词"固""那"用来指代事件的发展状况。

其五，表示承接的作用。如：

那我就不客气哒唻（le^{44}ŋ o^{31} tʃiɯ^{313} pu^{35} k'e^{35} tʃ'i^{31} ta læ）。那我就不客气了。

那我就走哒（le^{44}ŋ o^{31} tʃiɯ^{313} tse^{51} ta）。那我就走了。

表示承接常用表示远指的"那"，不用"固"，所承接的句子结构都比较完整，有自己的主语，"那"常置于主语的前面，指示上文，常表示一种条件或假设，相当于普通话的"既然那样""要是那样"。

（2）固底、那底、固只垱、那只垱、固开、那开。

固底、那底、固只垱、那只垱、固开、那开都用来称代处所，如：

那底有条河（le^{44}ti iɯ^{313} tiɔ^{35} he^{35}）。那里有条河。

你先把东西放哒固底（ŋ^{31} ʃ˜i^{35} pa^{51} ten^{44} ʃi^{51} hoŋ ^{31} ta^{44} ku^{35} ti）。你先把东西放在这里。

固只垱比那只垱要热（ku^{35} tsia^{44}toŋ ^{313} pi^{51} le^{44} tsia^{44} toŋ ^{313} ie^{35}）。这个地方比那个地方要热。

我身上固开唧痒（ŋo^{31} sen^{44} soŋ ^{44} ku^{35} ka^{51} tʃi ioŋ ^{313}）。我身上这个地方痒。

电视机固开唧坏咖哒（ti^{31} sˎ^{44} tʃi^{44} ku^{35} ka^{35} tʃi huæ^{31} ka^{44} ta）。电视机这个地方坏了。

但彼此之间存在以下一些差别。

其一，就指代的范围来看，"固/那底"指代的范围可大可小，既可指代大的地方，也可指代小的地方。"固/那只垱"指代的地域范围一般比较大，"固/那开"指代的范围一般都比较小。

当然，指代范围是大是小往往都是相对的，一般是由说话者主观认定的。

其二，从指代的对象来看，"固/那底"指代的对象广泛，既可指某一点，也可以指某一块区域；"固/那只垱"一般用来指代某一块区域；"固/那开"常用来指示某一点，或指示某个小的区域之内某个面上的一小块地方等，如墙壁上或人的身体上某一小块区域。

其三，"固/那开"后面可带后缀"唧"尾，构成"固/那开唧"的说法，使所指的面积更小，确指性更强。"固/那底""固/那只垱"后面不能带"唧"尾后缀。

（3）固边、那边、固头、那头。

固边、那边、固头、那头用于指别方向，主要是指别东南西北、前后左右等，相当于普通话中的"这个方向""这边""那个方向""那边"。可以作主语、宾语或定语，作定语不能直接接名词，而要带定语标记"咯"。如：

固边住咖三户人家，那边住咖一户人家（ku³⁵ pʅ⁴⁴ tsu³¹ ka⁴⁴ sã³⁵ ha³¹ ȵ³⁵ ka⁴⁴，le⁴⁴ pi⁴⁴ tsu³¹ ka⁴⁴ i³¹³ ha³¹ȵ³⁵ ka⁴⁴）。这边住了三户人家,那边住了一户人家。

你坐固边，我坐那边（ȵ³¹ tso³¹ ku³⁵ pʅ⁴⁴，ŋo³¹ tso³¹ le⁴⁴ pʅ⁴⁴）。你坐这边,我坐那边。

固头咯水比那头要多（ku³⁵ te³⁵ ke su³¹ pʅ³¹ le³⁵ te³⁵ iɔ³¹ to³⁵）。这头的水比那头要多。

固边咯屋是新起咯（ku³⁵ pʅ³¹ ke u³⁵ sʅ⁴⁴ ʃien⁴⁴ ʃi⁵¹ ke）。这边的房子是新建的。

（4）固时唧、那时唧、固会唧、那会唧。

固时、那时、固会唧、那会唧都是用来称代时间的，其用法和时间词语一样，可以作主语、宾语、定语和状语。作定语时必须带定语的标记"咯"。如：

固时唧几点钟哒？（ku³⁵ sʅ³⁵ tʃi tʃi⁵¹ tʅ⁵¹ tsen⁴⁴ ta?）这时几点钟了。

固会唧我又做咖蛮多事（ku³⁵ hui³⁵ tʃi ŋo³¹ iɯ³¹³ tsa³¹ ka mã³⁵ to⁴⁴ sʅ³¹）。这一会我又做了很多事。

固会唧咯菜卖得便宜（ku³⁵ hui⁴⁴ tʃi ke⁴⁴ tsæ³¹ mæ³¹ te pʅ³⁵ i⁵¹）。这时候的菜卖得便宜。

相比较而言，"固/那时唧"重在指时间点，相当于普通话中的"这个时候、那个时候"。"固/那会唧"重在指时间段，相当于普通话中的"这/那会儿、这/那阵儿"。

（5）固些、那些。

指示代词指代数量有两种情况：一是指代个体，二是指代群体。指示代词指代个体通常采用"固/那＋量词＋名词"的形式。如：固个人、那副车、固间屋、那只狗。

另外，后面的名词有时可以不出现，直接用"固/那＋量词"的结构。如：固个、那副、固间、那只。所省略的名词通常都能从上下文的语境中推导出来，因此并不影响意思的表达。"固/那＋量词"的结构一般表示的都是单数，量词不能省略，用什么样的量词要和后面的名词保持一致。

　　指示代词指代群体有两种方式，当群体的数量是确定时，采用"固/那 + 数量词 + 名词"的说法。如：固三个人、那两间屋、固一百块钱。

　　当群体的数量是不确定时，采用"固/那些 + 名词"的结构。如：固些人、那些事。

　　"固些""那些"用来指代两个以上的人或事物，用来指代人时常含有贬义。在句中可以作主语、宾语和定语，作宾语时后面常带所指代的名词，单独不能作宾语，作定语时不带定语标记"咯"，也不用再接量词，直接接名词就可以了。如：

　　固些得我，那些得你（ku^{35} ʃie^{44} te^{35} ŋo^{31}，le^{44} ʃie^{44} te^{35} ŋ̍^{31}）。这些给我,那些给你。

　　固些苹果下烂咖哒（ku^{35} ʃie^{44} pien^{44} ko^{51} ha^{31} lã^{31} ka ta）。这些苹果都烂掉了。

　　你再哇固些话我就不齿你哒（ŋ̍^{31} tsa^{31} ua^{31} ku^{35} ʃie^{35} hua^{31} ŋo^{31} tʃiɯ^{313} pu^{35} tsʻʅ^{313}ŋ̍^{31} ta）。你再说这些话我就不理你了。

　　（6）固样、那样。

　　"固样""那样"相当于普通话中的"这样""那样"，常用来指别，可以用在名词前修饰名词作定语，还可以用在谓词前修饰谓词作状语，还可以单独作其他成分。作定语时不能直接带名词，常要带定语标记"咯"。如：

　　固样咯事我还曼听到哇过（ku^{35} ioŋ^{51} ke sʅ^{44} ŋo^{31} hæ^{35} mã^{35} tʻoŋ^{51} tɔ^{51} ua^{31} ko^{44}）。这样的事我还没听说过。

　　固样做对不对喇？（ku^{35} ioŋ^{51} tsa^{31} tui^{313} pu^{35} tui^{313} læ?）这样做对不对呢？

　　那样要不要得？（le^{44} ioŋ^{51} iɔ^{313} pu^{35} iɔ^{313} te?）那样可不可以？

　　（7）固拉巴。

　　"固拉巴"一般用在形容词前面表示程度或状态，意为"这么、如此"。如：

　　固蔸树吊咖固拉巴多桃子（ku^{35} te^{44} su^{31} tiɔ^{313} ka ku^{31} la^{35} ba to^{44} tɔ^{35} tsi^{51}）。这棵树结了这么多桃子。

　　渠走街走咖固拉巴久还曼回（tʃi^{35} tse^{313} kæ^{44} tse^{313} ka ku^{31} la^{35} ba tʃiɯ^{51} hæ^{35} mã^{35} hui^{35}）。他上街去了这么久还没回来。

　　几年不见你就长起固拉巴大哒（tʃi^{51} i^{35} pu^{35} tʃ ʅ^{31}ŋ̍^{31} tʃiɯ^{51} tioŋ^{313} ʃi^{51}

ku^{31} la^{35} ba t′æ^{31} ta）。几年不见你就长得这么大了。

"那"一般不能和"拉巴"组合，构成"那拉巴"的说法。"固拉巴"修饰的形容词只能是表大的方面意义的形容词，如"大""多"等，不能是"小""少"等表示小的方面的形容词。

三　疑问代词

1. 疑问代词的形式

疑问代词是用来表示疑问的词，它是构成疑问句的一种手段。按询问对象的不同，可将安仁方言中的疑问代词分组如下（见表 3 - 3）。

表 3 - 3　安仁方言疑问代词

询问对象	疑问代词
人	哪个 la^{51} ko^{44}
物	麻格 ma^{31} ke^{44}
数量	好多 hɔ^{51} to^{44}
时间	好久 hɔ^{51} tʃ iɯ^{51}，麻格时唧 ma^{31} ke^{44} sɔ^{44} tsi
方向	哪边 la^{51} p ĭ^{44}，哪头 la^{51} te^{35}
处所、位置	哪底 la^{51} ti^{51}，哪开唧 la^{51} k′æ^{51} tsi，哪只挡 la^{51} tʃia^{35} toŋ^{31}
原因、目的	为麻格事 ue^{35} ma^{31} ke^{44} sɔ^{31}，哦 o^{35}/哦何/o^{35} hɔ^{51}/哦是 o^{35} sɔ^{35}
性状、方式	麻格样子 ma^{31} ke^{44} ioŋ^{31} tsi，哪样 la^{51} ioŋ^{31}
程度	好（大、重、深……）hɔ^{51}

安仁方言中的疑问代词有几个最基本的词形，分别是"哪""麻格""好""哦"。其中，"哪""好"不能单独提问，"麻格""哦"可以单独提问。其他的疑问代词，如"哪个""哪底""哪开唧""为麻格事""麻格时唧""好久""好多""哦何""哦是"等都是由这几个基本词形复合而来的。

2. 疑问代词的语法功能

（1）哪。

"哪"是安仁方言中疑问代词的一个基本词形，但其本身不能单独表疑问，必须要和其他词语组合才可以提问，其组合的词语不同，提问的对象也不一样。例如，"哪个"主要针对人提问，"哪边、哪头"主要针对方向提问，"哪底、哪开唧、哪只垱"主要针对处所、位置提问。"哪样"主要针对方式提问。具体如下：

其一，"哪个"主要针对人提问，可作主语、宾语、定语。作定语时后面要带定语的标记形式"咯"。"哪个"相当于普通话中的"谁"。如：

你是哪个？（$ŋ^{31}$ $ʂ^{44}la^{51}$ ko^{44}？）你是谁？

哪个喊你来咯？（la^{51} ko^{44} $hã^{51}ŋ^{31}$ le^{35} $k'e$？）谁叫你来的？

哪个克接渠克？（la^{51} ko^{44} $k'e^{31}$ $tʃie^{35}$ $tʃi^{35}$ $k'e$？）谁去接他？

今日是哪个值班？（$tʃ$ ĭ^{44} i^{44} $ʂ^{44}$ la^{51} ko^{44} tsi^{35} $pã^{44}$？）今天是谁值班？

固是哪个咯车？（$ku^{35}ʂ^{44}la^{51}ko^{44}ke$ $tʃ'e^{44}$？）这是谁的车？

其二，"哪个"除了上述用法外还可以用在反问句里表示"没有一个人"的意思。如：

渠固不听话，哪个齿渠？（$tʃi^{35}$ ku^{35} pu^{35} $t'io$ $ŋ^{313}$ hua^{31}，la^{51} ko^{44} ts'^{51} $tʃi^{35}$？）他不听话，谁理他？

其三，"哪个"还可以表示虚指无具体指代对象，表示"不知道哪一个"的意思。如：

我本书不晓得得哪个捞咖走咖哒？（$ŋ$ o^{31} pen^{51} su^{44} pu^{35} $sɔ^{313}$ te te^{35} la^{51} $ko^{44}lɔ^{44}$ ka $tse^{51}ka$ ta？）我的书不知道被谁拿走了？

其四，"哪个"还可以表示任指"任何人"的意思。如：

湾底冇哪个不哇渠好（$uã^{44}$ ti $mɔ^{35}$ la^{51} ko^{44} pu^{35} ua^{31} $tʃi^{35}$ $hɔ^{51}$）。村里没有谁不说他好。

如果是针对事物提问，则采用"哪 + 量词 + 名词"的形式，名词有时可以省略，"哪"后面的量词的形式要与后面的名词保持一致，如哪只、哪本、哪苑等。

你要哪本（书）？（$ŋ^{31}$ $iɔ^{31}$ la^{51} pen^{51} su^{44}？）你要哪一本书？

哪只狗咬人？（la^{51} $tsia^{31}$ ke^{51} $iɔ^{31}ŋ^{35}$？）那只狗咬人？

哪苑树是你种咯？（$la^{51}te^{44}$ su^{31} $ʂ^{44}ŋ^{31}$ $tsen^{313}$ ke？）哪棵树是你种的？

"哪底、哪开唧、哪只垱"都可问处所，"哪开唧、哪只垱"只问处所，"哪底"除了可以问处所外还可以表示语气。如：

渠哪底固蠢（$tʃi^{35}$ la^{51} ti ku^{35} $ts'uen^{313}$）。他怎么这么蠢。

小张哪底固会读书（$ʃiɔ^{51}$ $tsoŋ^{35}$ la^{51} ti ku^{35} hui^{31} tua^{35} su^{44}）。小张怎么这么会读书。

"哪样"主要针对方式提问，如果是针对性状提问，则用"麻格样子"。在安仁方言中，"哪样"常和动词"行"搭配，构成"行哪样"的说法，后面常接动词性成分。其相当于普通话的"怎么"。如：

走车站行哪样走？（tse^{51} ts'e^{35} tsã^{31} hoŋ^{35} la^{51} ioŋ^{313} tse^{51}?）去车站怎么走？

固只题目行哪样做？（ku^{35} tʃia^{31} t'i^{35} mo^{44} hoŋ^{35} la^{51} ioŋ^{313} tsa^{31}?）这个题目怎么做？

你哇述我电脑行哪样用？（ŋ^{31} ua^{31} su^{44} ŋ o^{31} t ɿ^{313} lɔ^{51} ho ŋ^{35} la^{51} io ŋ^{313} ien^{313}?）你告诉我电脑怎么用？

"哪边、哪头"和普通话同形，用法也一样，不再赘述。

（2）麻格。

"麻格"是安仁方言中一个很有特色的疑问代词，其意义相当于普通话中的"什么"。它既可单独表示疑问，又可以与其他词语组合构成复合疑问词。具体来说，安仁方言中的"麻格"有以下一些功能和用法。

其一，作主语、宾语或定语，作定语时不带定语标记"咯"。

麻格到箱子底响哎？（ma^{31} ke^{44} tɔ^{35} ʃioŋ^{44} tsi^{51} ti ʃioŋ^{51} ai^{44}?）什么在箱子里响？

车子上装咯是麻格？（ts'e^{35} soŋ^{313} tsoŋ^{35} ke sɔ^{35} ma^{31} ke^{44}?）车上装的是什么？

渠屋底台电视机是麻格牌子咯？（tʃi^{35} u^{35} ti tæ^{35} t ɿ^{31} sɿ^{44} tʃi^{44} sɿ^{35} ma^{31} ke^{44} p'æ^{35} tsi^{51} ke?）他家里的电视机是什么牌子的？

"麻格"单用只能指代事物，作定语时没有这个限制，可以附着在指称事物的名词前，也可以附着在指称人的名词前。例如，可以说"麻格事""麻格东西""麻格问题""麻格书""麻格菜"等。如果单用"麻格"，如说"你做麻格？""你找麻格？"时，这些疑问词一定指代事物；如果要用"麻格"指代人需要加中心语"人"，说"麻格人"，"麻格"单用一般不能指人。

其二，表示虚指和任指。如：

固点小事，还谢麻格？（ku^{35} tɿ^{313} ʃiɔ^{51} sɿ^{44}，hæ^{35} ʃie^{31} ma^{31} ke^{44}?）这点小事，还谢什么？

我不晓得得麻格咬咖一口（ŋ o^{31} pu^{35} ʃiɔ^{51} te te^{35} ma^{31} ke^{44} iɔ^{313} ka^{44} i^{35} k'e^{51}）。我不知道被什么咬了一口。

固时唧价麻格，还早得很（ku^{35} sɿ^{35} tʃi tʃia^{313} ma^{31} ke^{44}，hæ^{35} tsɔ^{51} te hɿ^{313}）。这时候急什么，还早得很。

渠胆大麻格阿不怕（tʃi³⁵ tā⁵¹ t'æ³¹ ma³¹ ke⁴⁴a³¹ pu³⁵ p'a³¹）。他胆子大什么都不怕。

"麻格"还可用在名词后面主要表示列举，其指代的意义已经虚化，变成一个语气成分。如：

买咖些鱼麻格、肉麻格准备过年（mæ³⁵ ka⁴⁴ ʃie³⁵ u³⁵ ma³¹ ke⁴⁴、iɯ³¹³ ma³¹ ke⁴⁴ tsuen⁵¹ pie⁴⁴ ko³¹ ï³⁵）。买些鱼、肉之类的准备过年。

"麻格"还可以与其他词语组合构成复合疑问词，如"麻格时唧""麻格样子""为麻格事"等。其中"麻格时唧"主要针对时间提问，"麻格样子"主要针对性状提问，"为麻格事"主要是针对原因提问。如：

渠麻格时唧过来？（tʃi³⁵ ma³¹ ke⁴⁴s ï³⁵ tʃi ko³¹ le³⁵？）他什么时候过来？

渠长得麻格样子？（tʃi³⁵ tsoŋ³¹³te ma³¹ ke⁴⁴ ioŋ⁵¹ tsi⁵¹？）他长得怎么样？

渠两个为麻格事打高哎？（tʃi³⁵ lio ŋ³⁵ ke ue³⁵ ma³¹ ke⁴⁴ s ï³⁵ ta⁵¹ ko⁴⁴？）他们两个为什么事打架？

（3）哦。

"哦"问事情的原因或目的，常常放在谓词性词语的前面。其既可单用表疑问，也可以与其他词语组合表疑问，构成如"哦何""哦是"的说法，意思差不多，彼此都可以通用。如：

掂你哇咖好多道，你哦是不听唻（t ï⁴⁴ ɳ³¹ua³¹ ka ho⁵¹ to³⁵ to³¹，ɳ³¹ o³⁵ s ï³⁵ pu³⁵ t'ioŋ³¹³ la⁴⁴？）和你说了多次，你怎么不听呢？

快煞夜哒，渠哦何还曼回唻（k'uæ³⁵ sa³⁵ ia³¹³ ta³⁵，tʃi³⁵ o³⁵ ho⁴⁴ hæ³⁵ mā³⁵ hue³⁵ le⁴⁴？）快黑了，他怎么还没回来？

渠哦固调皮，那哦要得？（tʃi³⁵ o³⁵ ku³⁵ t'io⁵¹ p'i³⁵，le³⁵ o³⁵ io⁵¹ te？）他怎么这么调皮，那怎么行？

"哦"也常常表示方式，用于反问句时，多含有责备、不满的意思。如：

你哦固小气？（ɳ³¹ o³⁵ ku³⁵ ʃio⁵¹ tʃi？）你怎么这么小气？

你掂渠哦哇哒咯？渠固不高兴（ɳ³¹t ï³⁵ tʃi³⁵ o³⁵ ua³¹ ta⁴⁴ ke？tʃi³⁵ ku³⁵ pu³⁵ ko⁴⁴ ʃien³¹）。你和他说了什么？他这么不高兴。

"哦"后面可以有否定词，问原因，不问方式。如：

你要固些书？你哦不早哇？我下卖咖哒（ɳ³¹io³¹ ku³⁵ ʃie³⁵ su⁴⁴？ɳ³¹ o³⁵

pu³⁵ tsɔ⁵¹ ua³¹ ? ŋ o³¹ hæ³¹ mæ³¹ ka⁴⁴ ta)。你要这些书?你怎么不早说?我都卖了。

渠可能不晓得渠妈病咖哒，你哦不打电话哇述渠？（tʃi³⁵ ko³⁵ l ĩ³⁵ pu³⁵ ʃiɔ⁵¹ te tʃi³⁵ mã³⁵ p'io ŋ³¹³ ka⁴⁴ ta，ŋ̩³¹ o³⁵ pu³⁵ ta⁵¹ t ĩ³¹³ hua⁴⁴ ua³¹ ʃu³⁵ tʃi³⁵ ?）他可能不知道他妈妈病了,你为什么不打电话告诉他?

"哦"和"哦何""哦是"表达的意思差不多，没有什么较大的区别，在句子中即使互换也并不影响意思的表达。

"哦"和"为麻格事"都可以问原因，两者相比较存在以下一些区别。

其一，"为麻格事"主要问原因，而且常常表示追问究竟。这和"哦"问一般原因有所不同。如：

为麻格事你今日不读书克？（ue³⁵ ma³¹ ke⁴⁴ sʔ³¹ŋ̩³¹ tʃî³¹³ i⁴⁴ pu³⁵ tua³⁵ ʃu⁴⁴ k'e³¹ ?）为什么你今天不去读书?

渠那样对你，你为麻格事还对渠好？（tʃi³⁵ le³⁵ ioŋ⁵¹ tue³¹ŋ̩³¹，ŋ̩³¹ ue³⁵ ma³¹ ke⁴⁴ sʔ³¹ hæ³⁵ tue³¹tʃi³⁵ hɔ⁵¹ ?）他那样对你,你为什么还对他好?

渠为麻格事发固大略气？（tʃi³⁵ ue³⁵ ma³¹ ke⁴⁴ sʔ³¹ fa³⁵ ku³⁵ t'æ³¹ ke tʃ'i³¹ ?）他为什么事发这么大脾气?

固碗菜为麻格事固蛇酸？（ku³⁵ uã⁵¹ ts'æ³¹ ue³⁵ ma³¹ ke⁴⁴ sʔ³¹ ku³⁵ sa³⁵ suã⁵¹ ?）这碗菜为什么这么酸?

其二，"为麻格事"作疑问代词，也只用于动词性结构或形容词性结构之前。如果用于动词性结构或形容词性结构之后，"为麻格事"则是述宾结构，而且常常充当谓语的组成部分。"为麻格事"的前面常常有"是"。如：

把渠间屋拆咖哒，是为麻格事？（pa³⁵ ku³⁵ kã⁴⁴ u³⁵ ts'æ³¹ ka⁴⁴ ta，s ʔ³⁵ ue³⁵ ma³¹ ke⁴⁴ sɔ³¹ ?）把这间房子拆了,是为什么?

你把渠打咖餐死咯，是为麻格事？（ŋ̩³¹ pa³⁵ tʃi³⁵ ta³¹³ tsã⁴⁴ s ʔ⁵¹ ke，s ʔ³⁵ ue³⁵ ma³¹ ke⁴⁴ sʔ³¹ ?）你把他狠狠地打了一顿,是为什么?

其三，"为麻格事"偏重于探究实际的原因，"哦""哦何""哦是"则不一定有此含义，后者表达的范围较宽泛。在安仁方言里，不是强调探明原因的，一般用"哦""哦何""哦是"，它们比"为麻格事"使用得更普遍。

（4）好。

安仁方言中的"好"和普通话中的"好"表意不太一样。在普通话中"好"除了可作形容词外还可用作程度副词，如"好高""好重"等，意思相当于"很高""很重"。安仁方言中的"好"除了普通话中的上述用法外，在安仁话中"好"在"好高""好重"等词语中还可以虚化只表疑问语气，不作程度副词。如在安仁话中"好久"可以表示"多久"的意思，"好多"可以表示"多少"的意思，都用于疑问句表疑问。和"好"表程度的用法不同，安仁话中用"好"表疑问时语调为升调，而用"好"表程度时语调则为降调。

"好"在安仁话中不能单独表疑问，必须要和其他词语组合才能表示疑问，其组合的词语不同，询问的对象也不一样。常见的组合有"好多""好久""好大""好细""好深""好浅"等。"好多"主要针对数量提问，相当于普通话中的"多少"，"好久"主要针对时间提问，相当于普通话中的"多久"。"好大""好细""好重"主要是针对事物的性状的程度大小提问。如：

西瓜好多钱一斤？（ʃi^{44} kua^{35} hɔ^{51} to^{44} ts ʅ^{313} i^{35} tʃen^{35}？）西瓜多少钱一斤？

还要好久才下课？（hæ^{35} iɔ^{51} hɔ^{51} tʃiɯ^{313} ts'æ^{31} ʃa^{31} k'o^{44}？）还要多久下课？

那只猪养咖几个月哒有好大哒？（le^{35} tsia^{35} tsu^{44} ioŋ^{51} ka tʃi^{51} ko^{44} ue^{44} ta iɯ^{313} hɔ^{51} t'æ^{31} ta？）那只猪养了几个月了有多大了？

"好大"除了问程度外还可问数量。问数量时主要是用来询问人的年龄。如：

你现在好大哒？（ŋ^{31} ʃ ʅ^{35} tsæ^{44} hɔ^{51} tæ^{31} ta？）你现在几岁了？

第二节　语气词

语气是个复杂的系统，它有两层含义：一是指说话口气的强弱和附加色彩，是度量的区别，我们称之为语气的度；二是指语句功能上的陈述、疑问等，是类的区别，我们称之为语气的类。语言中的句子离不开语气。通常我们把句子的结构类型称为句型，而把句子的语气类型称为句类，语气不受句子表层结构的影响，句型相同的句子，句类可能不同，如："他来了"和"他来了?"两句话结构相同，但由于语气不同所以分为陈述句和疑问句。对于语气的分类，不同的论著有不同的看法，有的把语气分为陈述、疑问、祈使、感叹四种类型，有的把语气分为表情、表态、表意三种类型，还有的把语气分为陈述、疑问、祈使、感叹、肯定、否定、强调、委婉八大类型。认识的纷纭本身说明了语气范畴的复杂性，由于本书不是主要讨论语气的分类问题，所以不再赘述。本书采用的是通常的分类方法，即把语气分为陈述（包括肯定、否定、强调等）、祈使（包括祈使、命令）、疑问和感叹四大类。

语气的表达手段是多种多样的，有语音的手段、词汇的手段和结构的手段。常见的语音手段是语调，如"天黑了"说成降调是陈述，说成升调就表示疑问。结构的手段如正反问句常采用的"V 不 V"结构表示疑问。词汇的手段是用一些词语表示特定的语气，如副词、连词、疑问代词、叹词等，其中最常用的就是语气词。

语气词是一种后附虚词，一般附在句子的末尾，有时也附在分句或句子中的某一部分后面。语气词既可以表示语气的类，也可以表示语气的度。因此从功能角度来看，可以把语气词分为足调和羡余两种类型。句子是语言的动态使用单位，必须有一个完整的语调，具有足调作用的语气词也同时具有足句作用。足调性语气词是语气类表现的必有手段，羡余性语气词是语气类表现的可有手段。除普通话外，汉语中各方言都有自己的语气词，各具特色，很能体现方言的个性。本书所讨论的安仁方言的语气词不包括叹词，就其作用而言，它既可以表示语气的类，又可以表示语气的度。具体说来，安仁方言的语气词有以下几个特点。

（1）数量较多，方言色彩较浓，安仁方言中常用的语气词有 20 多个，和普通话相比，其中有的语气词可以找到普通话大致对应的形式，有的则很难找到。此外，不少的语气词能读全调，能重读，音值能延长，不像普通话那样读轻声。

（2）使用频率高，安仁话中不少的语气词有表停顿或提示下文的作用，它可以用于句子中任何一个成分的后面。

（3）关系复杂，同一种语气意义往往可以用不同的语气词来表示，同一个语气词有时可以用于不同的句式，表示不同的语气意义。

　　下面具体介绍安仁方言一些常用的语气词的用法，并按其使用的情况分为单用和合用两大类。

一　语气词的单用

1. 嘞

（1）用于句中停顿处，有提顿、延缓语气的作用。如：

老张固个人嘞，一得下要得，就是忒老实哒（lɔ³⁵ tsoŋ³⁵ ku³⁵ ko⁴⁴ n̩³⁵ le，i³¹³ te ha³¹ iɔ⁵¹ te，tʃiɯ³¹³ sɔ⁴⁴ ts'ie³¹ lo⁵¹ ʃi⁴⁴ ta）。老张这个人呢，其他都行，就是太老实哒。

过哒一下唧嘞，渠就来哒（ko³¹ ta i³⁵ ha³¹ tʃi le，tʃi³⁵ tʃiɯ⁵¹ lei³⁵ ta）。过了一下呢，他就来了。

那只路边上唧嘞有一只店子（le tʃia⁴⁴ la⁴⁴ p ĭ³⁵ soŋ⁵¹ tʃi le iɯ⁵¹ i tʃia³¹³ t ĭ³¹ tsi）。那条路边上有一个店子。

（2）用于陈述句，含有强调的口气。如：

你咯崽麻格对你还可以嘞（ŋ³¹ ke tse⁵¹ ma⁴⁴ ke tue³¹ n̩³¹ hæ³⁵ ko³¹ ile）。你的儿子对你还行呢。

渠能做到固只样子还不错嘞（tʃi³⁵ l ĭ³⁵ tsa³¹ to⁵¹ ku³⁵ tʃia³¹³ ioŋ⁴⁴ tsi⁵¹ hæ³⁵ pu³⁵ ts'o³¹ le）。他能做到这个样子还不错呢。

论表现渠今日还是蛮好咯嘞（luen³¹ piɔ⁵¹ ʃ ĭ³¹³ tʃi³⁵ tʃi³⁵ i hæ³⁵ sʅ⁴⁴ mã³⁵ hɔ⁵¹ ke le）。论表现他今天还是很好的呢。

（3）用于祈使句，表示建议和希望。如：

快点吃嘞，一是菜冷咖哒（k'uæ³¹ tĭ⁵¹ tʃia³¹³ le，i³⁵ sʅ⁴⁴ tsæ³¹ loŋ⁵¹ ka ta）。快点吃啊，要不然菜就冷了。

慢点唧走嘞，莫要绊倒哒（mã³¹ tĭ³¹³ tʃi tse⁵¹ lo，mo³⁵ iɔ³⁵ pã³¹ tɔ⁵¹ ta）。慢点儿走啊，不要摔倒了。

做事细心点唧嘞（tsa³¹ sʅ³¹ ʃi⁵¹ ʃien³¹³ t ĭ³¹³ tʃi le）。做事情细心点啊。

（4）用于疑问句，表示询问、商议的语气，可用于特指问、正反问和选择问，不能用于是非问。

渠等下得不得来嘞？（tʃi⁴⁴ t ĭ³¹³ ha³¹ te pu³⁵ te le le³⁵?）他等会会不会来呢？

你还卖点麻格东西唧嘞？（ŋ³¹ hæ³⁵ mæ³¹ t ĭ³¹³ ma³¹ ke te ŋ⁴⁴ ʃi

tʃi le?)你还要买点什么东西呢？

我南等下回克，你哇嘞？(ŋo^{31} lã^{35} tĭ^{31} ha^{31} hue^{35} ke^{31}，n̩^{31} ua^{31}le?)我们等下回去，你说呢？

你吃饭还是吃粥嘞？(n̩^{31} tʃia^{313} fã^{31} hæ^{35} sʅ tʃia^{313} tʃiɯ^{35} le?)你吃饭还是喝粥呢？

（5）用于假设关系复句的前一分句末尾，表示“如果……”的意思，一般与“就”搭配使用，在舒缓语气的同时有加强假设的作用。陈满华（1993）认为，其在复句中除了有表语气的作用外，还有关联分句的作用，并把其称为假设句段关联结构助词②。

喊你克嘞，你就克；曼喊你克嘞，你就不克（hã^{51}n̩^{31} ke^{31} le，n̩^{31} tʃiɯ^{31} ke；mã^{35} hã^{51}n̩^{31} ke^{31} le，n̩^{31} tʃiɯ^{31} pu^{35} ke^{31}）。叫你去呢，你就去；没叫你去呢，你就不去。

你想哇话嘞，就快点哇（n̩^{31} ʃioŋ^{51} ua^{31} le，tʃiɯ^{313} k'uæ^{31} tĭ^{51} ua^{31}）。你想说话呢，就快点说。

吃得嘞，就多吃点唧（tsia^{313} te le，tʃiɯ^{35} to^{44} tsia^{313} tia^{35} tʃi）。能吃呢，就多吃点。

电视机要是坏咖哒嘞，就把起克修克（tĭ^{35} sy^{44} tʃi^{44} iɔ^{35} sy^{44} huæ^{31} ka^{44} ta^{44} le，tʃiɯ^{31}pa^{44}ʃi^{51} k'e^{31} ʃiɯ^{35} k'e）。电视机要是坏了，就抱去修。

2. 啰

（1）用于肯定句中，表示答应、应承。

问：你等下过来啰（n̩^{31}tĭ^{51} ha^{31} kɔ^{44} le hã^{51}）。你等下来呀。

答：好啰（hɔ^{35} lo）。好的。

问：借你支笔用一下，要不要得？（tʃie^{31}n̩^{31} tsʅ^{44} pi^{51} ien^{313} i^{35} ha^{31}，iɔ^{31} pu^{35} iɔ^{31} te?）借你的笔用一下，行不行？

答：要得啰（iɔ^{35} te lo）。可以。

（2）用于感叹句中，指明事实或情况，表示强调，通常出现程度副词“好”“忒”等，整个表达带有夸张的色彩。

你看渠屋底好穷唧啰（n̩^{313} k'ã^{44} tʃi^{35} u^{35} ti hɔ^{51} tsen^{35} tʃi lo）。你看他家里好穷啊。

那只细把唧好调皮唧啰，冇哪个管得渠到（le^{44} tʃia^{35} ʃi^{313} pa^{313} tʃi hɔ^{51} t'iɔ^{51} p'i^{44} tʃi lo，mɔ^{35} la^{51} ko^{44} kuã^{313} te tʃi^{35} tɔ^{31}）。那个小孩很调皮，没有谁管得住他。

渠忒不听话哒啰（tʃi^{44} t'ie^{31} pu^{35} t'ioŋ^{35} hua^{31} ta lo）。他太不听话了。

（3）用于祈使句中，表示祈使、劝慰。

你先克啰，我等下克（n̩^{31} ʃĭ^{313} kė^{31} lo，ŋo^{31} tĭ^{51} ha^{31} k'e^{44}）。你先去啊，我等下去。

曼弄麻格菜，你莫要客气啰（mã³⁵ len³⁵ ma⁴⁴ ke ts′æ³¹，n̩³¹ mo³⁵ iɔ⁵¹ k′e⁴⁴ tʃi³¹ lo）。没弄什么菜，你不要客气啊。

你快点来啰（n̩³¹ k′uæ³¹ t′ĩ³¹³ le⁴⁴ lo）。你快点来呀。

先莫要急啰，歇下气咱（ʃĩ³¹³ mo³⁵ iɔ³⁵ tsia³¹ lo，ʃie³⁵ ha⁴⁴ ʃi³¹³ tsa³¹）。先不要急，休息一下吧。

（4）用于疑问句中，表示询问，常带有点责备的语气。

你为麻格事曼来啰？（n̩³¹ ue³¹ ma³⁵ ke⁴⁴ sʅ³¹ mã³⁵ le³⁵ lo?）你为什么没来呀？

你还要我等好久唧啰？（n̩³¹ hæ³⁵ iɔ³¹ ŋ o³¹ ĩ⁵¹ hɔ⁵¹ tʃiɯ³¹³ tʃi lo?）你还要我等多久呀？

哇咖半天，到固底哇麻格啰？（ua³¹ ka pã³¹ t′ĩ⁴⁴，tɔ³¹ ku³⁵ ti⁴⁴ ua³¹ ma³⁵ ke⁴⁴ lo?）说了半天，到底在说什么呀？

哪个要你乱写啰？（la⁵¹ ko⁴⁴ iɔ³¹ n̩³¹ luã³¹ ʃie⁵¹ lo?）谁要你乱写啊？

如果是用于正反问句的末尾还带有点不耐烦的口气。

固时唧还不回来，你还吃不吃饭啰？（ku³⁵ sʅ⁴⁴ tʃi⁴⁴ hæ³⁵ pu³⁵ hui³⁵ le³⁵，n̩³¹ hæ³⁵ ts′ia³¹³ pu³⁵ ts′ia³¹³ fã³¹ lo?）这时候还不回来，你还吃不吃饭？

渠还来不来啰，都快煞夜哒（tʃi³⁵ hæ³⁵ pu³⁵ le³⁵ lo，to⁴⁴ k′uæ³¹ sa³¹ iæ³¹ ta）。他还来不来，天都快黑了。

你天天就是嬉，还看不看书啰？（n̩³¹ t′ĩ⁴⁴ t′ĩ⁴⁴ tʃiɯ³¹³ sʅ⁴⁴ ʃi³⁵，hæ³⁵ k′ã³¹ pu³⁵ k′ã³¹ su⁴⁴ lo?）你天天玩，还看不看书？

3. 唻

其一，用于陈述句，表答应、承认。

好唻，我就来哒唻（hɔ⁵¹ læ，ŋ o³¹ tʃiɯ³¹³ le³⁵ ta læ）。好了，我就来了。

要得唻，就按你哇咯做唻（iɔ³¹ te læ，tʃiɯ³¹³ ã³¹ n̩³¹ ua³¹ ke tsa³¹ læ）。可以嘜，就按你说的做。

其二，用于祈使句，表示建议或希望。

吃点酒唧唻（tsʻia³¹³ tiæ³¹ tʃiɯ⁵¹ tʃi læ）。喝点酒吧。

慢点唧走唻（mã³¹ tiæ³¹³ tʃi tse⁵¹ læ）。慢点儿走吧。

过来打牌嬉唻（ko³¹ le³⁵ ta⁵¹ pæ³⁵ ʃi³⁵ læ）。过来打牌玩吧。

其三，用于疑问句中，具体用法如下：

用于特指问询问原因，突出说话人的疑问、好奇的心理，常询问原因、时间、数量和方式。

散学好久哒，渠哦是还曼回来唻？（sã⁵¹ ʃo³⁵ hɔ⁵¹ tʃiɯ⁵¹ ta, tʃi³⁵ o³⁵ sɿ⁴⁴ hæ³⁵ mã³⁵ hui³⁵ le³⁵ læ?）_{放学很久了,他怎么还没回来?}

渠要麻格时唧价回来得唻？（tʃi³⁵ iɔ³¹ ma³⁵ ke⁴⁴ sɿ⁴⁴ tʃi tʃia⁵¹ hui³¹ le³⁵ te læ?）_{他要什么时候才回来?}

你只倈唧几岁哒唻？（n̩³¹ tʃia³¹ læ³⁵ tʃi⁴⁴ tʃi⁵¹ su⁴⁴ ta læ?）_{你儿子几岁了?}

你咯菜弄起固好吃，是行那样弄咯唻？（n̩³¹ ke ts'æ³¹ len³¹ ʃi⁵¹ ku³⁵ hɔ⁵¹ tsia³¹³, sɿ⁴⁴ hoŋ³⁵ la⁵¹ ioŋ³¹ len³¹ ke læ?）_{你的菜做得这么好吃,是怎么做的?}

用于正反问句，表示询问。

饭蒸咖固久熟哒曼唻？（fã³¹ tsen⁴⁴ ka ku³⁵ tʃiɯ⁵¹ ʃiɯ³⁵ ta mã³⁵ læ?）_{饭蒸了这么久熟了没有?}

渠还来不来唻？（tʃi³⁵ hæ³⁵ le³⁵ pu³⁵ le³⁵ læ?）_{他还来不来?}

你现在身上有冇钱唻？（n̩³¹ ʃɿ⁵¹ tsæ³¹ sen⁴⁴ so ŋ³¹ iɯ³¹³ mɔ³⁵ tsɿ⁵¹ læ?）_{你现在身上有没有钱?}

用于选择问。

你姓张还是姓李唻？（n̩³¹ ʃien³¹ tsoŋ⁴⁴ hæ³⁵ sɿ³¹ ʃien⁴⁴ li⁵¹ læ?）_{你姓张还是姓李?}

渠是你哥哥还是你老弟唻？（tʃi³⁵ sɿ³¹ n̩³¹ ko⁴⁴ ko⁴⁴ hæ³⁵ s ɿ³¹ n̩³¹ lɔ⁵¹ t'i³¹ læ?）_{他是你哥哥还是你弟弟?}

4. 哎

（1）用于称呼语后，表示称呼，其既可用于当面称呼，也可用于距离听话人远一点时的称呼。

叔叔哎（ʃiɯ³⁵ ʃiɯ³⁵ æ）。_{叔叔。}

老师哎，固只题目行那样做唻？（lɔ³¹ s ɿ⁴⁴ æ, ku³⁵ tsia³¹³ ti³⁵ mo⁴⁴ hoŋ³⁵ la⁵¹ ioŋ⁵¹ tsa³¹ læ?）_{老师,这个题目怎么做?}

张书记哎，好久曼看到你哒（tsoŋ⁴⁴ su⁴⁴ tʃi³¹ æ, hɔ⁵¹ tʃiɯ⁵¹ mã³⁵ k'ã³¹ tɔ⁵¹ n̩³¹ ta）。_{张书记,好久没看到你了。}

（2）用于句中，表列举或停顿。

用于句中，表示列举。如：

渠□日弄咖蛮多菜，桌子上鱼哎、肉哎摆满哒（tʃi³⁵ tsæ⁴⁴ i³⁵ leŋ³¹ ka mã³⁵

to⁴⁴ tsæ³¹，tso⁴⁴ tsi⁵¹ soŋ³¹ u³⁵ æ、iɯ³¹ æ pæ⁵¹ mã⁵¹ ta）他昨日做了很多菜，桌子上鱼、肉摆满了。

渠现在长高哒，衣裳哎、裤哎穿下细哒（tʃi³⁵ ʃ ĩ³¹ tsæ⁴⁴ tsioŋ⁵¹ kɔ⁴⁴ ta，i⁴⁴ sã⁵¹ æ、ha³¹ æ tsʹu ĩ⁴⁴ ha³¹ ʃi³¹ ta）他现在长高了，衣服、裤子穿小了。

用于句中，表示停顿。如：

渠屋底咯事哎，不好哇（tʃi³⁵ u⁴⁴ ti⁴⁴ ke sĩ³¹ æ，pu³⁵ hɔ³¹ ua⁵¹）他家的事啊，不好说。

那个人哎是只小气鬼（le⁴⁴ ko⁴⁴ŋ³⁵ æ sĩ³¹ tsa³¹³ ʃiɔ⁵¹ tʃi³¹ kui⁵¹）那个人啊是个小气鬼。

读书哎，要舍得己（tʹua³⁵ su⁴⁴ æ，iɔ³¹ sa⁵¹ te tʃi⁵¹）读书呀，要用功。

那件衣裳蛮好看咯，想买哎又曼带固多钱（le⁴⁴ tʃ ĩ³¹³ i⁴⁴ sã⁵¹ mã³⁵ hɔ⁵¹ kʹã³¹ ke，ʃioŋ⁵¹ mæ³¹ æ iɯ³¹ mã³⁵ tæ³¹ ku³⁵ to⁴⁴ ts ĩ⁵¹）那件衣服很好看，想买呀又没带这么多钱。

（3）用于疑问句中。

"哎"几乎可以用于所有的类型的疑问句当中，包括特指问、是非问、选择问、正反问。

用于特指问，如：

你是行哪样克咯哎？（ŋ³¹ s ĩ³¹ hoŋ³⁵ la⁵¹ ioŋ⁵¹ kʹe⁴⁴ æ?）你是怎么去的呀？

现在几点钟哒哎？（ʃ ĩ³¹ tsa³¹ tʃi⁵¹ t ĩ⁵¹ tsen⁴⁴ ta æ?）现在几点钟了？

渠为麻格事不来哎？（tʃi³⁵ ue³¹ ma³⁵ ke⁴⁴ s ĩ³¹ pu³⁵ le³⁵ æ?）他为什么不来呀？

用于是非问，表示猜测和求证。如：

渠是你亲戚哎？（tʃi³⁵ s ĩ³¹ŋ³¹ tʃʹien⁴⁴ tʃi⁴⁴ æ?）他是你亲戚呀？

□□落雨哒哎？（he⁵¹ tʃʹien³⁵ lo³¹ y⁵¹ ta æ?）外面下雨了呀？

渠考到大学哒哎？（tʃi³⁵ kɔ⁵¹ tɔ⁵¹ tʹæ³¹ ʃo³⁵ ta æ?）他考上大学了呀？

用于选择问，如：

你学文科还是学理科哎？（ŋ³¹ ʃo³⁵ uen³⁵ kʹo⁴⁴ hæ³⁵ s ĩ⁴⁴ ʃo³⁵ li⁵¹ kʹo⁴⁴ æ?）你学文科还是学理科呀？

你想吃饭还是想吃粥哎？（ŋ³¹ ʃioŋ⁵¹ tsʹa³¹³ fã³¹ hæ³⁵ s ĩ⁴⁴ ʃioŋ⁵¹ tsʹa³¹³ tʃiɯ³⁵ æ?）你想吃饭还是想喝粥？

你喜欢跑步还是喜欢打球哎？（ŋ³¹ ʃi⁵¹ huã³¹³ pʹɔ⁵¹ pu³⁵ hæ³⁵ s ĩ⁴⁴ ʃi⁵¹ huã³¹³ ta⁵¹ tʃiɯ³⁵ æ?）你喜欢跑步还是喜欢打球？

用于正反问，如：

你吃咖饭曼哎？（ŋ³¹ tsa³¹³ ka fã³¹ mã³⁵ æ?）你吃了饭没有？

作业做完哒曼哎？（tso³¹ ie³¹ tsa³¹ uã³⁵ ta mã³⁵ æ?）作业做完没有？

你有不有时间哎？（ŋ̍³¹ iɯ³¹³ pu³⁵ iɯ³¹³ s ʅ³⁵ kã⁴⁴ æ?）你有没有时间？

"哎"和"唻"都可用于疑问句。相比而言，"唻"只能用于特指问、正反问和选择问，通常不能用于是非问，而"哎"几乎能用于所有的疑问句。在特指问、是非问和选择问中，"哎"和"唻"意思差不多，即使互换也不会影响句子语气的表达。

（4）用于复句中。

用在条件分句的后面，含有"既然……"的意思，后面常有"就"与之对应（陈满华，1993）。如：

老师喊我写哎，我就写罗（lo⁵¹ s ʅ⁴⁴ hã⁵¹ ŋ o³¹ ʃie⁵¹ æ, ŋ o³¹ tʃiɯ³¹³ ʃie⁵¹ lo）。老师叫我写，我就写。

曼落雨哒哎，走（mã³⁵ lo⁴⁴ y⁵¹ ta æ, tse⁵¹）。没下雨了，走。

你要走哎，我就不留哒（ŋ̍³¹ iɔ³¹ tse⁵¹ æ, ŋ o³¹ tʃiɯ³¹³ pu³⁵ liɯ³⁵ ta）。你要走，我就不留了。

你已经来哒哎，就歇一晡夜哟（ŋ̍³¹ i⁵¹ tʃien⁴⁴ le³⁵ ta æ, tʃiɯ³¹³ ʃie³⁵ i³⁵ pu³⁵ ia³¹ sa）。你已经来了，就睡一晚吧。

用在假设分句后面，表示加强假设的语气，同时还有感叹的意味。常和"要是、要不是"的表假设的关联词配合使用。如：

要不是渠哎，固只事还搞不定（iɔ³¹ pu³⁵ s ʅ⁴⁴ tʃi³⁵ æ, ku³⁵ tsa³¹³ s ʅ³¹ hæ³⁵ kɔ⁵¹ pu³⁵ t'ien³¹³）。要不是他，这事还搞不定。

要是屋底有只猫哎，就冇固多老鼠哒（iɔ³¹ s ʅ⁴⁴ u⁴⁴ ti⁴⁴ iɯ³¹ tsa³¹³ mɔ³⁵ æ, tʃiɯ³¹³ mɔ³⁵ ku³⁵ to⁴⁴ lɔ⁵¹ su⁴⁴ ta）。要是屋里有只猫，就没有这么多老鼠了。

要不是渠帮忙哎，冇固好事（iɔ³¹ pu³⁵ s ʅ⁴⁴ tʃi³⁵ poŋ⁴⁴ moŋ³⁵ æ, iɯ³¹³ ku³⁵ hɔ⁵¹ s ʅ³¹）。要不是他帮忙，没这么好。

5. 散

（1）用于句中，表示停顿。

我哇哒散渠不是只好人（ŋ o³¹ ua³¹ ta sã tʃi³⁵ pu³⁵ s ʅ⁴⁴ hɔ⁵¹ŋ̍³⁵）。我说了他不是个好人。

那间屋忒细哒，而且散光线又不好（le⁴⁴ kã⁴⁴ u⁴⁴ t'ie³¹ si³¹³ ta, e³⁵ tʃ'ie⁵¹ koŋ³⁵ ʃ ʅ³¹³ iɯ³¹ pu³⁵ hɔ⁵¹）。那间房子太小了，而且光线又不好。

（2）用于陈述句。

"散"用于陈述句有两种意思，一是表示特意告诉别人某事，表示对所讲的事比较肯定，但通常所陈述的事对说话人来说是不如意的。如：

细把唧要读书，要钱交学费散（ʃi³¹³ pa⁵¹ tʃi iɔ³¹ t'u³⁵ su⁴⁴，iɔ³¹ ts 'i³⁵ tʃiɔ⁴⁴ ʃo³⁵ fi³¹ sã）。_{小孩要读书，要钱交学费。}

现在开学哒，冇时间嬉哒散（ʃ 'i³¹ tsa⁴⁴ k'a⁴⁴ ʃo³⁵ ta，mɔ³¹ s 'ʅ⁴⁴ kã⁴⁴ ʃi³⁵ ta sã）。_{现在开学了，没时间玩了。}

等固你半天曼来，渠已经走咖哒散（t 'i⁵¹ ku³⁵ n̩³¹ pã³¹ t' 'i⁴⁴ mã³⁵ le³⁵，tʃi³⁵ i⁵¹ tʃien⁴⁴ tse⁵¹ ka ta sã）。_{等了你半天没来，他已经走了。}

其二是用于陈述句句尾，对陈述语气起着减轻的作用，表示"没什么了不起的"的意思，在句中常和"不就（是）"等词语搭配使用，表达说话者轻视或鄙视的意味。如：

渠屋底不就是有几个钱散，有麻格了不起哎（tʃi³⁵ u⁴⁴ ti⁴⁴ pu³⁵ tʃiɯ³¹³ s 'ʅ⁴⁴ iɯ³¹ tʃi⁵¹ ko⁴⁴ ts 'i⁵¹ sã，iɯ³¹³ ma³⁵ ke⁴⁴ liɔ⁵¹ pu³⁵ ʃi⁵¹ æ）。_{他家里不就是有几个钱，有什么了不起的。}

渠不就借哒你一百块钱散，总是□到别个讨（tʃi³⁵ pu³⁵ tʃiɯ³¹³ tʃia³¹ ta n̩³¹ i³⁵ pe³⁵ k'uæ³¹ ts 'i⁵¹ sã，tsen³⁵ s 'ʅ⁴⁴ tʃ'ien³⁵ tɔ⁵¹ pie³⁵ ko⁴⁴ t'ɔ⁵¹）。_{他不就借了你一百块钱，总是找别人要。}

我不就是哇哒你几句散，你何必发固大咯火嘞（ŋ o³¹ pu³⁵ tʃiɯ³¹³ ua³¹ ta n̩³¹ tʃi⁵¹ tʃu³¹ sã，n̩³¹ ho³⁵ pi³¹ fa³⁵ ku³⁵ t'æ³¹ ke ho⁵¹ le）。_{我不就是说了你几句，你何必发这么大的火。}

（3）用于祈使句，表示命令、责备、催促、教训、劝阻等语气，同时并带有不满、厌烦的意味。

走散，还站哒固底做麻把唧（tse⁵¹ sã，hæ³⁵ tsã³¹ ta ku³⁵ ti⁴⁴ tsa³¹ ma³¹ pa⁵¹ tʃi）。_{走吧，还站在这里干什么？}

不想吃你就饿散（pu³⁵ ʃioŋ⁵¹ ts'a³¹³ n̩³¹ tʃiɯ³¹³ o³¹ sã）。_{不想吃就饿吧。}

你南总不能固不讲道理散（n̩³¹ lã³⁵ tseŋ⁵¹ pu³⁵ l 'ʅ³⁵ ku³⁵ pu³⁵ koŋ⁵¹ tɔ³¹ li⁵¹ sã）。_{你们总不能不讲道理吧。}

大人到哇话，细把唧莫插嘴散（t'æ³¹ n̩³⁵ tɔ³¹ ua³¹ hua³¹，ʃi³¹³ pa⁵¹ tʃi mɔ³⁵ ts'a⁴⁴ tsy⁵¹ sã）。_{大人说话，小孩子别插嘴。}

晓得落后，就争点气散（ʃiɔ⁵¹ te lo³¹ he³¹，tʃiɯ³¹ tse ŋ⁴⁴ t 'i⁵¹ tʃi³¹ sã）。_{知道落后，就争点气呀。}

（4）用于疑问句。

"散"用于疑问句可用于特指问、选择问、正反问，不能用于是非问。如：

固句话是哪个哇咯散？（ku³⁵ tsu³¹ hua³¹ sʅ⁴⁴ la⁵¹ ko⁴⁴ ua³¹ ke sã?）这句话是谁说的？

晚会几点钟开始散？（uã⁵¹ hui³¹ tʃi⁵¹ t ʅ⁵¹ k'æ⁴⁴ s ʅ⁵¹ sã?）晚会几点钟开始？

你吃鱼还是吃肉散？（ŋ³¹ ts'a³¹³ y³⁵ hæ³⁵ s ʅ⁴⁴ ts'a³¹³ iɯ³¹ sã?）你吃鱼还是吃肉？

等固渠固久哒，渠还来不来散？（t ʅ⁵¹ ku³⁵ tʃi³⁵ ku³⁵ tʃiɯ⁵¹ ta, tʃi³⁵ hæ³⁵ le³⁵ pu³⁵ le³⁵ sã?）等了他这么久，他还来不来？

水烧咖固久，不晓得开哒曼散？（su⁵¹ ʃiɔ³⁵ ka⁴⁴ ku³⁵ tʃiɯ⁵¹, pu³⁵ sɔ⁵¹ te k'æ⁴⁴ ta mã³⁵ sã?）水烧了这么久，不知道开了没有？

（5）用于假设关联复句的前一分句后，常和"要是/要不是"等词语搭配，具有强调的意味，以强调前一分句对后一分句内容的决定性影响。

要不是我走得快散，早就迟到哒（iɔ³¹ pu³⁵ s ʅ⁴⁴ŋ o³¹ tse⁵¹ te k'uæ³¹ sã⁴⁴, tsɔ⁵¹ tʃiɯ⁵¹ ts ʅ³⁵ tɔ³¹ ta）。要不是我走得快，早就迟到了。

渠要是不来散，就好哒（tʃi³⁵ iɔ³¹ s ʅ⁴⁴ pu³⁵ le³⁵ sã, tʃiɯ³¹³ hɔ⁵¹ ta）。他要是不来，就好了。

要不是赶到车哒散，今日就回不来哒（iɔ³¹ pu³⁵ s ʅ⁴⁴ kuã⁵¹ tɔ⁵¹ ts'e⁴⁴ ta sã, tʃ ʅ⁴⁴ i⁴⁴ tʃiɯ³¹³ hui³⁵ pu³⁵ le ta）。要不是赶到车了，今天就回不来了。

6. 吧

安仁方言中的"吧"和普通话中的"吧"类似，用于疑问句中，主要用在是非问的末尾，表示询问或征求意见。如：

田底咯菜要灌水哒吧？（t ʅ³⁵ ti⁴⁴ ke tsæ³¹ iɔ³¹ kuã³¹ su⁵¹ ta pa?）田里的菜要浇水了吧？

国庆节放假吧？（kue⁴⁴ tʃien³¹ tʃie³⁵ hoŋ³¹ tʃia⁵¹ pa?）国庆节放假吧？

你等下过来吧？（ŋ³¹ t ʅ⁵¹ ha³¹ ko³¹ le³⁵ pa?）你等下过来吧？

那是你亲戚吧？（le⁴⁴ s ʅ⁴⁴ ŋ³¹ tʃien⁴⁴ tʃi⁴⁴ pa?）那是你亲戚吧？

"哎"和"吧"都可用在是非问中，从语法意义上来讲，主要都是征求对方的意见，说话者对事实的真相已有所揣测，问对方只是进一步证实。如上面的例句，都表示半信半疑，都是求证性的提问，希望得到对方的证实。但比较而言，带"哎"的是非问说话者对所问的事一般来说疑大于信，带"吧"的是非问说话者说话者对所问的事一般来说信大于疑，并期待对方持肯定态度。反映在形式上，带"哎"的问句中可以用上语气副词"当真"，强调说话者的"疑"，而带"吧"的问句则不能。如：

你当真晓得开车哎？（ŋ³¹ toŋ⁴⁴ tsen⁴⁴ ʃiɔ⁵¹ te k'æ⁴⁴ ts'e⁴⁴ æ?）你真的会开车吗？

不能说成：你当真晓得开车吧？

"吧"用在是非问中除了表示询问外，还可以表示建议，征求对方的意见，如：

把门打开通下风吧？（pa⁵¹ men³⁵ ta⁵¹ k'e⁴⁴ t'eŋ⁴⁴ ha³¹ feŋ⁴⁴ pa?）把门打开透下气吧？

现在歇下气吧？（ʃ ʅ⁵¹ tsa³¹ ʃie⁴⁴ ha³¹ ʃi³¹ pa?）现在休息下吧？

进来坐下唧吧？（tʃien³¹³ le³⁵ tso³¹ ha³¹ tʃi pa?）进来坐一下吧？

这种现象在湖北大冶方言中也存在，如：

你吃饭吧？你吃不吃饭？

带向儿你里热吧？这段时间你那里热不热？

汪国胜（2011）认为，这类"吧"字句是一种特殊的问句，是用是非问的形式表达正反问句的意思。安仁方言中"吧"的情况也与此类似。

7. 哗

（1）用于祈使句，表示吩咐、叮嘱、提醒或警告，当表示吩咐、叮嘱时，常用于长辈对晚辈，有关心的意味。如：

你散学哒早点回哗（ŋ³¹ sã³¹ ʃo⁴⁴ ta tsɔ⁵¹ t ʅ⁵¹ hui³⁵ hã）。你放学了早点回来呀。

饭到锅底，你自己先吃哗（fã³¹ tɔ³¹ ko⁴⁴ ti⁴⁴，ŋ³¹ tsi⁴⁴ tʃi⁵¹ ʃ ʅ⁵¹ ts'iæ³¹³ hã）。饭在锅里，你自己先吃吧。

你掯渠好好嬉，莫要打高哗（ŋ³¹ t ʅ⁴⁴ tʃi³⁵ hɔ⁵¹ hɔ⁵¹ ʃi³⁵，mɔ³⁵ iɔ³¹ tæ⁵¹ kɔ⁴⁴ hã）。你和他好好玩，不要打架。

莫要到河底洗澡克哗（mɔ³⁵ iɔ³¹ tɔ³¹ ho³⁵ ti⁴⁴ ʃi⁵¹ tsɔ⁵¹ k'e hã）。不要去河里洗澡。

你还固样我就不客气哒哗（ŋ³¹ hæ³⁵ ku³⁵ ioŋ⁵¹ŋ o³¹ tʃiɯ³¹³ pu³⁵ k'e³¹ tʃi³¹ ta hã）。你还这样我就不客气了。

（2）用于是非句。

有两种用法，其一是表询问，表示自己有某种猜想，希望能得到对方的证实，含有"是不是"的意思。如：

你略事下做完哗？（ŋ³¹ ke s ʅ³¹ ha³¹ tsa³¹ uã³⁵ hã?）你的事都做完了吧？

你现在已经结咖婚哒啈？（ŋ̩³¹ ʃ ʔi⁵¹ tsæ³¹ i⁵¹ tʃien⁴⁴ tʃie³⁵ huen⁴⁴ ta hã?）你现在已经结婚了吧？

衣裳现在干哒啈？（i⁴⁴ sã⁵¹ ʃ ʔi⁵¹ tsæ³¹ kuã⁴⁴ ta hã?）衣服现在干了吧？

固盘菜吃吃得啈？（ku³⁵ pã³⁵ tsʹæ³¹ tsʹia³¹³ tsʹia³¹³ te hã?）这盘菜吃不吃得？

"啈"用于求证性的询问，其表示肯定的语气比"吧"还强，整个句子的疑问语气相对较弱，通常说话者对自己的猜测有较大的把握，询问只是为了进一步求证。

其二是表示委婉的建议，含有"行不行"的意思，希望对方同意。

我南固时唧看下电视啈？（ŋ o³¹ lã³⁵ ku³⁵ sʔ⁴⁴ tʃi⁴⁴ kʹã³¹ ha³¹ t ʔi³¹³ s ʔ⁴⁴ hã?）我们这时看下电视吧？

我先回克哒啈？（ŋo³¹ ʃ ʔi⁵¹ hui³⁵ kʹe³¹ ta hã?）我先回去了啊？

等下一起吃饭啈？（t ʔi⁵¹ ha³¹ i³⁵ ʃi⁵¹ tsʹa³¹³ fã³¹ hã?）等下一起吃饭啊？

我掂渠商量一下再哇述你啈？（ŋ o³¹ t ʔi⁴⁴ tʃi³⁵ soŋ⁴⁴ lioŋ⁴⁴ i³⁵ ha³¹ tsæ³¹ ua³¹ ʃu⁴⁴ ŋ̩³¹ hã?）我和他商量一下再告诉你吧？

8.啦

（1）用于陈述句，表示提醒或强调。

开工哒啦（kʹæ⁴⁴ ken⁴⁴ ta la）。开工了。

还不吃，菜下冷咖哒啦（hæ³¹ pu³⁵ tsʹa³¹³, tsʹæ³¹ ha³¹ lo ŋ³¹ ka ta la）。还不吃，菜都冷了。

水烧开哒啦（ʃu⁵¹ sɔ³⁵ kʹe⁴⁴ ta la）。水烧开了。

我看到你哒啦（ŋ o³¹ kʹã³¹ tɔ⁵¹ŋ̩³¹ ta la）。我看到你了。

（2）用于祈使句，表示命令、请求、劝阻、催促或建议等。

快点走啦，要迟到哒（kʹuæ³¹ t ʔi⁵¹ tse⁵¹ la, iɔ³¹ tsʔ³⁵ tɔ³¹ ta）。快点走吧，要迟到了。

莫要嬉哒啦，要抓紧时间（mo³⁵ iɔ³⁵ ʃi³⁵ ta la, iɔ³¹ tsua⁴⁴ tʃien⁵¹ s ʔ³⁵ kã⁴⁴）。不要玩了，要抓紧时间。

站哒那底啦，先莫要挪价（tsã³¹ ta le⁴⁴ ti⁴⁴ la, ʃʔ⁵¹ mo³⁵ iɔ³¹ la³⁵ tʃia³¹³）。站在那里，先不要动。

（3）用于因果复句表示原因的分句后面，表示"因为……所以……"的意思。陈满华（1993）认为，其在复句中除了有表语气的作用外同时还有关联分句的作用，并把其称为原因句段关联助词。

猫想吃鱼哒啦，我就端起盘子哒（mɔ³⁵ ʃioŋ⁵¹ tsʼiæ³¹³ u³⁵ ta la，ŋ o³¹ tʃʼiɯ³¹³ tuã⁴⁴ ʃi⁵¹ pã³⁵ tsi⁵¹ ta）。猫想吃鱼了,我就端起盘子。

佢是坐车去咯啦，我跟不上佢（tʃi³⁵ s ɭ⁴⁴ tso³¹ tsʼe⁴⁴ kʼe³¹ ke la，ŋ o³¹ kɪ³¹ pu³⁵ soŋ³¹ tʃi³⁵）。他是坐车去的,我跟不上他。

妈妈喊我莫吃啦，我就曼吃哒（mã⁴⁴ mã⁴⁴ hã⁵¹ŋ o³¹ mo³⁵ tsʼia³¹³ la，ŋ o³¹ tʃʼiɯ³¹³ mã³⁵ tsʼia³¹³ ta）。妈妈叫我别吃了,我就不吃了。

那回落雨哒啦，我就曼来（le⁴⁴ hui³⁵ lo⁴⁴ u⁵¹ ta la，ŋ o³¹ tʃʼiɯ³¹³ mã³⁵ le³⁵）。那次下雨了,我就没来了。

莫丢咖哒，我有用啦（mo³⁵ tiy⁴⁴ ka ta，ŋ o³¹ iɯ³¹³ ien³¹³ la）。别丢了,我有用。

9. 嘶

"嘶"主要用于复句，有两种用法：表示句段之间的相承关系，或表示复句中分句间的假设关系。

表示相承关系，即表示在某种情况下接着便有新的、往往也是意外的情况出现。但是，前一种情况并不是导致新的情况的原因，从逻辑上来看，前后情况（或动作、状态等）只是相承关系（陈满华，1993）。如：

林崽抬起脑壳看嘶，冒人哒（lien³⁵ tse⁵¹ tæ³⁵ ʃi⁵¹ lɔ⁵¹ ho⁴⁴ kʼã³¹ s ɭ，mo³⁵ŋ³⁵ ta）。林崽抬起头看,没人了。

爹爹喊一声嘶，佢南下走开哒（tia⁴⁴ tia⁴⁴ hã⁵¹ i³⁵ sen⁴⁴ s ɭ，tʃi³⁵ lã³⁵ ha³¹ tse⁵¹ kʼe⁴⁴ ta）。爹爹叫一声,他们都走开了。

等我一来嘶，佢就走咖哒（t ɪ⁵¹ŋ o³¹ i³⁵ le³⁵ s ɭ，tʃi³⁵ tʃiɯ³¹³ tse⁵¹ ka ta）。等我一来,他就走了。

这一用法在古汉语中也有，如《诗经》中有"昔我往矣，杨柳依依，今我来思，雨雪霏霏"，其中的"思"如果换成安仁话的"嘶"意义也完全能理解。

"嘶"表示假设关系时，用于假设复句第一分句的末尾，用来加强假设语气。如：

雨总是落咖下克嘶，田底咯禾下要浸死（y⁵¹ tsen⁵¹ s ɭ⁴⁴ lo⁴⁴ ka ha³¹ kʼe⁴⁴ s ɭ，t ɪ³⁵ ti⁴⁴ke o³⁵ ha³¹ iɔ³¹ tʃien³¹³ s ɭ⁵¹）。雨总是下下去的话,田里的禾都要淹死。

小心点唧，把渠副车子弄坏哒嘶，你赔不起（ʃiɔ⁵¹ ʃien⁴⁴ t ꞽ⁵¹ tʃi, pa⁵¹ tʃi³⁵ fu³¹ tse⁴⁴ tsi⁵¹ leŋ³¹ huæ³¹ ta ꞽ, ŋ̩³¹ pe³⁵ pu³⁵ ʃi⁵¹）。小心点吧，把他的车弄坏了，你赔不起。

要是等你一起来嘶，我南早就迟到哒（iɔ³¹ s ꞽ⁴⁴ t ꞽ⁵¹n ꞽ³⁵ i³⁵ ʃi⁵¹ le³⁵ s ꞽ, ŋ o³¹ lã⁴⁴ tsɔ⁵¹ tʃɯ³¹ ts ꞽ³⁵ tɔ³¹ ta）。要是等你一起来的话，我们早就迟到了。

"嘶"还可用于因果关系复句的原因分句末尾，如：

听到有肉吃嘶，渠南笑起不得了（tioŋ³¹³ tɔ⁵¹ iɯ³¹³ iɯ³¹ ts′a³¹³ s ꞽ, tʃi³⁵ lã³⁵ ʃiɔ³¹ ʃi⁵¹ pu³⁵ te liɔ⁵¹）。听到有肉吃，他们笑个不停。

渠到屋底听到有人喊渠打牌嘶□□过克哒（tʃi³⁵ tɔ³¹ u⁴⁴ ti⁵¹ tioŋ³¹³ tɔ⁵¹ iɯ³¹³ ŋ̩³⁵ hã⁵¹tʃi³⁵ ta⁵¹ pæ³⁵ s ꞽ tʃ′ien³¹³ mã⁵¹ko³¹ k′e³¹ ta）。他在家里听到有人叫他打牌马上过去了。

10. 价

（1）用于陈述句。

你南先走，我先煞业屋底咯事价（ŋ̩³¹ lã³⁵ ʃ ꞽ⁵¹ tse⁵¹, ŋ o³¹ ʃ ꞽ⁵¹ sa³¹ ie³¹ u⁴⁴ ti⁵¹ ke s ꞽ³¹ tʃia³¹³）。你们先走，我先把屋里的事做完。

等我有钱价再买电视机（t ꞽ⁵¹ŋ o³¹ iɯ³¹³ ts ꞽ⁵¹ tʃia³¹³ tsæ³¹ mæ⁵¹ t ꞽ³¹³ s ꞽ⁴⁴ tʃi⁴⁴）。等我有钱了再买电视机。

借咖你一百块钱，先还你五十块钱价（tʃia³¹ ka ŋ̩³¹ i³⁵ pe³⁵ k′uæ³¹ ts ꞽ⁵¹, ʃ ꞽ⁵¹ huã³⁵ŋ̩³¹ u⁵¹ ʃi⁴⁴k′uæ³¹ ts ꞽ⁵¹ tʃia³¹³）。借了你一百块钱，先还你五十块。

我歇下气价（ŋ o³¹ ʃie³⁵ ha³¹ ʃi³¹ tʃia³¹³）。我先休息下吧。

用"价"的陈述句都带有表白的口气，告诉听话人，这个动作行为之后，可能将会有另外的动作行为。"价"含有"等……再说"的意思，常预示着有后续的动作行为发生，也有人把它看作一个动态助词。据我们考察，这个"价"在安仁方言中通常有两种用法：一是用于"V +（一）+下"结构之后，表示短时尝试的意味，我们可把他看作表尝试态的动态助词。二是用在陈述句中，我们可把它看作一个语气词，因为它常置于句末，从不直接用于动词后。

（2）用于祈使句，表示"先做……"

不要等渠哒，你南先吃哒价（pu³⁵ iɔ³¹ t ꞽ⁵¹ tʃi³⁵ ta, ŋ̩³¹ lã³⁵ ʃ ꞽ⁵¹ tʃia³¹³ ta tʃia³¹³）。不要等他了，你们先吃吧。

你先坐到休息下价（ŋ̩³¹ʃ ꞽ⁵¹ tso³¹ tɔ⁵¹ ʃiɯ⁴⁴ ʃi⁴⁴ ha³¹ tʃia⁵¹）。你先坐下休息下吧。

捞过来得我看下价（lɔ⁴⁴ ko³¹ le³⁵ te ŋ o³¹ k′ã³¹ hã³¹ tʃia³¹³）。拿过来先给我看下。

（3）用于疑问句中询问原因或表示反问语气。

你不哇，渠哦何晓得价？（ŋ³¹ pu³⁵ ua³¹，tʃi³⁵ o⁴⁴ ho⁴⁴ ʃiɔ⁵¹ te tʃia³¹³?）你不说,他怎么知道?

渠喊哒你，你哦是不来价？（tʃi³⁵ hã⁵¹ ta ŋ³¹，ŋ³¹ o³⁵ s ʅ⁴⁴ pu³⁵ le³⁵ tʃia³¹³?）他叫了你,你怎么不来?

11. 嘛

（1）用于句中，表示稍有停顿。

过年哒嘛，所以要吃好点唧（ko³¹ ʅ³⁵ ta ma，so⁵¹ i⁵¹ iɔ³¹ tsia³¹ hɔ⁵¹ tia³⁵ tʃi）。过年了,所以要吃好一点。

细把唧嘛，大哒自然会懂事（ʃi³¹³ pa⁵¹ tʃi ma，t'æ³¹ ta tsʅ³¹ ʅ³⁵ hui³¹ teŋ⁵¹ sʅ³¹）。小孩子,长大了自然会懂事。

（2）用于陈述句，表示一种确证的语气，以增强肯定的色彩。

你不错嘛，又考第一（ŋ³¹ pu³⁵ tso³¹ ma，iɯ³¹³ kɔ⁵¹ ti³¹ i³⁵）。你不错,又考了第一。

渠是你爸爸，你当然要听渠咯嘛（tʃi³⁵ sʅ⁴⁴ ŋ³¹ pa⁴⁴ pa⁴⁴，ŋ³¹ toŋ⁴⁴ ʅ³⁵ iɔ³¹ tioŋ³¹³ tʃi³⁵ ke ma）。他是你爸爸,你当然要听他的。

渠对你还蛮热情咯嘛。tʃi³⁵ tui³¹ ŋ³¹ hæ³⁵ mã³⁵ ie³¹ tʃien³⁵ ke ma。他对你还很热情的。

（3）用于祈使句。

来嘛，莫要客气（le³⁵ ma，mo³⁵ iɔ³¹ k'e³¹ tʃi）。来吧,不要客气。

进来坐嘛（tʃien³¹³ le³⁵ tso³¹ ma）。进来坐吧。

莫要天天嬉，也要看下书嘛（mo³⁵ iɔ³¹ tʅ⁴⁴ tʅ⁴⁴ ʃi³⁵，ia³¹ iɔ³¹ kã³¹ ha³¹ su⁴⁴ ma）。不要天天玩,也要看下书。

"嘛"表示祈使的语气，和"啰""散"等相比，是最弱的。

12. 呕

（1）用于陈述句，有强调意味，主要用来提醒对方。

落雨哒呕，快点收衣裳（lo³¹ y⁵¹ ta o，k'uæ³¹ tʅ⁵¹ ʃiɯ⁴⁴ i⁴⁴ sã⁵¹）。下雨了,快点收衣服。

今日放假呕，不要读书哒（tʃi⁴⁴ i³⁵ foŋ³⁵ tʃia⁵¹ o，pu³⁵ iɔ³¹ tu³⁵ su⁴⁴ ta）。今天放假了,不要读书了。

饭熟哒呕，快点来吃饭呕（fã³¹ ʃy⁴⁴ ta o，k'uæ³¹ tʅ⁵¹ le³⁵ ts'a³¹³ fã³¹ o）。饭熟了,快点吃饭吧。

"啦"和"呕"都可用于陈述句表示强调或提醒，二者在语气程度上存在一定的区别。相比而言，"呕"表提醒的语气程度要比"啦"强一些。

（2）用于感叹句，表示感叹的语气。

现在热起不得了呕！（ʃ ĩ³¹ tsa⁴⁴ ie³¹ ʃi⁵¹ pu³⁵ te liɔ⁵¹ o!）现在热得不得了！

固个人厉害得很呕！（ku³⁵ ko⁴⁴ ŋ³⁵ li³¹ hæ³¹ te h ĩ⁵¹ o!）那个人很厉害的！

上面的句子不用"呕"，本身就有感叹的意味，用"呕"后感叹的语气更强了。

13. 曼

"曼"主要用在正反问句的末尾，表示疑问，在"V曼"格式的正反问中，"曼"是一个否定副词，但也有虚化为语气词的倾向。如：

你吃咖饭曼？（ŋ³¹ tsʼia³¹³ ka fã³¹³ mã³⁵？）你吃了饭没有？

衣裳干哒曼？（i⁴⁴sã⁵¹ kuã⁴⁴ ta mã³⁵？）衣服干了没有？

你看到渠曼？（ŋ³¹ kã³¹ tɔ⁵¹ tʃi³⁵ mã³⁵？）你见过他没有？

14. 不

"不"主要用在正反问句的末尾，表示疑问，在"V不"格式的正反问中，"不"是一个否定副词，但也有虚化为语气词的倾向。如：

下盘棋不？（ʃia³¹ pã³⁵ tʃi³⁵ pu³⁵？）下不下盘棋？

渠来嬉不？（tʃi³⁵ le³⁵ ʃi³⁵ pu³⁵？）他来不来玩？

你到屋里还看书不？（ŋ³¹ tɔ⁵¹ u⁴⁴ ti⁴⁴ hæ³⁵ kʼã³¹ su⁴⁴ pu³⁵？）你在家里还看不看书？

15. 克

用于陈述句末，表示强调语气。

你还不吃饭□饿死克（ŋ³¹ hæ³⁵ pu³⁵ tsʼia³¹³ fã³¹ ho³⁵ o³¹ sŋ⁵¹ kʼe）。你还不吃饭会饿死去。

那个人硬是蠢哒死克（le⁴⁴ ko⁴⁴ ŋ³¹ ĩ³¹³ sŋ⁴⁴ tsʼuen⁵¹ ta sŋ⁵¹ kʼe）。那个人真是蠢得要死。

固热，人哒是热死克（ku³⁵ ie³¹，ŋ³¹ ta ie³¹ s ŋ⁵¹ kʼe）。这么热，人都会热死。

"克"本来是动词，相当于普通话中的"去"，虚化为语气词有严格的条件限制：它必须置于"形容词+死克"的格式中，主要强调形容词所表示的程度。

16. 咯

"咯"作为语气词，用于句末，主要用于陈述句，加强肯定语气。如：

渠哇哒今日来咯（tʃi³⁵ ua³¹ ta tʃ ʅ⁴⁴ i³¹ le³⁵ ke）。他说了今天来。

门是关到咯（men³⁵ s ʅ⁴⁴ kuã⁴⁴ tɔ⁵¹ ke）。门是关着的。

渠咯字写起蛮好看咯（tʃi³⁵ ke tsʅ³¹ ʃie⁵¹ tʃi⁵¹ mã³⁵ hɔ⁵¹ kã³¹ ke）。他写的字很好看。

"咯"本来是结构助词，相当于普通话中的"的"，虚化为语气词常用于句尾，加强肯定的语气。

17．得

"得"作为语气词，含有"可以"的意思，只能用在句末，常用于陈述句和祈使句。具体用法如下。

（1）用于陈述句，指明事实或情况。

固时唧落雨，不好出克得（ku³⁵ sʅ⁴⁴ tʃi lo³⁵ y⁵¹，pu³⁵ hɔ⁵¹ tsʼu⁴⁴ ke³¹ te）。这时下雨，不好出去。

东西多哒冇垱放得（teŋ⁴⁴ ʃi⁵¹ tɔ⁴⁴ ta mo³⁵ toŋ³¹ hoŋ³¹ te）。东西多了没地方放。

衣裳放哒那底一直曼洗得（i⁴⁴ sã⁵¹ hoŋ³¹ ta le⁴⁴ ti⁴⁴ i³⁵ tʃi⁴⁴ mã³⁵ ʃi⁵¹ te）。衣服放在那里一直没有洗。

（2）用于"早（晓得）曼……"句式，表示虚拟语气。

早晓得曼把地下得水打湿下得（tsɔ⁵¹ ʃiɔ⁵¹ te mã³⁵ pa⁵¹ ti³¹ ha³¹ te su⁵¹ ta⁵¹ ʃie⁴⁴ ha³¹ te）。早知道没把地下弄湿点。

早曼捞衣裳出克晒下得（tsɔ⁵¹ mã³⁵ lo⁴⁴ i⁴⁴ sã⁵¹ tsʼu⁴⁴ kʼe⁴⁴ sai³¹ ha³¹ te）。早没把衣服拿出去晒。

早晓得曼停到歇下气得（tsɔ⁵¹ ʃiɔ⁵¹ te mã³⁵ tien³⁵ tɔ⁵¹ ʃie³⁵ ha³¹ ʃi³¹ te）。早知道没停下来休息下。

18．唧

（1）用于句中表示列举。如：

你走街上买点瓜子唧、落生唧回来（ŋ³¹ tsie⁵¹ kæ⁴⁴ soŋ³¹ mæ³¹ ti⁵¹ kua⁴⁴ tsi⁵¹ tʃi lo³¹ s ʅ⁴⁴ tʃi hui³⁵ le³⁵）。你去街上买点瓜子、花生什么的回来。

吃咖饭再吃点酒唧（tsʼia³¹³ ka fã³¹ tsæ³¹ tsʼia³¹³ t ʅ⁵¹ tʃiɯ⁵¹ tʃi）。吃完饭再吃点酒什么的。

赶场买点菜唧回来吃（kuã⁵¹ tso ŋ³⁵ mæ³¹ t ʅ⁵¹ tsʼæ³¹ tʃi⁴⁴ hui³⁵ le tsʼia³¹³）。上集买点菜什么的回来吃。

"唧"用于物品名词之后，表示列举，相当于普通话中的"什么的""之类"的意思。

"唧"表示列举时既可以放在单个名词后，也可以放在两个或两个以上的名词后。当是后一种情况时，前一个"唧"常可以省略，如例句中的"瓜子唧、落生唧"也可以说成"瓜子、落生唧"。有意思的是，在安仁话中，"唧"放在物品名词后表列举在句子中必须前面要有动词支配，用作前面动词的宾语，当在句子中作主语时，前面没有动词支配，在这种情况下表列举，一般不用"唧"尾，而是在名词后加"麻格"（相当于普通话中的"什么"）来表示。如：

菜麻格下得鸡吃咖哒（tsæ³¹ ma³⁵ ke⁴⁴ ha³¹ te tʃi⁴⁴ tsʼia³¹³ ka ta）。菜什么的都被鸡吃了。

瓜子麻格、落生麻格洒咖一地（kua⁴⁴ tsi⁵¹ ma³⁵ ke⁴⁴ lo³¹ s ɿ⁴⁴ ma³⁵ ke⁴⁴ sa⁵¹ ka i³⁵ ti³¹）。瓜子什么、花生什么洒了一地。

（2）用于疑问句，常和表示特指疑问的疑问词搭配使用。如：

你身上还有好多钱唧？（ŋ³¹ sen⁴⁴ soŋ³¹ hæ³⁵ iɯ³¹³ hɔ⁵¹ to⁴⁴ ts ɿ⁵¹ tʃi³¹?）你身上还有多少钱？

不晓得渠麻格时唧回来？（pu³⁵ ʃɔ⁵¹ te tʃi³⁵ ma³⁵ ke⁴⁴ s ʅ³⁵ tʃi hui⁴⁴ le³⁵?）不知道他什么时候回来？

还有好久唧下课？（hæ³⁵ iɯ³¹³ hɔ⁵¹ tʃiɯ³¹³ tʃi ʃia³¹³ kʼo³¹?）还有多久下课？

"唧"在句中常和表示疑问的疑问词"好""麻格"搭配使用，表示估计、揣测的语气，主要起到语气词的作用。

（3）用于感叹句，常和程度副词"好"等搭配使用，表示感叹语气。

固几天好热唧！（ku³⁵ tʃi⁵¹ tʼɿ⁴⁴ hɔ⁵¹ ie³¹ tʃi!）这几天好热！

那只细把唧好聪明唧！（le⁴⁴ tsia³¹³ ʃi³¹³ pa⁵¹ tʃi hɔ⁵¹ tsʼen⁴⁴ mien³⁵ tʃi!）那个小孩好聪明！

车上固多人好挤唧！（tsʼe⁴⁴ soŋ³¹ ku³⁵ tɔ⁴⁴ ŋ̍³⁵ hɔ⁵¹ tsi⁵¹ tʃi!）车上这么多人好挤！

19.　哒

（1）"哒"用于陈述句，表示对情况的评价，也可表示动作行为的持续、完成或变化的实现。如：

天冷起来哒（tʼɿ⁴⁴ lɔŋ³¹ ʃi⁵¹ le³⁵ ta）。天冷起来了。

我吃咖饭哒（ŋ o³¹ tsʼia³¹³ ka fã³¹ ta）。我吃了饭了。

后一句的"哒"表示动作的完成，本书把它归为动态助词，在这里表示完成态，但实际上这个"哒"也有表示语气上的作用。在安仁话中"我吃咖饭"不能独立成句，加"哒"后才能独立成句。因此，这个"哒"除了表示完成态外还有完句和表肯定语气的作用，同时也是个语气词。

（2）"哒"还可用于祈使句，表示禁止、劝阻，常用于否定句。如：

莫要吵哒（mo³⁵ iɔ³¹ tsɔ⁵¹ ta）。不要吵了。

上课哒，不要哇话哒（soŋ³¹ k'o³¹ ta, pu³⁵ iɔ³¹ ua³¹ hua³¹ ta）。上课了，不要说话了。

把门关好，莫要得贼牯进来哒（pa⁵¹ mien³⁵ k'uã⁴⁴ hɔ⁵¹, mɔ³⁵ iɔ³¹ te tsie⁴⁴ ku⁵¹ tʃien³¹³ le³⁵ la）。把门关好，不要让小偷进来了。

二　语气词的合用

语气词的合用是指两个语气词相连或叠合使用。根据其表现形式又可以分为合音、连用两种情况。

1. 合音

合音语气词是两个语气词在连用的过程中发生语音融合的过程，形成一个新的语气词，当语速降慢时其通常能还原成原来的连用语气词。安仁话中常见的合音语气词有以下一些。

（1）喈（唧、哎）。

常用于感叹句，表示吃惊、感叹的语气。如：

固蔸树好高喈！（ku³⁵ te⁴⁴ su³¹ hɔ⁵¹ kɔ⁴⁴ tʃi a!）那棵树好高啊！

渠固个人好蠢喈！（tʃi³⁵ ku³⁵ ko⁴⁴ŋ³⁵ hɔ⁵¹ tsuen⁵¹ tʃi a!）他这个人好蠢啊！

渠只妹唧长得好生得好喈！（tʃi³⁵ tʃia³¹³ me³¹ tʃi tioŋ⁵¹ te hɔ⁵¹ sɿ̆³⁵ te hɔ⁵¹ tʃi a!）他女儿长得好漂亮啊！

"喈"在感叹句中常和表示程度的副词"好"搭配使用，常用在形容词后面，强调其性状程度之深。

（2）哟（哒、呕）。

常用于陈述句，用于提醒听话人注意已经出现或即将出现的新情况。如：

落雨哟，快点收衣裳呕（lo³⁵ y⁵¹ to, kúæ³¹ ʋ̆⁵¹ ʃiy⁴⁴ i⁴⁴ sã⁵¹ o）。下雨了，快点收衣服。

我本书□咖哟（ŋo³¹ pen⁵¹ su⁴⁴ tie³⁵ ka to）。我的书丢了。

老师就来哨（lo⁵¹ sꞋ⁴⁴ tʃiɯ³¹³ le³⁵ to）。老师就来了。

缸笼底冇水哨（koŋ⁴⁴ loŋ⁵¹ ti⁴⁴ mɔ³⁵ ʃu⁵¹ to）。缸里没有水了。

"哨"是语气词"哒""呕"的合音，降慢语速通常能还原成原来的读音。

（3）噻（是不是哎）。

常用于正反问句，表示追问"是不是"。其是由表示正反问句的形式"是不是哎？"快读连音弱化而来的，表示的是正反问的意思，其回答方式也和一般的正反问一样，因此可以看成一个特殊的可以表示正反问的语气词。如：

问：今日是礼拜天噻？（tʃ Ꞌ⁴⁴ i³¹ sꞋ⁴⁴ li⁵¹ pa³¹ tꞋꞋ⁴⁴ sæ?）今天是星期天,是不是?

答：是咯/不是咯（sꞋ³¹ ke/pu³⁵ sꞋ³¹ ke）。是咯/不是咯。

问：菜弄好哒噻？（tsꞋæ³¹ leŋ³¹ hɔ⁵¹ ta sæ?）菜做好了,是不是?

答：然/曼（ã³⁵/mã³⁵）。做好了/没做好。

（4）啵（不啰）。

常用于是非问，表示询问，有时含有猜度语气。如：

买点肉唧啵？（mæ³¹ t Ꞌ⁵¹ iɯ³¹ tʃi po?）买点肉吧?

过来嬉下唧啵？（ko³¹ le⁴⁴ ʃi³⁵ ha³¹ tʃi po?）过来玩下吧?

固本书是你咯啵？（ku³⁵ pen⁵¹ su⁴⁴ sꞋ⁴⁴ɳ³¹ ke po?）这本书是你的吧?

水烧开哒啵？（su⁵¹ sɔ⁴⁴ kꞋæ⁴⁴ ta po?）水烧开了吧?

"啵"是"不啰"的合音，表询问语气。

（5）拜（不哎）。

常用于是非问。如：

固只路你晓得走拜？（ku³⁵ tʃia³¹³ lu³¹ɳ³¹ ʃiɔ⁵¹ te tsie⁵¹ pa?）这条路你知道走吧?

渠来哒拜？（tʃi³⁵ le³⁵ ta pa?）他来了吧?

你现在毕业哒拜？（ɳ³¹ ʃ Ꞌ³¹ tsa⁴⁴ pi³⁵ ie³¹ ta pa?）你现在毕业了吧?

"拜"是"不哎"的合音，表询问。"啵"和"拜"都用于是非问，二者略有差别，"啵"可以表示猜度语气，而"拜"一般不能表示猜度语气。如：

"渠是老师啵？"通常不会说成："渠是老师拜？"

（6）买（曼哎）。

常用于是非问，相当于普通话的"吗"。如：

你身上有钱买？（n̥³¹ sen⁴⁴ soŋ⁴⁴ iɯ³¹³ ts i̯⁵¹ mæ?）你身上有钱没有？

你到哒北京买？（n̥³¹ tɔ³¹ ta pe³⁵ tʃ i̯⁴⁴ mæ?）你到过北京没有？

你吃咖饭买？（n̥³¹ ts'a³¹ ka fã³¹ mæ?）你吃过饭没有？

"买"是"曼哎"的合音，表询问。"买"用于是非问，通常询问的是已然的状态，不能询问未然的状态。如：

"渠等下还来啵/拜？"不能说成："渠等下还来买？"

2. 连用

连用是指两个或两个以上的语气词连在一起使用，通常用在句尾，很少有用在句中的情况，其中最常见的是"哒"和其他语气词的连用情况。上面所讲的合音语气词其实也就是语气词的连用，它们通常都能还原成连用的形式。安仁方言中连用的语气词一般语气的重点都在末尾的语气词上。除了上述的合音语气词外，其他连用的语气词表示的语气和其末尾的语气词表示的语气一致。

（1）和"哒"连用的语气词比较多，常见的有"哒嘞""哒散""哒啦""哒啤""哒哎""哒眯"等。如：

莫要喊哒，我就来哒啦（mo³⁵ iɔ³¹ hã⁵¹ ta, ŋ o³¹ tʃiɯ³¹³ le³⁵ ta la）。不要叫了，我就来了。

我默得你已经回哒嘞（ŋ o³¹ me³⁵ te n̥³¹ i⁵¹ tʃien⁴⁴ hui³⁵ ta le）。我以为你已经回来了。

固件衣裳你穿咖好久哒啰？（ku³⁵ tʃ i̯³¹³ i⁴⁴ sã⁵¹ n̥³¹ ts'u i̯⁴⁴ ka hɔ⁵¹ tʃiɯ⁵¹ ta lo?）这件衣服你穿了多久了？

现在开学哒，冇时间嬉哒散（ʃ i̯³¹ tsa⁴⁴ k'a³¹ ʃo³⁵ ta, mo³¹ s ỉ³⁵ kã⁴⁴ ʃi³⁵ ta sã⁴⁴）。现在开学了，没时间玩了。

衣裳现在干哒啤？（i⁴⁴ sã⁵¹ ʃ i̯³¹ tsa⁴⁴ kuã⁴⁴ ta hã?）衣服现在干了吧？

现在几点钟哒哎？（ʃ i̯³¹ tsa⁴⁴ tʃi⁵¹ t i̯⁵¹ tsen⁴⁴ ta a?）现在几点钟了？

你只俫唧几岁哒眯？（n̥³¹ tʃia³¹³ læ³⁵ tʃi tʃi⁵¹ su³¹ ta la?）你儿子几岁了？

（2）其他语气词的连用情况有"唧啰""唧眯""唧吧""得眯""咯眯""咯啰""咯嘛""得啤"等。如：

渠要麻格时唧价回来得眯？（tʃi³⁵ iɔ³¹ ma³⁵ ke⁴⁴ s ỉ³⁵ tʃi tʃia³¹³ hui³⁵ le³⁵ te la?）他要什么时候才回来？

你咯菜弄起固好吃，是行那样弄咯唻？（ŋ³¹ ke tsæ³¹ leŋ³¹ tʃi⁵¹ ku³⁵ hɔ⁵¹ tsa³¹³，s ʅ⁴⁴ hoŋ³⁵ la⁵¹ ioŋ⁵¹ leŋ³¹ ke læ?）你的菜做得很好吃，是怎么做的？

是咯啰（s ʅ³¹ ke lo）。是的。

固几天好热唧唻（ku³⁵ tʃi⁵¹ t'ʅ⁴⁴ hɔ⁵¹ ie³¹ tʃi læ）。这几天好热啊。

渠对你还蛮热情咯嘛（tʃi³⁵ tui³¹ŋ³¹ hæ³⁵ mã³⁵ ie³¹ tʃ'ien³⁵ ke ma）。他对你还很热情的。

固盘菜吃吃得哗？（ku³⁵ pã⁴⁴ tsæ³¹ ts'ia³¹³ ts'ia³¹³ te hã?）这盘菜吃着还行吧？

进来坐下唧吧？（tʃien³¹ le³⁵ tso³¹ ha³¹ tʃi pa?）进来坐一下吧？

三　小结

安仁方言中的语气词比较丰富。据不完全统计，不算连用和合音的语气词，单纯的语气词就有 20 余个（见表 3 - 4）。语气词和语气意义之间的关系并不是简单的一一对应的关系，其中许多语气词可以表达多种语气意义，同时，同一语气意义也可以由多个语气词来表达。

安仁方言里的语气词构成情况比较复杂，其中既有一般的纯粹的语气词，也有兼类的语气词。例如，安仁方言中的"哒""咯""价""得"既是语气词，又是结构助词，是语气词和助词的兼类。安仁方言中的"不""曼"既是语气词，又是否定副词，是否定副词和语气词的兼类。安仁方言中的"唧"既是语气词又是一个词缀，是语气词和词缀的兼类。

安仁方言中的语气词用法多样，既可以单用，又可以连用，有的连用的语气词还发生语音融合的现象，产生一个新的合音语气词，如喈、哨、噻、啵、拜、买。语气词的连用以"哒"和其他语气词的连用最为普遍，如"哒嘞""哒散""哒啦""哒哗""哒哎""哒唻"等。

从其在句子中的位置来看，安仁方言中一些语气词不仅能出现在句子末尾，而且还能出现在句子中间的不同位置，如嘞、哎、嘛等。在表达作用方面，句中语气词是句法成分停顿的标记，具有暂时停顿的作用，同时有些句中语气词还有表示列举的意义，如哎、唧。安仁方言中还有一些语气词，如啦、嘶、嘞、哎、散，还可用在复句的分句后面，强化分句之间的句段关系。

表 3 – 4　安仁方言中语气词分布情况

语气词	陈述句·强调	陈述句·肯定	祈使句·建议	祈使句·劝阻	疑问句·特指	疑问句·是非	疑问句·选择	疑问句·正反	感叹句·强调	感叹句·感叹	句中·列举	句中·停顿	复句·顺承	复句·假设	复句·因果	复句·条件
嘞	+		+		+		+	+				+		+		
啰		+	+	+	+		+	+	+							
唻		+	+		+		+	+								
哎					+	+	+	+			+	+	+	+		
散		+	+	+	+		+							+		
吧						+										
哴			+	+		+										
啦	+		+	+											+	
嘶													+	+	+	
价	+		+		+											
嘛		+	+									+				
呕	+									+						
曼								+								
不								+								
克	+															
咯		+														
得	+															
唧					+					+	+					
哒	+			+												
喏	+									+						
咻	+															
噻								+								
啵						+										
拜						+										
买						+										

第三节　否定副词

普通话中的否定词主要有"不""没（有）""别"三个。基本的分工是：①"不"常用来否定主观意愿，如"他不吃"的意思是"他不想吃"；②"没"，有两种语法意义，分别记作"没$_1$"和"没$_2$"。"没$_1$"是作动词，是"有"的否定式或表示数量不足、程度不及等，如"他没钱"的意思是不具有钱；"没$_2$"是作副词，否定动作或状态已经发生，常用来否定客观事实，如"他没吃"指的是"吃"这一客观事实还没有发生。③"别"作副词，主要表示劝阻或禁止，也可表示揣测。

安仁方言中常用的否定词有"冇"〔mɔ³⁵〕、"曼"〔mã³⁵〕、"不"〔pu³⁵〕、"莫"〔po⁴⁴〕四个。本书将会依次对其进行具体分析，并和普通话作一些初步比较。据笔者的调查，在日常的使用中"冇"有时也会说成"冇得"〔mɔ³⁵te⁴⁴〕，"曼"有时也会说成"曼疑"〔mã³⁵ŋ³⁵〕，"莫"有时也会说成"莫要"〔mo⁴⁴iɔ³¹〕，两者之间基本上没有什么差别，即使互换也不会影响句子意思的表达。

一　"冇""曼""不""莫"在陈述句中的句法语义功能

1. "冇"的句法语义功能

安仁方言中"冇"是一个表示否定意义的动词，和动词"有"〔iɯ³¹³〕相对。具体用法如下。

（1）后接名词或名词性短语，构成"冇 + N"格式。

其一，表示对事物的领有、具有的否定，有时后面还可以再接动词构成"冇 + 名词 + 动词"的连动结构。

我冇这本书（ŋ o³¹ mɔ³⁵ ku³⁵ pen⁵¹ su⁴⁴）。我没有这本书。

你哇话冇一囗头脑（ŋ³¹ ua³¹ hua³¹ mɔ³⁵ i³⁵ tiæ³⁵ te³⁵ lɔ⁵¹）。你说话没有一点条理。

渠冇时间打球（tʃi³⁵ mɔ³⁵ sʅ⁴⁴ kã⁴⁴ ta⁵¹ tʃiɯ³⁵）。他没有时间打球。

小王冇钱交学费（ʃiɔ⁵¹ oŋ³⁵ mɔ³⁵ tsʅ⁵¹ tʃiɔ⁴⁴ ʃo³⁵ fi³¹）。小王没有钱交学费。

其二，对事物存在的否定，句首一般用时间、处所词语，有时后面可再带兼语。

囗日冇课（mæ³⁵ i³¹ mɔ³⁵ k'o³¹）。明天没有课。

教室里冇人（tʃiɔ³¹ ʃi⁴⁴ ti⁴⁴ mɔ³⁵ ŋ³⁵）。教室里没有人。

屋里冇客来（u⁴⁴ ti⁴⁴ mɔ³⁵ k'a³¹ le³⁵）。家里没有客人来。

（2）后接数量词或数量短语，构成"冇 + N – M$_w$"格式。

其一，表示数量不足。

老李还冇八十多岁（lo⁵¹ li⁵¹ hæ³⁵ mɔ³⁵ pa³⁵ ʃi⁴⁴ to⁴⁴ su³¹）。<small>老李还没有八十多岁。</small>

渠身高冇一米八（tʃi³⁵ sen⁴⁴ kɔ⁴⁴ mɔ³⁵ i³⁵ mien⁵¹ pa³⁵）。<small>他身高没有一米八。</small>

其二，表示量小。常与"几""一下"搭配，表示数量不大或时间不长。

渠走冇几步就绊倒哒（tʃi³⁵ tse⁵¹ mɔ³⁵ tʃi⁵¹ pu³¹ tʃiɯ³¹³ pã³¹ tɔ⁵¹ ta）。<small>他没走几步就摔倒了。</small>

我刚出去冇一下唧就落雨哒（ŋo³¹ koŋ⁴⁴ ts'u⁴⁴ mɔ³⁵ i³⁵ hæ³¹ tʃi tʃiɯ³¹³ lo³¹ y⁵¹ ta）。<small>我刚出去不一会儿就下雨了。</small>

（3）用于比较，表示不及。

其一，"冇 + 指示代词 + A"。

安仁方言中的"冇 + 指示代词 + A"中间的指示代词只能是表近指的"这"，不能是表远指的"那"。普通话既可以说"他没有这么聪明"，也可以说"他没有那么聪明"，在安仁方言中则只能是前一种说法。

渠冇这聪明（tʃi³⁵ mɔ³⁵ ku³⁵ ts'en⁴⁴ mien³⁵）。<small>他没有这么聪明。</small>

这里从来冇这冷过（ku³⁵ ti⁴⁴ ts'en³⁵ le⁴⁴ mɔ³⁵ ku³⁵ loŋ³¹ ko⁴⁴）。<small>这里从来没有这么冷过。</small>

其二，"冇 + N + A"。

我冇小王高（ŋo³¹ mɔ³⁵ ʃiɔ⁵¹ oŋ³⁵ kɔ⁴⁴）。<small>我没有小王高。</small>

细把戏冇大人懂事（ʃi³¹ pa⁵¹ tʃi mɔ³⁵ t'æ³¹ŋ³⁵ ten⁵¹ s ʅ³¹）。<small>小孩没有大人懂事。</small>

后接反义形容词并列短语，表示不懂得怎么样。

只限于"大细""深浅"这两对形容词，也可以拆开对举说成"冇大冇细""冇深冇浅"，意思不变，单独说"冇大"或"冇细"则不成立。

那只细把戏冇大冇细（le⁴⁴ tsia³¹³ ʃi³¹³ pa⁵¹ tʃi mɔ³⁵ t'æ³¹ mɔ³⁵ ʃi⁵¹）。<small>那个小孩没有一点大小。</small>

渠做事冇深浅（tʃi³⁵ tsa³¹ s ʅ³¹ mɔ³⁵ sen⁴⁴ tʃ ʅ⁵¹）。<small>他做事没有分寸。</small>

（4）后接动词，构成"冇 + V + 手/唱"固定结构。

在安仁方言中，"冇 + V + 手/唱"结构，表示做某事没必要或不可能，有时为了强调可以在中间加上"麻介"［ma³⁵ kei⁴⁴］。

冇麻介搞手（mɔ³⁵ ma³⁵ kei⁴⁴ ko⁵¹ ʃiɯ⁵¹）。<small>没有什么办法。</small>

电视不好看，冇看唱（t ĭ³¹³ sʅ⁴⁴ pu³⁵ hɔ⁵¹ k'ã³¹，mɔ³⁵ k'ã³¹ tso

ŋ⁵¹）。电视不好看，没有看的必要。

2. "曼"的语义、句法功能

安仁方言中"曼"是一个否定副词，具体用法如下。

（1）后接动词，构成"曼 + V"的结构。

其一，否定动作或行为已经发生，"曼"后接动词以行为动词为主。"曼 + V"否定的动作行为限于过去和现在，不能指将来，重在否定客观事实。

我曼看到你的包（ŋ o³¹ mã³⁵ k'ã³¹ tɔ⁵¹ŋ³¹ ke pɔ⁴⁴）。我没有看到你的包。

衣裳放哒那地几天哒还曼洗（i⁴⁴ sã⁵¹ foŋ³¹ ta le⁴⁴ ti⁴⁴ tʃi⁵¹ t'ĭ⁴⁴ ta hæ³⁵ mã³⁵ ʃi⁵¹）。衣服放在那里几天了还没洗。

渠放学到屋里曼做作业（tʃi³⁵ foŋ³¹ ʃo³⁵ tɔ⁵¹ u⁴⁴ ti⁴⁴ mã³⁵ tsa³¹ tso³⁵ ie³¹）。他放学在家里没有做作业。

我□日一天哒曼吃饭（ŋ o³¹ ts'æ³¹ i³¹ i³⁵ t'ĭ⁴⁴ mã³⁵ tʃia³¹³ fã³¹）。我昨日一天都没吃饭。

其二，用来否定主观意愿，"曼"后接动词也以行为动词为主，"曼 + V"否定的动作行为限于现在和将来，不能指过去，重在否定主观意愿。

你喊我我也曼来（ŋ̍³¹ ha⁵¹ŋ o³¹ŋ o³¹ a³¹ mã³⁵ le³⁵）。你叫我我也不来。

小王今下午有事，曼回来吃饭哒（ʃiɔ⁵¹ oŋ⁴⁴ tʃi⁴⁴ ha³¹ u⁵¹ iɯ³¹³ sʅ³¹，mã³⁵ hui³⁵ le³⁵ ts'ia³¹³ fã³¹ ta）。小王今天下午有事，不回来吃饭了。

由于"曼"在安仁方言中既能否定客观事实也能否定主观意愿，所以如"我现在曼吃饭"在安仁方言中是有歧义的，既可以否定主观意愿，表示"我现在不吃饭"，也可以否定客观事实，表示"我现在没吃饭"。但是，如果在过去或将来的时态背景下，歧义还是可以分化的，这是因为"曼"表客观否定不能用于将来，表主观否定不能用于过去。所以，在如下语境中"曼去"是不存在歧义的：

我□日曼去上课（ŋ o³¹ ts'æ³¹ i³¹ mã³⁵ k'e⁴⁴ soŋ³¹ k'o³¹）。我昨日没有去上课。

我□日曼去上课（ŋ o³¹ mæ³⁵ i³¹ mã³⁵ k'e³¹ soŋ⁵¹ k'o⁴⁴）。我明日不去上课。

（2）后接形容词，构成"曼 + A"的结构，否认事物的某种状态。

其后按形容词限于表示状态变化的状态形容词。"曼"否定事物的状态时，暗含事物的这一状态是逐渐变化形成的，有一个发展过程，"曼"指事物的状态没有发展到某一阶段。

衣裳晒咖一天哒还曼干（i⁴⁴ sã⁵¹ sæ³¹ ka i³⁵ t'ɿ⁴⁴ ta hæ³⁵ mã³⁵ kuã⁴⁴）。衣服晒了一天了还没干。

饭曼熟，还要等一下唧（fã⁵¹ mã³⁵ ʃiɯ⁴⁴，hæ³⁵ iɔ³¹ t'ɿ⁵¹ i⁴⁴ ha³¹ tʃi）。饭还没熟，还要等一下。

天还曼冷，你何是就穿绳子衣裳哒？（t'ɿ⁴⁴ hæ³⁵ mã³¹ loŋ³¹，n̩³¹ o³⁵ s ɿ⁴⁴ tʃiɯ³¹³ ts'u⁴⁴ sien³⁵ tsi⁵¹ i⁴⁴ sã⁵¹ ta?）天还没冷，你怎么就穿毛衣了？

（3）后接动词构成"曼 + V + 得"的结构。

"曼 + V + 得"结构主要不是用来说明动作或状态没有完成或发生，而是为了表达说话者懊悔、惋惜的感情，强调应该做某事而实际上却没有做，有后悔早没有怎么样的意思。

菜都馊咖哒，早晓得曼吃得（ts'æ³¹ ha³¹ se⁴⁴ ka ta，tso⁵¹ sɔ⁵¹ te mã³⁵ ts'ia³¹³ te）。菜都馊了，早知道（的话）应该吃了的。

早晓得落雨曼带把伞得（tso⁵¹ sɔ⁵¹ te lo⁴⁴ y⁵¹ mã³⁵ tæ³¹ pa⁵¹ sã⁵¹ te）。早知道下雨（的话）应该带把伞。

有时候这种结构中的动词性词组还可能相当复杂。如：

今日出日头哒，曼早□唧把衣裳拿起出去晒得（tʃi⁴⁴ i³⁵ ts'u⁴⁴ i³¹ te⁴⁴ ta，mã³⁵ tsɔ⁵¹ tiæ³¹³ tʃi pa⁵¹ i⁴⁴sã⁵¹ lo⁴⁴ ʃi⁵¹ ts'u⁴⁴ k'e⁴⁴ sæ³¹ te）。今天出太阳了，应该早一点把衣服拿出去晒。

3．"不"的语义、句法功能

安仁方言中"不"有两种词性，一是作副词，二是作助词。具体用法如下。

（1）用在动词或动词性短语前，构成"不 + V"的结构。

其一，表示对某种主观意愿、态度的否定。后接动词既可以是行为动词也可以是心理动词。否定的动作行为可以指过去，也可以指现在和将来。

小王□日不吃饭（ʃiɔ⁵¹ oŋ⁴⁴ ts'æ³¹ i³⁵ pu³⁵ ts'ia³¹³ fã³¹）。小王昨天不吃饭。

我不想再走哒（ŋ o³¹ pu³⁵ ʃioŋ⁵¹ tsæ³¹ tse⁵¹ ta）。我不想再走了。

我□日不走学校去（ŋ o³¹ mæ³⁵ i⁴⁴ pu³⁵ tse⁵¹ ʃiɔ³⁵ ʃiɔ³¹ k'e⁴⁴）。我明天不去学校。

其二，表示否定某种关系，后接关系动词。

渠不是老板（tʃi³⁵ pu³⁵ s ʅ⁴⁴ lɔ⁵¹ pã⁵¹）。他不是老板。

我不姓张（ŋo³¹ pu³⁵ ʃien³¹³ tsioŋ⁴⁴）。我不姓张。

一加一不等于三（i³⁵ tʃia⁴⁴ i³⁵ pu³⁵ t ʅ⁵¹ u³⁵ sã⁴⁴）。一加一不等于三。

其三，用在"应该""可能"等能愿动词前，表示否定某种可能性、必要性。

今日不可能落雪（tʃi⁴⁴ i⁴⁴ pu³⁵ ko⁵¹ l ʅ³⁵ lo⁴⁴ ʃue³⁵）。今日不可能下雪。

你不该发脾气（n̩³¹ pu³⁵ kæ⁴⁴ fa⁴⁴ pi³⁵ tʃʼi³¹）。你不该发脾气。

渠今日不得来（tʃi³⁵ tʃi⁴⁴ i³¹ pu³⁵ te le³⁵）。他今日不会来。

（2）用在形容词前，构成"不＋A"的结构。

表示否定事物具有某种性质或状态。形容词可以是状态形容词也可以是性质形容词，"不"否定事物的性质状态时，重在客观地表述事物当前不具有这种性质或状态。

你不细哒，该懂事哒（n̩³¹ pu³⁵ ʃi³¹³ ta，kæ⁴⁴ teŋ⁵¹ s ʅ⁴⁴ ta）。你不小了，该懂事了。

那只西瓜一□都不甜（le⁴⁴ tsia³¹³ ʃi⁴⁴ kua⁴⁴ i³⁵ tia³⁵ ta pu³⁵ t ʅ⁵¹）。那个西瓜一点都不甜。

渠穿这件衣服不打眼（tʃi³⁵ tsuɪ⁴⁴ ku³⁵ tʃʅ³¹³ i⁴⁴ sã⁵¹ pu³⁵ tæ⁵¹ ã⁵¹）。他穿这件衣服不好看。

（3）作助词，这和普通话中"不"作助词的用法一样，具体如下。

其一，可以与某些动词结合作补语，构成"V＋O＋不＋C"结构。充当补语的一般是单音节动词，而且范围不大，仅限于"赢""到""进"等少数几个动词。

渠忒厉害哒，我打渠不赢（tʃi³⁵ tʼie³¹ li³¹ hæ³¹ ta，ŋo³¹ ta⁵¹ tʃi³⁵ pu³⁵ ioŋ³⁵）。他太厉害了，我打不赢他。

老李气起吃饭不进（lɔ⁵¹ li⁵¹ tʃi³¹ ʃi⁵¹ tʃia³¹³ fã³¹ pu³⁵ tʃien³¹³）。李气得吃不进饭。

去□哒搭车不到（kʼe³¹ ã³¹ ta ta³⁵ tsʼe⁴⁴ pu³⁵ tɔ⁵¹）。去晚了搭不到车。

其二，用在动结式、动趋式复合动词中间，表示不可能，与表可能的"得"［te］相对，如"听不/得清""洗不/得干净""装不/得下"等。

4."莫"的语义、句法功能

（1）和普通话中的"别"意思差不多，主要用于祈使句中。

其一，表示禁止或劝阻。

到学校莫要打高（tɔ³¹ ʃo³⁵ ʃiɔ⁵¹ mo³⁵ iɔ³⁵ tæ⁵¹ ko⁴⁴）。在学校别打架。

莫发乱哇（mo³⁵ fa³⁵ luã³¹ ua³¹）。别乱讲。

其二，表示劝告、提醒。

慢下唧走，莫绊倒哒（mã³¹ tia³¹ tʃi tse⁵¹，mo³⁵ pã³¹ tɔ⁵¹ ta）。慢点走，别摔着了。

少得点盐唧，菜莫要咸了（ʃiɔ⁵¹ te tia⁵¹ ĩ³⁵ tʃi，ts′æ³¹ mo³⁵ iɔ⁴⁴ hã³⁵ ta）。少放点盐，菜别咸了。

（2）表示推测，一般与句末的语气词"散"搭配，相当于普通话中的"不会……吧"。"莫"表示推测的事往往是说话者不期望发生或担心发生的事情。

渠还曼来，莫不是不来哒散？（tʃi³⁵ hæ³⁵ mã³⁵ le³⁵，mo³⁵ pu³⁵ s ʅ⁴⁴ pu³⁵ le³⁵ ta sã⁴⁴?）他还没来，不会是不来了吧？

喊咖渠半天曼应，莫是阇哒散？（hã⁵¹ ka tʃi³⁵ pã³¹ t′ ĩ⁴⁴ mã³⁵ ien³¹³，mo³⁵ s ʅ⁴⁴ huen³¹³ ta sã⁴⁴?）叫了他半天没应，不会是睡了吧？

二　"冇""曼""不"在构成正反问句时的语义形式特征

安仁方言中"冇"［mɔ³⁵］、"曼"［mã³⁵］、"不"［pu³⁵］、"莫"［po⁴⁴］四个否定词，除"莫"只可以与用在句首和句尾的语气词"散"搭配构成"莫……散?"结构的反问句外，其他三个在构成正反问句方面各有特色。

1."冇"构成正反问句

（1）"有冇……"式。

"冇"构成正反问句只与"有"搭配在一起，"有冇"相当于"有没有"，后面只能接名词或以名词为中心的词组。

你现在有冇空？（ŋ³¹ ʃ ʅ³¹ tsa⁴⁴ iɯ³¹³ mo³⁵ k′en³¹?）你现在有没有空？

操场上有冇人？（ts′ɔ³¹ tsoŋ³⁵ soŋ³¹ iɯ³¹³ mɔ³⁵ŋ³⁵?）操场上有没有人？

安仁方言中还存在此类正反问句的另一个同义表达形式"有不有"，例如上述例句也可以说成：

你现在有不有空？（ŋ³¹ ʃ ĩ⁵¹ tsa⁴⁴ iɯ³¹³ pu³⁵ iɯ³¹³ k′en³¹?）你现在有没有空？

操场上有不有人？（ts′ɔ³¹ tsoŋ³⁵ soŋ³¹ iɯ³¹³ pu³⁵ iɯ³¹³ŋ³⁵?）操场上有没有人？

根据安仁方言中不存在"冇有"的独用形式可以推测，"有不有"这种正反问句的特殊形式是在大量存在的"V 不 V"正反问句的形式基础上类推产生的。普通话中无此种类推，是由于受到已经存在的"有没有"形式的抑制，而在安仁方言中不存在普通话中"有没有"这种正反问类型，因为在安仁方言中不存在"没有"这个词，与之相对应的是"冇"，对应普通话中"有没有"的形式是"有冇"，所以"有不有"不受抑制而产生。

（2）"有……冇"式。

"有……冇"中间可嵌入名词或以名词为中心的词组。

你现在有空冇？（$ŋ^{31}$ $ʃ$ $ĩ^{51}$ tsa^{44} $iɯ^{313}$ $k'en^{31}$ $mɔ^{35}$？）你现在有没有空？

操场上有人冇？（$ts'ɔ^{44}$ $tsoŋ^{35}$ $soŋ^{31}$ $iɯ^{313}$ $ŋ^{35}$ $mɔ^{35}$？）操场上有没有人？

有电影看冇？（$iɯ^{313}$ t $ĩ^{313}$ ien^{51} $kã^{31}$ $mɔ^{35}$？）有没有电影看？

"有冇……"式和"有……冇"式表达的意思一样，可以看作一对自由变体。"有……冇"式实际上是"有冇……"式中的"冇"移位变化的结果。

2. "曼"构成正反问句

（1）"V 曼 V"式，表示已然，与普通话中的"V 没 V"意思一样。

饭蒸咖一个多小时哒看看熟曼熟？（$fã^{31}$ $tsen^{44}$ ka^{44} i^{35} ko^{31} tuo^{44} $ʃiɔ^{51}$ s $ĩ^{44}$ ta $kã^{31}$ $kã^{31}$ $ʃiɯ^{44}$ $mã^{35}$ $ʃiɯ^{44}$？）饭蒸了一个多小时了看看熟没熟？

不晓得渠□日吃曼吃饭？（pu^{35} $sɔ^{51}$ te $tʃi^{35}$ $tsæ^{44}$ i^{44} $ts'ia^{313}$ $mã^{35}$ $ts'ia^{313}$ $fã^{31}$？）不知道他昨日吃没吃饭？

你开张洗曼洗澡？（$ŋ^{31}$ $k'æ^{44}$ $tsioŋ^{51}$ $ʃi^{51}$ $mã^{35}$ $ʃi^{51}$ $tsɔ^{51}$？）你刚才洗没洗澡？

（2）"VP 曼"式

你吃饭曼？（$ŋ^{31}$ $ts'ia^{313}$ $fã^{31}$ $mã^{35}$？）你吃了饭没有？

衣裳干曼？（i^{44} $sã^{51}$ $kuã^{44}$ $mã^{35}$？）衣服干了没有？

你看到渠曼？（$ŋ^{31}$ $kã^{31}$ $tɔ^{51}$ $tʃi^{35}$ $mã^{35}$？）你看到他没有？

"V 曼 V"式和"VP 曼"式表达的意思一样，"VP 曼"式实际上是"VP 曼 VP"式中后面的"VP"脱落的结果，但在安仁方言中没有"VP 曼 VP"这种说法。

3. "不" 构成正反问句，可分为两种格式

（1）"V 不 V" 式，其又可以分两种情况。

其一，当"不"所涉及的词为单音节词时，直接构成"V 不 V"式。

渠今日来不来？（tʃi³⁵ tʃi⁴⁴ i⁴⁴ le³⁵ pu³⁵ le³⁵？）他今天来不来？

那只鱼大不大？（le⁴⁴ tʃia³¹³ y³⁵ t'æ³¹ pu³⁵ t'æ³¹？）那条鱼大不大？

其二，当"不"所涉及的词为双音节或多音节时，只取第一个音节，构成"A 不 AB"式。

你吃不吃酒？（ŋ³¹ ts'ia³¹³ pu³⁵ ts'ia³¹³ tʃiɯ⁵¹？）你喝不喝酒？

小王喜不喜欢打球？（ʃiɔ⁵¹ oŋ³⁵ ʃi⁵¹ pu³⁵ ʃi⁵¹ huã⁴⁴ ta⁵¹ tʃ'iɯ³⁵？）小王喜不喜欢打球？

有时候在口语表达中由于快速说话也往往把"不"略掉不说，意思不变。

你吃吃酒？（ŋ³¹ ts'ia³¹³ ts'ia³¹³ tʃiɯ⁵¹？）你喝不喝酒？

小王喜喜欢打球？（ʃiɔ⁵¹ oŋ³⁵ ʃi⁵¹ ʃi⁵¹ huã⁴⁴ ta⁵¹ tʃ'iɯ³⁵？）小王喜不喜欢打球？

你现在身上有有钱？（ŋ³¹ ʃ ĩ³¹³ tsa⁴⁴ sen⁴⁴ soŋ³¹ iɯ³¹ iɯ³¹ ts ĩ⁵¹？）你现在身上有没有钱？

（2）"VP 不" 式。

下盘棋不？（ʃia³¹ p'ã³⁵ tʃi³⁵ pu³⁵？）下不下盘棋？

渠来嬉不？（tʃi³⁵ le³⁵ ʃi³⁵ pu³⁵？）他来不来玩？

你到屋里还看书不？（ŋ³¹ tɔ⁵¹ u⁴⁴ ti⁴⁴ hæ³⁵ kã³¹ su⁴⁴ pu³⁵？）你在家里还看不看书？

"V 不 V"式和"VP 不"式表达的意思一样。"VP 不"式实际上是"VP 不 VP"式中后面的"VP"脱落的结果，但在安仁方言中没有普通话"VP 不 VP"这种说法。

和"V 曼 V""VP 曼"表示已然、客观相比，"V 不 V""VP 不"表示未然或主观询问。如："你看曼看书/你看书曼？"主要是用来询问客观情况，是问对方有没有看书这回事。"你看不看书/你看书不？"主要是用来询问主观意愿，是问对方有没有看书的意愿。

三 结语

在普通话中"没"既可以作动词，又可以作副词，因此在普通话中像"门没锁"这样的句子是有歧义的，它既可以是"没₁＋锁（名词）"表示门没有锁具，也可以是"没₂＋锁（动词）"表示没有锁门。在安仁

方言中不存在和普通话中"没有"相对应的词语，普通话中"没有"这个词的功能在安仁方言中是由两个词来担当的，其中"冇"对应"没₁"，"曼"对应"没₂"。因此，像"门没有锁"这样的句子在安仁方言中如果是前一种意思就会说成"门冇锁"，如果是后一种意思就说成"门曼锁"，总之是不会产生歧义的。但是，在安仁方言中由于"曼"作为否定副词除了可以表示客观否定外还可以表示主观否定，这和普通话中"没₂"的用法并不完全等同。也就是说，在安仁方言中"曼"在一定的条件下还兼有"不"的功能，像"我曼去"这样的句子在安仁方言中可能是会有歧义的，它既可能表示主观的"我不去"也可能表示客观的"我没有去"。

"曼"在安仁方言中既能否定客观事实也能否定主观意愿，二者都有严格的时态要求。"曼"用来否定客观事实只限于过去和现在，不能用于将来，"曼"用来否定主观意愿只限于现在和将来，不能用于过去。由于"曼"表客观否定不能用于将来，表主观否定不能用于过去，所以在过去和将来的时态背景下两者分工明确，不会产生歧义，如：

我□日曼去上课（ŋ o³¹ ts'æ⁴⁴ i³¹ mã³⁵ k'e⁴⁴ soŋ³¹ k'o³¹）。我昨日没有去上课。

我□日曼去上课（ŋ o³¹ mæ³⁵ i³¹ mã³⁵ k'e⁴⁴ soŋ³¹ k'o³¹）。我明日不去上课。

但是，在现在的时态背景下两者出现交错，则会产生歧义。"我现在曼吃饭"在安仁方言中是有歧义的，既可以否定主观意愿，表示"我现在不吃饭"，也可以否定客观事实，表示"我现在没有吃饭"。

在安仁方言中"不"和"曼"都可以后接动词，表示主观否定，两者第一大区别在于时态的选择上（见表3-5）。如上所述，"曼"用来表示主观否定只限于现在和将来，不能用于过去，"不"表示主观否定和"曼"

表3-5 安仁方言中"冇""曼""不"三个否定词主要用法的区别

词 性	不		冇	曼	
	副 词		动 词	副 词	
表义	主观	客 观	客 观	主观	客观
后接词类	动词	形容词	名 词	动词	动词/形容词
时态	不限	不 限	不 限	现在/将来	过去/现在
构成正反问格式	V 不 V/ VP 不		有冇/有…冇	—	V 曼 V/VP 曼

相比最大的特点是"不"表示主观否定不受时态的制约，即可表示过去又可表示现在和将来，如果是表示过去的主观否定只能用"不"不能用"曼"，如：小王□日不吃饭（ʃiɔ⁵¹ oŋ³⁵ tsʼæ³¹ i³¹ pu³⁵ tsʼia³¹³ fã³¹）。小王昨日不吃饭。如果说成：小王□日曼吃饭（ʃiɔ⁵¹ o ŋ³⁵ tsʼ æ³¹ iʼ³¹ mã³⁵ tsʼia³¹³ fã³¹）。小王昨日没有吃饭。则变成对客观事实的否定，不再表示主观否定了。如果是表示现在和将来的主观否定用"曼"和"不"都可以，如：我□日不去上课（ŋ o³¹ mæ³⁵ i³¹ pu³⁵ kʼe⁴⁴ soŋ³¹ kʼo³¹）。我明日不去上课。在安仁方言中也可以说成：我□日曼去上课（ŋ o³¹ mæ³⁵ i³¹ mã³⁵ kʼe⁴⁴ soŋ³¹ kʼo³¹）。我明日不去上课。二者的意思差不多。相比而言，"曼"比较常用，通常都用"曼"，用"不"则显得语气要强一些。两者的另一大区别在于对所搭配的动词的选择上，"曼"表示主观否定只能和行为动词搭配，不能和心理动词搭配，"曼敢""曼想"在安仁方言中是"没有敢""没有想"的意思，只表示客观否定，不表示主观否定。而"不"则不受限制，既能与行为动词搭配，又能与心理动词搭配（见表3-6）。也就是说，后接动词是心理动词时只能用"不"来表示主观否定，如"不敢""不想"。

表3-6 "曼"和"不"表示主观否定的区别

	过去时态	现在时态	将来时态	行为动词	心理动词
不	+	+	+	+	+
曼	−	+	+	+	−

"不"和"曼"都可以接形容词，都表示客观叙述，"不＋形容词"表示否定事物具有某种性质或状态。这里的形容词可以是状态形容词也可以是性质形容词，重在表示对事物性状的静态判断。"曼＋形容词"的结构，否定事物的某种状态，形容词限于表示状态变化的状态形容词。"曼"否定事物的状态时，暗含事物的这一状态是逐渐变化形成的，有一个发展过程，"曼"否定的事物的状态具有动态性。

"冇""不""曼"都可以构成正反问句。"冇"可以后接名词构成"冇有……"和"有……冇"式，两者意思相同。"不"和"曼"都可以构成"V不/曼V"和"VP不/曼"式，两者意思也相同。"曼"和"不"相比，"V曼V""VP曼"表示已然或客观，"V不V""VP不"表示未然或主观。

第四章 安仁方言的时体范畴

第一节 时体范畴

在语言中，"时"和"体"是两个重要的语法范畴。"时"和"体"都和动作或事件发生的时间有关，把动作或事件看作一个整体，其在时间轴上的表现为一个时点；如果把它展开成一个过程，其在时间轴上则体现为一个时段。作为一个时点的动作或事件，在时间轴上与其他的动作或事件发生各种时间关系，或早或晚或与之同时，这种语义上的先后关系如用句法形式表现出来，就成为语言中的时范畴。作为一个时段的动作或事件除了和其他的动作或事件发生各种时间关系外，其自身内部在时间轴上也可以分成开始、持续、结束等不同的阶段。这些语义上的不同阶段如用句法形式表现出来，就是语言中的体范畴。也就是说，"时"注重的是事件外在的参照，主要表达事件在时间上的先后关系，而"体"注重的是事件内在的构成，主要表达说话者对于事件过程的主观判断。

关于汉语的时体问题，目前汉语语言学界存在较大的分歧。传统的语法观点认为，汉语中只有体范畴，而没有时范畴，因为汉语中没有表达时间意义的语法形态。但有的学者却认为，汉语虽然没有狭义的形态形式，如屈折、附加、重叠、虚词等，但可以利用广义的形态如词汇、语法格式、语调等来表达时范畴，汉语的分析类型决定了其形态成分相对较少，但这并不意味着汉语没有时间观念以及相关时间意义的表达，因此汉语中也存在时范畴。戴耀晶（1997）强调区分了时体范畴和时体意义，指出前者总是与一定的形态形式相关，而后者则可通过词语形式、形态形式、语调形式、格式形式、言语环境及说话者心理等各种手段来表现，因而在任何语言中都有所反映。按照这种观点，"时"和"体"的意义在句子中既可以通过词语本身的形式来表达，也可以通过形态形式来表达。在任何语言里都有表示"时"意义和"体"意义的词语，如汉语里的"已经""将来"之类的副词表示"时"的意义，"正在"（持续体）、"经历"（经历体）表示"体"的意义，它们是词语本身具有的词义内容，"时""体"的语法范畴是通过词语本身的内含义来表达的。而形态形式来表达"时""体"范畴就不同了，某种类型的形态形式是专门表达某种意义类型的。形态不是词语本身具有的意义，它是在具体的语用环境中获得的。"它的意义是在句子中获得的，离开句子其意义也就不存在了。"因此，从严格意义上来说，任何语言，它的"时"和"体"范畴都是通过形态形式而不是通过词语本身的意义这一形式来表达的，"必须凭形态来建立范畴，这是语法范畴的确定原则"。根据这一标准，由于汉语中的"时"，主要是通过词语意义这一手段来表示的，而不是通过语法手段来表示的，所以我们认为现代汉语里没有时范畴，但是有体范畴。这种区别有助于澄清长期以来人们对汉语时体的模糊认识。

"体范畴"，是在时间进程中观察事物的动态而产生的，其参照系不是话语行为的时间，而是动词所表达的事件本身的进程。所谓"体范畴"是指用附加虚词等手段表示动作行为进行的状态。长期以来，由于学者们对汉语体范畴性质和本质的认识不一致，对"体范畴"人们有各种称呼，如吕叔湘（1942）把其叫作"动相"，王力（1943）称之为"情貌"，陈平（1988）把它称作"时态"。在具体的研究文献中，常见的还有称为"貌"或"态"。也有人把汉语的"体"等同于西方语言中的"aspect"。实际上，汉语的"体"和西方语言中的"aspect"并不完全相同。西方语言中的"aspect"主要是当作动词的一个语法范畴。例如，克里斯特尔主编的《现代语言学词典》（2000）中把"体"定义为："对动词作语法描写的一个范畴（其他范畴有时和语气），主要指语法所标记的由动词表示的时间活动的长短或类型。"汉语中"体"的情况与此不同，汉语中的"体"不仅可以指动作、事件所处的阶段和状态（有人称之为"体"），还可以表示动作过程中表现出来的情貌（有人称之为"貌"或"态"），比如"短时""尝试""反复"等。二者都具有时间性，与动作、事件发生的时间密不可分。除此之外，汉语中的"体"不仅反映在动词上，说明动作的阶段或状貌，而且可以表现在整个命题句上，说明与一个事件相关的阶段与情状。在形式上也不是动词的形态变化，而是用具有附着性的虚词附加于动词或整个小句来表示体的意义。由于本书不打算纠缠于名称的问题，为行文方便通称之为"体"。

关于"体"的本质属性，左思民（1998）认为，"体"的本质属性是"用语言手段传达的事物某状况的保持或变化以及保持或变化的方式。"其中，"用语言手段传达"是指通过运用语法手段或词汇手段等加以指示和展现。而"事物"是指交际中所谈论的对象，包括句子的主语和句子所表示的说话人的看法等。"状况"是指事物的某种属性：活动、性状、关系。"保持或变化"中"保持"是指状况的维持或根本不存在，"变化"指状况的结束或开始。长期以来，学者们对汉语"体"的分类有着不同的看法。饶长溶认为，一个动作，从运动的过程看，可以粗略地分为起始、进行和终结三个阶段。余霭芹先生则把体细分为完成态、已然态、进行态、持续态、经历态、开始态等16类。还有很多学者，如胡明扬先生将其分为完成态、已然态、持续态、进行态、短时态、尝试态、连续态、起始态8类；郑彭德先生将其分为进行体、持续体、完成体、实现体、经历体、起始体、将行体、结果体8类，同时在持续体下又分出进行貌、持续貌、继续进行貌、尝试貌四个小类。通常认为，现代汉语中的"体"有完成（实现）、经历、持续、起始、继续、短时6种，其主要表现为"着""了""过"3个标记成分。一般认为，汉语中"着"是进行体标记，"了"是完成体标记，"过"是经历体标记。

关于汉语体标记的来源，多数学者认为主要来自补语，结果补语和趋向补语是汉语体标记虚化的重要来源。石毓智（2001）认为："体标记属于补语的一种，它们是由指动补语（即语义指向是动词的补语）发展来的。""了""着""过"的形态化过程，都经历了一个其后排斥宾语的过程，后来动词后的"了""着""过"逐渐失去自己独立的词汇身份，与动词形成一个句法单位，虚化成一个体标记，后面就可自由带宾语，变成今天这个样子。

汉语的时体系统经过漫长的历史演变，已具有较完整的表现各种体范畴的语法标记（如体助词"着""了""过"）和准语法标记（如准体助词"起来""下去"等）。一些时间副词，经过漫长的虚化演变过程，已程度不等地具有了表达时体的功能（如"曾经""正在""已经""将要"等）；句末语气词"了"等也可用来表示体意义。所以，汉语中的"时体"表现形式可能通过词法手段，也可能利用句法手段，可能是有标记形式，也可能是零标记形式，形态形式只是表达汉语时体意义的手段之一。除此之外，汉语中还有丰富多样的其他各种语法手段或表达方式。这些语法手段或表达方式虽然还没有完全语法化，但大多与时体意义已经形成了固定的对应关系，已不同程度地语法化为语法形式了。相对于已经语法化的时体形态标记，这些部分语法化的时体表达手段，我们可以称之为"准时体标记"，它们构成了表达汉语时体意义的重要力量。

虽然汉语中没有专门的形态形式来表现时范畴，但汉语在表达体范畴时，总是或多或少与时间义相联系，"体"作为一种语法范畴，主要表示动作行为的起始、持续、反复、瞬息、完成、经历等，它是对时态系统的补充，并且和时态系统相重叠。戴耀晶（1997）认为："时与体都与动词动作和时间有关，时是运用词法形态变化来体现与动词动作关联的时间，体则是运用句法形态变化来体现与时间关联的动词动作。"也就是说，汉语的"体"与"时"是紧密相关的，二者不是完全相互孤立的。

汉语方言中的时体表达形式，要比普通话丰富复杂得多。不同方言的时体标记在数目、性质、功能上也都难以一一对应。李如龙（1996）认为："汉语方言的体（貌）范畴大体上都是后起的，宋元以来逐渐形成。这是许多语法学家指出过的事实。"因此，某些时体标记虚化演变的各个阶段较完整地保留在汉语方言中，研究方言中各种时体标记、准标记的形式、用法、来源及发展，对揭示汉语时体构形表达和演变发展的规律有十分重要的意义。安仁方言中的时体系统及其手段与普通话有一些共同点，但也有许多差异。本章主要对安仁方言的各种时体范畴的语法形式、语法意义及功能和特点进行详细的描写和分析，并以普通话的时体系统为参照系进行共时比较，试图较完整地整理出安仁方言中的时体表达系统，希望能对归纳现代汉语的时体系统及汉语史的研究提供一点帮助。

第二节　安仁方言的时体

我们根据动作或事件的不同情状以及在时间轴上的不同表现，把安仁方言的时体范畴分为先行、起始、进行、持续、存续、完成、已然、经历、可能、短时、尝试、反复12个方面（见表4-1）。下面就从这12个方面对安仁方言的时体进行具体分析。

表4-1　安仁方言的时体形式

时体名称	时体标记	表达形式
先行体	价	VP 价、NP 价
起始体	起	VP 起、V 起 O 来、V 起来、A 起来
	哒	VP 哒
进行体	到	到 V、到 VO
持续体	到	V 到、V 到 O、V 到 VP、V/A 到咯
	起	NP + V/A + 起、Prep + NP + V + 起、V + 起 + VP
	散	V 散、V 散 V 散、V 散 O
	出老	V 出老、V 出老 O、
	起去/下去	V/A + 起去/下去
存续体	哒	NP 处 + VP + 哒 + NP、VP + 哒 + NP 处
完成体	咖	V 咖、V 咖 O、V/A + 咖 + 数量补语
	咖哒	VP 咖哒、V 咖 O 哒
已然体	哒	V 哒、V 哒 O、V 哒 + NP 处、VP/NP/A + 哒
经历体	过	V 过、V 过 O
可能体	得	V 得、V 得 O、紧 V 得、VV 得
短时体	重叠	VV
	下唧	V（一）下唧
尝试体	看	VP 看、VV 看、V（一）下看
反复体	重叠	V 啊 V

一　先行体

先行体表示一个动作或事件发生在另一个动作或事件之前。安仁方言中的先行体标记是"价"。作为先行体的标记"价"常出现在分句或句子的末尾，有时和"先""等"等词语共现，表示先行的语法意义，带"价"的动作行为总是在某一动作行为之前先实施、先发生或先完成的。这类句子的明显特征就是隐含"先"或直接与"先"共现。同时，在带"价"的句法结构中，谓语动词所表示的动作行为都没有实现，具有未然的语法意义。具体用法如下：

1. VP + 价

先吃点水果唧价，饭等下就熟哒（ʃ ʅ⁵¹ tsʼia³¹³ tiæ³⁵ su⁵¹ ko⁵¹ tʃi tʃia³¹³，fã³¹ t ʅ⁵¹ ha³¹ tʃiɯ³¹ ʃiɯ⁴⁴ ta）。先吃点水果,饭等下就熟了。

你先莫要走价，我还有东西得你（ŋ³¹ ʃ ʅ⁵¹ mo³⁵ iɔ³¹ tse⁵¹ tʃia³¹³，ŋ o³¹ hæ³⁵ iɯ³¹³ teŋ⁴⁴ ʃi⁵¹ te ŋ³¹）。你先不要走,我还有东西给你。

等水烧开价再用（t ʅ⁵¹ su⁵¹ sɔ⁴⁴ kʼe⁴⁴ tʃia³¹³ tsæ³¹ ien³¹³）。等水烧开了再用。

先把衣裳得水浸到价（ʃ ʅ⁴⁴ pa⁵¹ i⁴⁴ sã⁵¹ te su⁵¹ tʃien³¹³ tɔ⁵¹ tʃia³¹³）。先把衣服用水泡着。

我嬉下价等下再看书（ŋ o³¹ ʃi³⁵ ha³¹ tʃia⁵¹ t ʅ⁵¹ ha³¹ tsæ³¹ kã³¹ su⁴⁴）。我先玩会再看书。

带"价"的"VP"后常常有后续的动作或行为，用"价"表示该动作在后一动作之前发生。

2. NP + 价

问：进来吃杯开水唧唻（tʃien³¹ le⁴⁴ tʃia³¹³ pe⁴⁴ kʼa⁴⁴ su⁵¹ tʃi læ）。进来喝点开水吧。

答：等下价（t ʅ⁵¹ ha³¹ tʃia³¹³）。等下再说。

问：把衣裳洗咖晾起（pa⁵¹ i⁴⁴ sã⁵¹ ʃi⁵¹ ka⁴⁴ lioŋ³¹ tʃi⁵¹）。把衣服洗了晾起。

答：买日价（miæ³⁵ i³¹ tʃia³¹³）。明天再说。

问：你麻格时唧做酒？（ŋ³¹ ma³⁵ ke⁴⁴ s ʅ³⁵ tʃi⁴⁴ tsa³¹ tsiɯ⁵¹?）你什么时候摆酒席?

答：国庆节价（kue⁴⁴ tʃien³¹ tʃie³⁵ tʃia³¹³）。国庆节再说。

"NP + 价"中的 NP 一般是时间名词，整个结构表示在将来某个时候发生或完成某个动作行为，其中省略了动作行为，只表示动作行为将要发生的时间，省略的动作行为根据上下文的语境说话双方都能理解。整个句子含有"到……时候再说"的意思。

在安仁方言中，"价"在句末除了可表时态外还可表语气。其可用于疑问句中表示疑问的语气。如：

你不哇，渠哦何晓得价？（ŋ³¹ pu³⁵ ua³¹，tʃi³⁵ o³⁵ ho⁴⁴ siɔ⁵¹ te tʃia³¹³?）_{你不说,我怎么知道?}

渠喊哒你，你哦是不来价？（tʃi³⁵ hã⁵¹ ta ŋ³¹，ŋ³¹ o³⁵ s ɿ⁴⁴ pu³⁵ le³⁵ tʃia³¹³?）_{我叫你,你怎么不来?}

还可用于祈使句，在表示先行的时态的同时表示祈使语气。

不要等渠哒，你南先吃哒价（pu³⁵ iɔ³⁵ t ɿ⁵¹ tʃi³⁵ ta，ŋ³¹ la³⁵ ʃ ɿ³⁵ tsʼia³¹³ ta tʃia³¹³）_{。不要等他了,你们先吃。}

你先坐到休息下价（ŋ³¹ ʃ ɿ³⁵ tso³¹ tɔ⁵¹ ʃiɯ⁴⁴ ʃi⁴⁴ ha³¹ tʃia⁵¹）_{你先坐着休息一下。}

捞过来得我看下价（lo⁴⁴ ko³¹ le³⁵ teŋ o³¹ kã³¹ ha³¹ tʃia³¹³）_{。拿过来让我看一下。}

二　起始体

安仁方言中的起始体表示动作的起始，其标记是"起"和"哒"，具体如下。

1. 起始体标记"起"的用法

"起"在安仁话中应用广泛，可以作结构助词、连接动词和表程度或结果的补语。如：

水烧起打翻哒（su⁵¹ sɔ⁴⁴ ʃi⁵¹ ta⁵¹ fã⁴⁴ ta）_{。水烧得沸腾了。}

地下冻起开叉哒（ti³¹ ha³¹ teŋ³¹ tʃi⁵¹ ke⁴⁴ tsa³¹ ta）_{。地面冻得开裂了。}

衣裳洗起干干净净唧（i⁴⁴ sã⁵¹ si⁵¹ ʃi⁵¹ kã⁴⁴kã⁴⁴ tʃien⁴⁴ tʃien⁴⁴ tʃi）_{。衣服洗得干干净净。}

渠做事做起饭哒不吃哒（tʃi³⁵ tsa³¹ s ɿ³¹ tsa³¹ ʃi⁵¹ fã³¹ ta pu³⁵ tʃia³¹³ ta）_{。他干活干得饭都不吃了。}

上述句中的起作结构助词，连接补语。

用作起始体标记的"起"常附在动词后面，表示动作行为将要发生或变化将要出现，常表达说话人的一种愿望或命令。具体用法如下。

（1）VP＋起。

报数一般行左边报起（pɔ³¹ sa³¹ i³⁵ pã⁴⁴ ho ŋ³⁵ tso⁵¹ pɿ⁴⁴ pɔ³¹ ʃi⁵¹）_{。报数一般从左边开始报。}

排队行门口排起（pæ³⁵ tui³¹ hoŋ³⁵ mien³⁵ ke⁵¹ pæ³⁵ ʃi⁵¹）_{。排队从门口开始排。}

工资行元月份算起（ken⁴⁴ tsi⁴⁴ hoŋ³⁵ u ĩ³⁵ ue⁴⁴ fen³¹ suã³¹ ʃi⁵¹）。工资从1月份开始算。

这一格式不带宾语，动词前有介宾短语作状语，修饰限制"V 起"，表示动作从某个基点开始。动词前的介宾短语不能少，没有这个介词短语句子往往不能成立，如下面的说法都不成立：报数一般数起、排队排起。工资算起。

（2）V + 起 + O + 来。

渠发起火来下怕哒渠（tʃi³⁵ fa⁴⁴ ʃi⁵¹ ho⁵¹ le³⁵ ha³¹ pa³¹ ta tʃi³⁵）。他发火大家都怕他。

渠打起高来冇哪个拖得到（tʃi³⁵ ta⁵¹ ʃi⁵¹ ko⁴⁴ le³⁵ mɔ³⁵ la⁵¹ ko⁴⁴ tʼo⁴⁴ te tɔ⁵¹）。他打架没人能拉得住。

小李做起事来特别认真（ʃiɔ⁵¹ li⁵¹ tsa³¹ ʃi⁵¹ s ɹ³¹ le³⁵ te³¹ pie⁴⁴ ien³¹ ts-en⁴⁴）。小李做事特别认真。

老张打起麻将来饭哒不吃哒（lɔ⁵¹ tsoŋ⁴⁴ ta⁵¹ ʃi⁵¹ ma³⁵ tʃioŋ³¹ le³⁵ fã³¹ ta pu³⁵ tsia³¹³ ta）。老张打麻将饭都不吃了。

在这一格式中，"起"插在动词"V"和宾语"O"之间，后面还有"来"与之搭配使用。通常后面还有后续成分，如果不带后续成分，句子往往不能成立，如下面的句子通常不能成立：

　　＊渠发起火来。

　　＊渠打起高来。

　　＊小李做起事来。

　　＊老张打起麻将来。

（3）V + 起来。

老师还曼走，渠两个就吵起来哒（lɔ⁵¹ sɻ⁴⁴ hæ³⁵ mã³⁵ tsie⁵¹，tʃi³⁵ lioŋ³¹ ko⁴⁴ tʃiɯ³¹³ tsɔ⁵¹ ʃi⁵¹ le³⁵ ta）。老师还没走，他们两个就吵起来了。

过哒一下唧，关节又疼起来哒（ko³¹ ta i³⁵ ha³¹ tʃi，kuã⁴⁴ tʃie⁴⁴ iɯ³¹ tʼeŋ³¹ ʃi⁵¹ le³⁵ ta）。过了一会，关节又开始疼了。

听到固句话大家下笑起来哒（tʼioŋ³¹ tɔ⁵¹ ku³⁵ tsu³¹ hua³¹ tʼæ³¹ ka⁴⁴ ha³¹ ʃiɔ³¹ ʃi⁵¹ le³⁵ ta）。听到这句话大家都笑起来了。

刚吃咖饭又饿起来哒（koŋ⁴⁴ tsia³¹³ ka fã³¹ iɯ³¹ o³¹ ʃi⁵¹ le³⁵ ta）。刚吃了饭又饿了。

"起来"本来是一个趋向动词，如"站起来"等，但在上述例句中"起来"的意义已经虚化，用来说明动作行为开始发生，具有"开始"的语法意义，可以看作一个起始体的体标记。

（4）A＋起来。

"起来"表示起始意义不但可以放在动词后表示动作行为的开始，还可放在形容词后表示状态开始出现。如：

立咖秋后天就冷起来哒（li³¹ ka tʃiɯ³⁵ he³¹ t'ĩ⁴⁴ tʃiɯ³¹³ loŋ⁵¹ ʃi⁵¹ le³⁵ ta）。_{立秋后天气开始变冷了。}

玻璃擦哒一下就亮起来哒（po⁴⁴ li⁴⁴ tsa³⁵ ta i³⁵ ha³¹ tʃiɯ³¹³ lioŋ³¹ ʃi⁵¹ le³⁵ ta）。_{玻璃擦了一下变亮了。}

街上咯人过哒一下唧就多起来哒（kai⁴⁴ soŋ⁵¹ ke ɳ³⁵ ko³¹ ta i³⁵ ha³¹ tʃi tʃiɯ³¹³ to⁴⁴ ʃi⁵¹ le³⁵ ta）。_{街上的人过了一会变多了。}

2．"哒"表示起始的用法

安仁话中"哒"也可以用于句子的末尾表示起始的语法意义。如：

吃饭哒（ts'ia³¹³ fã³¹ ta）。_{（开始）吃饭了。}

散学哒（sã³¹ ʃo³⁵ ta）。_{放学了。}

开工哒（k'æ⁴⁴ keŋ⁴⁴ ta）。_{（现在）开工了。}

涨水哒（tsioŋ⁵¹ su⁵¹ ta）。_{涨水了。}

"哒"表示起始意义，常用在一些表示提醒、通知的句子后面，表示"现在开始……"的意思，如"吃饭哒"意思是"现在开始吃饭了"，主要用来通知或提醒听话者。

三 进行体

"到"用在动词或动词短语前面，表示动作或事件正在进行，动词后边一般出现宾语，相当于普通话"正在……""到"在句子中表示动作或事件正在进行，可以看作一个进行体标记。具体用法如下。

1．到＋V

渠到睏，你莫吵（tʃi³⁵ tɔ⁵¹ huen³¹³，ŋ³¹ mo³⁵ ts'ɔ⁵¹）。_{他正在睡觉,你不要吵。}

小张到洗澡，你等一下唧（ʃiɔ⁵¹ tso⁴⁴ tɔ⁵¹ ʃi⁵¹ tsiɔ⁵¹，ŋ³¹ t ĩ⁵¹ ha³¹

tʃi^{35}）。小张正在洗澡,你等一下。

渠固时唧到跑步（tʃi^{35} ku^{44} s ʅ^{44} tʃi^{35} tɔ^{51} pɔ^{51} pu^{31}）。他这时正在跑步。

固时唧□□到落雨（ku^{35} s ʅ^{44} tʃi hie^{51} tʃien^{44} tɔ^{31} lo^{35} y^{51}）。这时候外面正在下雨。

2. 到 + V + O

渠到做作业,你莫要吵渠（tʃi^{35} tɔ^{44} tsa^{31} tso^{44} ie^{31}, ŋ^{31} mo^{35} iɔ^{31} tsiɔ^{51} tʃi^{35}）。他正在做作业,你不要吵他。

老王到吃饭,你等下唧（lɔ^{51} o ŋ^{35} tɔ^{51} tsʼa^{313} fã^{31}, ŋ^{31} t ʅ^{51} ha^{31} tʃi）。老王正在吃饭,你等下。

小李到看电视,冇哪个喊得渠那（ʃiɔ^{51} li^{44} tɔ^{51} kã^{31} t ʅ^{313} s ʅ^{44}, mɔ^{35} la^{51} ko^{44} hã^{51} te tʃi^{35} la^{35}）。小李正在看电视,没有谁叫得动他。

渠到洗衣裳（tʃi^{35} tɔ^{51} ʃi^{51} i^{44} sã^{51}）。他正在洗衣服。

安仁话中"到 + V"结构中表示持续义的"到",其实是"到固/那底"的省略形式,在安仁话中"到固/那底"是一个表示持续义的语法标记,它是由表示位置的"到固/那底"语法化发展而来的。在安仁话中"到固/那底"中的"到"本来是介词,表示"在这/那里"的意思,在安仁话中其常常放在表示进行义的动词前,强调该动作正在进行的特点,久而久之其原来表示位置的含义渐渐虚化,就变成了一个表示持续义的语法标记,再进一步省略后面的"固/那底"后形成了现在这种"到"用在动词或动词短语前表持续义的用法。在上面的句子中,把"到"替换过成"到固/那底",意思也一样。如:

　　渠到固底困觉,你莫要吵渠。

　　老王到固底吃饭,你等下唧。

　　固时唧□□到那底落雨。

　　小李到那底看电视,冇哪个喊得渠那。

　　渠到固底洗衣裳。

"到固/那底"和"到"相比,语法化还不够彻底,试比较:

　　渠到操场上跑步。

　　渠到跑步。

渠到那底跑步。

前一句表示"他在操场上跑步"的意思，"到"是一个介词，并不表示动作正在进行。中间一句表示"他正在跑步"，"到"是一个进行体标记，表示动作正在进行。后一句其实是有歧义的，根据说话者语境的不同如果"在那里"是实指可以表示"他在那里跑步"的意思，如果"在那里"是虚指又可以表示"他正在跑步"的意思。

此外，"到固/那底"还可置于动词后，表示动作完成后的状态的延续。如：

箭眼打开到那底（ts'ĩ³¹ ã⁵¹ ta⁵¹ ke⁴⁴ tɔ⁵¹ le⁴⁴ ti⁴⁴）。窗户正开着。

大门开咖到那底（tæ³¹ mien³⁵ k'æ⁴⁴ ka tɔ⁵¹ le⁴⁴ ti⁴⁴）。大门正开着。

壁头上挂咖一幅画到那底（pia³¹³ te soŋ³¹ kua³¹ kai³⁵ fu³⁵ hua³¹ tɔ⁵¹ le⁴⁴ ti⁴⁴）。墙上正挂着一幅画。

这一用法中的"到固/那底"常与动词后的补语或动态助词"咖"共现，表示动作完成后状态的延续，可看作持续体的体标记。在这种情况下，"到固/那底"不能用"到"代替，如下面的说法都是不成立的：

　　＊箭眼打开到。

　　＊大门开咖到。

　　＊壁头上挂咖一幅画到。

四　持续体

持续体主要表示动作行为呈持续不断的状态，常与动态意义的动词相联系。安仁方言中的持续体标记有"到""起""散"和"出老"等，常附在动词后，表示动作或状态的延续。

"到"在安仁话中可用作动词和介词，如"到北京"既可作动词理解为"去北京"，又可作介词理解为"在北京"。当它用在动词或形容词后时，其意义已经虚化，主要用来表示动作或状态的持续，相当于普通话中的助词"着"，是一个持续体的体标记，其具体用法如下。

1. 持续体标记"到"的用法

（1）V＋到。

教室底有人站到，□有人坐到（tʃiɔ³¹ ʃi⁴⁴ ti⁴⁴iɯ³¹n̩³⁵ tsã³¹ tɔ⁵¹，a⁵¹ iɯ³¹ n̩³⁵ tso³¹ tɔ⁵¹）。教室里有人站着,也有人坐着。

固样东西你捞到，莫丢咖哒（ku³⁵ioŋ³⁵ ten⁴⁴ ʃi⁵¹n̩³¹ lo⁴⁴ tɔ⁵¹，mo³⁵ tiɯ⁴⁴ ka ta）。这件东西你拿着,别弄丢了。

得只面盆盛到（te tʃia³¹³ m ĩ³¹ pen³⁵ sien³⁵ tɔ⁵¹）。用脸盆装着。

固只鱼先得只桶养到（ku³⁵ tʃia³¹³ y³⁵ ʃ ĩ⁴⁴ te tʃia³¹³ teŋ⁵¹ ioŋ⁵¹ tɔ⁵¹）。这只鱼先用桶养着。

站到！（tsã³¹ tɔ⁵¹！）站着！

手表戴到（siɯ⁵¹ piɔ⁵¹ tæ³¹ tɔ⁵¹）。手表戴着。

在后面两例中，当施事主语省略或主语为受事时，句子表示命令或祈使，"V＋到"主要用于祈使句表祈使，如"站到！""坐到！"当主语为受事时，也可以在受事主语前加介词"把"，意思一样。如：

　　手表戴到。——　把手表戴到。

　　衣裳穿到。——　把衣裳穿到。

（2）V＋到＋O。

你南下掂我看到黑板（n̩³¹ lã³⁵ ha³¹ tĩ⁴⁴ŋ o³¹ k'ã³¹ tɔ⁵¹ hie³⁵ pã⁵¹）。你们都给我看着黑板。

渠上课总是勾到只脑壳（tʃi³⁵ soŋ³¹ ko⁴⁴ tseŋ⁵¹ s l̩⁴⁴ kie⁴⁴ tɔ⁵¹ tʃia³¹³ lɔ⁵¹ ho⁴⁴）。他上课总是低着头。

你抿到眼珠哦看得清哎（n̩³¹ mien⁴⁴ tɔ⁵¹ ã⁵¹ tsu⁴⁴ o⁴⁴ kã³¹ te tʃ'ien⁴⁴ a）。你眯着眼睛怎么看得清。

得麻格挞到鼎瓜，莫要走咖气哒（te ma³⁵ ke⁴⁴ t'a³⁵ tɔ⁵¹ tioŋ⁵¹ kua⁴⁴，mo³⁵ iɔ³¹ tse⁵¹ ka tʃi³¹ ta）。用什么盖着锅子,不要走了气了。

这一结构中的"到"也是用在动词后面表示动作状态的持续，相当于普通话中的"着"，后面带宾语，"到"不能放在宾语后面。

（3）V＋到＋VP。

你回答问题要站到哇（n̩³¹ hui³⁵ ta³⁵ uen³¹³ t'i³⁵iɔ³¹ tsã³¹ tɔ⁵¹ ua³¹）。你回答问题要站着说。

睏到看书对眼珠不好（huen³¹³ tɔ⁵¹ kã³¹ su⁴⁴ tui³¹ ã⁵¹ tsu⁴⁴ pu³⁵ hɔ⁵¹）。躺着看书对眼睛不好。

老师总是站到上课（lo⁵¹ sʅ⁴⁴tseŋ⁵¹ sʅ⁴⁴ tsã³¹ tɔ⁵¹ soŋ³¹ ko³¹）。老师总是站着上课。

渠抿到眼珠看书（tʃi³⁵ mien³⁵ tɔ⁵¹ ã⁵¹ tsu⁴⁴ kã³¹ su⁴⁴）。他闭着眼睛看书。

跟到我走（k ʅ̃⁵¹ tɔ⁵¹ŋ o³¹ tse⁵¹）。跟着我走。

这种格式中"V＋到"和后面的动词构成连动句，"V＋到"表示持续意义，常作状语，表示后项动词的伴随状态。

（4）V/A＋到＋咯。

表持续体标记的"到"可以和"咯"结合，构成复合的"到咯"，用在动词或形容词后，表示动作或状态的持续。常构成"N（＋是）＋V/A＋到＋咯"的句式，如：

电视（是）关到咯（t ʅ̃³¹³ sʅ⁴⁴ sʅ³¹ k'uã⁴⁴ tɔ⁵¹ ke）。电视是关着的。

插头（是）插到咯（ts'a⁴⁴ te³⁵sʅ⁴⁴ ts'a⁴⁴ tɔ⁵¹ ke）。插头是插着的。

门（是）锁到咯（mien³⁵ sʅ⁴⁴ so⁵¹ tɔ⁵¹ ke）。门是锁着的。

肉（是）冻到咯（iɯ³¹ sʅ⁴⁴teŋ³¹ tɔ⁵¹ ke）。肉是冻着的。

"到"在安仁话中既可作进行体的体标记又可用作持续体的体标记。二者之间的差别在于作进行体的体标记要置于动词前面，而作持续体的体标记要置于动词后面。同时，进行体的"到"只能用于动词，不能用于形容词，而持续体的"到"除了可附在动词后表示动作的持续以外，还可附在形容词后表示状态的持续。

2. 持续体标记"起"的用法

在安仁话中"起"除了可以表起始，用作起始体的标记外，还可以表示动作或状态的延续或存在，附在动词或形容词后面用作持续体的体标记。具体用法如下：

（1）NP＋V/A＋起。

裤脚扎起（k'u³¹ tʃo⁵¹ tsa³⁵ ʃi⁵¹）。裤脚扎着。

腰是固叉起（iɔ⁴⁴ sʅ⁴⁴ ku³⁵ ts'a⁴⁴ ʃi⁵¹）。叉着腰。

坐哒那底莫要脚告起（tso³¹ ta le⁴⁴ ti⁴⁴ mo³⁵ iɔ³¹ tʃo⁵¹ kɔ³¹ ʃi⁵¹）。坐在那不要跷着腿。

渠只眼珠斜起（tʃi³⁵ tʃia³¹³ ã⁵¹ tsu⁴⁴ ʃia³⁵ ʃi⁵¹）。他眼睛斜着。

"起"用于动词或形容词后表示动作或状态形成并持续，其可用于祈使句表示祈使意义，如"裤脚扎起"，也可用于客观地陈述事物的状态。

（2）P_{rep} + NP + V + 起。

把衣裳晾起（pa⁵¹ i⁴⁴ sã⁵¹ lioŋ³¹ ʃi⁵¹）。把衣服晾着。

把电扇开起（pa⁵¹ t ʮ³¹³ ʃ ʮ³¹ k'e⁴⁴ ʃi⁵¹）。把电扇开着。

得块板子架起（te k'uæ³¹ pã⁵¹ tsi⁵¹ ka³¹ ʃi⁵¹）。用块木板架着。

得根棍脑撑起（te k ʮ⁴⁴kuen³¹ lɔ⁵¹ tsoŋ⁴⁴ ʃi⁵¹）。用根棍子撑着。

这类句子大都是祈使句，有一些是用介词"把"将动词的宾语提前，通常也可以去掉"把"字将宾语移位到"V 起"后面，意思不变。如：

　　　　把衣裳晾起。—— 晾起衣裳。

　　　　把电扇开起。—— 开起电扇。

有时句子后面还可以再接其他成分：

得根棍脑拦起放固底（te k ʮ⁴⁴ kuen³¹ lɔ⁵¹ lã³⁵ ʃi⁵¹ foŋ³¹ ku³⁵ ti⁴⁴）。用根棍子拦在那里。

得块板子架起只铺（te k'uæ³¹ pã⁵¹ tsi⁵¹ ka³¹ ʃi⁵¹ tʃia³¹³ p'u⁴⁴）。用块板子架个床。

（3）V + 起 + VP。

那个人打起巴掌笑（le⁴⁴ ko⁴⁴ŋ̩³⁵ ta⁵¹ ʃi⁵¹ pa⁴⁴ tsoŋ⁵¹ ʃiɔ³¹）。那个人拍着手笑。

渠看人总是斜起只眼珠看（tʃi³⁵ kã³¹ ŋ̩³⁵ tseŋ⁵¹ s ʮ⁴⁴ ʃia³⁵ ʃi⁵¹ ã⁵¹ tsu⁴⁴ kã³¹）。他看人总是斜着眼睛看。

莫要饿起肚子做事（mo³⁵ iɔ³¹ o³¹ ʃi⁵¹ tua⁵¹ tsi⁵¹ tsa³¹ s ʮ³¹）。不要饿着肚子做事。

渠叉起腰站哒那底（tʃi³⁵ ts'a⁴⁴ ʃi⁵¹ iɔ⁴⁴ tsã³¹ ta le⁴⁴ ti⁴⁴）。他叉着腰站在那里。

这种格式的"V 起"表示存续意义，常作状语，表示后项动词的伴随状态。

3. 持续体标记"散"的用法

（1）V + 散。

雨落散曼落哒（y⁵¹ lo⁴⁴ sã⁴⁴ mã³⁵ lo⁴⁴ ta）。雨下着不下了。

表走散停咖哒（piɔ⁵¹ tse⁵¹ sã⁴⁴ tien³⁵ ka ta）。表走着不走了。

渠哇散曼哇哒（tʃi³⁵ ua³¹ sã⁴⁴ mã³⁵ ua³¹ ta）。他说着不说了。

安仁话中能带"散"表示持续意义的动词一般都是单音节动态动词，如落、走、哇、哭、笑、骂、跑、跳等。

（2）V+散+V+散。

"V+散+V+散"是"V+散"的重叠形式，表示动作行为持续反复地进行，表示的意义和单用相等。不过在安仁话中"V散"表示持续一般都要重叠，上述的"V散"可以看成重叠式的省略。如：

电视不好，看散看散就冇图像哒（t ʔi³¹³ s ʔ⁴⁴ pu³⁵ hɔ⁵¹，k'ã³¹ sã⁴⁴ k'ã³¹ sã⁴⁴ tʃiɯ³¹³ mɔ³⁵ t'ua³⁵ ʃioŋ³¹ ta）。电视不好,看着看着就没有图像了。

我看书看散看散就睏哒（ŋ o³¹ kã³¹ su⁴⁴ kã³¹ sã⁴⁴ k'ã³¹ sã⁴⁴ tʃiɯ³¹³ huen³¹³ ta）。我看书看着看着就睡了。

渠走散走散就绊倒哒（tʃi³⁵ tse⁵¹ sã⁴⁴ tse⁵¹ sã⁴⁴ tʃiɯ³¹³ pã³¹ tɔ⁵¹ ta）。他走着走着就摔倒了。

（3）V+散+O。

动词带宾语时，"散"在动词和宾语之间，形成"V+散+O"的结构，不能置于宾语之后。如：

渠吃散饭又出克嬉克哒（tʃi³⁵ tsia³¹³ sã⁴⁴ fã³¹ iɯ³¹ ts'u⁴⁴ k'e⁴⁴ ʃi³⁵ k'e⁴⁴ ta）。他吃着饭又出去玩了。

小李看散书不看哒（ʃiɔ⁵¹ li⁵¹ kã³¹ sã⁴⁴ su⁴⁴ pu³⁵ kã³¹ ta）。小李看着书又不看了。

渠走散路得只狗咬一口（tʃi³⁵ tse⁵¹ sã⁴⁴ lu³¹ te tʃia³¹³ ke⁵¹ ɔ³¹ i³⁵ hie⁵¹）。他走着路被狗咬了一口。

像上述这些带宾语的"V+散+O"通常不能整个重叠成"V散 OV 散 O"的说法。重叠的话只重叠前面的"V散"，构成"V散 V散 O"的说法。如：

　　　渠吃散吃散饭又出克嬉克哒。
　　　小李看散看散书不看哒。
　　　渠走散走散路得只狗咬一口。

上述"V散""V散V散""V散O"都不能单用，后面必须带后续成分，表示动作持续反复引发的情态。通常有两种情况：

其一，持续反复的行为引起另一个行为的产生，通常是相反的意料之外的行为。如：

雨落散曼落哒（y⁵¹ lo³⁵ sã⁴⁴ mã³⁵ lo³⁵ ta）。雨下着不下了。

电视不好，看散看散就冇图像哒（t ʅ³¹³ s ɭ⁴⁴pu³⁵hɔ⁵¹，kã³¹ sã⁴⁴ kã³¹ sã⁴⁴ tʃiɯ³¹³ mɔ³⁵ tu³⁵ ʃioŋ³¹ ta）。电视不好,看看着着就没有图像了。

渠吃散饭又出克嬉克哒（tʃi³⁵ tʃia³¹³ sã⁴⁴ fã³¹ iɯ³¹ tsu⁴⁴ ke³¹ ʃi³⁵ ke⁴⁴ ta）。他吃正着饭又出去玩了。

其二，持续反复的行为引起另一个行为的产生，前一行为是后一行为产生的原因，后一行为是前一行为的自然结果。如：

渠走散走散就到学校哒（tʃi³⁵ tse⁵¹ sã⁴⁴ tse⁵¹ sã⁴⁴ tʃiɯ³¹³ tɔ⁵¹ ʃiɯ³⁵ ʃo³¹ ta）。他走着走着就到学校了。

我看书看散看散就看完哒（ŋ o³¹ kã³¹ su⁴⁴ kã³¹ sã⁴⁴ kã³¹ sa⁴⁴ tʃiɯ³¹³ kã³¹ uã³⁵ ta）。我看书看着看着就看完了。

渠做散事就腰痛（tʃi³⁵ tsa³¹ sã⁴⁴ s ɭ³¹ tʃiɯ³¹³ iɔ³⁵ tʼeŋ³¹）。他做事就腰疼。

4. 持续体标记"出老"的用法

"出老"作持续体体标记，与"散"的意义和用法差不多，主要附在单音节的动词后面，表示某一动作正在发生时，又出现另一种动作或情况。具体如下：

（1）V + 出老。

渠做作业做出老就曼做哒（tʃi³⁵ tsa³¹ tso⁴⁴ ie³¹ tsa³¹ tsʼu⁴⁴ lo⁵¹ tʃiɯ³¹³ mã³⁵ tsa³¹ ta）。他做作业做着就不做了。

我看电视看出老就停电哒（ŋ o³¹ kã³¹ t ʅ³¹³ s ɭ⁴⁴ kã³¹ tsʼu⁴⁴lo⁵¹ tʃiɯ³⁵ tien³⁵ t ʅ³¹³ ta）。我看电视正看着就停电了。

老李哇话哇出老又曼哇哒（lɔ⁵¹ li⁵¹ ua³¹ hua³¹ ua³¹ tsu⁴⁴ lo⁵¹ iɯ³¹ mã³⁵ ua³¹ ta）。老李说话正说着又不说了。

电视演出老曼演哒（t ʅ³¹³ s ɭ⁴⁴ɭ⁵¹ tsʼu⁴⁴lo⁵¹ mã³⁵ɭ⁵¹ ta）。电视演着不演了。

"V + 出老"不能单用，后面需要接后续成分，表示前一动作或状态正在持续就发生了后一种情况。

（2）V + 出老 + O。

动词带宾语时，"出老"在动词和宾语之间，形成"V + 出老 + O"的结构，不能置于宾语之后。如：

渠看出老书又出克嬉克哒（tʃi³⁵ kã³¹ tsʼu⁴⁴lo⁵¹ su⁴⁴ iɯ³¹ tsu⁴⁴ kʼe³¹ ʃi³⁵ kʼe⁴⁴ ta）。他正看着书又出去玩了。

渠打出老麻将就不来哒（tʃi³⁵ ta⁵¹ tsʼu⁴⁴ lo⁵¹ ma³⁵ tʃio ŋ³¹ tʃiɯ³⁵ pu³⁵ le³⁵

ta）。他正打着麻将就不打了。

渠吃出老饭又曼吃哒（tʃi³⁵tʃia³¹³ tsʼu⁴⁴lo⁵¹fã³¹iɯ³¹mã³⁵tʃia³¹³ ta）。他正吃着饭又不吃了。

"V＋出老＋O"和"V＋出老"都不能单用，后面需要接后续成分，表示前一动作或状态正在持续就发生了后一种情况。

"出老"和"散"的意义相同，二者在一定的条件下可以互换，不会影响意思的表达，如上述例子中的"出老"如换成"散"意思一样。

> 渠做作业做出老就曼做哒。——　渠做作业做散就曼做哒。
> 我看电视看出老就停电哒。——　我看电视看散就停电哒。
> 渠吃出老饭又曼吃哒。——　渠吃散饭又曼吃哒。
> 渠看出老书又出克嬉克哒。——　渠看散书又出克嬉克哒。

但"散"和"出老"还是存在一定的区别。首先，"V散"可以重叠成"V散V散"的说法，而且经常重叠，而"V出老"则一般不重叠。其次，"V散"后面带的后续成分，表示动作持续反复引发的情态，有两种情况：一是持续反复的行为引起另一个行为的产生，通常是相反的意料之外的行为。二是持续反复的行为引起另一个行为的产生，前一行为是后一行为产生的原因，后一行为是前一行为的自然结果。而"V出老"后面带的后续成分，虽然也表示动作持续反复引发的情态，但只有一种情况，就是后续的情况通常是相反的意料之外的情况。

5. 持续体标记"去"的用法

"去"作持续体的标记，主要和"下""起"组合构成"下去""起去"的说法。"下去"还可以用在"起"后面，构成"起下去"的说法，"下去"和"起去"都是趋向动词，但它附在动词或形容词后面，和普通话的"下去"意义一样，表示持续体意义，可看作持续体的体标记。如：

天再热起下去人哒受不了（tʼĩ⁴⁴ ie³¹ ʃi⁵¹ ha³¹ ke⁴⁴ n̩³⁵ ta ʃiɯ³¹ pu³⁵

lio⁵¹）。天气再热下去人都受不了。

再穷书还是要读下去（tsa³¹ tsien³⁵ su⁴⁴ hæ³⁵ s ʔ⁴⁴io³¹ tu³⁵ hæ³¹ ke）。再穷书还是要读下去。

雨行固样落起去和涨大水（y⁵¹hoŋ⁴⁴ku³⁵io⁵¹lo⁴⁴ʃi⁵¹k′e⁴⁴ho⁴⁴tsoŋ⁵¹tæ³¹

su⁵¹）。雨这样下下去会涨大水的。

"下去""起去"和"起下去"三者的意义差不多。相比较而言，"起下去"的持续意义最强也最常用，"起去"和"下去"相对比较弱，"下去"这一说法估计是受普通话影响的结果。

五　存续体

存续体表示动作行为实现后其状态的延续或存在。在安仁方言中存续体的体标记是"哒"，其应用广泛，除了可作存续体的体标记外还可以表示已然体。二者在结构的选择和动词的搭配上都不同。存续体和持续体比较接近，但二者还是存在一定的区别，存续体主要表示动作或行为实现后其状态的延续或存在，往往与静态意义的动词或形容词相联系，而持续体主要表示动作行为呈持续不断的状态，一般与动态意义的动词相联系，安仁话中"哒"是存续体的体标记。

"哒"用作存续体的体标记，表示动作或行为实现后其状态的延续或存在。这一意义相当于普通话中的"着"，不同的是普通话中的"着"除了表存续之外还可以表示动作正在进行，而"哒"一般不能表示进行。"哒"表示存续有一个特点，那就是必须要以与处所性成分共现为必要条件，具体来说有以下两种情况。

1. NP处 + VP + 哒 + NP

门口围哒一堆人（mien³⁵hie⁵¹uei³⁵ta i³⁵tui⁴⁴ŋ̍³⁵）。门口围着一群人。

渠脑壳上戴哒一只帽子（tʃi³⁵lɔ⁵¹ho⁴⁴so ŋ³¹tæ³¹ta i³⁵tʃia³¹³mɔ³¹

tsi⁵¹）。他头上戴着一个帽子。

壁头上挂哒一幅画（pia³¹³tie⁴⁴soŋ³¹kua³¹ta i³⁵fu⁴⁴hua³¹）。墙上挂着一幅画。

车子上坐哒十个人（tsie⁴⁴tsi⁵¹soŋ³¹tso³¹ta ʃi⁴⁴ko⁴⁴ŋ̍³⁵）。车上坐着十个人。

桌子上摆哒只花瓶（tsuo⁴⁴tsi⁵¹soŋ³¹pæ⁵¹ta tʃia³¹³hua⁴⁴p′ien³⁵）。桌上摆着个花瓶。

这一结构中的动词都要求是可持续动词，"哒"用在动词后表示状态的持续。

2. NP ＋ VP ＋ 哒 ＋ NP_处

"哒"用于"NP ＋ VP ＋ 哒 ＋ NP_处"结构中表示动作结果造成的状态在持续。如：

一窝人围哒那开唧（$i^{35}o^{44}\eta^{35}uei^{35}$ ta $le^{44}k'æ^{51}t\int i$）。一群人围在那儿。

渠睏哒铺上（$t\int i^{35}huen^{313}$ ta $p'u^{44}so\eta^{31}$）。他睡在床上。

小张坐哒车子上（$\int io^{51}tso\eta^{44}tso^{35}$ ta $tse^{44}tsi^{51}so\eta^{31}$）。小张坐在车子上。

一副车拦哒那开唧（$i^{35}fu^{44}tsie^{44}lã^{35}$ ta $le^{44}kæ^{31}t\int i$）。一辆车拦在那儿。

上述两种格式中的"哒"都表示动作结果造成的状态在持续，意思差不多，大都可以互换，也不会影响意思的表达。如：

车子上坐哒十个人。——　十个人坐哒车子上。

桌子上摆哒只花瓶。——　只花瓶摆哒桌子上。

那开唧拦哒一副车。——　一副车拦哒那开唧。

这种情况和普通话不太一样，普通话变换的话通常也要变换相应的介词，如：

车子上坐着十个人。——　十个人坐在车子上。

墙上挂着一幅画。——　一幅画挂在墙上。

那儿拦着一辆车。——　一辆车拦在那儿。

安仁话则不用变换，都用"哒"来表示。

六　完成体

完成体表示动作或事件的完成、实现。安仁方言的完成体主要通过动态助词"咖""咖哒"来表示。

1. 完成体标记"咖"的用法

"咖"在安仁方言中作为完成体的体标记，主要用在动词或形容词后面表示动作或变化的完成，相当于普通话中的"了₁"。常见的表达形式有下面几种。

（1）V ＋ 咖。

"咖"附在动词后表示动作有了结果，与普通话加在动词后的补语

"掉"很相似。这种用法的"咖"可以看成补语性的体标记，其还没有完全虚化为纯体助词。这一格式的动词多为含有"排除""消失"等义素的动词。如："丢""吃""放""做""抹""杀""剁""卖""烧""洗""关"等。

"V+咖"可以单独用在祈使句中表示命令和请求，如"丢咖！吃咖！"

除此之外"V+咖"多半是不自足的，不能独立成句，其成句的条件如下。

其一，用于"把"字句。

安仁话中带"咖"的"把"字句一般为祈使句。如：

你把电扇关咖（n̩³¹ pa⁵¹ t ĭ³¹³ s ĭ³¹ kʼuã⁴⁴ ka）。你把电扇关掉。

你把固件衣裳洗咖（n̩³¹ pa⁵¹ ku³⁵ tʃ ĭ³¹³ i⁴⁴ sã⁵¹ ʃi⁵¹ ka）。你把这件衣服洗了。

"V+咖"后面还可接其他连动成分。如：

把饭吃咖再走唻（pa⁵¹ fã³¹ tʃia³¹³ ka tsa³¹ tse⁵¹ la）。把饭吃了再走。

你把作业做咖再出克嬉（n̩³¹ pa⁵¹ tso⁴⁴ ie³¹ tsa³¹ ka tsa³¹ tsu⁴⁴ kʼe⁴⁴ ʃi³⁵）。你把作业做了再出去玩。

上述"V+咖"可以单独用在祈使句的情况可以看做其用于"把"字句省略相关成分的结果。

其二，用于受事主谓句。

固些菜你挑起克卖咖（ku³⁵ ʃie³⁵ tsiæ³¹n̩³¹tiɔ³⁵ ʃi⁵¹ke⁴⁴mæ³¹ka）。这些菜你挑着去卖了。

电视你不看就掆我关咖（t ĭ³¹³ s ɭ⁴⁴ n̩³¹ pu³⁵ kã³¹ tʃiɯ³¹³ t ĭ⁴⁴n̩ o³¹ kʼuã⁴⁴ ka）。电视你不看就给我关了。

固本书你掆我捞起克还咖（ku³⁵ pen⁵¹ su⁴⁴ n̩³¹ t ĭ⁴⁴n̩ o³¹ lo⁴⁴ ʃi⁵¹ kʼe⁴⁴ huã³⁵ ka）。这本书你给我去还了。

（2）V+咖+O。

"V+咖"后面带宾语，"咖"附在动词的后面表示动作的终结，强调动作全部完成，其大致相当于普通话的"了₁"。如：

我中午吃咖三碗饭（n̩ o³¹ tsen̩⁴⁴u⁵¹ tsʼia³¹³ka sã⁴⁴ uã⁵¹ fã³¹）。我中午吃了三碗饭。

渠屋底来咖蛮多客（tʃi³⁵u⁴⁴ti⁵¹le³⁵ ka mã³⁵ to⁴⁴kʼa⁴⁴）。他家里来了很多客人。

老师送咖渠一本书（lo⁵¹s ʮ⁴⁴ seŋ³¹ka tʃi³⁵i³⁵ pen⁵¹su⁴⁴）。老师送了他一本书。

你吃咖饭再走啰（ŋ̍³¹ts'ia³¹³ka fã³¹tsæ³¹tse⁵¹lo）。你吃了饭再走吧。

如上面的例子所示，"V + 咖 + O"后面带的宾语可以是单宾语也可以是双宾语，宾语还可以受数量短语的修饰。整个结构也可以用于祈使句，其表示的意思和上面用于祈使句中的"把"字句一样。

（3）V + 咖 + 数量补语。

放假我回克歇咖几铺夜（fo ŋ³¹tʃia⁵¹ŋ o³¹hui³⁵k'e⁴⁴ ʃie³⁵tʃi⁵¹pu⁴⁴iæ³¹）。放假我回去睡了几晚上。

固本书我看咖三到哒（ku³⁵pen⁵¹su⁴⁴ŋ o³¹kã³¹ka sã⁴⁴tɔ³¹ta）。这本书我看了三遍了。

渠跑咖三四趟只把事办好（tʃi³⁵pɔ⁵¹ka sã⁴⁴si³¹t'oŋ⁵¹tʃia³¹pa⁵¹s ʮ⁴⁴pã³¹hɔ⁵¹）。他跑了三四趟才把这事办好。

渠到田底做咖一天事（tʃi³⁵tɔ³¹t ʮ³⁵ti⁴⁴tsa³¹ka i³⁵t ʮ⁴⁴s ʮ³¹）。他在田里做了一天事。

如上面的例子所示，"V + 咖 + 数量补语"结构中的数量短语既可是表示动量的"三四趟"也可以是表示时量的"几铺夜"。

上述三种格式中的动词有一定的限制，通常都是单音节的行为动词或状态动词，不能是双音节或多音节的动宾式或动补式结构的动词。动词后面带宾语的话，"咖"不能置于宾语后，如"吃咖饭"不能说成"吃饭咖"。如果后面有其他动词，则表示前一个动作完成之后再发生另一种情况，如"吃咖饭再走"表示"吃咖饭"之后，才允许"走"的情况出现。

（4）A + 咖 + 数量补语。

与普通话中的"了₁"一样，"咖"也可以附在表示有"变化"义的形容词后面，表示一种变化已经完成。如：

你比渠高咖只脑壳（ŋ³¹pi⁵¹tʃi³⁵kɔ⁴⁴ka tʃia³¹³lɔ⁵¹ho⁴⁴）。你比他高了一个脑袋。

渠咯头发白咖几根（tʃi³⁵ke te³⁵fa⁴⁴p'a⁴⁴ka tʃi⁵¹k ʮ⁴⁴）。他的头发白了几根。

捆东西咯绳子短咖几寸（k'uen⁵¹ten⁴⁴ʃi⁵¹ke ʃen³⁵tsi⁵¹tuã⁵¹ka tʃi⁵¹ts'uen³¹）。捆东西的绳子短了几寸。

"咖"一般不能单独用在形容词后面表示变化的完成，后面常接数量补语，如果没有数量补语则常带"哒"表示已然的语气。如："菜馊咖"不能说，一般要说成："菜馊咖哒"。

关于"咖"的来源，陈满华（1995）在《安仁方言》中认为，其可能是从"过"演化而来的。这是因为，第一，"过"作为动态助词在现代普通话中有表完毕和经历两种基本的语法功能。安仁话中的动态助词"过"只能表经历，不能表完毕，而"嘎"可表完毕、结束，因此与"过"在分布上是对立互补的。第二，在语音上"嘎"与"过"比较接近，"过"的中古音是合口一等见母字，"嘎"是"过"的读音弱化丢掉介音〔u〕而成的。

2. 完成体标记"咖哒"的用法

"咖哒"是由"咖"和"哒"搭配而成的，一起表示完成的语法意义，在具体的使用中二者既可组合在一起构成"咖哒"，也可以拆开成"咖……哒"。具体用法如下：

（1）VP + 咖哒。

我咯事下做咖哒（ŋo³¹ke s ɻ⁴⁴ha³¹tsa³¹ka ta）。我的事都做完了。

晌饭我吃咖哒（soŋ⁵¹fã³¹ŋo³¹ts'ia³¹³ ka ta）。午饭我吃了。

作业交咖哒（tso³⁵ie³¹tʃiɔ⁴⁴ka ta）。作业交了。

饭烧咖哒（fã³¹sɔ⁴⁴ka ta）。饭糊了。

"咖哒"在"VP + 咖哒"中主要表示完成。上述例子单用"咖"都不能成立，单用"哒"意义会有所变化。试比较：

> 饭我吃咖哒。
> 饭我吃哒。

前一句主要表示完成，意思是"饭已经吃完了"，后一句主要表示实现，意思是"曾经吃了饭"。

当 VP 是形容词时表示情况变化的完成，不能单用"咖"或"哒"，只能用"咖哒"。如：

衣裳湿咖哒（i⁴⁴sã⁵¹ʃie³¹³ka ta）。衣服湿了。

电视坏咖哒（tɻ³¹³ s ɻ⁴⁴huæ³¹ ka ta）。电视坏了。

菜馊咖哒（ts'æ³¹sei⁴⁴ka ta）。菜馊了。

（2）V + 咖 + O + 哒。

吃咖饭哒（ts'ia³¹³ka fã³¹ ta）。吃了饭了。

洗咖澡哒（si⁵¹ka tsɔ⁵¹ta）。洗了澡了。

散咖会哒（sã³¹ka hui³¹ta）。散了会了。

买咖车票哒（mæ³¹ka tʃie⁴⁴p'iɔ³¹ta）。买了车票了。

上述句子单用"咖"则不能成立，"咖"和"哒"搭配表示完成。用"哒"表示动作实现。试比较下面的句子。

> 吃咖饭哒。
>
> 饭吃咖哒。
>
> 吃饭哒。
>
> 吃哒饭。
>
> 吃哒饭哒。

"吃咖饭哒。"和"饭吃咖哒。"都表示完成，即表示"饭吃完了"，后一句可以看作前一句的宾语"饭"移位的结果。"吃哒饭"表示已然，意思是"曾经吃了饭"。"吃饭哒"表示起始，用于通知大家现在开始吃饭，相当于普通话中"开饭了"的意思。"吃哒饭哒。"通常没有这种说法。

七　已然体

已然体表示动作产生的状况已经成为现实，常用的体标记是"哒"。安仁话中的"哒"可用在动词后或放在句子的末尾表示已然，相当于普通话中"了₂"所表达的语法意义。"哒"和"咖"都可用在动词后，和"咖"相比，"哒"主要表动作实现，"咖"主要表动作完成。试比较：

> 吃咖三碗饭。
>
> 吃哒三碗饭。

前一句表示"三碗饭"已经吃完了，后一句主要表示确实吃了"三碗饭"。

"哒"表示已然，主要强调某一动作或某一变化的实现，不关心动作的结果，通常表示变化实现的"哒"都用于句尾，而表示动作实现的

"哒"可用在句尾也可不用在句尾。

1. V + 哒

"哒"直接附在动词的后面表示动作的已然实现，常用在对话中独立回答问题，或客观陈述一件事情。如：

问：渠来哒曼？（tʃi³⁵le³⁵ta mã³⁵?）他来了没有？

答：来哒（le³⁵ta）。来了。

小王出克哒（ʃiɔ⁵¹oŋ³⁵tsʼu⁴⁴kʼe⁴⁴ta）。小王出去了。

固蔸树尚哒（ku³⁵te⁴⁴su³¹soŋ³⁵ta）。这棵树活了。

渠发气哒（tʃi³⁵fa⁴⁴tʃi³¹ta）。他生气了。

2. V + 哒 + O

"V + 哒"后面带宾语，"咖"附在动词的后面表示动作的实现，一般不能置于宾语后面。如：

我买哒菜（ŋo³¹mã³¹ta tsʼæ³¹ta）。我买了菜。

渠受哒处分（tʃi³⁵ʃiɯ³¹ta tsʼu⁵¹fen³¹）。他受了处分。

小李读哒几年书（ʃiɔ⁵¹li⁵¹tua³⁵ta tʃi⁵¹ʅ³⁵su⁴⁴）。小李读了几年书。

渠送哒本书得你（tʃi³⁵seŋ³¹ta pen⁵¹su⁴⁴te ŋ³¹）。他送了本书给你。

看哒两页书就嬉（kã³¹ta lioŋ⁵¹ie⁴⁴su⁴⁴tʃiɯ³¹³ʃi³⁵）。看了两页书就玩。

如上面的例子所示，"V + 咖 + O"后面带的宾语可以是单宾语也可以是双宾语，宾语还可以受数量短语的修饰。"V + 哒 + O"后面还可以再接其他的动词成分，和"V + 咖 + O"后接动词的情况不同，"V + 哒 + O"与后面的动作之间没有严格的先后关系。试比较：

吃咖饭就瞓。

吃哒饭就瞓。

"吃咖饭就瞓。"表示"吃完饭接着就睡觉"，"睡觉"这一动作发生在"吃饭"之后。二者在时间上有严格的先后关系。"吃哒饭就瞓。"表示"吃了饭才睡觉"，着重强调"吃饭"是"睡觉"的条件，并不意味着"吃了饭接着就睡觉"。由此可见，把"咖"换成"哒"后表示的前后动作之间的先后关系减弱。

3. V + 哒 + NP~处~

这一结构中的"NP"主要表示动作实现的处所，通常是表示处所的名词或名词短语。动词要求是不可持续的动词。如：

碗跌哒地下打烂哒（uã⁵¹ tie⁴⁴ ta ti³¹ ha³¹ ta⁵¹ lã³¹ ta）。碗掉在地上摔破了。

渠把我丢哒屋底上街克哒（tʃi³⁵ pa⁵¹ŋ o³¹ tiɯ⁴⁴ ta u⁴⁴ ti⁴⁴ soŋ³¹ kæ⁴⁴ k'e⁴⁴ ta）。他把我丢在家里上街去了。

渠把小李送哒屋底就回哒（tʃi³⁵ pa⁵¹ ʃiɔ⁵¹ li⁵¹ seŋ³¹ ta u⁴⁴ ti⁴⁴ tʃiɯ³¹³ hui³⁵ ta）。他把小李送到家里就会来了。

这一结构中的动词如果再带宾语的话，通常用把字句把宾语提前。这一结构中的动词如果是可持续的动词，"哒"在动词后就不表实现而是表持续了。如：

渠站哒桌子上（tʃi³⁵ tsã³¹ ta tso³⁵ tsi⁵¹ soŋ³¹）。他站在桌子上。

门口围哒蛮多人（mien³⁵ hei⁵¹ uei³⁵ ta mã³⁵ to⁴⁴ŋ³⁵）。门口围了很多人。

壁头上挂哒一幅画（pia³⁵ tie soŋ⁵¹ kua³¹ ta i³⁵ fu³¹ hua³¹）。墙上挂了一幅画。

4. VP + 哒

"哒"用于句子的末尾，表示变化的实现。如：

渠长大懂事哒（tʃi³⁵ tioŋ⁵¹ t'a³¹ teŋ⁵¹ sʅ⁴⁴ ta）。他长大就懂事了。

我现在读大学哒（ŋ o³¹ ʃ ʅ³¹³ tsæ³¹ t'a³⁵ t'æ³¹ ʃo³⁵ ta）。我现在读大学了。

渠现在当官哒（tʃi³⁵ ʃ ʅ³¹ tsæ³¹ toŋ⁴⁴ kuã⁴⁴ ta）。他现在当官了。

5. NP + 哒

"哒"表示情况变到了或者就要变到某一步。"NP"通常是表示时间的数量短语。如：

固时唧三点钟哒（ku³⁵ sʅ⁴⁴ tʃi sã⁴⁴ t ʅ⁵¹ tsen⁴⁴ ta）。这时候三点钟了。

快中秋节哒（k'uæ³¹ tseŋ⁴⁴tʃ'iɯ⁴⁴tʃie⁵¹ ta）。快中秋节了。

固大咯人哒还不期事（ku³⁵ tæ³¹ ke ŋ³⁵ ta hæ³⁵ pu³⁵ tʃ'i⁴⁴ sʅ³¹）。这么大的人了还不懂事。

安仁话中的"NP + 哒"结构和普通话中的"NP + 了"结构表达的意思接近，如"大学生哒"表示的就是"以前不是大学生，现在已经成为大学生了"的意思。

6. A + 哒

"哒"用在形容词后面，形容词可以是单音节的形容词，也可以是双音节或多音节的形容词。如：

饭熟哒（fa³¹ ʃiɯ⁴⁴ ta）。饭熟了。

水烧开哒（su⁵¹ sɔ⁴⁴ k'e⁴⁴ ta）。水烧开了。

衣裳干哒（i⁴⁴ sã⁵¹ kuã⁴⁴ ta）。衣服干了。

现在逍在哒（ʃ ĭ³¹ tsæ⁴⁴ ʃiɔ³⁵ tsæ⁵¹ ta）。现在清闲了。

上面例句中的"哒"都不能换成"咖"。"哒"表示形容词表示的现象或性状的实现。

八　经历体

安仁方言中表示经历体的体标记和普通话一样都是助词"过"，但安仁话中的体标记"过"只表经历，不表完成。在安仁话中表示完成用"咖"，不像普通话中都是用"过"。表示经历体的"过"常附在动词的后面，其语法意义是表示事情的经历，即某个事情一度存在，但在说话的时刻以前，事情已经终止。具体用法如下。

1. V + 过

固本书我看过（ku³⁵ pen⁵¹ su⁴⁴ŋ o³¹ kã³¹ ko⁴⁴）。这本书我看过。

那件衣裳我穿过（le⁴⁴ tʃ ĭ³¹³ i⁴⁴sã⁵¹ŋ o³¹ ts'u ĭ⁴⁴ ko³¹）。那件衣服我穿过。

固些话我曼哇过（ku³⁵ ʃie³⁵ hua³¹ŋ o³¹ mã³⁵ ua³¹ ko⁴⁴）。这些话我没说过。

含"V + 过"的句子通常主语是受事，并可移位到"V + 过"后作动词的宾语。如：

我看过固本书（ŋ o³¹ kã³¹ ko⁴⁴ ku³⁵ pen⁵¹ su⁴⁴）。我看过这本书。

我穿过那件衣裳（ŋ o³¹ tsu ĭ⁴⁴ ko³¹ le⁴⁴ tʃ ĭ³¹³ i⁴⁴ sã⁵¹）。我穿过那件衣服。

我曼哇过固些话（ŋ o³¹ mã³⁵ ua³¹ ko³¹ ka³⁵ ʃie³⁵ hua³¹）。我没说过这些话。

因此可以看作"V + 过 + O"的宾语移位变化的结果。

2. V + 过 + O

渠当过三年兵（tʃi³⁵ toŋ⁴⁴ ko³¹ sã⁴⁴ ĭ³⁵ pien⁴⁴）。他当过三年兵。

我到过北京（ŋ o³¹ tɔ³¹ ko³¹ pei³⁵ tʃien⁴⁴）。我去过北京。

渠以前养过猪（tʃi³⁵ i⁵¹ ts ʅ³⁵ ioŋ⁵¹ ko⁴⁴ tsu⁴⁴）。他以前养过猪。

我曼订过报纸（ŋ o³¹ mã³⁵ tien³¹³ ko³¹ pɔ³¹ ts ʅ⁵¹）。我没订过报纸。

在安仁话中"过"表示经历，暗含现在已经不再发生了，这和表示实现的"哒"有着明显的区别，"哒"表示的动作虽然也发生在过去，但它的影响和效果现在还存在。试比较下面的句子：

　　讨哒婆娘。

　　讨过婆娘。

前一句表示结了婚，所以现在不是单身了。后一句表示曾经结过婚，但现在仍是单身。由此可见，虽然都是表示动作在过去发生，但"哒"不能像"过"一样表示"现在不再……"的意思。

九　可能体

在安仁话中"得"可以附在动词或形容词的后面，表示"可能、可以、值得"等意义，形成可能体。"得"可以看作可能体的体标记。具体用法如下。

1. V + 得

"得"附在动词后面，意义比较复杂，具有多种含义。其前面的动词可以是单音节动词也可以是多音节的动词，具体意义如下。

（1）表示对事物的价值作出评估，有"值得"的意思，表达了说话者一种满意的情绪。可在句中作谓语。如：

固件事做得，蛮道在咯（ku³⁵ tʃʅ³¹³ s ʅ⁴⁴ tsa³¹ te，mã³⁵ ʃiɔ³⁵ ts′æ⁵¹ ke）。这件事值得做，很轻松。

固件东西不错，买得（ku³⁵ tʃ ʅ³¹³ teŋ⁴⁴ ʃi⁵¹ pu³⁵ ts′o³¹，mæ³¹ te）。这件东西不错，值得买。

固件衣裳还看得（ku³⁵ tʃ ʅ³¹³ i⁴⁴ sã⁵¹ hæ³⁵ kã³¹ te）。这件衣服好看。

你蒸咯米酒吃得（n̩³¹ tseŋ⁴⁴ ke mien⁵¹ tʃɯ⁵¹ tʃia³¹³ te）。你蒸的米酒好喝。

（2）表示有资格或有可能做某事，有"可以"的意思。在句中可作谓语，也可以带"咯"作定语。如：

固种蘑菇吃得，冇毒（ku³⁵ tseŋ⁵¹ mo³⁵ ka⁴⁴ tsia³¹³ te，mɔ³⁵ ta³⁵）。这种蘑菇可以吃，没有毒。

猪养起固大哒，杀得哒（tsu⁴⁴ioŋ⁵¹ ʃi⁵¹ku³⁵tæ³¹ta, sa³⁵ te ta）。猪养得这么大了,可以杀了。

固只东西是我买咯，我用得（ku³⁵tʃi³¹³ teŋ⁴⁴ʃi⁵¹s ʅ⁴⁴ŋ o³¹mæ³¹ke⁴⁴, ŋ o³¹ ien³¹³ te）。这件东西是我买的,我可以用。

有吃得咯就先吃（iɯ³¹³ts'ia³¹³ te ke tʃiɯ³¹ ʃ ʅ⁴⁴ts'ia³¹³）。有吃的就先吃。

冇麻格哇得咯（mɔ³⁵ma³⁵ke⁴⁴ua³¹ te ke）。没有什么可以说的。

冇得一件穿得咯衣裳（mɔ³⁵te i tʃ ʅ³¹³tsu ʅ⁴⁴ te ke i⁴⁴sã⁵¹）。没有一件可以穿的衣服。

你有不有用得咯笔?（ŋ³¹ iɯ³¹³ pu³⁵ iɯ³¹³ ien³¹³ te ke pi³⁵?）你有没有可以使用的笔?

2. V + 得 + O

在安仁话中"V + 得"后面还可以接宾语，构成"V + 得 + O"的说法。如：

渠好小气唧，卖东西少不得一分钱（tʃi³⁵hɔ⁵¹ʃiɔ⁵¹tʃ'i³¹tʃi, mæ³¹ teŋ⁴⁴ ʃi⁵¹sɔ⁵¹pu³⁵tei³⁵fen⁴⁴ts ʅ⁵¹）。他好小气,卖东西不能少一分钱。

渠病好哒，做得事哒（tʃi³⁵p'ioŋ³¹³hɔ⁵¹ta, tsa³¹ te s ʅ³¹ta）。他病好了,可以做事了。

小李只手写得字哒（ʃiɔ⁵¹li⁵¹tʃia³¹³ʃiɯ⁵¹ʃie⁵¹ te ts ʅ³¹ ta）。小李的手可以写字了。

感冒好哒，吃得饭哒（kã⁵¹mɔ⁴⁴hɔ⁵¹ta, ts'ia³¹³ te fã³¹ta）。感冒好了,可以吃饭了。

"V + 得 + O"只表示"可以……"的意思，相当于"能 V"，如"做得事"表示"能够做事"的意思，其否定形式是"V 不得 O"。

3. 紧 + V + 得

"紧 + V + 得"表示某人某方面的能力强或特点突出，有"很能"的意思，相当于形容词，在句中通常作谓语。如：

渠只嘴巴紧哇得（tʃi³⁵tʃia³¹³tsu⁴⁴pa⁴⁴tʃien³¹³ua³¹ te）。他的嘴巴很能说。

小李做事紧做得（ʃiɔ⁵¹li⁵¹tsa³¹s ʅ³¹tʃien³¹³tsa³¹ te）。小李做事很能做。

渠一餐可以吃三碗饭，紧吃得（tʃi³⁵i³⁵ts'ã⁴⁴ko⁵¹i⁵¹ts'ia³¹³sã⁴⁴uã⁵¹fã³¹, tʃien⁵¹ts'ia³¹ te）。他一餐可以吃三碗饭,很能吃。

"紧 + V + 得"本义是表示"能够做……做个不停"，主要强调该方面的能力很强或特点很突出。

4. V + V + 得

"得"用在单音节动词重叠后，作词尾，表示对事物的价值作出评估，表示该动作勉强还可以。如：

固件事做做得 （ku³⁵ tʃ ʅ³¹³ s ʅ⁴⁴ tsa³¹ tsa³¹ te）。这件事做起还行。

固句话哇哇得 （ku³⁵ tʃu⁴⁴ hua³¹ ua³¹ ua³¹ te）。这句话说起还行。

固件衣裳穿穿得 （ku³⁵ tʃ ʅ³¹³ i⁴⁴ sã⁵¹ ts'u ʅ⁴⁴ ts'u ʅ⁴⁴ te）。这件衣服穿上还行。

固本书看看得 （ku³⁵ pen⁵¹ su⁴⁴ kã³¹ kã³¹ te）。这本书看起还行。

"得"用于动词重叠后表价值判断，和直接用于动词后表价值判断相比，语气略微弱些，表示"勉强还可以"，满意程度不如前者高。有时也通常采用"V阿也V得"的结构，表示的意思一样。如上面的例句也可以换成以下说法，意思不变：

固件事做阿做得 （ku³⁵ tʃ ʅ³¹³ s ʅ⁴⁴ tsa³¹ a⁴⁴ tsa³¹ te）。这件事做起还行。

固句话哇阿哇得 （ku³⁵ tʃu³¹ hua³¹ ua³¹ a⁴⁴ ua³¹ te）。这句话说起还行。

固件衣裳穿阿穿得 （ku³⁵ tʃ ʅ³¹³ i⁴⁴ sã⁵¹ ts'u ʅ⁴⁴ a⁴⁴ ts'u ʅ⁴⁴ te）。这件衣服穿上还行。

固本书看阿看得 （ku³⁵ pen⁵¹ su⁴⁴ kã³¹ a⁴⁴ kã³¹ te）。这本书看起还行。

十　短时体

短时体表示动作行为的短暂，在普通话中表示时间短，可以说"看一下""走一下"，也可以用动词的重叠来表示这种意思，如"看一看""看看"表示"看一下"的意思，"走一走""走走"表示"走一下"的意思。安仁话中表示短时体有两种方式，一是重叠式，另一个是用在动词后面加"（一）下唧"表示。

1. V + V

进来坐坐唧 （tʃien³¹³ le³⁵ ts'o³¹ ts'o³¹ tʃi）。进来坐一下。

过来打打闲讲唧 （ko³¹ le³⁵ ta⁵¹ ta⁵¹ hã³⁵ koŋ⁵¹ tʃi）。过来聊聊天。

我南歇歇气再走 （ŋ o³¹ lã³⁵ ʃie⁴⁴ ʃie⁴⁴ ʃi³¹ tsæ³¹ tse⁵¹）。我们休息一下再走。

吃咖饭打打牌唧 （tsiæ³¹³ ka fã³¹ ta⁵¹ ta⁵¹ pæ³⁵ tʃi）。吃了饭打下牌。

重叠表示短时体有两种情况，单音节动词直接重叠就可以了，双音节动词通常重叠第一个音节，形成"AAB"式，很少有整个动词都重叠的。

2. V + 下唧

在安仁话中"下唧"可于动词后，表示量少。如：

你过来看下唧 （ŋ³¹ ko³¹ le³⁵ kã³¹ ha³¹ tʃi）。你过来看一下。

冇事到街上走下唧（mo³⁵ s ʅ⁴⁴tɔ⁵¹ kæ⁴⁴soŋ⁵¹ tse⁵¹ ha³¹ tʃi）。没事去街上走一下。

做完作业哒就嬉下唧（tsa³¹ uã³⁵ tso³⁵ ie⁴⁴ ta tʃiɯ³¹³ ʃi³⁵ ha³¹ tʃi）。做完作业就玩一下。

渠是哪个你介绍下唧（tʃi³⁵ s ʅ⁴⁴la⁵¹ ko⁴⁴ŋ³¹ kæ³¹ sɔ³¹ ha³¹ tʃi）。你介绍一下他是谁。

"下唧"用在动作词语后，并不用来精确地表示动作行为的次数，只是笼统地表示动作的量少，时间短。"下唧"用在动词后只能受数词"一"修饰，"下唧"受数词"一"修饰时表示的意思和单独用"下唧"一样，如"看下唧"也可以说成"看一下唧"，"走下唧"也可以说成"走一下唧"，意思都不变，前者可以看作后者省略"一"的结果。

在"V一下唧"这种结构中又可以把后面的"唧"省略，如"走一下唧"也可以说成"走一下"，意思也不变，如果不受"一"修饰，则"唧"通常不能省略，如"看下""走下"都不能自足，必须要后面带上其他成分才能独立。像"看一下"表示这种意思应该是受普通话影响的结果，在安仁话中像"看一下"这样的说法是有歧义的，一种意思是表示"看"的次数是"一下"，另一种意思是表示"看"的时间很短，和普通话的意思一样，很明显后一种意思是受普通话影响的结果。

从意义上看，动量词"下"加了"唧"尾后，已经不是表示动作的次数，而是表示动作的时间了。"下唧"表示短暂的时间，如果表示的时间更短，还可以说"（一）下下唧"。

十一　尝试体

尝试体表示动作的尝试性，该动作的时间也比较短。安仁方言中的尝试体标记是"看"。"看"表示尝试体在安仁话中的具体用法如下。

1. VP + 看

安仁方言中在动词或动词性结构后加助词"看"，构成"VP + 看"式，表示尝试，如果动词后面带有宾语或补语，"看"放在宾语或补语的后面。如：

饭熟哒曼？你吃看（fã³¹ ʃiɯ⁴⁴ ta mã³⁵？ŋ³¹ ts'ia³¹³ kã³¹）。饭熟了没有?你吃一下看。

固首歌蛮好听，得我听看（ku³⁵ ʃiɯ⁵¹ ko⁴⁴mã³⁵ hɔ⁵¹ tioŋ³¹³，te ŋ o³¹ tioŋ³¹³ kã³¹）。这首歌很好听,让我听一下看。

衣裳宽哒，我试看（i⁴⁴sã⁵¹ kuã⁴⁴ ta，ŋ o³¹s ɿ³¹s ɿ³¹kã³¹）。衣服宽了，我试一下看。

不舒服，吃点感冒药看（pu³⁵ su⁴⁴ fu⁴⁴，ts′ia³¹³ t ɿ⁵¹ kã⁵¹ mɔ⁴⁴ io⁴⁴ kã³¹）。不舒服，吃点感冒药看看。

那块石头有固重，你举起看（le⁴⁴k′uæ³¹sa⁴⁴te iɯ³¹³ku³⁵tseŋ³¹，ŋ³¹tʃu⁵¹ ʃi⁵¹kã³¹）。那块石头比较重，你举起看看。

2．V＋V＋看

“看”置于重叠动词后面，表示尝试，如果重叠动词后面还带宾语的话，“看”要放在宾语的后面。如：

题目做闹哒，你再做做看（ti³⁵ mo⁴⁴ tsa³¹ lo³¹ ta，ŋ³¹ tsæ³¹ tsa³¹ tsa³¹ kã³¹）。题目做错了，你再做做。

多动点脑筋再默默固只题目看（to⁴⁴ teŋ³¹ t ɿ⁵¹ lɔ⁵¹ tʃien⁴⁴ tsa³¹ mie³⁵ mie³⁵ ku³⁵ tʃia³¹³ ti³⁵ mo⁴⁴ kã³¹）。多动点脑筋再想想这个题目看。

菜好吃得我吃吃看（ts′æ³¹hɔ⁵¹ts′ia³¹³teŋ o³¹ts′ia³¹³ts′ia³¹³kã³¹）。菜好吃让我吃下看。

你件衣裳得我穿穿看（ŋ³¹ tʃ ɿ³¹³ i⁴⁴ sã⁵¹ te ŋo³¹ tsu ɿ⁴⁴ tsu ɿ⁴⁴ kã³¹）。你的衣服让我穿下看。

如果动词是单音节动词，直接重叠加“看”即可，如果是双音节动词，则采用“ABAB”式的重叠方式重叠后再加“看”。如：

固件事我南一起再商量商量看（ku³⁵tʃ ɿ³¹³ s ɿ⁴⁴ŋ o³¹ lã³⁵ i³⁵tʃi⁵¹tsa³¹soŋ⁴⁴ lioŋ³⁵soŋ⁴⁴lioŋ³⁵kã³¹）。这件事我们一起再商量商量看看。

大家一起再研究研究看（tæ³¹ ka⁴⁴ i³⁵ tʃi⁵¹ tsa³¹ ɿ⁴⁴ tʃiɯ⁴⁴ ɿ⁴⁴ tʃiɯ⁴⁴ kã³¹）。大家一起再研究研究看看。

3．V＋（一）下＋看

“看”还能与“一下”配合使用，表示尝试，通常“一”省略，构成“V下看”的说法。这种说法表示尝试在安仁话中最常见，是最为普遍的说法。如：

好不好吃你试下看（hɔ⁵¹pu³⁵hɔ⁵¹tsia³¹³ŋ³¹ s ɿ³¹ ha³¹ kã³¹）。好不好吃你试一下看。

你再哇下看（ŋ³¹ tsæ³¹ ua³¹ha³¹kã³¹）。你再说一下看看。

你尝下看，熟哒曼？（ŋ³¹ tsioŋ³⁵ha³¹kã³¹，ʃiɯ³⁵ta mã³⁵?）你尝一下看，熟了没有？

你再打渠下看（ŋ³¹ tsa³¹ta⁵¹tʃi³⁵ha³¹kã³¹）。你再打他一下看看。

渠曼到屋底，你等下再找下看（tʃi³⁵ma³⁵ tɔ³¹ u⁴⁴ ti⁴⁴，ŋ³¹ t ĩ⁵¹ ha³¹ tsa³¹ tsɔ⁵¹ ha³¹ kã³¹）。他不在家,你等下再找找看。

十二　反复体

反复体表示动作或状态变化反复地进行。安仁方言中的反复体是采用"V 啊 V"的重叠方式来表示的。如：

渠走啊走，走咖一天还曼到（tʃi³⁵ tse⁵¹ a⁴⁴ tse⁵¹，tse⁵¹ ka i³⁵ t ĩ⁴⁴ hæ³⁵ mã³⁵ tɔ³¹）。他走啊走,走了一天还没到。

电视总是闪啊闪，看起我只眼珠阿花咖哒（t ĩ³¹³ s ɭ⁴⁴ tsen⁵¹ s ɭ⁴⁴ sã⁵¹ a⁴⁴ sã⁵¹，kã⁴⁴ ʃi⁵¹ŋ o³¹ tʃia³¹³ ã⁵¹ tsu⁴⁴ a³¹ hua⁴⁴ ka ta）。电视总是闪啊闪,看得我眼睛都花了。

渠到那底哇啊哇，哇咖一天（tʃi³⁵ tɔ³¹ le⁴⁴ ti⁴⁴ ua³⁵ a⁴⁴ ua³⁵，ua³⁵ ka i³⁵ t ĩ⁴⁴）。他不停地说啊说,说了一天。

渠吃啊吃，一下就吃咖三碗饭（tʃi³⁵ tsʼia³¹³ a⁴⁴ tsʼia³¹³，i³⁵ ha³¹ tʃɯ³¹³ tsʼia³¹³ ka sã⁴⁴ uã⁵¹ fã³¹）。他吃啊吃,一下就吃了三碗饭。

第三节　结语

综上所述，安仁方言中的体标记存在以下一些特点。

（1）同一个体可以用不同的体标记来表示。例如，表持续体的体标记就有"到""起""散""出老"等。表完成体的体标记就有"咖"和"咖哒"两个体标记。表起始体的体助词就有"起"和"哒"两个。

（2）同一体标记可以表示不同的体。例如，"哒"可表起始体、存续体、已然体，"起"可表持续体和起始体，"到"可表持续体和进行体。

（3）和普通话共有词源的体标记不多。有的即使共有词源，语法化的道路也跟普通话不一样，例如"起"在普通话中可作表起始的体标记，在安仁话中还可表持续体标记。

（4）体标记词的虚化程度不一。在安仁方言中，如"咖""哒"是典型的体标记，"价"是典型的体语气词，而"起来""下去""起去"词义较实，它们既不是典型的体标记，也不是典型的体语气词，而是补语性体标记。

第五章　安仁方言的程度表达

客观事物之间的差别是普遍存在的，既有质的差别又有量的差别。程度就是客观事物之间量的差别的具体表现形式。人们为了更好地认识世界、更准确地表达思想，常常要对客观事物不同的量的差别加以区别和描述，这反映在语言中就是程度范畴。语言中程度范畴的表现形式是多种多样的，从程度的性质上看有强程度、弱程度，从程度的表现形式上看有肯定法、否定法，从程度的表示手段上看有词法手段、句法手段，从程度标记与对象的相对位置上来看有前加程度法、后加程度法、固定格式法。本章主要从程度的表示手段来分析安仁方言的程度表达。

不同的语言、不同的方言表示程度的手段和方法都不尽相同，但总的来说都可以归为词法手段和句法手段两大范畴。安仁方言中表示程度的语法手段大致有附加、重叠、前加状语、后加补语四种，其中附加、重叠可以归为词法范畴，前加状语和后加补语可以归为句法范畴。词法范畴内的程度表达多与形容词有关，句法范畴的程度表达多与副词有关。前加状语法中的状语一般都是程度副词，后加补语法中的补语可以是程度副词，也可以是某些固定格式的短语，如"不得了"等。

以下从三个部分来讨论安仁方言的程度表达，即形容词的程度表达、程度副词和句法格式的程度表达。

第一节　形容词的程度表达

按照朱德熙（1982）在《语法讲义》中的观点，形容词可分为性质形容词与状态形容词两类。性质形容词包括单音节形容词和一般的双音节形容词。状态形容词主要包括以下几种：①单音节形容词重叠式；②双音节形容词重叠式；③"冰凉、通红"一类形容词；④带后缀的形容词；⑤"F+形容词+的"形式的合成词（F代表"很""挺"一类的程度副词）。通常所说的状态形容词主要是指前面四种。从程度的表达来看，性质形容词表示事物的属性，往往比较客观，在量轴上体现为占据一定的伸缩幅度，它本身并不表达程度，但具有表达程度的潜在可能性，因此可以同程度副词搭配表达该属性的程度量；状态形容词带有明显的描写性，已经过主观视角的过滤，在量轴上体现为占据一个固定的量点，本身已表达了该属性的某个特定程度量，因此不可以再同程度副词搭配。从某种意义上可以说，附加、重叠作为程度表达的手段，其实就是把性质形容词转变成状态形容词的语法手段。本节所讲的形容词的程度表达，主要指的就是状态形容词表示程度的情况，其主要包括附加、重叠两种手段，下面分别介绍。

一　附加法

附加是一种构词或构形的方式，由附加法构成的词称作派生词，派生词都是由词根和词缀组合而成的。由附加法构成的状态形容词，通常由词根附加含程度义的词缀构成。根据词缀所附位置的不同又有两种情况，其中词缀在前的称为前缀式，词缀在后的称为后缀式。

1. 前缀 BA 式

我们用 A 代表词根，用 B 代表词缀。安仁方言中的前缀式状态形容词主要是 BA 式，这类形容词以表示色彩、性状的居多，语义的重心在后面的词根"A"上，词根"A"大都是表示事物性质的性质形容词，可以单独使用。有的加了词缀"B"后，除了加深形容词表示的程度之外，同时也加深了形容词的生动性。我们根据前缀 B 的不同可以把它分为下面几种情况。

（1）前缀是名词性的成分。如：雪白、墨黑、垒胖、垒壮、垒饱、蜡黄、冰凉、稠青、乌黑、标直。

这类形容词的前缀本身都有词汇意义，可以表示具体的事物，如"雪白"中的"雪"，"蜡黄"中的"蜡"。这类形容词除了表示程度深以外，还可以表示性状，因为其前面的前缀都具有独特的形象色彩，能唤起人们对某一特定形象的联想。如"墨黑"中的"墨"，让人联想到"像墨一样黑"。

（2）前缀是动词性的成分。如：经劳、喷香、溜滑、通红、熨帖、绷紧、绷硬、绷重、捞轻、捞松、飞快、飞灵、飞红、飞痛、飞冻。

这类形容词前缀的动词性成分意义大都已经虚化，从其最初的构成来看，前面的动词性成分都有实际的意义，如"飞快"比喻"快得像飞一样"，"经劳"表示"经得起使用"，但现在作为形容词其中的动词意义已经虚化，整个形容词表示程度深的含义，相当于"很……"的意思。

（3）前缀是形容词性成分。如：清甜、苦咸、锐尖、焦干、焦煳、匀净、糜烂、糜溶、糜碎、冻黄。

这类形容词前缀的形容词成分本身就可以表示事物的性状，如"苦咸"中的"苦"，"焦干"中的"焦"，表示"咸到什么样""干到什么样子"。这类形容词除了表示程度深以外，也可以表示性状，如"苦咸"可以让人联想到"咸得发涩"，"焦干"可以让人联想到"干得都焦了"。但在实际的表达中这类意义都已经虚化，因此不能把它看作一个偏正结构的短语，而是要看作一个带前缀的形容词，主要还是用来表示程度深。

（4）前缀是副词性成分。如：烹臭、烹贵、烹烧、烹雄、烹恶、稀贵、稀散、稀辣、稀黄、稀恶、稀乱、蛇苦、蛇酸、蛇臭、蛇腥、蛇瘦、蛇结。

这类形容词的前缀成分意义抽象，程度意义明显，形象色彩模糊，如"烹臭""稀恶""蛇苦"等，其中的前缀"烹""稀""蛇"还可以与其他多个单音节形容词搭配，表示程度深。这类前缀很难确定它的词汇意义，和其搭配的形容词之间的联系也很难找到理据。书写时都是借字记音，表示程度很高，相当于"很""非常"，同时其还可以与多个形容词搭配，从语法性质上看具有共同的类化意义，都可以按程度副词对待。但是，这类前缀又不能单独表示程度，只能与其他形容词组合表示程度，而且结合紧密、不能扩展，因此不能把它们看作独立的程度副词，而只能看成一个表示程度加深的副词性语素。

（5）前缀成分不明。如：巴溶、锋光、积淡、泽新、并满、啁嫩、绥薄、漅湿、沐痒、嫩软、拎光。

这类形容词前缀语源语意都不甚明了，很难确定是什么字，只是表示程度很深，在普通话中也很难找到相应的词来，只能译成"很……"

上述 BA 式形容词，不管是哪一种情况，BA 表示的程度意义明显都要比单独的 A 要高。或者说，不管 B 是名词性成分、动词性成分、形容词性成分，还是其他成分，B 的主要作用都在于加深程度，BA 相当于"很 A"或"A 得很"。从词汇意义上来看，A 可以看作一种增量成分，在 BA 式的语义构成上来看 B 实际上起着一种程度副词的作用。

从词形的变化上来看，BA 式形容词有的还可以按 BABA 的方式重叠，重叠后表示的程度比原式更深，如"雪白"表示"很白"，"雪白雪白"表示"特别白"，白的程度比"雪白"还要深。

这类形容词在使用中还常常与结构助词"咯"搭配使用，构成"BA 咯"的说法，大致相当于普通话中的"……的"其在句子中主要作谓语、定语、补语。如：

渠件衣裳雪白咯（tʃi³⁵ tʃ ʔ³¹³ i⁴⁴ sã⁵¹ ʃue³⁵ p'a⁴⁴ke）。他的衣服雪白的。

那只店子底咯东西烹贵（le⁴⁴ tʃia³¹³ tʔ³¹³ tsi⁵¹ ti⁴⁴ ke teŋ⁴⁴ ʃi⁵¹ pe ŋ⁴⁴ kui⁴⁴）。那个店子里的东西很贵。

落雪天渠就穿哒一件绥薄咯衣裳（lo³¹ ʃue⁵¹ t ʔ⁴⁴ tʃi³⁵ tʃiɯ³¹³ ts'u ʔ⁴⁴ i³⁵ tʃ ʔ³¹³ sui³⁵ p'o⁴⁴ ke i⁴⁴ sã⁵¹）。下雪天他就穿了一件很薄的衣服。

小王讨哒一只稀恶咯婆娘（ʃiɔ⁵¹ oŋ³⁵ tiɔ⁵¹ ta i³⁵ tʃia³¹³ ʃi⁴⁴ o³¹ ke p'o³⁵ io ŋ³⁵）。小王娶了一个很凶的老婆。

渠发气把屋底咯东西打起糜烂（tʃi³⁵ fa³⁵ tʃi³¹ pa⁵¹ u⁴⁴ ti⁴⁴ke teŋ⁴⁴si⁵¹ ta⁵¹ ʃi⁵¹ mie⁴⁴lã³¹）。他生气把家里的东西打得稀烂。

渠咯菜弄起苦咸（tʃi³⁵ ketsæ³¹le ŋ³¹ ʃi⁵¹ha⁵¹hã³⁵）。他的菜做得很咸。

细把唧嬉水把地下弄起漅湿（ʃi³¹³ pa⁵¹ tʃi ʃi³⁵ su⁵¹ pa⁵¹ ti³¹ ha³¹ le ŋ³¹ ʃi⁵¹ tʃiæ⁴⁴ ʃie⁵¹）。小孩子玩水把地下弄得很湿。

2. 后缀 ABB 式

ABB 式形容词是指由单音节词根"A"后附双音节叠音后缀"BB"构成的形容词。这类形容词在普通话中很常见，如"热腾腾""白花花"

"亮晶晶"等。在安仁话中也存在这类形容词，有的还和普通话中的形式一样。我们根据其中词根 A 的不同可以分为以下几种情况。

（1）词根是名词。如：气鼓鼓、气冲冲、眼巴巴、灰蒙蒙、灰溜溜、心慌慌、水淋淋、毛糙糙。

（2）词根是动词。如：笑嘻嘻、病快快、活生生。

（3）词根是形容词。如：红透透、乱哄哄、空荡荡、孤零零、阴沉沉、干巴巴、甜丝丝、矮墩墩、光溜溜、软趴趴、肉鼓鼓、光秃秃、热辣辣、慢腾腾、乱糟糟、空洞洞、扁扑扑、香喷喷。

这类 ABB 式形容词词根 A 以形容词最为常见，动词类型最少，名词居中，并且同一词根可以加上不同的叠音后缀，表示不同的色彩意义。如"乱哄哄"和"乱糟糟"，这两个词的形象色彩因其后缀的不同而不同，"乱哄哄"指很吵闹，倾向于听觉方面；"乱糟糟"指很混乱，倾向于视觉方面。同一个后缀也可以附在不同的词根后面，如"干巴巴"和"眼巴巴"。

不管词根 A 是名词、动词还是形容词，后面的叠音后缀 BB 都没有明确的词汇意义，主要起到构形的作用，其构形的意义主要有以下几点：①使形容词的程度加深；②使形容词的表达生动；③使形容词带有某种感情色彩。这些叠音后缀有的有一定的理性意义，它们所表示的形象色彩比较明显，如"气鼓鼓""光秃秃""乱哄哄"等。有的意义完全虚化，语义非常模糊，只表示色彩意义，如"干巴巴""扁扑扑""慢腾腾"等。

ABB 式形容词可以在句子中作谓语、定语、状语和补语。如：

老师走咖后教室底乱哄哄咯（lo^{51} $s1^{44}$ tse^{51} he^{31} $tfio^{31}$ $s1^{44}$ ti^{44} lua^{31} $he\eta^{44}$ $he\eta^{44}$）。老师走了后教室里乱哄哄的。

老李走路总是慢腾腾唧（lo^{51} li^{51} $tsie^{51}$ la^{31} $tsen^{51}$ $s1^{44}$ ma^{31} $t\ i^{51}$ $t\ i^{51}$ tfi）。老李走路总是慢悠悠的。

渠弄咯菜香喷喷唧（tfi^{35} $le\eta^{31}$ ke^{44} $ts'æ^{31}$ $so\eta^{35}$ $pe\eta^{31}$ $pe\eta^{31}$ tfi）。他做的菜很香。

灰蒙蒙咯天看起要落雨哒（hui^{44} $me\eta^{35}$ $me\eta^{35}$ ke $t\ i^{44}$ ka^{31} fi^{51} io^{31} lo^{44} y^{51} ta）。灰蒙蒙的天看上去要下雨了。

渠气冲冲地走咖进来（tfi^{35} $tf'i^{51}$ $tse\eta^{44}$ $tse\eta^{44}$ ti tse^{51} ka $tfien^{31}$ le^{35}）。他气冲冲地走了进来。

渠来晏哒，眼巴巴看着车开走哒（tfi^{35} le^{35} a^{31} ta，a^{51} pa^{44} pa^{44} ka^{31} tse^{44}

ts′e⁵¹ kæ⁴⁴ tse⁵¹ ta）。他来晚了，眼巴巴看着车开走了。

屋底得渠弄起乱糟糟（u⁴⁴ti⁴⁴te tʃi³⁵leŋ³¹ ʃi⁵¹luã³¹ tsɔ⁴⁴ tsɔ⁴⁴）。家里被他弄得乱糟糟。

二　重叠法

安仁方言中的形容词的重叠形式比较丰富。与普通话相比，有些重叠形式和普通话类似，但在语法意义和用法上存在一些差异。在表示程度的意义上，各种重叠方式也不尽相同，有的重叠后表示的程度没有发生变化，有的表示程度的加深，有的程度则稍微减弱。下面对安仁方言中的各种重叠方式进行具体分析。

1. 单音节形容词重叠的"AA"式

这种重叠形式是单音节的形容词 A 重叠一次构成的，在安仁方言中单音形容词重叠最多也只能重叠一次。如：好好、慢慢、轻轻、重重、狠狠、矮矮、高高、长长、大大、饱饱、甜甜、酸酸。

重叠后的"AA"式常和"唧"搭配使用，构成"AA 唧"的说法，其在句子中可以作谓语、状语和补语。如：

固只苹果酸酸唧，蛮好吃咯（ku³⁵tʃia³¹³ p ʾ i³⁵ ko⁵¹ suã⁴⁴ suã⁴⁴ tʃi, mã³⁵ hɔ⁵¹ tʃ′ia³¹³ ke）。这个苹果酸酸的，很好吃。

渠哇话总是轻轻唧（tʃi³⁵ ua³¹ hua³¹ tseŋ⁵¹ sʔ⁴⁴ tsoŋ³⁵ tsoŋ³⁵ tʃi）。他说话总是轻轻的。

有麻格事好好唧哇（iɯ³¹³ ma³⁵ ke⁴⁴ s ʔ⁴⁴ hɔ⁵¹ hɔ⁵¹ tʃi ua³¹）。有什么事好好地说。

你慢慢唧进来咪（ŋ³¹ mã³¹ mã³¹ tʃi tʃien³¹³ le⁴⁴ la）。你慢慢地进来。

我饭吃起饱饱唧（ŋ o³¹ fã³¹ ts′ia³¹³ ʃi⁵¹ pɔ⁵¹ pɔ⁵¹ tʃi）。我饭吃得饱饱的。

渠只面晒起红透透唧（tʃi³⁵ tʃia³¹³ mʾi³¹³ sæ³¹ ʃi⁵¹ he ŋ³⁵ t′o³¹ t′o³¹ tʃi）。他的脸晒得红红的。

在这类词中，A 都是能单说的。重叠后的 AA 式主要起增加形象、生动的作用，同时加强了语言的音律美，在语义上表示程度加强的意味是很弱的。

2. 双音节形容词重叠的"AABB"式

这种重叠形式是由形容词 AB 分别重叠后构成的，其中 AB 多为性质形容词。如：马马虎虎、大大咧咧、安安心心、认认真真、平平整整、舒舒服服、服服帖帖、规规矩矩、干干净净、随随便便。

重叠后的"AABB"式常和"唧"搭配使用，构成"AABB 唧"的说法，其在句子中可作谓语、状语和补语。如：

小张哇话总是大大咧咧唧（ʃiɔ⁵¹ tsoŋ⁴⁴ ua³¹ hua³¹ tseŋ⁵¹ s ɬ⁴⁴ tæ³¹ tæ³¹ lie⁴⁴ lie⁴⁴ tʃi）。<small>小张说话总是大大咧咧的。</small>

新买咯沙发坐上去舒舒服服唧（ʃien⁴⁴ mæ³¹ ke sa⁴⁴ fa⁴⁴ tso³¹ soŋ³¹ k'e³¹ su⁴⁴ su⁴⁴ fu³⁵ fu³⁵ tʃi）。<small>新买的沙发坐上去舒舒服服的。</small>

渠随随便便吃点东西就出去哒（tʃi³⁵ sui³⁵ sui³⁵ p ĩ³¹ p ĩ³¹ ts'ia³¹³ tiæ³⁵ te ŋ⁴⁴ ʃi⁵¹ tʃiɯ³¹³ ts'u⁴⁴ k'e³¹ ta）。<small>他随随便便吃点东西就出去了。</small>

小李认认真真唧把题目重做咖一到（ʃiɔ⁵¹ li⁵¹ ien³¹ ien³¹ tsien⁴⁴ tsien⁴⁴ tʃi pa⁵¹ ti³⁵ mo³¹ tsen³⁵ tsa ka³¹ i³⁵ tɔ³¹）。<small>小李认认真真地把题目重做了一遍。</small>

洗衣机把衣裳洗得干干净净唧（ʃi⁵¹ i⁴⁴ tʃi⁴⁴ pa⁵¹ i⁴⁴ sã⁵¹ ʃi⁵¹ te kã³¹ kã³¹ tʃien³¹ tʃien³¹ tʃi）。<small>洗衣机把衣服洗得干干净净。</small>

马路修得平平整整唧（ma⁵¹ lu³¹ ʃiɯ⁴⁴ te pio ŋ³⁵ pio ŋ³⁵ tsen⁵¹ tsen⁵¹ tʃi）。<small>马路修得平平整整。</small>

在这类重叠的 AB 形容词中，有的是能单说的，如"马虎""舒服"等；有的 AB 不能单说，A、B 都是一个音节，只有分别重叠后才组合成表示一定意义的 AABB 形容词，如"大大咧咧"，这类词在安仁方言中数量较少。重叠后的 AABB 式和原式 AB 相比都具有形象、生动的动态性，同时表示性质程度的加深。

3. 双音节形容词重叠的"ABAB"式

这种重叠形式是由双音节形容词 AB 整体重叠构成的，AB 主要是状态形容词，主要集中于一些表示事物颜色、属性和感觉的词。如：雪白雪白、墨黑墨黑、稀黄稀黄、垒胖垒胖、蛇瘦蛇瘦、苦咸苦咸、清甜清甜、烹臭烹臭、巴溶巴溶、绥薄绥薄。

这类重叠形式在安仁方言中使用范围广泛，而且很常用，其语法意义主要是表示性质程度的加深。性质形容词 A、带前缀的状态形容词 BA、ABAB 式重叠形容词三者的程度等级关系可以排列如下：A < AB ＜ AB-AB。例如：白 < 雪白 < 雪白雪白、咸 < 苦咸 < 苦咸苦咸、胖 < 垒胖 < 垒

胖垒胖。这些形容词在程度的义项上形成了一个由低到高的序列。

这类重叠式 ABAB 形容词在使用中通常不和 "唧" 搭配使用，有时可以与 "咯" 搭配使用，其在句子中可以作谓语、定语和补语。如：

渠弄咯菜苦咸苦咸（tʃi³⁵ leŋ³¹ ke ts'æ³¹ ha⁵¹ hã³⁵ ha⁵¹ hã³⁵）。他做的菜很咸很咸。

李师傅煮咯粥巴溶巴溶咯（li⁵¹ s ʅ⁴⁴ fu⁴⁴ tsu⁵¹ ke tʃiɯ³⁵ pa⁴⁴ ien³⁵ pa⁴⁴ ien ke³⁵）。李师傅煮的粥很稠很稠。

固件雪白雪白咯衣裳得渠弄起墨黑墨黑（ku³⁵ tʃ ʅ³¹³ ʃue³⁵ pa⁴⁴ ke i⁴⁴ sã⁵¹ te tʃi³⁵ leŋ³¹ ʃi⁵¹ mie⁴⁴ he⁵¹ mie⁴⁴ he⁵¹）。这件很白很白的衣服被他弄得很黑很黑。

渠天天吃好咯，吃起垒胖垒胖（tʃi³⁵ t'ʅ⁴⁴ t'ʅ⁴⁴ ts'ia³¹³ hɔ⁵¹ ke，tsia³¹³ ʃi⁵¹ lue⁴⁴ p'oŋ³¹ lue⁴⁴ p'oŋ³¹）。他天天吃好的，吃得很胖很胖。

那眼塘得日头晒起焦干焦干（lie⁴⁴ ã⁵¹ toŋ³⁵ te i³¹³ te sæ³¹ ʃi⁵¹ tʃiɔ⁴⁴ kuã⁴⁴ tʃiɔ⁴⁴ kuã⁴⁴）。那口水塘被太阳晒得很干很干。

4. 双音节形容词重叠的其他格式

具体有 "A 里 AB" "A 里 A 气" "A 拉巴 B" 等形式。如：邋里邋遢、糊里糊涂、蠢里蠢气、妖里妖气、流里流气、怪里怪气、蛇拉巴臭、墨拉巴黑。

这类重叠格式大都用于贬义形容词，主要起到增加形容词表达形象、生动的作用，其表示程度增加的意义并不明显。其在句子中可作主语、谓语、宾语和补语。如：

邋里邋遢讨人嫌（la⁴⁴ li⁵¹ la⁴⁴ t'a⁴⁴ tɔ⁵¹ ŋ³⁵ ʃien³⁵）。太脏了讨人嫌。

小李哇话怪里怪气咯（ʃiɔ⁵¹ li⁵¹ ua³¹ hua³¹ kuæ³¹ li⁵¹ kuæ³¹ tʃi³¹ ke）。小李说话怪里怪气。

那个人看上去有点蠢里蠢气（le⁴⁴ ko⁴⁴ ŋ³⁵ kã³¹ soŋ⁵¹ k'e³¹ iɯ³¹³ tiæ³⁵ tsuen⁵¹ li⁵¹ tsuen⁵¹ tʃi³¹）。那个人看上去有点蠢里蠢气。

小张晒起墨拉巴黑（ʃiɔ⁵¹ tsoŋ⁴⁴ sæ³¹ ʃi⁵¹ mie⁵¹ la⁴⁴ pa⁴⁴ hei⁵¹）。小张晒得很黑。

第二节　程度副词

安仁方言中常用的程度副词有 "蛮" "忒" "好" "特别" "稍微"

"有点""最""越加""死""还"等。

　　这些程度副词有些和普通话的用法类似，如"特别""稍微"等；有些在普通话中存在对应的说法，如"越加"和普通话中"更加"的意思相当；还有一些虽在普通话的中也存在对应的说法，但比较而言二者存在一定的差异，如"忒""蛮""好""死"等（见表5-1）。本章主要讨论这些和普通话用法不同的程度副词。

表 5 - 1　安仁方言几个常用的程度副词区别

程度副词	形容词		动　词	动词短语	搭配语气	否定形式	
	性质	状态				不	冇
忒	+	+	+	+	哒	忒不	忒冇
死	+			+	咯	死不/不死	
蛮	+		+	+	咯	蛮不/不蛮	
好	+	+	+	+	唧	好不	冇好/好冇

一　忒

　　"忒"表示程度过高，大体相当于普通话中的"太、过于"，表示程度高过头。"忒"在安仁话中使用的频率和组合能力都比较高。在安仁话中"忒"可以修饰性质形容词、状态形容词、动词或动词短语。

　　性质形容词和状态形容词都可以受"忒"修饰，如：忒长、忒高、忒狠、忒紧、忒重、忒远、忒大、忒粗、忒蠢、忒雪白、忒绷紧、忒死懒、忒稀恶、忒清甜、忒焦干、忒蛇苦。

　　由于"忒"有"过于……"之意，带有不满、消极的感情，因此"忒"通常修饰中性或贬义的形容词，如果修饰褒义的形容词，则表示说话者对此含有责备、批评之意。如：渠忒聪明哒。你读书忒舍己哒。

　　"忒"修饰的动词主要是一些与人的能力或心理有关的动词。由于人的能力或心理感受存在程度上的差异，所以表示能力或心理活动的动词也具有潜在的程度性，可以受程度副词"忒"的修饰，如：忒想、忒恨、忒气、忒怄、忒怕、忒急、忒会、忒高兴、忒伤心、忒喜欢、忒佩服、忒眼热。

　　"忒"还可以修饰动词短语，其中最常见的是单音节的动词在与行为主体的"人"结合成"V人"式述宾合成词和"能""会"等能愿动词带宾语构成的动词短语，前者表示"使人感到V"，后者表示"能够V"，然后再接受"忒"的修饰，如：忒吓人、忒烫人、忒叮人、忒伤人、忒呛人、忒气人、忒会哇、忒会读书、忒会做事、忒能吃、忒能干。

"忒+V/A"结构通常后面带语气词"哒"，如：忒长哒、忒高哒、忒狠哒、忒稳哒、忒紧哒、忒重哒、忒高兴哒、忒伤心哒、忒喜欢哒、忒会哇哒、忒会读书哒。

"忒+V/A"结构在句子中可以作谓语、定语、补语等。例如：

渠忒小气哒，一点东西也舍不得出（tʃi³⁵ t'ie³¹ ʃiɔ⁵¹ tʃi³¹ ta, i³⁵ tiæ³⁵ te ŋ⁴⁴ ʃi⁵¹ a⁵¹ sa⁵¹ pu³⁵ te ts'u⁴⁴）。他太小气了，一点东西也舍不得出。

渠是个忒厉害咯人（tʃi³⁵ sʅ³¹ ko⁴⁴ t'ie³¹ li³¹ hæ³¹ ke ŋ³⁵）。他是个很厉害的人。

渠篇文章写得忒好哒（tʃi³⁵ p'ʅ³¹³ uen³⁵ tso ŋ⁴⁴ ʃie⁵¹ te t'ie³¹ hɔ⁵¹ ta）。他这篇文章写得太好了。

安仁方言里"忒+V/A"结构主要用否定副词"不"否定，构成后否定式是"忒不A/V"一种格式，不能说"不忒A/V"。这和"蛮"不太一样，"蛮"两种否定格式都有。除此之外，"忒+V/A"还可用"冇（得）"来否定，构成"忒冇（得）NP"的格式。如：

渠固个人忒不讲道理哒（tʃi³⁵ ku³⁵ ko⁴⁴ ŋ³⁵ t'ie³¹ pu³⁵ ko ŋ⁵¹ tɔ³¹ li⁵¹ ta）。他这个人太不讲道理了。

小张做事忒不负责任哒（ʃiɔ⁵¹ tso ŋ⁴⁴ tsa³¹ sʅ³¹ t'ie³¹ pu³⁵ fu³¹ tse³⁵ ien³¹ ta）。小张做事太不负责任了。

小李做事忒冇分寸哒（ʃiɔ⁵¹ li⁵¹ tsa³¹ sʅ³¹ t'ie³¹ mɔ³⁵ fien⁴⁴ ts'uen³¹ ta）。小李做事太没分寸了。

渠哇话忒冇水平（tʃi³⁵ ua³¹ hua³¹ t'ie³¹ mɔ³⁵ su⁵¹ pien³⁵）。他说话太没水平。

"忒不A/V"和"忒冇（得）NP"都主要增强否定的程度，有时与语气副词"哒"共现，起进一步强调的作用，如"忒不负责任""忒冇分寸"表示的是"很不负责任""很没分寸"的意思。

二　蛮

"蛮"表示程度较高，和普通话中的"相当、挺"意思差不多，表示的程度比"忒"低一些，比"好"高一些。在安仁话中"蛮"可以修饰性质形容词、动词或动词短语。

状态形容词已经具有固定的程度意义，因此不能受"蛮"修饰，性质形容词表述的是事物的属性，没有程度的意义，因此可以受程度副词"蛮"的修饰，性质形容词受"蛮"修饰后表示该性质达到较高的程度。如：蛮长、蛮高、蛮狠、蛮稳、蛮紧、蛮重、蛮灵、蛮远、蛮大、蛮粗、蛮蠢、蛮大方、蛮方便、蛮厉害、蛮舒服、蛮舍己、蛮聪明、蛮好看、蛮消在。

这和"忒"不一样，"忒"没有这个限制，既可以修饰性质形容词，也可以修饰状态形容词，如可以说"忒白"，也可以说"忒雪白"，而"蛮"就只能说"蛮白"，通常不能说"蛮雪白"。这是因为，"雪白"中前缀"雪"本身就有表示的程度意义，和"蛮"相当，因此不能再受"蛮"的修饰。

"蛮"修饰形容词常用于具有积极意义的形容词前，表示对某种性质的肯定和欣赏；如用于表消极意义的形容词前，多表示对某种性质的批评或不满意以及否定的情感。如：蛮大——蛮细、蛮快——蛮慢、蛮好——蛮坏、蛮大方——蛮小气。

"蛮"修饰动词主要是一些表示能力或心理感受的动词，加程度副词"蛮"后强化了心理感受的程度。如：蛮想、蛮恨、蛮气、蛮怄、蛮怕、蛮急、蛮能、蛮会、蛮高兴、蛮伤心、蛮喜欢、蛮佩服、蛮眼热。

"蛮"还可以修饰动词短语，其中最常见的是单音节的动词与行为主体的"人"结合成"V人"式述宾合成词和"能""会"等能愿动词带宾语构成的动词短语，前者表示"使人感到V"，后者表示"能够V"，然后再接受"蛮"的修饰，表示这种行为达到较高的程度。如：蛮吓人、蛮烫人、蛮叮人、蛮伤人、蛮呛人、蛮气人、蛮会哇、蛮会读书、蛮会做事、蛮能吃、蛮能干。

"蛮+V/A"结构通常后面带语气词"咯"，如：蛮长咯、蛮高咯、蛮狠咯、蛮稳咯、蛮紧咯、蛮重咯、蛮高兴咯、蛮伤心咯、蛮喜欢咯、蛮会哇咯、蛮会读书咯。

"蛮+V/A"结构在句子中可以作谓语、定语、状语、补语等。

例如：

渠蛮爱读书咯，天天捞到本书看（tʃi³⁵ mã³⁵ ai³¹ tua⁴⁴ su⁴⁴ ke，t′ɿ⁴⁴ t′ɿ⁴⁴ lɔ⁴⁴ tɔ⁵¹ pen⁵¹ su⁴⁴ kã³¹）。他很爱读书，天天拿着本书看。

渠蛮小气，一点东西也舍不得出（tʃi³⁵ mã³⁵ ʃiɔ⁵¹ tʃi³¹，i³⁵ tiæ³⁵ teŋ⁴⁴ ʃi⁵¹ a⁵¹ sa⁵¹ pu³⁵ te tsu⁴⁴）。他很小气，一点东西也舍不得出。

小张是个蛮大方咯人（ʃiɔ⁵¹ tso ŋ⁴⁴ s ɿ⁴⁴ ko⁴⁴ mã³⁵ t′ æ³¹ ho ŋ⁴⁴ ke ŋ̍³⁵）。小张是个很大方的人。

小李蛮不讲理咯站哒那底（ʃiɔ⁵¹ li⁵¹ mã³⁵ pu³⁵ koŋ⁵¹ li⁵¹ ke tsã³¹ ta le⁴⁴ ti⁴⁴）。小李很不讲道理地站在那里。

渠篇文章写得蛮好咯（tʃi³⁵ p ɿ⁴⁴ uen³⁵ tso ŋ⁴⁴ ʃie⁵¹ te mã³⁵ hɔ⁵¹ ke）。他的文章写得很好。

安仁方言里"蛮 + V/A"结构主要用否定副词"不"否定，构成后否定式"蛮不 A/V"和前否定式"不蛮 A/V"两种格式，不用否定副词"冇（得）"否定。这是"蛮"不同于"好"和"忒"的一个方面。如：

渠固个人蛮不讲理咯，你莫要齿渠（tʃi³⁵ ku³⁵ ko⁴⁴ŋ̍³⁵ mã³⁵ pu³⁵ koŋ⁵¹ li⁵¹ ke，ŋ̍³¹ mo³⁵ iɔ³¹ ts′ɿ⁵¹ tʃi³⁵）。他这个人很不讲道理的，你不要理他。

小张做事蛮不负责任（ʃiɔ⁵¹ tso ŋ⁴⁴ tsa³¹ s ɿ⁴⁴ mã³⁵ pu³⁵ fu³¹ tse³⁵ ien³¹）。小张做事很不负责任。

渠刚到还不蛮习惯，住久哒就好哒（tʃi³⁵ koŋ⁴⁴ tɔ³¹ hæ³⁵ pu³⁵ ʃi³⁵ kuã³¹，tsu³¹ tʃiɯ⁵¹ ta tʃiɯ³¹³ hɔ⁵¹ ta）。他刚到还不很习惯，住久了就好了。

时间不蛮早哒，你先回去吧（s ɿ³⁵ kã⁴⁴ pu³⁵ tsɔ⁵¹ ta，ŋ̍³¹ ʃɿ⁵¹ hui³⁵ k′e³¹ pa）。时间不早了，你先回去吧。

前否定式"不蛮 A/V"主要减弱否定的程度，带有委婉的语气，如"不蛮习惯"表示的是"不怎么习惯"的意思，而后否定式"蛮不 A/V"主要增强否定的程度，有时与语气副词"咯"共现，起进一步强调的作用，如"蛮不讲理"表示的是"很不讲道理"的意思。

"蛮"作程度副词的用法，在湖南其他的方言中也很普遍。如在衡阳方言、长沙方言和益阳方言中也存在类似的用法。如上所述，"忒"在安仁方言中相当于普通话中的"太""过""过于"，有超出某种范围的意思，使用频率及组合能力和"蛮"相似，差不多能用"蛮"的地方都可以用"忒"，但相比而言二者还是存在一定的区别。据李艳华（2006）归纳，二者的区别主要表现在以下几个方面。

（1）程度上不同："忒"要高于"蛮"，"蛮"相当于普通话中的"很""非常"，仍在范围之内，"忒"则表示"太""过于"，已超出某种范围。如：忒好看 > 蛮好看、忒坏 > 蛮坏。

（2）感情色彩上有区别："忒"有"过犹不及"之意，一般都表示不满、消极的感情，含有责备、批评之意；"蛮"虽也表示不满、消极的感情，但更多的还是表达喜爱、欣赏、赞许之情。例如，蛮难看、蛮坏虽表达消极感情，但这种消极的程度还可以接受，有时候还是戏谑的表达法。而下面词语的感情色彩区别就非常明显，如：蛮会讲、忒会讲。

"蛮会讲"一般形容人的口才好、伶牙俐齿，表达能力好，有赞许、欣赏之意；而"忒会讲"则形容人话太多，不分场合、口无遮拦，有喧宾夺主之意，给人不好的感觉。

（3）搭配的语气词不同。在安仁方言中，"蛮"和"忒"的组合式中一般都需要加一个语气词。"蛮"后面接的语气词一般是"咯"，而"忒"后则一般与"哒"搭配。陈满华在《安仁方言》中概述了语气词"哒"：用于句末，表示新情况的出现或"已然"状态。安仁方言中"忒"与"哒"组合，从另一个方面也验证了"忒"有超出范围、新情况的出现之意。另外，与"蛮"搭配的"咯"，也是安仁方言中很有特色的词，"咯"相当于普通话中"的"，既是语气助词，同时也是一个结构助词。如：

　　　你蛮好咯。（语气助词）
　　　你是哪里咯？（结构助词）
　　　我跟灵官来咯：我从灵官来的。（结构助词兼语气助词）

（4）是否可以重叠。"蛮"修饰单音节形容词时可以重叠成 ABAB（咯）形式，表示程度进一步加深，重叠越多，越向极限靠近，如：蛮细蛮细（很小很小）> 蛮细（很小）。而"忒"一般不能和其他单音节词重叠，已经超出了极限。

　　除此只外，二者在修饰的形容词、否定的方式上也都存在一定的区别。如上文所述，在修饰形容词方面，"忒"可以修饰状态形容词和性质形容词，而"蛮"只能修饰性质形容词不能修饰状态形容词。在否定方式上，"忒"可以受"不"和"冇"的否定，而"蛮"只能受"不"的否定，不能受"冇"的否定，同样是受"不"否定，"蛮"有"不蛮"和"蛮不"两种否定方式，而"忒"只有"忒不"一种否定方式，没有"不忒"的说法。

三　好

　　在安仁话中"好"可以作疑问代词，如"好久"可以表示"多久"的意思，"好多"可以表示"多少"的意思，都用于疑问句表疑问。除此之外"好"还可作程度副词，表示程度。和"好"表疑问的用法不同，安仁话中用"好"表疑问时语调为升调，而用"好"表程度时语调则为降调。

　　"好"表示程度，常用在动词、形容词前面，表示程度很高，具有强烈的感情色彩和夸张的语气，其意义相当于普通话中的"很"。相比而言，"好"表示的程度意义比"忒"和"蛮"都要低。在安仁话中"好"可以修饰性质形容词、状态形容词、动词或动词短语。

　　性质形容词和状态形容词都可以受"好"的修饰，如：好长、好高、好狠、好紧、好重、好远、好大、好粗、好蠢、好雪白、好绷紧、好死懒、好稀恶、好清甜、好焦干、好蛇苦。

　　由于"好"在表示程度的同时具有强烈的感情色彩和夸张的语气，带有感叹的感情色彩，因此当其用于具有积极意义的形容词前，表示对某种性质的肯定和欣赏；如用于表消极意义的形容词前，多表示对某种性质的批评或不满意以及否定的情感。如：好大方——好小气、好聪明——好死蠢。

　　"好"可修饰动词，其中可受"好"修饰的动词主要是表示心理活动类的动词，如：好想、好恨、好气、好怄、好怕、好急、好会、好高兴、好伤心、好喜欢、好讨嫌、好操心。

　　"好"还可以修饰动词短语，其中最常见的是表示评价意义的动宾短语，如：好有钱、好懂礼貌、好会读书、好听话。

除此之外，"好"还可以修饰中补短语和状中短语，如：好看得开、好划得来、好想得开、好看得起。

"好"修饰的状中短语主要是动词前加部分能愿动词构成的，如：好能睏、好会哇、好肯做事、好愿意帮人、好敢闯。

"好"不修饰"可以""要""应该"等能愿动词构成的状中短语结构。

程度副词"好"用在动词、形容词前面作状语，它和动词、形容词构成"好 + V/A"的格式。"好 + V/A"格式后面通常带语气词"唧"，如：好长唧、好高唧、好狠唧、好稳唧、好紧唧、好重唧、好高兴唧、好伤心唧、好喜欢唧、好会哇唧、好会读书唧。

"好 + V/A"格式在句子中常作谓语、宾语、补语。如：

渠男子对渠好好唧（tʃi³⁵ lã³⁵ tsi⁵¹ tui³¹ tʃi³⁵ hɔ⁵¹ hɔ⁵¹ tʃi）。她丈夫对她很好。

小李好会读书唧，门门考试考一百分（ʃiɔ⁵¹ li⁵¹ hɔ⁵¹ hui³¹ t'u³⁵ su⁴⁴ tʃi，mien³⁵ mien³⁵ kɔ⁵¹ s ʅ⁴⁴ kɔ⁵¹ i³⁵ pei³⁵）。小李很会读书,门门功课考一百分。

渠一进来就觉得好冷唧（tʃi³⁵ i³⁵ tʃien³¹³ le³⁵ tʃiɯ³¹³ jue³⁵ te hɔ⁵¹ loŋ³¹ tʃi）。他一进来就觉得很冷。

今年咯西瓜卖得好贵唧（tʃien⁴⁴ ʅ³⁵ ke ʃi⁴⁴ kua⁴⁴ mæ³¹ te hɔ⁵¹ kui³¹ tʃi）。今年的西瓜卖得很贵。

渠掂渠哥哥长得好像（tʃi³⁵ t ʅ⁴⁴ tʃi³⁵ ko⁴⁴ ko⁴⁴ tio ŋ⁵¹ te hɔ⁵¹ ʃio ŋ³¹）。他和他哥哥长得很像。

"好"的否定形式根据其后所修饰的结构成分的不同而用不同的否定词。具体说来，有两个否定词，一是用"不"来否定，构成"好不 V/A"的格式；二是用"冇（得）"来否定，构成"好冇（得）NP"和"冇好 A"的格式。如：

渠只俫唧好不听话（tʃi³⁵ tʃia³¹³ læ³⁵ tʃi hɔ⁵¹ pu³⁵ tioŋ⁴⁴ hua³¹）。他的儿子很不听话。

小张好不会办事唧（ʃiɔ⁵¹ tsoŋ⁴⁴ hɔ⁵¹ pu³⁵ hui⁴⁴ p'ã³¹ s ʅ⁴⁴ tʃi）。小张很不会办事。

渠看上去好不高兴（tʃi³⁵ kã³¹ soŋ⁵¹ ké⁴⁴ hɔ⁵¹ pu³⁵ kɔ⁴⁴ ʃien³¹³）。他看上去很不高兴。

渠固个人好冇得坏心眼，总是吃亏（tʃi³⁵ ku³⁵ ko⁴⁴ ŋ³⁵ hɔ⁵¹ mɔ³⁵ te³⁵

huã³⁵ ʃien⁴⁴ ã⁵¹, tsen⁵¹ s ɬ⁴⁴ tsʼia³¹³ kʼui⁴⁴）。他这个人很没心计,总是吃亏。

渠好冇得脑筋, 总是得别个利用（tʃi³⁵ hɔ⁵¹ mɔ³⁵ te lɔ⁵¹ tʃien⁴⁴, tsen⁵¹ s ɬ⁴⁴ te pie³⁵ ko⁴⁴ li³¹ ien⁴⁴）。他很没有头脑,总是被别人利用。

那蔸树看起冇好高唧（le⁴⁴ te⁴⁴ su³¹ kã³¹ ʃi⁵¹ mɔ³⁵ hɔ⁵¹ kɔ⁴⁴ tʃi）。那棵树看上去没好高。

河底咯水冇好深（hɔ³⁵ ti⁵¹ ke su⁵¹ mɔ³⁵ hɔ⁵¹ sen⁴⁴）。河里的水没多深。

"不"否定"好 V/A"只能放在"好"的后面构成"好不 V/A", 用来增强否定的程度。有时与语气副词"唧"共现, 起进一步强调的作用, 如"好不高兴"表示"很不高兴"的意思。虽然也有"不"用在"好"前面的否定情况, 如"不好听""不好看"等, 但这类"不好……"结构后面只能接动词, 不能接形容词。在"不好 V"中,"好"修饰动词, 是一个形容词, 因此不能看作程度副词"好"的否定形式。"冇"否定"好 V/A"有两种格式, 一是"冇好", 另一个是"好冇"。前者后面只能接形容词, 不能接动词, 构成"冇好 A"的说法, 如"冇好高""冇好大"等;"冇好 A"主要减弱否定的程度, 带有委婉的语气, 有时与语气副词"唧"共现, 如"冇好高唧"表示"不怎么高"的意思。后者后面只能接名词性成分, 构成"好冇 NP"的说法, 如"好冇水平""好冇道理"等。"好冇 NP"主要用来增强否定的程度, 也可与语气副词"唧"共现, 起进一步强调的作用, 如"好冇教养"意思是"很没有教养"。

"不"否定的"好 V/A"不具有周遍性。也就是说,"不"不是否定所有的动词和形容词, 而只是否定其中的一部分。"好 V/A"中的"A"如果具有贬义或消极意义, 则一般不用"不"否定。常见的有"坏""丑""伤心"等。"好 V/A"中的"V"如果是某些情绪类心理活动动词, 也不能用"不"来否定, 常见的有"耐不得""恨""怄"等。同样,"冇得"也不能否定所有的"好 V/A"结构, 它只否定"好"的中心语是以"有"为动词的动宾短语。

"好"和"忒"在安仁话中都是表示主观性的程度副词, 二者在句法分布和入句功能等方面比较相似。例如, 二者都能修饰性质形容词和状态形容词, 都可受"不"和"冇（得）"的否定。但是, 二者还是存在一定的区别, 这主要表现在"好"表达程度倾向于夸张、感叹, 带有主观强调的语气, 而"忒"是表达程度倾向于主观认为"过于……"带有谴责的语气，二者形成明显的对立。如：

> 渠忒聪明哒。——渠好聪明唧。
>
> 教室忒细哒。——教室好细唧。
>
> 固只题目忒难哒。——固只题目好难唧。

比较上面的例句，用程度副词"忒"修饰形容词，往往表达说话人的主观感受或主观意愿，说话者主观上认为程度"过于……"带有不满、谴责的意味。例如，"教室忒细哒"，意思是"教室太小了"，表示说话者对此含有不满的意味。"好"修饰形容词，主要表示客观程度上"很……"虽然也带有夸张、感叹的语气，但并不表示说话者不满的情绪，如"教室好细唧"意思是"教室很小"。说话者只是客观地描述"很小"这一情况，主观上并没有不满的意味。

四 死

在安仁方言中"死"作程度副词，表示程度极高，相当于普通话中的"极"。相比而言，普通话中的程度副词"极"既可以修饰褒义形容词，又可以修饰贬义形容词。而安仁方言中的"死"作程度副词时常修饰贬义形容词，很少用来修饰褒义形容词。

"死"修饰形容词只能修饰性质形容词，不能修饰状态形容词。"死"修饰性质形容词通常是一些描述人的品质的形容词，不能修饰所有的性质形容词，如：死懒、死蠢、死坏、死调皮、死小气、死厉害。

这和上述的"蛮""忒""好"修饰形容词的情况不太一样。因此也有人认为安仁话中的"死"并不是一个独立的程度副词，而是一个表示程度加深的语素，但我们考虑到在安仁话中"死"还可用于动词性短语前表强程度，具有一定的独立性，因此还是把它看作一个独立的程度副词。

"死"修饰形容词，构成"死 + A"的格式，其后面通常可带语气词"咯"，如：死懒咯、死蠢咯、死坏咯、死调皮咯、死小气咯、死厉害咯。

在安仁话中"死"作程度副词不能单独修饰动词，但可以修饰动词性短语。"死"修饰的动词性短语中的动词通常是带宾语的动词，整个动宾短语往往表达说话者责备、批评的意思，如：死要面子、死不听话、死爱嬉、死喜欢打牌。

"死"还可以单独作补语，表示程度极深，如：

固几天热死哒（ku^{35} tʃi^{51} t ʅ^{44} ie^{31} s ʅ^{51} ta）。这几天热死了。

渠懒死哒，麻格事都不做（tʃi^{35} la^{31} s ʅ^{51} ta，ma^{35} ke^{44} s ʅ^{44} ta^{44} pu^{35} tsa^{31}）。他懒死了，什么事都不做。

小李小气死哒，麻格东西都舍不得得别个（ʃiɔ^{51} li^{51} ʃiɔ^{51} tʃi^{31} s ʅ^{51} ta，ma^{35} ke^{44} ten^{44} ʃi^{51} ta^{44} sa^{51} pu^{35} te^{44} te pie^{35} ko^{44}）。小李小气死了，什么东西都舍不得给别人。

"死"修饰形容词或动词性短语时作状语，它和形容词、动词短语构成"死 A/VP"的格式，在句子中只作谓语。另外，"死"还可以用在少数形容词后面作补语，这是不同于其他程度副词的方面。如：

渠死厉害咯，冇哪个敢惹渠（tʃi^{35} s ʅ^{51} li^{31} hæ^{31} ke，mɔ^{35} la^{51} ko^{44} kã^{51} ia^{51} tʃi^{35}）。他很厉害的，没有谁敢惹他。

渠总是死盯到别个看（tʃi^{35} tse ŋ^{51} s ʅ^{44} s ʅ^{51} tien^{44} tɔ^{51} pie^{35} ko^{44} kã^{31}）。他总是盯着别人看。

渠个人总是死爱面子（tʃi^{35} ko^{44} ŋ^{35}tsen^{51} s ʅ^{44} sʅ^{51} ai^{31} m ʅ^{313} tsi^{51}）。他这个人总是很爱面子。

渠死喜欢看电视（tʃi^{35}s ʅ^{51} ʃi^{51}huã^{44} kã^{31} t ʅ^{313}s ʅ^{44}）。他很喜欢看电视。

安仁话中的程度副词"死"主要用否定副词"不"否定，有"不死……"和"死不……"两种格式。其中"不死……"不否定动词或动词性短语，只否定形容词，如：不死懒、不死蠢、不死坏、不死调皮、不死小气、不死厉害。

"死不……"不否定形容词，只否定动词或动词性短语，如：死不听话、死不争气、死不讲卫生、死不爱读书、死不要脸。

第三节　句法格式的程度表达

在安仁方言中除了用词法手段强化程度外还经常用句法的手段表示程度。常见的方法有前加状语法、后加补语法和固定格式法（见表 5 - 2）。

表 5 – 2　安仁方言程度表达

附加法	前缀式	BA	墨黑、焦干、蛇臭、喷香、稀恶、绷硬
	后缀式	ABB	气冲冲、笑嘻嘻、红透透、乱哄哄、慢腾腾
重叠法	AABB		舒舒服服、服服帖帖、规规矩矩、干干净净
	ABAB		雪白雪白、墨黑墨黑、稀黄稀黄、全胖全胖
前加状语法	前加程度副词		蛮、忒、好、死
	前加程度代词		固
	前加否定结构		不麻格、不太、冇好、好不/冇
后加补语法	形容词、副词		死、坏
	偏正结构		一/几餐饱咯、一/几餐死咯、几天狠咯
	动宾结构		死人、要死、要命、不过
	动补结构		不得了
固定格式法	固只……法子唧		固只 + A/V + 法子唧
	有固……		有固 + A/V
	有点……		有点 + A + （气）
	不晓得好……		不晓得好 + A/V
	比较句		A + 比 + B + W、A + 有 + B + W、A + 冇 + B + W

一　前加状语法

在目标成分前面加程度副词或程度代词等结构是常见表示程度的句法手段。安仁方言常见的程度副词如 "忒" "死" "蛮" "好" 等都能用在所修饰的成分前作状语强化表达的程度。上节在讲程度副词时已有论及，故本节不再赘述。除此之外，一些程度代词和否定结构也能用在所修饰的成分前作状语表示程度，具体用法如下。

1. 固

"固" 是指示代词，相当于 "这"，和表示 "那" 的指示代词相对应。在安仁话中其也可用作程度代词，相当于 "这么"。"固" 作程度代词可以单独和形容词组合，构成 "固 + A" 的结构。"固 + A" 的结构在安仁话中有以下两种意思。

（1）加强形容词表示的程度。

几年曼看到你你就长起固高哒（$t\int i^{51} \cdot i^{35} m\tilde{a}^{35} k\tilde{a}^{31} t\mathfrak{o}^{51} \mathfrak{y}^{31} \mathfrak{y}^{31} t\int i\mathrm{u}^{313}$ tsio ŋ⁵¹ ku³⁵ kɔ⁴⁴ ta）。几年没看到你，你就长得这么高了。

曼默到佢养猪赚咖固多钱（mã³⁵ mie³⁵ tɔ⁵¹ tʃi³⁵ ioŋ⁵¹ tsu⁴⁴ ts'uã³¹ ka ku³⁵ tuo⁴⁴ ts ĭ⁵¹）。没想到他养猪赚了这么多钱。

那只细把唧固调皮哦要得？（le⁴⁴ tʃia³¹³ ʃi³¹³ pa⁵¹ tʃi ku³⁵ t'iɔ⁵¹ pi³⁵ o³⁵ iɔ³¹ te?）那个小孩这么调皮怎么行？

（2）用来描摹状态，常用来表示参照比较一个标准的结果。

渠□日看到一条固大格蛇（tʃi³⁵ ts'æ⁴⁴ i⁴⁴ kã³¹ tɔ⁵¹ i³⁵ tiɔ³⁵ ku³⁵ t'æ³¹ ke sa³⁵）。他昨日看到一条这么大的蛇。

当表示前一种意思时，"固 + A"常和语气词"哒"搭配使用，其后面也可以接修饰的名词，中间不需要再加结构助词"咯"。例如，"固多钱"，意思是"很多钱"。当表示后一种意思时，"固 + A"常和语气词"唧"搭配使用，当其后面有所修饰的名词时，中间需要加结构助词"咯"。例如，"固大格蛇"，"固 + A"加了后缀"唧"后，只能表示摹状，不再有加强程度的含义，"固大唧"表示和比较的对象一样大，"固高唧"表示和比较的对象一样高。这是因为"唧"尾具有摹状性，同时具有指义的功能。

"固"后面可接否定词"不""冇"构成"固不……""固冇……"的说法，后接名词或形容词。"固"用在否定词前面，有强化程度的作用。"固不""固冇"相当于"这么不""这么没有"的说法，如：

渠固不听话哦要得？（tʃi³⁵ ku³⁵ pu³⁵ tioŋ⁵¹ hua³¹ o³⁵ iɔ³¹ te?）他这么不听话怎么行？

你做事哦固冇恒心？（ŋ³¹ tsa³¹ s ʅ³¹ o³⁵ ku³⁵ mɔ³⁵ h ĭ³⁵ ʃien⁴⁴?）你做事怎么这么没恒心？

曼默到固底固不好嬉（mã³⁵ mie³⁵ tɔ⁵¹ ku³⁵ ti⁴⁴ ku³⁵ pu³⁵ hɔ⁵¹ ʃi³⁵）。没想到这里这么不好玩。

小李哇话固冇水平哪像只大学生？（ʃiɔ⁵¹ li⁵¹ ua³¹ hua³¹ ku³⁵ mɔ³⁵ su⁵¹ p'ien⁴⁴ la⁵¹ ʃioŋ⁵¹ tʃia³¹³ t'æ³¹ ʃɔ³⁵ s ĭ⁴⁴?）小李说话这么没水平哪里像个大学生？

2. 不太

"不太"用在形容词或动词前，表示程度浅或次数少。"不太"后面接形容词或动词时，构成"不太 + V/A"的说法，主要表示程度浅，语气比较委婉，相当于"不怎么……"的说法。其中的形容词主要是一些性质形容词，动词以表示心理感受的动词为主，如：

渠读书咯时唧成绩不太好（tʃi³⁵ tu³⁵ su⁴⁴ ke s ɭ⁴⁴ tʃi sien³⁵ tʃi⁴⁴ pu³⁵ t'æ³¹ hɔ⁵¹）。他读书的时候成绩不怎么好。

那个人我不太认得（le⁴⁴ ko⁴⁴ŋ³⁵ŋ o³¹ pu³⁵ t'æ³¹ ien³¹³ te）。那个人我不怎么认识。

渠看上去好像不太高兴（tʃi³⁵ kã³¹ soŋ⁵¹ k'e⁴⁴ hɔ⁵¹ ʃioŋ³¹ pu³⁵ t'æ³¹ kɔ⁴⁴ ʃien³¹³）。他看上去好像不怎么高兴。

小张不太喜欢看书（ʃiɔ⁵¹ tsoŋ⁴⁴ pu³⁵ t'æ³¹ ʃi⁵¹ huã⁴⁴ kã³¹ su⁴⁴）。小张不怎么喜欢读书。

当"不太"后面接的动词是行为动词时，"不太"主要表示动作行为次数少的意思，相当于"很少……"的说法，如：

渠平时不太打牌（tʃi³⁵ pien⁴⁴ s ɭ⁴⁴ pu³⁵ t'æ³¹ ta⁵¹ pæ³⁵）。他平时不怎么打牌。

渠放假到屋底不太出去嬉（tʃi³⁵ foŋ³¹ tʃia⁵¹ tɔ⁵¹ u⁴⁴ ti⁴⁴ pu³⁵ t'æ³¹ ts'u⁴⁴ k'e⁴⁴ ʃi³⁵）。他放假在家里不怎么出去玩。

渠件新衣裳总是不太穿（tʃi³⁵ tʃ ɭ³¹³ ʃien⁴⁴ i⁴⁴ sã⁵¹ tsen⁵¹ s ɭ⁴⁴ pu³⁵ t'æ³¹ tsien³¹³）。他的新衣服不怎么穿。

"不太"还常用在动词和结果补语之间，表示不能完全达到动作的结果状态，如：看不太懂、看不太到、听不太清、打不太开、赶不太到、做不太出、买不太起、穿不太进、差不太多、打不太赢。

值得注意的是，在安仁话中"太"不能单独使用表示程度，安仁话中没有普通话中例如"太高兴""太满意"的说法，表示类似的意思通常用"忒"或"蛮"。"太"必须与"不"搭配组合在一起构成"不太"的说法才能用在形容词或动词前表示程度。

3. 不麻格

"不麻格"用在形容词或动词前，表示程度浅或次数少，其意义和用法与"不太"差不多，当后面接性质形容词或表示心理感受的动词时主要表示程度浅，如：

渠读书咯时唧成绩不麻格好（tʃi³⁵ tu³⁵ su⁴⁴ ke s ɭ⁴⁴ tʃi⁴⁴ sien³⁵ tʃi⁴⁴ pu³⁵ ma³⁵ ke⁴⁴ hɔ⁵¹）。他读书的时候成绩不怎么好。

那个人我不麻格认得（le⁴⁴ ko⁴⁴ ɳ³⁵ŋ o³¹ pu³⁵ ma³⁵ ke⁴⁴ ien³¹ te）。那个人我不怎么认识。

渠看上去好像不麻格高兴（tʃi³⁵ kã³¹ soŋ⁵¹ k'e⁴⁴ hɔ⁵¹ ʃioŋ³¹ pu³⁵ ma³⁵

ke⁴⁴ kɔ⁴⁴ ʃien³¹³）。他看上去好像不怎么高兴。

小张不麻格喜欢看书（ʃiɔ⁵¹ tso ŋ⁴⁴ pu³⁵ mæ³⁵ ke⁴⁴ ʃi⁵¹ huã⁴⁴ kã³¹ su⁴⁴）。小张不怎么喜欢读书。

当"不麻格"后面接的动词是行为动词时，"不麻格"主要表示动作行为次数少的意思，如：

渠平时不麻格打牌（tʃi³⁵ pien⁴⁴ s ɻ⁴⁴ pu³⁵ ma³⁵ ke⁴⁴ ta⁵¹ pai³⁵）。他平时很少打牌。

渠放假到屋底不麻格出去嬉（tʃi³⁵ foŋ³¹ tʃia⁵¹ tɔ⁵¹ u⁴⁴ ti⁴⁴ pu³⁵ ma³⁵ ke⁴⁴ tsʼu⁴⁴ ke⁴⁴ ʃi³⁵）。他放假在家里很少出去玩。

渠件新衣裳总是不麻格穿（tʃi³⁵ tʃ ɿ³¹³ ʃien⁴⁴ i⁴⁴ sã⁵¹ tsen⁵¹ s ɻ⁴⁴ pu³⁵ ma³⁵ ke⁴⁴ tsu ɿ⁴⁴）。他的新衣服很少穿。

通过以上叙述可以看出，"不太"和"不麻格"意思相近，二者在一些句子中即使互换也不会影响句子意思的表达，但比较而言二者还是存在一些区别。"不麻格"表示的程度比"不太"还稍微弱一些，同时"不太"还常用在动词和结果补语之间，表示不能完全达到动作的结果状态，"不麻格"则没有这种用法。

4. 冇好

"冇好"后面接形容词，构成"冇好 + A"的说法。"冇好 A"主要减弱否定的程度，带有委婉的语气，如：

渠看上去冇好高（tʃi³⁵ kã³¹ soŋ⁵¹ ke⁴⁴ mɔ³⁵ hɔ⁵¹ kɔ⁴⁴）。他看上去没多高。

街上现在冇好多人（kæ⁴⁴ soŋ⁵¹ ʃi³¹³ tsæ⁴⁴ mɔ³⁵ hɔ⁵¹ to⁴⁴ ɳ³⁵）。街上现在没有多少人。

冇好久就要开学哒（mɔ³⁵ hɔ⁵¹ tʃiɯ⁵¹ tʃiɯ³¹³ iɔ³¹ kæ⁴⁴ ʃo³⁵ ta）。没好久就开学了。

小李冇好大就出去打工克哒（ʃiɔ⁵¹ li⁵¹ mɔ³⁵ hɔ⁵¹ tʼæ³¹ tʃiɯ³¹³ tsʼu⁴⁴ kʼe ta⁵¹ keŋ⁴⁴ kʼe⁴⁴ ta）。小李没多大就出去打工了。

5. 好不/冇

"好冇"后面只能接名词性成分，构成"好冇 NP"的说法。"好冇 NP"主要用来增强否定的程度，起进一步强调的作用，如：

渠一开口哇话就显得好冇水平（tʃi³⁵ i⁴⁴ kʼæ⁴⁴ kʼe⁵¹ ua³¹ hua³¹ tʃiɯ³¹³ ʃ ɿ⁵¹ te mɔ³⁵ su⁵¹ pien⁴⁴）。他一开口说话就显得很没水平。

你固样做好冇道理（ɳ³¹ ku³⁵ ioŋ⁵¹ tsa³¹ hɔ⁵¹ mɔ³⁵ tɔ⁴⁴ li⁵¹）。你这样做很没道理。

"好不"后面可接动词或形容词，构成"好不 V/A"得说法。"好不 V/A"主要用来增强否定的程度，如：

渠乱丢垃圾好不讲卫生（tʃi³⁵ luã³¹ tiu⁴⁴ la⁴⁴ tʃi⁴⁴ hɔ⁵¹ pu³⁵ tsioŋ⁵¹ ue³¹ sĩ⁴⁴）。他乱丢垃圾很不讲卫生。

掂渠哇几句话唧渠就好不耐烦哒（t ĩ⁴⁴ tʃi³⁵ ua³¹ tʃi⁵¹ tsu³¹ hua³¹ tʃi³⁵ tʃiɯ³¹ hɔ⁵¹ pu³⁵ læ³¹ fã³⁵ ta）。和他说几句话他就很不耐烦了。

渠看上去好不高兴（tʃi³⁵ kã³¹ soŋ⁵¹ ke hɔ⁵¹ pu³⁵ kɔ⁴⁴ ʃien³¹）。他看上去很不高兴。

二　后加补语法

后加补语法也是汉语中极为常用的一种程度表达手段，充当补语的主要是程度副词以及熟语性质的句法成分。与前加状语有所不同的是，"程度补语表示程度（degree）和幅度（extent），只表示程度高，不表示同样的程度和较低的程度；而程度状语可以表示各种程度"。（马庆株，2005）安仁方言中的程度补语根据其内部构成的不同可以分为下面几种类型。

1. 补语是副词或形容词

这些单音节的形容词或副词都可以直接作补语，表示程度很深。入句后一定要带语气词"哒"，否则句子不能成立，常见的有死、坏等，如：气死哒、痛死哒、热死哒、冻死哒、气坏哒、痛坏哒、热坏哒、冻坏哒。

"死""坏"在结构中都不是结果补语，而是程度补语，其在句子中意义已经虚化，并不表示实际意义，带有强烈的夸张色彩，主要用来表示程度很深。虽都表示程度深，相比较而言，"死"表示的程度要比"坏"更深一些。如：

气死哒＞气坏哒。
痛死哒＞痛坏哒。
热死哒＞热坏哒。
冻死哒＞冻坏哒。

2. 补语是偏正结构

这些偏正结构用在动词后作补语，表示程度很深，常见的格式是"V＋咖＋数词＋量词＋死/饱/狠＋咯"。其中数词通常是"一"或

"几"。当数词是"一"时经常可以省略，如"一/几餐死咯""一/几餐饱咯""一/几天狠咯"等。通常附在动词后面，表示程度，前加动态助词"咖"，如：

渠得老师骂咖餐死咯（tʃi³⁵ te lɔ⁵¹ s ˥˧⁴⁴ma³¹ ka tsã⁴⁴ s ˥˧⁵¹ ke）。_{他被老师狠狠地骂了一顿。}

小李得渠爸爸打咖一餐饱咯（ʃiɔ⁵¹ li⁵¹ te tʃi³⁵ pa⁴⁴ pa⁴⁴ ta⁵¹ ka tsã³¹ pɔ⁵¹ ke）。_{小李被他爸爸狠狠地打了一顿。}

渠调皮得别个收咖几餐饱咯（tʃi³⁵ tiɔ⁵¹ pʼi³⁵ te pʼie³⁵ ko⁴⁴ ʃiɯ⁴⁴ ka tʃi⁵¹ tsã⁴⁴ pɔ⁵¹ ke）。_{他调皮被别人狠狠地揍了一顿。}

渠硬是气不过，骂咖几天狠咖（tʃi³⁵ ien³¹³ s ˥˧⁴⁴ tʃi³¹ pu³⁵ ko⁴⁴, ma³⁵ ka⁴⁴ tʃi⁵¹ t ˥˧⁴⁴ hien⁵¹ ke）。_{他很生气，狠狠地骂了几天。}

3. 补语是动宾结构

这些动宾结构用在形容词或动词后作补语，表示程度很深，常见的有"死人""要死""要命""不过"等。

"死人"用在动词或形容词后面作补语，不需要附补语标记"得"，构成"V/A 死人"的说法。"V/A 死人"入句的话要带语气词"哒"，如：气死人哒、热死人哒、吵死人哒。

"不过"用在动词或形容词后面作补语，也不需要附补语标记"得"，构成"V/A 不过"的说法。"V/A 不过"入句不需要带语气词"哒"，如：

渠放假哒到屋底忙不过（tʃi³⁵ ho ŋ³¹ tʃia⁵¹ ta tɔ³¹ u⁴⁴ ti⁴⁴ mo ŋ³⁵ pu³⁵ ko³¹）。_{他放假在家很忙。}

你对渠硬是好不过（ŋ³¹ tui⁴⁴ tʃi³⁵ ˥˧³¹³ s ˥˧⁴⁴ hɔ⁵¹ pu³⁵ ko³¹）。_{你对他很好。}

渠气不过走咖哒（tʃi³⁵ tʃʼi³¹ pu³⁵ ko³¹ tse⁵¹ ka ta）。_{他很生气走了。}

看你咯样子硬是急不过（kã³¹ ŋ³¹ ke io ŋ³¹³ tsi⁵¹ ien³¹³ s ˥˧⁴⁴ tʃia³¹ pu³⁵ ko⁴⁴）。_{看你的样子很急。}

"V/A 不过"在句子中常和表示语气的副词"硬是"搭配使用，构成"硬是……不过"。"硬是"在句子中有强调和加强肯定的作用。

"要死""要命"用在动词或形容词后面作补语，前面要加结构助词"得"，入句不需要带语气词"哒"，如：

屋底冇煤火冷得要死（u³⁵ ti⁴⁴ mɔ³⁵ mie³⁵ ho⁵¹ loŋ³¹ te iɔ⁵¹ s ʅ⁵¹）。屋里没有煤火很冷。

渠只牙齿痛得要命（tʃi³⁵ tʃia³¹³ a³⁵ tsi⁵¹ teŋ³¹ te iɔ³¹ mien³¹³）。他的牙痛得很。

渠哇话啰唆得要死（tʃi³⁵ ua³¹ hua³¹ lo⁴⁴ so⁴⁴ te iɔ³¹ s ʅ⁵¹）。他说话啰唆得很。

"要死"和"要命"的句法分布是一样的，语义选择也基本相同。因此，在同一语境中，"要死"和"要命"常常可以互换。如：

屋底冇煤火冷得要死。

屋底冇煤火冷得要命。

渠哇话啰唆得要死。

渠哇话啰唆得要命。

4. 补语是动补结构

在安仁话中常见的动补结构补语是"不得了"结构，其常附在性质形容词后面作程度补语，表示程度很深。当形容词是单音节性质形容词时，前面常要带补语标记"起"，构成"A起不得了"的说法，可以直接入句。如：

固几天热起不得了（ku³⁵ tʃi⁵¹ t ʅ⁴⁴ ie³¹ ʃi⁵¹ pu³⁵ te liɔ⁵¹）。这几天热得很。

街上咯菜贵起不得了（kæ⁴⁴ soŋ⁴⁴ ke tsæ³¹ kui³¹³ ʃi⁵¹pu³⁵ te liɔ⁵¹）。街上的菜贵得很。

那个人硬是蠢起不得了（le⁴⁴ ko⁴⁴ ŋ³⁵ ien³¹³ s ʅ⁴⁴ ts'uen⁵¹ ʃi⁵¹ pu³⁵ te liɔ⁵¹）。那个人蠢得很。

渠买咯西瓜甜起不得了（tʃi³⁵ mæ³¹ ke ʃi⁴⁴ kua⁴⁴ t ʅ³⁵ ʃi⁵¹ pu³⁵ te liɔ⁵¹）。他买的西瓜甜得很。

当形容词是双音节性质形容词时，前面常要带补语标记"得"，构成"A得不得了"的说法，也可以直接入句。如：

小张固个人硬是小气得不得了（ʃiɔ⁵¹ tsoŋ⁴⁴ ku³⁵ ko⁴⁴ŋ³⁵ ien³¹³ s ʅ⁴⁴ ʃiɔ⁵¹ tʃi³¹ te pu³⁵ te liɔ⁵¹）。小张这个人很小气。

现在有车哒方便得不得了（ʃ ʅ³¹³ tsa⁴⁴ iɯ³¹³ tse⁴⁴ ta hoŋ⁴⁴ p ʅ³⁵ te pu³⁵ te liɔ⁵¹）。现在有车了很方便。

渠对朋友大方得不得了（tʃi³⁵ tui⁴⁴ pe ŋ³⁵ iɯ⁵¹ t'æ³¹ ho ŋ⁴⁴ te pu³⁵ te liɔ⁵¹）。他对朋友很大方。

　　新沙发坐上去硬是舒服得不得了（ʃien⁴⁴ sa⁴⁴ fa⁴⁴ tso³¹ soŋ⁵¹ ke⁴⁴ ien³¹³ s ʮ⁴⁴ su⁴⁴ fu⁴⁴ te pu³⁵ te liɔ⁵¹）。新沙发坐上去很舒服。

　　"A起/得不得了"在安仁方言中使用范围广泛，而且很常用，大多数形容词都可以进入这种格式。其语法意义主要是表示性质程度的加深，有时在句子中还通常和语气副词"硬是"搭配使用。"硬是"在句子中有强调和加强肯定的作用。

　　"不得了"还可以用在动词后面作补语，其中的动词常是一些表示人的心理活动的动词。当动词是单音节时"不得了"前面要带补语标记"起"，构成"V起不得了"的说法；当动词是双音节时"不得了"前面要带补语标记"得"，构成"V得不得了"的说法，"V得/起不得了"可以直接入句。如：

　　固句话让渠气起不得了（ku³⁵ tʃu³¹ hua³¹ io³¹ tʃi³⁵ tʃi³¹ ʃi⁵¹ pu³⁵ teliɔ⁵¹）。这句话让他很生气。

　　车还曼来渠急起不得了（tse⁴⁴ hæ³⁵ mã³⁵ le³⁵ tʃi³⁵ tʃia³¹³ ʃi⁵¹ pu³⁵ te liɔ⁵¹）。车还没来他很急。

　　看到老师发气哒渠怕起不得了（kã³¹ tɔ⁵¹ lɔ⁵¹ s ʮ⁴⁴ fa³⁵ tʃi³¹ ta tʃi³⁵ pa³¹ ʃi⁵¹ pu³⁵ te liɔ⁵¹）。看到老师生气了他很怕。

　　听到考到大学哒渠高兴得不得了（t'ioŋ³¹³ tɔ⁵¹ kɔ⁵¹ tɔ⁵¹ t'æ³¹ ʃo³⁵ ta tʃi³⁵ kɔ⁴⁴ ʃien³¹ te pu³⁵ te liɔ⁵¹）。听到考上大学了他很高兴。

　　"V得/起不得了"结构中的动词后面还可以带宾语。当动词是单音节时，宾语可放在"不得了"前面，"起"的后面，构成"V起O不得了"的说法，如：

　　渠恨起老李不得了（tʃi³⁵ hʮ³¹³ ʃi⁵¹ lɔ⁵¹ li⁵¹ pu³⁵ te liɔ⁵¹）。他很恨老李。

　　小张怕起渠婆娘不得了（ʃiɔ⁵¹ tsoŋ⁴⁴ pa³¹ ʃi⁵¹ po³⁵ io ŋ⁴⁴ pu³⁵ te liɔ⁵¹）。小张很怕他老婆。

　　也可以重复动词，构成"VOV起不得了"的说法，如上面的例句也可以说成：

　　渠恨老李恨起不得了（tʃi³⁵ hʮ³¹³ lɔ⁵¹ li⁵¹ hʮ³¹³ ʃi⁵¹ pu³⁵ te liɔ⁵¹）。他很恨老李。

　　小张怕渠婆娘怕起不得了（ʃiɔ⁵¹ tsoŋ⁴⁴ pa³¹ tʃi³⁵ po³⁵ ioŋ⁴⁴ pa³¹ ʃi⁵¹ pu³⁵ te liɔ^{51}）。小张很怕他老婆。

两者的意思相当，可以互换，不影响句子意思的表达。

当动词是双音节带宾语时，只能采用后一种重复动词的方法，构成"VOV 得不得了"的说法，如：

渠喜欢小张喜欢得不得了（tʃi^{35} ʃi^{51} huã^{44} ʃiɔ^{51} tsoŋ^{44} ʃi^{51} huã^{44} te pu^{35} te liɔ^{51}）。他很喜欢小张。

我佩服老李佩服得不得了（ŋ o^{31} pie^{31} fu^{44} lɔ^{51} li^{51} pei^{31} fu^{44} te pu^{35} te liɔ^{51}）。我很佩服老李。

渠眼热别个眼热得不得了（tʃi^{35} ã^{51} ie^{31} pie^{35} ko^{44} ã^{51} ie^{31} te pu^{35} te liɔ^{51}）。他很羡慕别人。

此外还有少数行为动词，如"哭""笑"等，带"不得了"作补语，主要表示动作持续不停，其表示程度的含义相对较弱。如：

渠站哒那底笑起不得了（tʃi^{35} tsã^{31} ta le^{44} ti^{44} ʃiɔ^{31} ʃi^{51} pu^{35} te liɔ^{51}）。他站在那笑个不停。

别个惹哒渠，渠哭起不得了（pie^{35} ko^{44} ia^{51} ta tʃi^{35}，tʃi^{35} ku^{35} ʃi^{51} pu^{35} te liɔ^{51}）。别人惹了他,他哭个不停。

"笑起不得了"表示"笑个不停"的意思，"哭起不得了"表示"哭个不停"的意思，都主要表示动作的持续，其程度意义并不明显。

三　固定格式法

有些格式是专门表示程度的，可以称之为固定格式法。在安仁话中常用的表示程度的句法格式有以下一些。

1. 固只……法子唧

这个固定格式的能产性相当高，一般的形容词和动词都可进入这一格式。

"固只……法子唧"中间接形容词，构成"固只 A 法子唧"的说法。这种说法加深了形容词所表示的性状的程度，如：固只热法子唧、固只冷法子唧、固只闷法子唧、固只蠢法子唧、固只神气法子唧、固只粗法子唧、固只矮法子唧、固只亮法子唧、固只贵法子唧、固只惨法子唧、固只长法子唧、固只重法子唧、固只丑法子唧、固只臭法子唧、固只大法子唧、固只淡法子唧、固只矮法子唧、固只狠法子唧、固只短法子唧、固只胖法子唧、固只穷法子唧、固只高法子唧、固只可怜法子唧、固只怪法子唧、固只黑法子唧、固只厚法子唧、固只坏法子唧、茵只大方法子唧、固只挤法子唧、固只紧法子唧、固只久法子唧、固只高兴法子唧、固只苦法子唧、固只烂法子唧、固只老法子唧、固只乱法子唧、固只慢法子唧、固只难法子唧、固只巧法子唧、固只轻法子唧、固只软法子唧、固只湿法子唧、固只痛法子唧、固只阴法子唧、固只松法子唧、固只闹法子唧、固只干法子唧、固只猛法子唧、固只宽法子唧、固只壮法子唧、固只香法子唧等。

　　"固只……法子唧"中间接动词，构成"固只 V 法子唧"的说法，这种说法加深了动词所表示的程度，如：固只搞法子唧、固只做法子唧、固只摆法子唧、固只放法子唧、固只包法子唧、固只背法子唧、固只逼法子唧、固只比法子唧、固只变法子唧、固只补法子唧、固只唱法子唧、固只抄法子唧、固只吵法子唧、固只吃法子唧、固只穿法子唧、固只吹法子唧、固只打法子唧、固只当法子唧、固只等法子唧、固只读法子唧、固只站法子唧、固只躲法子唧、固只饿法子唧、固只飞法子唧、固只分法子唧、固只缝法子唧、固只赶法子唧、固只割法子唧、固只管法子唧、固只喊法子唧、固只恨法子唧、固只算法子唧、固只加法子唧、固只减法子唧、固只讲法子唧、固只教法子唧、固只看法子唧、固只哭法子唧、固只骂法子唧、固只买法子唧、固只卖法子唧、固只扫法子唧、固只洗法子唧、固只嫌法子唧、固只默法子唧、固只笑法子唧、固只写法子唧、固只学法子唧、固只养法子唧、固只追法子唧、固只捉法子唧、固只走法子唧等。

　　在安仁方言中这类"固只×法子唧"结构本身是不自足的，不能单说，在使用中前面往往需要有背景或先行句，后面也常接否定意义的句子。如：

　　曼默到渠固只小气法子唧（maã³⁵ mie³⁵ tɔ⁵¹ tʃi³⁵ ku³⁵ ʃiɔ⁵¹ tʃi fa⁴⁴ tsi⁵¹ tʃi）。没想到他这么小气。

　　你看书□是固只不耐烦法子唧？（ŋ³¹ kaã³¹ su⁴⁴ o³⁵ s ɭ⁴⁴ ku³⁵ tʃia³¹³ pu³⁵ læ³¹ faã³⁵ tsi⁵¹ tʃi?）你看书怎么这么不耐烦？

　　固只热法子唧，人□热死哒（ku³⁵ tʃia³¹³ ie³¹ fa⁴⁴ tsi⁵¹ tʃi, ŋ³⁵ a³¹ ie³¹ s

ʔ^{51} ta）。这么热，人都要热死了。

你固只蠢法子唧，蠢得吃狗屎（ŋ^{31} ku^{35} tʃia^{313} ts'uen^{51} fa^{44} tsi^{51} tʃi，ts'uen^{51} te ts'ia^{313} ke^{51} s ʔ^{51}）。你这么蠢，蠢得要去吃狗屎。

固只搞法子唧□要得？（ku^{35} tʃia^{313} kɔ^{51} fa^{44} tsi^{51} tʃi o^{35} iɔ^{31} te?）这么做怎么行？

2. 有固……

"固"前面再加"有"可构成"有固……"的固定说法，后接形容词构成"有固 A"的说法，表示事物具有某种程度上的性状，也有增强程度表达的作用，相当于普通话中"比较……"的说法。"有固 A"在句子中主要作谓语，如：

固几天有固热（ku^{35} tʃi^{51} t ʔ^{44} iɯ^{313} ku^{35} ie^{31}）。这几天比较热。

小华有固调皮（ʃiɔ^{51} hua^{44} iɯ^{313} ku^{35} t'iɔ^{51} pi^{35}）。小华比较调皮。

渠有固好吃（tʃi^{35} iɯ^{313} ku^{35} hɔ^{51} ts'ia^{313}）。他比较好吃。

水烧咖固久有固滚哒（su^{51} sɔ^{44} ka^{44} ku^{35} tʃiɯ^{51} iɯ^{313} ku^{35} kuen^{51} ta）。水烧了这么久比较烫了。

渠现在读书有固认真哒（tʃi^{35} ʃ ʔ^{313} tsa^{44} tu^{35} su^{44} iɯ^{313} ku^{35} ien^{31} tsen^{44} ta）。他现在读书比较认真了。

"有固"后面还可以接动词，表示程度，动词通常是一些表示心理活动的动词和一些表示能愿意义的动词，动词后面常带宾语，构成"有固 + V + O"的说法，如：

小李有固听话（ʃiɔ^{51} li^{51} iɯ^{313} ku^{35} tioŋ^{44} hua^{31}）。小李比较听话。

渠有固会读书（tʃi^{35} iɯ^{313} ku^{35} hui^{44} tu^{35} su^{44}）。他比较会读书。

小张有固懂礼貌（ʃiɔ^{51} tsoŋ^{44} iɯ^{313} ku^{35} te^{51} li^{51} mɔ^{44}）。小张比较懂礼貌。

渠有固怕渠爸爸（tʃi^{35} iɯ^{313} ku^{35} pa^{31} tʃi^{35} pa^{44} pa^{44}）。他比较怕他爸爸。

做咯只生意还有固赚钱（tsa^{31} ka^{44} tsia^{313} s ʔ^{44} i^{44} hæ^{35} iɯ^{313} ku^{35} tsã^{31} ts ʔ^{51}）。做这个生意还比较赚钱。

3. 有点……

"有点……"后接形容词，构成"有点 A"的说法，表示事物具有某种程度的性状，通常表示该程度不高，只是稍微具有。"有点 A"在句子中可以作谓语或补语，如：

渠件衣裳有点邋遢（tʃi³⁵ tʃien³¹³ i⁴⁴ sã⁵¹ iɯ³¹³ tia³⁵ la⁴⁴ ta⁴⁴）。这件衣服有些脏了。

小张有点小气（ʃiɔ⁵¹ tsoŋ⁴⁴ iɯ³¹ tia³⁵ ʃiɔ⁵¹ tʃi⁴⁴）。小张有些小气。

渠看样子有点不耐烦哒（tʃi³⁵ kã³¹ ioŋ³¹ tsi⁵¹ iɯ³¹³ tia³⁵ pu³⁵ læ³¹ f ã³⁵ ta）。他看样子有些不耐烦了。

车开得有点快（ts′e⁴⁴ke⁴⁴te iɯ³¹³ t ɿ⁵¹ kuæ³¹）。车开得有些快。

饭蒸得有点烂哒（fã³¹ tsen⁴⁴te iɯ³¹³ t ɿ⁵¹lã³¹ ta）。饭蒸得有些烂了。

"有点"后接的形容词如果是一些表示人的性状的形容词，通常还要在形容词后面加语缀"气"，构成"有点……气"的说法，如：有点老气、有点娇气、有点憨气、有点土气、有点蠢气、有点哈气、有点痞气、有点猛气。

4. 不晓得好……

"不晓得好"后接形容词，常和语气词"唧"搭配使用，表示感叹或强调程度深，如：

渠不晓得好聪明唧（tʃi³⁵ pu³⁵ ʃiɔ⁵¹ te hɔ⁵¹ tsen⁴⁴ mien³⁵ tʃi）。他不知道有多聪明。

那个人不晓得好厉害唧（le⁴⁴ ko⁴⁴ ŋ̩³⁵ pu³⁵ ʃiɔ⁵¹ te hɔ⁵¹ li³¹ hæ³¹ tʃi）。那个人不知道有多厉害。

渠对渠哥哥不晓得好好唧（tʃi³⁵ tui³¹ tʃi³⁵ ko⁴⁴ ko⁴⁴ pu³⁵ ʃiɔ⁵¹ te hɔ⁵¹ hɔ⁵¹ tʃi）。他对他哥哥不知道有多好。

"不晓得好"后面还可以接动词，也常和语气词"唧"搭配使用感叹或强调，表示程度深，如：

小李不晓得好听渠爸爸咯话唧（ʃiɔ⁵¹ li⁵¹ pu³⁵ ʃiɔ⁵¹ te hɔ⁵¹ tioŋ³⁵ tʃi pa⁴⁴ pa⁴⁴ke hua³¹ tʃi）。小李很听他爸爸的话。

老张不晓得好会赚钱唧（lɔ⁵¹ tsoŋ⁴⁴ pu³⁵ ʃiɔ⁵¹ te hɔ⁵¹ hui⁴⁴ tsuã³¹ tsɿ⁵¹ tʃi）。老张很会赚钱。

渠只倈唧不晓得好会读书唧（tʃi³⁵ tʃia³¹³ læ³⁵ tʃi pu³⁵ ʃiɔ⁵¹ te hɔ⁵¹ hui⁴⁴ tu³⁵ su⁴⁴ tʃi）。他儿子很会读书。

5. 比较句

用比较句的形式表示程度，在安仁话中也很常见。

（1）A＋比＋B＋W。"比"后面接比较的对象，"W"表示比较的内容，通常是形容词。"A＋比＋B＋W"句式表示 A 在 W 上的程度比 B 深，如：

渠比渠哥哥高（tʃi³⁵ pi⁵¹ tʃi³⁵ ko⁴⁴ ko⁴⁴ kɔ⁴⁴）。他比他哥哥高。

小李 赚咯钱 比 小王 多（ʃiɔ⁵¹ li⁵¹ tsuã³¹ ke tsɿ⁵¹ pi⁵¹ ʃiɔ⁵¹ o ŋ³⁵ tuo⁴⁴）。小李赚的钱比小王多。

渠做事比别个勤快（tʃi³⁵ tsa³¹ sɿ³¹ pi⁵¹ pie³⁵ko⁴⁴ tʃien³⁵ kuæ³¹）。他做事比别人勤快。

"W"前面还可以出现"还""要"等修饰成分。"还""要"有时还可以连用，说成"还要"，如：

小李赚咯钱比小王还多（ʃiɔ⁵¹ li⁵¹ tsuã³¹ ke tsɿ⁵¹ pi⁵¹ ʃiɔ⁵¹ o ŋ³⁵ hæ³⁵ tuo⁴⁴）。小李赚的钱比小王多。

渠做事 比别个要勤快（tʃi³⁵ tsa³¹ sɿ³¹ pi⁵¹ pie³⁵ ko⁴⁴ iɔ³¹ tʃien³⁵ kuæ³¹）。他做事比别人要勤快。

读书比做事还要辛苦（tu³⁵ su⁴⁴ pi⁵¹ tsa³¹ sɿ³¹ iɔ³¹ ʃien⁴⁴ ku⁵¹）。读书比做事还要辛苦。

坐到比站到舒服（tso³¹ tɔ⁵¹ pi⁵¹ tsa³¹ tɔ⁵¹ su⁴⁴ fu⁴⁴）。坐着比站着舒服。

（2）A＋有＋B＋W。在这一句式中，"W"表示比较的内容。"A＋有＋B＋W"表示 A 在 W 上的程度和 B 相当，如：

小王有小李高（ʃiɔ⁵¹ oŋ³⁵ iɯ³¹ ʃiɔ⁵¹ li⁵¹ kɔ⁴⁴）。小王和小李一样高。

渠有渠哥哥会读书（tʃi³⁵ iɯ³¹³ tʃi³⁵ ko⁴⁴ ko⁴⁴ hui³¹ tu³⁵ su⁴⁴）。他和他哥哥一样会读书。

新屋有老屋凉快（ʃien⁴⁴ u⁴⁴ iɯ³¹ lɔ³¹ u⁴⁴ lioŋ³⁵ kʼuæ³¹）。新房子和老房子一样凉快。

固间屋有那间屋大（ku³⁵ kã⁴⁴ u⁴⁴ iɯ³¹ le⁴⁴ kã⁴⁴ u⁴⁴ tæ³¹）。这间房子和那间房子一样大。

为了表意的准确，"W"前通常要带"固"，固在句子中有表示程度的作用，如：

小王有小李固高（ʃiɔ⁵¹ oŋ³⁵ iɯ³¹ ʃiɔ⁵¹ li⁵¹ ku³⁵ kɔ⁴⁴）。小王有小李这么高。

渠有渠哥哥固会读书（tʃi³⁵ iɯ³¹ tʃi³⁵ ko⁴⁴ ko⁴⁴ ku³⁵ hui³¹ tu³⁵ su⁴⁴）。他有他哥哥这么会读书。

新屋有老屋固凉快（ʃien⁴⁴ u⁴⁴ iɯ³¹ lɔ³¹ u⁴⁴ ku³⁵ lioŋ³⁵ kʼuæ³¹）。新房子有老房子这么凉快。

固间屋有那间屋固大（ku³⁵ kã⁴⁴ u⁴⁴ iɯ³¹³ le kã⁴⁴ u⁴⁴ ku³⁵ tæ³¹）。这间屋子有那间屋子这么大。

（3）A＋冇得＋B＋W。在这一句式中，"W"表示比较的内容。"A＋冇得＋B＋W"表示 A 在 W 上的程度不如 B，如：

你冇得你哥哥会读书（ŋ³¹ mɔ³⁵ te ŋ³¹ ko⁴⁴ ko⁴⁴ hui³¹ tu³⁵ su⁴⁴）。你没有你哥哥会读书。

新屋冇得老屋凉快（ʃien⁴⁴ u⁴⁴ mɔ³⁵ te lɔ³¹ u⁴⁴ lioŋ³⁵ kʼuæ³¹）。新房子没有老房子凉快。

渠冇得你高（tʃi³⁵ mɔ³⁵ te ŋ³¹ kɔ⁴⁴）。他没有你高。

走路冇得坐车快（tse⁵¹ lu³¹ mɔ³⁵ te tso³¹ tse⁴⁴ kʼuæ³¹）。走路没有坐车快。

从语义的表达上来说，"A＋冇得＋B＋W"暗含对"A"的两种判断，一种判断是 A 也 W，但程度不及 B，还有一种判断是 A 不 W。例如，"你冇得你哥哥会读书"这句话含有两种意思：一种是"你也会读书，但你哥哥比你更会读书"，还有一种意思是"你不会读书，你哥哥会读书"。为了表意更加准确，这种比较式有时在 W 前加上指示代词"固"，表示程度。如：

你冇得你哥哥固会读书（ŋ³¹ mɔ³⁵ te ŋ³¹ ko⁴⁴ ko⁴⁴ ku³⁵ hui⁴⁴ tu³⁵ su⁴⁴）。你没有你哥哥这么会读书。

去年冇得今年固热（kʼĭ³¹³ ĭ⁴⁴ mɔ³⁵ te tʃ ĭ⁴⁴ ĭ⁴⁴ ku³⁵ ie³¹）。去年没有今年这么热。

固件衣裳冇得那件衣裳固好看（ku³⁵ tʃ ĭ³¹³ i⁴⁴ sã⁵¹ mɔ³⁵ te le⁴⁴ tʃ ĭ³¹³ i⁴⁴ sã⁵¹ ku³⁵ hɔ⁵¹ kã³¹）。这件衣服没有那件衣服这么好看。

渠冇得你固高（tʃi³⁵ mɔ³⁵ te ŋ³¹ ku³⁵ kɔ⁴⁴）。他没有你这么高。

在 W 前加上指示代词"固"后，一般只表示二者在程度上"量"的差别，不再有歧义了。

第六章 安仁方言的若干句法现象考察

第一节 安仁方言的"得"和"得"字句

安仁地处湘南，靠近江西，属赣语区。在安仁方言里，"得"字的使用相当频繁。它可以表示多种不同的意义，构成多种不同的句式。

（1）用作动词，如：

你咯东西下得哒你（ŋ³¹ ke teŋ⁴⁴ ʃi⁵¹ ha³¹ te ta ŋ³¹）。你的东西都给了你。

渠得病住院去哒（tʃi³⁵ te p'ioŋ³¹ tsu³¹ u ĩ³¹ ke ta）。他患病住院去了。

水少哒，再得点水唧（ʃu⁵¹ sɔ⁵¹ ta，tsæ³¹ te t ĩ⁵¹ su⁵¹ tʃi）。水少了,再加点水。

衣裳要得手洗价洗得干净（i⁴⁴ sã⁵¹ iɔ³¹ te ʃɯ⁵¹ ʃi⁵¹ tʃia³¹³ ʃi⁵¹ te kã⁴⁴ tʃien³¹）。衣服要用手洗才洗得干净。

固件事莫要得佢晓得哒（ku³⁵ tʃĩ³¹³ s ʅ⁴⁴ mɔ³⁵ iɔ³¹ te tʃi³⁵ sɔ⁵¹ te ta）。这件事不要让他知道了。

"得"表示"给予"的意思时和普通话中"给"的意思差不多。此外，"得"还可以表示"添加""使用""致使"等意思，分别和普通话中的"放""用""让"意思差不多。

（2）用作介词，与普通话中的"被"意思差不多，如：

饭得渠吃完哒（fã³¹ te tʃi³⁵ ts'ia³¹³ uã³⁵ ta）。饭被他吃完了。

小李得狗咬咖一口（ʃiɔ⁵¹ li⁵¹ te ke⁵¹ iɔ³¹ ka i³⁵ he⁵¹）。小李被狗咬了一口。

（3）用作助词，常用于动词或形容词后，后接补语，如：

天要落雨落得紧哒（t ĩ⁴⁴ iɔ³¹ lɔ⁴⁴ y⁵¹ lɔ⁴⁴ te tʃien³¹³ ta）。天马上要下雨了。

你固件事做得好（ŋ³¹ ku³⁵ tʃ ĩ³¹³ s ʅ⁴⁴ tsa³¹ te hɔ⁵¹）。你这件事做得好。

一碗饭我吃得完（i³⁵ uã⁵¹ fã³¹ ŋ o³¹ ts'ia³¹³ te uã³⁵）。一碗饭我吃得了。

（4）用作助词，常用于动词后，对事物的价值或资格作出判断，如：

固件东西不错，买得（ku³⁵ tʃĩ⁵¹ teŋ⁴⁴ ʃi⁵¹ pu³⁵ tsʼo³¹，mæ³¹ te）。这件东西不错，值得买。

固件衣裳还看得（ku³⁵ tʃ ĩ³¹³ i⁴⁴ sã⁵¹ hæ³⁵ kã³¹ te）。这件衣服好看。

你蒸咯米酒吃得（ŋ³¹ tsen⁴⁴ ke mien⁵¹ tʃiɯ⁵¹ tsʼia³¹³ te）。你蒸的米酒好喝。

本章主要考察的是表示不同意义的"得"字所能构成的各种"得"字句，说明其句式特点及使用条件。

一　表示"给予"义的"得"的用法

"得"表示"给予"，使对方得到某种东西，是一个动词，相当于普通话中的"给"。"得"常带双宾语，构成双宾句，即"得 + O₁ + 得 + O₂"，如：

我得支笔得佢（ŋ o³¹ te ts ĩ⁴⁴ pi⁵¹ te tʃi³⁵）。我给他一支笔。

渠爸爸过年得咖蛮多钱得渠定岁（tʃi³⁵ pa⁴⁴ pa⁴⁴ ko³¹ĩ³⁵ te ka mã³⁵ tɔ⁴⁴ ts ĩ⁵¹ te tʃi³⁵ tien³¹ sui⁴⁴）。他爸爸过年给了他很多压岁钱。

你得间屋得渠住价（ŋ³¹ te kã⁴⁴ u⁴⁴ te tʃi³⁵ tsu⁵¹ tʃia³¹³）。你给他一间屋子先住着。

关于这种"得 + O₁ + 得 + O₂"双宾句，有两点值得注意。

第一，通常直接宾语（所给予的东西）在前，间接宾语（接受者）在后。现在由于受普通话的影响，也有人有时将间接宾语（通常为人称代词）放到直接宾语的前面。如：

我得你一万块钱（ŋ o³¹ te ŋ³¹ i³⁵ uã³¹³ kuæ³¹ ts ĩ⁵¹）。我给你一万块钱。

渠得我三粒糖（tʃi³⁵ te ŋ o³¹ sã⁴⁴ li³⁵ toŋ³⁵）。他给我三粒糖。

这种说法在安仁话中并不常用，人们更多的是采用前一种说法。这种说法估计是受普通话影响的结果，其出现有一定的条件限制，除上文提到的间接宾语通常为人称代词外，双宾语后面也往往不能再出现动词，如果双宾语后面再出现动词的话，就不能采用这种说法，通常要用前面的说法。如：

我得只桶得你用（ŋ o³¹ te tʃia³¹³ teŋ⁵¹ te ŋ³¹ ien³¹³）。我给个桶子给你用。

我得件衣裳得你洗（ŋ o³¹ te tʃʼĩ³¹³ i⁴⁴ sã⁵¹ te ŋ³¹ ʃi⁵¹）。我给件衣服给你洗。

由于后面有动词，所以不能说成：我得你只桶用。我得你件衣裳洗。

第二，间接宾语前面都有"得"。这里的"得"和前面的"得"意思不一样，不是作动词表示"给予"，而是作介词，用在间接宾语前，引进给予的对象，相当于普通话中起介引作用的"给"。前面一个"得"可以受动态助词"咖""哒"的修饰，而后面的"得"不能受任何词修饰。如：

我得咖一斤糖得渠（ŋo³¹ te ka i³⁵ tʃien⁴⁴ toŋ³⁵ te tʃi³⁵）。我给了一斤糖给他。

我得哒一斤糖得渠（ŋo³¹ te ta i³⁵ tʃien⁴⁴ toŋ³⁵ te tʃi³⁵）。我给了一斤糖给他。

在安仁话中，起介引作用的"得"是必不能少的，不能省略，不用这个"得"句子就不成立，如：你得三本书小张。渠得钱你。

这个"得"不单可用在表"给予"的"得"字双宾句中，还可以用在所有的双宾句中，引出间接宾语，具有普遍性。如：

学校奖一千块钱得你（ʃo³⁵ ʃɔ³¹ tʃio ŋ⁵¹ i³⁵ tʃʻĩ⁴⁴ kuæ³¹ tsɿ⁵¹ te ɳ̍³¹）。学校奖一千块钱给你。

我送三本书得你（ŋo³¹ seŋ³¹ sã⁴⁴ pen⁵¹ su⁴⁴ te ɳ̍³¹）。我送三本书给你。

"得"作为表示"给予"的动词，由于与"给予"的动作相关的通常有"给予的东西"和"给予的对象"两个方面，因此后面通常出现两个宾语。但是，在具体的使用中，有时由于上下文或说话的语境等因素，可以造成对象的省略或隐含，有时由于话题选择的需要，可以造成对象的前置。因此，在具体的使用中，"得"后面的宾语有时可能只出现一个（可以是直接宾语，也可以是间接宾语），有时甚至一个都不出现。如：

渠结婚，我曼得东西，就是得哒点钱唧（tʃi³⁵ tʃie³⁵ kuen⁴⁴，ŋo³¹ mã³⁵ te teŋ⁴⁴ ʃi⁵¹，tʃiɯ³¹ sɿ⁴⁴ te ta tɿ⁵¹ tsɿ⁵¹ tʃi）。他结婚，我没给东西，只是给了点钱。

跟渠做咖一年咯事，就得哒几千块钱工钱唧（kɿ⁴⁴ tʃi³⁵ tsa³¹ ka i⁴⁴ ĩ³⁵ ke sɿ⁴⁴，tʃiɯ³¹ te ta tʃi⁵¹ tʃʻĩ⁴⁴ kʻuæ³¹ tsɿ⁵¹ keŋ⁴⁴ tsɿ⁵¹tʃi）。跟他做了一年的事，只给了几千块钱工钱。

渠赚咯钱下得婆娘用，冇得得大人用（ʃi³⁵ tsʻuã³¹ ke tsɿ⁵¹ ha³¹ te pʻo³⁵ ioŋ⁵¹ ien³¹³，mɔ³⁵ te te tʻæ³¹ɳ̍³⁵ ien³¹³）。他赚的钱全给老婆用，不给父母用。

事下得我一个人做不公平（sɿ⁴⁴ ha³¹ te ŋo³¹ i³⁵ ko⁴⁴ɳ̍³⁵ tsa³¹ pu³⁵ keŋ⁴⁴ pien³⁵）。事情全给我一个人做不公平。

固件烂衣裳得我，我还嫌差（ku³⁵ tʃʻien³¹³ lã³¹ i⁴⁴ sã⁵¹ te ŋo³¹，ŋo³¹

hæ³⁵ ʃ ʇ³⁵ ts′a⁴⁴）。这件烂衣服给我，我还嫌差。

固些东西你留到冇用得渠算哒（ku³⁵ ʃie³⁵ teŋ⁴⁴ ʃi⁵¹ ʇ̩³¹ liɯ³⁵ tɔ⁵¹ mɔ³⁵ te ien³¹³ te tʃi³⁵ suã³¹ ta）。这些东西你留着没用给他算了。

该得咯还是要得，莫要忒小气哒（kæ⁴⁴ te ke hæ³⁵ s ʇ⁴⁴ iɔ³¹ te，mɔ³⁵ iɔ³¹ t′ie⁵¹ ʃiɔ⁵¹ tʃ′i³¹ ta）。该给还是要给，不要太小气了。

所省略或隐含的对象，如果需要也可以在宾语的位置上补出来，前置的对象也可以后移到宾语的位置。如：

渠结婚，我曼得东西得渠，就是得哒钱得渠（tʃi³⁵ tʃie³⁵ huen⁴⁴，ŋ o³¹ mã³⁵ te teŋ⁴⁴ʃi⁵¹ te tʃi³⁵，tʃiɯ³¹ s ʇ⁴⁴te ta ts ʇ⁵¹ te tʃi⁴⁴）。他结婚，我没给东西给他，只是给了点钱。

跟渠做咖一年事，只得哒几千块钱工钱得我（k ʇ⁴⁴ tʃi³⁵ tsa³¹ ka i³⁵ ʇ³⁵ ke s ʇ⁴⁴，ts ʇ⁵¹ te ta tʃi⁵¹ tʃ′ʇ⁴⁴ k′uæ³¹ ts ʇ⁵¹ keŋ⁴⁴ ts ʇ⁵¹teŋ o³¹）。跟他做了一年的事，只给了几千块钱工钱给我。

"得"如果后面不带宾语，也可以在后面直接接补语，如：

工钱渠嫌得少哒，不肯要（ke ŋ⁴⁴ ts ʇ⁵¹ tʃi³⁵ ʃʇ³⁵ te sɔ⁵¹ ta，pu³⁵ k′ ʇ⁵¹ iɔ³¹）。工钱他嫌给少了，不肯要。

个个得我阿得不起（ko⁴⁴ko⁴⁴ te ŋ o³¹ a⁵¹ te pu³⁵ ʃi⁵¹）。个个给我也给不起。

"得"后面如果已经带了宾语（通常是一个表事物的直接宾语），在这种情况下要接补语的话，补语需要有"得"引导。如：

渠嫌老板得工钱得少哒，不肯要（tʃi³⁵ ʃ ʇ³⁵ lɔ⁵¹ pã⁵¹ te ke ŋ⁴⁴ ts ʇ⁵¹ te sɔ⁵¹ ta，pu³⁵ k ʇ⁵¹ iɔ³¹）。他嫌老板给工钱给少了，不肯要。

我得钱得不起，得谷得得起（ŋ o³¹ te ts ʇ⁵¹ te pu³⁵ ʃi⁵¹，te ka⁴⁴ te te ʃi⁵¹）。我给钱给不起，给谷子给得起。

"得 + O₁ + 得 + O₂"双宾结构后面常常还可再接动词构成"得 + O₁ + 得 + O₂ + V"的结构。从结构上来看，"V"似乎与前面表示"给予"的动词"得"一起构成连动结构，实际上从语义指向上来看，"V"并不指向主语，而是指向是 O₂，使得 O₂ 成为一个兼语。"V"常用来说明给予的目的或意图。如：

我得只桶得你用（ŋ o³¹ te tʃia³¹³ teŋ⁵¹ te ʇ̩³¹ ien³¹³）。我给个桶子给你用。

我得件衣裳得你洗（ŋ o³¹ te tʃ ʇ³¹³ i⁴⁴ sã⁵¹ te ʇ̩³¹ ʃi⁵¹）。我给件衣服给你洗。

渠得本书得我看（tʃi³⁵ te pen⁵¹ su⁴⁴ te ŋ o³¹ kã³¹）。他给本书给我看。

过年大人要得钱得细把唧定岁（过年大人要给钱给小孩子压岁）。

后面的动词成分"V"有时可以省略，句子也成立，不过在有的条件下"V"是不能省略不说的。

跟"给予"义相关，"得"有时表示"喂"的意思，后面可接双宾语。当间接宾语为动物时，"得"双宾句"得 + O₁ + 得 + O₂"一般变换为"掭 + O₂ + 得 + O₁"的格式。如：

> 得潲得猪——掭猪得点潲。
>
> 得草得牛——掭牛得点草。
>
> 得饲料得鸡——掭鸡得点饲料。

相比而言，右边的说法在安仁话中比较常见，左边的说法很少见，一般要在后面加动词，才完整。如：

> 得潲得猪吃。
>
> 得草得牛吃。
>
> 得饲料得鸡吃。

跟"给予"义相关，"得"有时表示"放"或"添加"的意思，构成一般动宾句，即"得 + O"，如：

菜淡哒点唧，得点盐唧（tsæ³¹ t'ã³¹ ta tia³⁵ tʃi, te t ɿ⁵¹ ɿ³⁵ tʃi）。菜淡了点，放点盐。

水少哒，再得点水唧（su⁵¹ sɔ⁵¹ ta, tsa³¹ te t ɿ⁵¹ su⁵¹ tʃi）。水少了，再加点水。

弄菜不记得得油给哒（leŋ⁵¹ ts'æ³¹ pu³⁵ tʃi³¹ te te iɯ³⁵ ke ta）。做菜不记得放油了。

这类句子中的主语往往是事物名词，表示被"添加"的对象，有时候也可以省略不说。

跟"给予"义相关，"得"有时还表示"轮到"或"轮上"的意思，构成一种包含虚拟语气的假设句，即"（要/要是）得 + O + V"。"得"前面常常出现"要/要是"，后面还可以出现表示承接关系的连词"就"，主语通常是表示事物的名词，"得"后面的宾语通常是表人的名词，前后分句之间常常取消停顿，造成一种紧缩的形式。如：

固好咯事要是得渠，渠和笑起不得了（ku³⁵ hɔ⁵¹ ke s ʅ³¹ iɔ³¹ s ʅ⁴⁴ te tʃi³⁵，tʃi³⁵ ho³⁵ ʃiɔ⁵¹ ʃi⁵¹ pu³⁵ te liɔ⁵¹）。这么好的事要是轮到他，他会高兴得不得了。

固件事得我，我就不得肯（ku³⁵tʃʼʅ³¹³ s ʅ³¹teŋ o³¹，ŋ o³¹ tʃiɯ³¹ pu³⁵ te kʅ³¹³）。这件事轮上我，我就不同意。

二　表示"获得"义的"得"的用法

在安仁方言中，"得"除了可以表示"给予"义外，还可以表示和他相反的"获得"义。"得"表示"获得"义时，也是一个动词，表示获得或得到某种东西或事物。"得"常带单宾语，构成一般的动宾句，即"得 + O"，有时也可接双宾语，构成"得 + O₂ + O₁"，如：

固次考试渠曼来，得零分（ku³⁵ tsʼʅ³¹ kɔ⁵¹ s ʅ⁴⁴ tʃi³⁵ mã³⁵le³⁵，te lien³⁵ fen⁴⁴）。这次考试他没来，得了零分。

单位分红，渠得哒一千块钱（tã⁴⁴ ue³⁵ fen⁴⁴heŋ³⁵，tʃi³⁵ te ta i³⁵ tʃʼʅ⁴⁴ kuæ⁵¹ ts ʅ⁵¹）。单位分红，他得了一千块钱。

父母把你养起固大，得哒你麻格好处？（fu³¹ mo⁵¹ pa⁵¹ɳ³¹ ioŋ⁵¹ ʃi⁵¹ ku³⁵ ta³¹，te ta ɳ³¹ ma³⁵ ke⁴⁴ hɔ⁵¹ tsʼu⁴⁴?）父母把你养得这么大了,得了你什么好处？

村底固多人，就是渠得哒补助（tsʼuen⁴⁴ ti ku³⁵ tɔ⁴⁴ŋ³⁵，tʃʼiɯ³¹ s ʅ⁴⁴ tʃi³⁵ te ta pu⁵¹ tsa³¹）。村里这么多人,就是他得了补助。

"得"表示"获得"义，与表示"给予"义的"得"相比存在以下一些区别。

第一，"得"表示"获得"义时，常带单宾语，而表示"给予"义时，常带双宾语，通常不会混淆。不过在具体的使用中，表示"给予"的"得"所带的双宾语有时可能因为上下文或说话的语境等因素，造成对象的省略或隐含，"得"后面可能只出现一个表物的间接宾语。这时候就跟表"获得"义的"得"同形，就很可能产生歧义。如：渠得哒一千块钱。这句话既可以理解为"他获得了一千块钱"，也可以理解为"他给予了一千块钱"。不过，在日常的使用中由于有上下文或语境的因素，歧义往往是可以消除的。如：

小王结婚，渠得哒一千块钱（ʃiɔ⁵¹ oŋ³⁵ tʃie³⁵ huen⁴⁴，tʃi³⁵ te ta i³⁵ tʃʼ

ĩ³⁵ kuæ³¹ ts ĩ⁵¹）。小王结婚，他给了一千块钱。

单位分红，渠得哒一千块钱（tã⁴⁴ ue³¹ fen⁴⁴ heŋ³⁵，tʃi³⁵ te ta i³⁵ tʃʼ ĩ⁴⁴ kuæ³⁵ ts ĩ⁵¹）。单位分红，他得了一千块钱。

由于有语境的制约，前一句中的"得"就只能理解为"给予"了，后一句中的"得"只能理解为"获得"了。

第二，表示"给予"的"得"可以受动态助词"咖""哒"的修饰，也可以单用，直接带宾语，当它带双宾语的时候常构成"得 + O_1 + 得 + O_2"的说法，如：

得书得渠（te su⁴⁴ te tʃi³⁵）。给他书。

得支笔得渠（te ts ĩ⁴⁴ pi³⁵ te tʃi³⁵）。给他一支笔。

表示"获得"义的"得"后面常带动态助词"哒"，很少单用，直接带宾语，当它后面带双宾语时常构成"得 + O_2 + O_1"的说法，如：

得哒学校奖状（te ta ʃo³⁵ ʃiɔ³¹ tʃio ŋ⁵¹ tsioŋ³¹）。得了学校奖状。

得哒别个好处（te ta pie³⁵ ko⁴⁴ hɔ⁵¹ tsʼu³¹）。得了别人好处。

第三，表示"给予"的"得"接补语，构成"得得起"或"得不起"的说法。而表示"获得"义的"得"接补语构成"得得到"或"得不到"的说法。

跟"获得"义相关，"得"有时表示"患上"的意思，后接表示疾病的名词，构成一般动宾句，即"得 + O"，如：

要多锻炼，才不会得病（iɔ³¹ tɔ³⁵ tuã³¹ l ĩ³¹，tsæ³⁵ pu³⁵ hui⁴⁴ te pʼio ŋ³¹）。要多锻炼，才不会生病。

渠得哒阑尾炎，住院去哒（tʃi³⁵ te ta lã³⁵ ui⁵¹ ĩ³⁵，tsu³¹ u ĩ³¹ ke ta）。他患了阑尾炎，住院去了。

烂当莫要碰起锈咯东西，怕得破伤风（lã³¹ tioŋ⁴⁴ mo³⁵ iɔ³¹ pʼeŋ³¹ ʃi⁵¹ ʃiw³¹ ke te⁴⁴ ʃi⁵¹，pʼa³¹ te pʼo³¹ sioŋ⁴⁴ feŋ⁴⁴）。破的地方不要碰到生锈的东西，怕患破伤风。

在安仁话中表示某人生病或患上某种疾病都是用动词"得"。

三　表示"使用"义的"得"的用法

"得"表示"使用"，也是一个介词，通常表示用某种工具或材料进行某种活动或制作某种东西，相当于普通话中的"用"。"得"后接表示工具或材料的宾语，构成连动结构，即"得 + O + V"。如：

衣裳得洗衣机洗（i⁴⁴ sã⁵¹ te ʃi⁵¹ i⁴⁴ tʃi⁴⁴ ʃi⁵¹）。衣服用洗衣机洗。

菜麻格得只盘子装到（ts'æ³¹ ma³⁵ ke⁴⁴ te tʃia³¹³ pã³⁵ tsi⁵¹ tsio ŋ⁴⁴ tɔ⁵¹）。菜用个盘子装着。

夹菜要得筷子夹，莫要得手捡（ka³⁵ ts'æ³¹ iɔ³¹ te k'uæ³¹ tsi⁵¹ ka³⁵，mɔ³⁵ iɔ³¹ te ʃiɯ⁵¹ tʃ ʅ⁵¹）。夹菜要用筷子夹，不要用手捡。

面条是得面粉做咯（m ʅ³¹³ tiɔ³⁵ s ʅ⁴⁴ te m ʅ³¹³ fen⁵¹ tsa³¹ ke）。面条是用面粉做的。

冇钱得东西抵阿要得（mɔ³⁵ ts ʅ⁵¹ te teŋ⁴⁴ ʃi⁵¹ ti⁵¹ a⁵¹ iɔ³¹ te）。没钱用东西抵也行。

地下得水泥打咖哒，蛮平整咯（ti³¹ ha³¹ te su⁵¹ŋ⁴⁴ ta⁵¹ ka ta，mã³⁵ p'io ŋ³⁵ tsen⁵¹ ke）。地上用水泥铺了，很平整的。

你曼到屋底门要得把锁锁咖（ṇ³¹ mã³⁵ tɔ³¹ u⁴⁴ ti mien³⁵ iɔ³¹ te pa⁵¹ so⁵¹ so⁵¹ ka）。你不在家门要用把锁锁了。

有时候，由于话题选择的需要，可以把"得"后面的动词成分提前，"得"后面只出现宾语成分，如：

做事要得手，不要只得嘴巴（tsa³¹ s ʅ⁴⁴ iɔ³¹ te ʃiɯ⁵¹，pu³⁵ iɔ³¹ ts ʅ⁵¹ te tʃu⁵¹ pa⁴⁴）。做事要用手，不要只用嘴巴。

一般吃饭下得筷子，冇哪个得调羹（i³⁵ pã⁴⁴ ts'ia³¹³ fã³¹ ha³¹ te k'uæ³¹ ts ʅ⁵¹，mɔ³⁵ la⁵¹ ko⁴⁴ te t'iɔ³⁵ k ʅ⁴⁴）。一般吃饭都用筷子，没有谁用调羹。

有时候也会把后面的动词成分再补出来。如：

做事要得手做，不要只得嘴巴做（tsa³¹ s ʅ⁴⁴ iɔ³¹ te ʃiɯ⁵¹ tsa³¹，pu³⁵ iɔ³¹ ts ʅ⁵¹ te tsu⁵¹ pa⁴⁴ tsa³¹）。做事要用手做，不要只用嘴巴做。

一般吃饭下得筷子吃，冇哪个得调羹吃（i³⁵ pã⁴⁴ ts'ia³¹³ fã⁴⁴ hæ³¹ te k'uæ³¹ tsi⁵¹ tsia³¹³，mɔ³⁵ la⁵¹ ko⁴⁴ te tiɔ³⁵ keŋ⁴⁴ ts'ia³¹³）。一般吃饭都用筷子吃，没有谁用调羹吃。

在安仁方言中，也使用动词"用"，但相比"得"来说并不普遍，意思也有些区别。"用"在安仁欢中主要表示"花费""消费"的意思，后面可以接动态助词"咖""哒"。如：

渠用咖三尺布做咖一件衣裳（tʃi³⁵ ien³¹³ ka sã⁴⁴ ts'ia³¹³ pu³¹ tsa³¹ ka i³⁵ tʃ' ʅ³¹³ i⁴⁴ sã⁵¹）。他用了三尺布做了一件衣服。

用"得"的话就不能受动态助词修饰了，并且没有"花费"的含义在里面，如：渠得咖三尺布做咖一件衣裳。

四　表示"使役"义的"得"的用法

"得"表示"使役"，也是一个介词，通常表示让某人或某物发生某种行为，或产生某种情况，相当于普通话中的动词"让"。"得"后常跟兼语，构成兼语句，即"得＋N＋V"。"N"是一个兼语，既作"得"的宾语，又作后面动词"V"的主语。如：

作业做完哒得老师修改一下（tso⁴⁴ ie³¹ tsa³¹ uã³⁵ ta te lɔ⁵¹ s ʅ⁴⁴ ʃiɯ³⁵ kæ⁵¹ i³⁵ ha³¹）。作业做完了让老师修改一下。

你得两个人守到开唧，莫要走开（ŋ³¹ te lioŋ³¹ ko⁴⁴ ŋ³⁵ ʃiɯ⁵¹ tɔ⁵¹ kæ⁴⁴ tʃi，mɔ³⁵ iɔ³¹ tse⁵¹ kæ⁴⁴）。你让两个人守在这里，不要走开了。

人曼到屋底，得只狗到屋底守屋（ŋ³⁵ mã³⁵ tɔ⁵¹ u⁴⁴ti，te tʃia³¹³ ke⁵¹ tɔ⁵¹ u⁴⁴ ti ʃiɯ⁵¹ u⁴⁴）。人不在家里，让一只狗在家里看家。

渠固时唧还曼来，得个人过开喊下价（tʃi³⁵ ku³⁵ s ʅ⁴⁴ tʃi hæ³⁵ mã³⁵ le³⁵，te ko⁴⁴ŋ³⁵ ko⁴⁴ ke hã⁵¹ha³¹ tʃia³¹³）。他这个时候还没来，让一个人去叫他。

鸟唧曼抓得到，得渠飞咖走咖哒（tiɔ³¹³ tʃi mã³⁵ tsua⁴⁴ te tɔ⁵¹，te tʃi³⁵ fi⁴⁴ ka tse⁵¹ ka ta）。小鸟没抓到，让它飞走了。

"得"字兼语句只表示使某人或某物发生某种行为。句中的动词一般为及物动词，后面不出现表示程度或结果等的补语。如果是表示使某人或某物产生某种情况，则通常用"把"不用"得"。"把"后接的动词通常为不及物动词，后面常带有表示程度或结果等的补语。如：

渠打麻将输咖蛮多钱，把渠怄坏哒（tʃi³⁵ ta⁵¹ ma³⁵ tʃioŋ⁵¹ su⁴⁴ ka mã³⁵ tɔ⁴⁴ ts ʅ⁵¹，pa⁵¹ tʃi³⁵ie³¹ huæ³¹ ta）。他打麻将输了很多钱，把他气坏了。

渠走路走快哒，把脚崴咖哒（tʃi³⁵ tse⁵¹ la³¹ tse⁵¹ kuæ³¹ ta，pa⁵¹ tʃio⁵¹ ue⁵¹ ka ta）。他走路走快了，把脚崴了。

渠几铺夜曼睏，把眼珠熬起绯红（tʃi³⁵ tʃi⁵¹ pu³⁵ iæ³¹ mã³⁵ huen³¹，pa⁵¹ ã⁵¹ tsu⁴⁴ ɔ³⁵ ʃi⁵¹ fi⁴⁴ heŋ³⁵）。他几个晚上没睡，把眼睛熬得很红。

到田底杀禾，把我热坏哒（tɔ⁵¹ t ʅ³⁵ ti sa³¹ o³⁵，pa⁵¹ŋ o³¹ ie³¹ huæ³¹

ta）。在田里割禾，把我热坏了。

多得点潲唧，莫要把猪饿坏哒（tɔ³⁵ te tĭ⁴⁴ sɔ³¹ tʃi，mɔ³⁵ iɔ³¹ pa⁵¹ tsu⁴⁴ o³¹ huæ³¹ ta）。多喂点猪食，不要把猪饿坏了。

动词后面的补语可以是结果补语，也可以是程度补语。动词和补语之间结合得很紧密，不要再添加其他成分。

五　表示"被动"义的"得"的用法

"得"表示被动，是一个介词，引进动作的施事，相当于普通话中的介词"被"。"得"后接施事，用在动词前面，构成被动句，即"得 + N + V"。如：

鞋得老鼠咬烂哒（hæ³⁵ te lɔ⁵¹ ʃu⁵¹iɔ⁵¹ lã³¹ ta）。鞋被老鼠咬烂了。

碗得渠打咖哒（uã⁵¹ te tʃi³⁵ ta⁵¹ka ta）。碗被他打碎了。

衣裳得水浸湿哒（i⁴⁴ sã⁵¹ te su⁵¹ tʃien³¹³ ʃie⁴⁴ ta）。衣服被水浸湿了。

东西下得渠卖咖哒（teŋ³⁵ ʃi⁴⁴ ha³¹ te tʃi³⁵ mæ³¹ ka ta）。东西全被他卖了。

你躲咖莫要得渠看到哒（ŋ³¹ to⁵¹ ka mo³⁵ iɔ⁵¹ te tʃi³⁵ kã³¹ tɔ⁵¹ ta）。你躲了不要被他看到了。

渠得别个打咖一餐饱咯（tʃi³⁵ te pie³⁵ ko⁴⁴ ta⁵¹ ka i³⁵ tsã⁴⁴ pɔ⁵¹ ke）。他被别人狠狠地揍了一顿。

小李得骗子骗咖蛮多钱（ʃiɔ⁵¹ li⁵¹ te pʹĭ³¹ tsi⁵¹ pʹĭ³¹ ka mã³⁵ to⁴⁴ tsĭ⁵¹）。小李被骗子骗了很多钱。

"得"表被动，主语可以是表物的名词，也可以是表人的名词或代词，在句中都是作为受事，"得"作为被动标记，引出施事。

"得"表被动虽然相当于普通话中的"被"，但仔细一比较，"得"和普通话中的"被"在用法上还是存在一些区别。

第一，"被"可以直接用在动词前面表示被动，"得"后面必须带施事宾语，不能直接用在动词前面。如下面的说法在安仁话中都是不成立的：

*鞋得咬烂哒。

*衣裳得浸湿了。

第二，在普通话中，"被"字句通常是表示一种遭遇，通常表示的是不愉快或不如意的事情，有时也可以表示愉快、如意的事情，如"他被学校评为三好学生"。这种用法估计是后来发展的结果。在安仁话中"得"通常只能用来表示不愉快或不如意的事，在我们所搜集的语料中也没发现"得"表示愉快、如意事情的用例。在安仁话中，表示愉快或如意的事情，通常用"被"而不用"得"，或者用主动的形式表示，如：

渠被县的评为劳动模范（tʃi³⁵ pʼi⁵¹ su ɿ³¹ ti pʼien³⁵ ue³⁵ lo³⁵ teŋ³¹ mo³⁵ fã³¹）。他被县里评为劳动模范。

单位奖咖一千块钱得渠（tã⁴⁴ ui³⁵ tʃioŋ⁵¹ ka⁴⁴ i³⁵ tʃʼɿ⁴⁴ kʼuæ³¹ ts ɿ⁵¹ te tʃi³⁵）。单位奖了一千块钱给他。

渠被单位罚了一千块钱（tʃi³⁵ pi³¹ tã⁴⁴ ui³⁵ fa³⁵ ka⁴⁴ i³⁵ tʃʼɿ⁴⁴ kʼuæ³¹ ts ɿ⁵¹）。他被单位罚了一千块钱。

用"被"表被动，这种说法估计是借用了普通话，是受普通话影响的结果。在安仁话中，表被动"得"的用法比"被"普遍得多。

六　表示"能够"义的"得"的用法

在安仁话中"得"作助词，放在动词或形容词前面，构成"得＋V/A"的结构，对某一动作发生或状态出现的可能性作出判断，相当于普通话中的"会"。如：

渠得来。（tʃi³⁵ te le³⁵）。他会来。

感冒休息几天得好（kã⁵¹ mɔ⁴⁴ ʃɯ⁵¹ ʃi⁴⁴ tʃi⁵¹ tʼɿ⁴⁴ te hɔ⁵¹）。感冒休息几天会好。

老师回来哒，迈日得上课（lɔ⁵¹ sɿ⁴⁴ hui⁴⁴ le³⁵ ta，mæ³⁵ i³⁵ te soŋ³¹ ko⁴⁴）。老师回来了，明天上课。

其否定形式用"不得"可构成"不得＋V/A"的结构，如：

渠不得来（tʃi³⁵ pu³⁵ te le³⁵）。他不会来。

天气预报哇哒迈日不得落雨（t ɿ⁴⁴ tʃi³¹ y³¹ pɔ³¹ ua³¹ ta mæ³⁵ i³¹ pu³⁵ te lo⁴⁴ y⁵¹）。天气预报说明天不会下雨。

"得"和"不得"还可一起构成正反问句，形成"得不得＋V/A"格式，相当于普通话中的"会不会"的用法。如：

渠得不得来？（tʃi³⁵ te pu³⁵ te le³⁵?）他会不会来？

迈日得不得上课？（mæ³⁵ i³⁵ te pu³⁵ te soŋ³¹ ko⁴⁴?）明天会不会上课？

七　表示"可以"义的"得"的用法

"得"作助词，还可用在动词后面，构成"V＋得"的结构，对事物的价值或资格作出判断，主要有以下几种情况。

（1）用于单音节的动词后，表示对事物的价值作出评估，有"值得"的意思，表达了说话者一种满意的情绪，可在句中作谓语。如：

固件东西不错，买得（ku³⁵tʃʅ³¹³ teŋ³⁵ ʃi⁵¹ pu³⁵ tso³¹，mæ³¹ te）。这件东西不错，值得买。

固件衣裳还看得（ku³⁵tʃʅ³¹³ i⁴⁴ sã⁵¹ hæ³⁵ kã³¹ te）。这件衣服好看。

你蒸咯米酒吃得（ŋ̍³¹ tseŋ⁴⁴ke mien⁵¹ tʃiɯ⁵¹ tsʼa³¹ te）。你蒸的米酒好喝。

（2）用于单音节的动词后，表示有资格或有可能做某事，有"可以"的意思，在句中可作谓语，也可以带"咯"作定语。如：

猪养起固大哒，杀得哒（tsu⁴⁴ioŋ⁵¹ʃi⁵¹ku³⁵ tæ³¹ta，sa⁴⁴te ta）。猪养得这么大了，可以杀了。

固只东西是我买咯，我用得（ku³⁵tʃia³¹³ teŋ³⁵ ʃi⁵¹ s̩⁴⁴ŋ̍³¹ o³¹ mæ³¹ ke，ŋ̍ o³¹ ien³¹³ te）。这件东西是我买的，我可以用。

冇麻格哇得咯（mɔ³⁵ma³⁵ke ua³¹ te ke）。没有什么可以说的。

冇得一件穿得咯衣裳（mɔ³⁵te i³⁵ tʃʅ³¹³ tsʼu ɿ⁴⁴ te ke i⁴⁴ sã⁵¹）。没有一件可以穿的衣服。

（3）用于单音节动词后，表示某方面的能力强或特点突出，有"很能"的意思，相当于形容词，常受程度副词"尽一直不停地"的修饰，在句中通常作谓语。如：

渠只嘴巴尽哇得（tʃi³⁵ tʃia³¹³ tsu⁵¹ pa⁴⁴ tʃien⁵¹ ua³¹ te）。他的嘴巴很能说。

小李做事尽做得（ʃiɔ⁵¹li⁵¹ tsa³¹ s̩⁴⁴tʃien⁵¹ tsa³¹ te）。小李做事很能做。

渠一餐可以吃三碗饭，尽吃得（tʃi³⁵ i³⁵ tsʼã⁴⁴ ko⁵¹ i⁵¹ tsʼia³¹³ sã⁴⁴ uã⁵¹ fã³¹，tʃien⁵¹ tsʼia³¹³ te）。他一餐可以吃三碗饭，很能吃。

（4）用在单音节动词重叠后，作词尾，表示对事物的价值作出评估，表示该动作勉强还可以。如：

固件事做做得（ku³⁵tʃ ɿ³¹³ s̩⁴⁴tsa³¹ tsa³¹ te）。这件事做起还行。

固件衣裳穿穿得（ku³⁵tʃ ɿ³¹³ i⁴⁴sã⁵¹ tsʼu ɿ⁴⁴ tsʼu ɿ⁴⁴ te）。这件衣服穿上还行。

固本书看看得（ku³⁵ pen⁵¹ su⁴⁴ kã³¹ kã³¹ te）。这本书看起还行。

"得"用于动词重叠后表价值判断，和直接用于动词后表价值判断相比，语气略微弱些，表示"勉强还可以"，满意程度不如前者高，有时也通常采用"V阿也V得"的结构，表示的意思一样。例如，上面的例句也可以换成以下说法，意思不变：

固件事做阿做得（ku³⁵ tʃ ʅ³¹³ s ɿ⁴⁴ tsa³¹ a⁵¹ tsa³¹ te）。这件事做起还行。

固件衣裳穿阿穿得（ku³⁵ tʃ ʅ³¹³ i³⁵ sã⁵¹ tsʻu ɿ⁴⁴ a⁵¹ tsʻu ɿ⁴⁴ te）。这件衣服穿上还行。

固本书看阿看得（ku³⁵ pen⁵¹ su⁴⁴ kã³¹ a⁵¹ kã³¹ te）。这本书看起还行。

"V+得"后面有时还可以再接宾语，构成"V+得+O"结构。如：

固副车坐得十个人（ku³⁵ fu³⁵ tsʻe⁴⁴ tso³¹ te ʃi⁴⁴ ko⁴⁴ ŋ³⁵）。这辆车可以坐十个人。

渠吃酒吃得一斤（tʃi³⁵ tsʻia³¹³ tʃiɯ⁵¹ tsʻia³¹³ te i³⁵ tʃien⁴⁴）。他喝酒可以喝一斤。

一车煤可以用得两三年（i³⁵ tsʻe⁴⁴ mie³⁵ ko⁵¹ i⁵¹ ien³¹³ te lio ŋ³¹ sã⁴⁴ ɿ³⁵）。一车煤可以用两三年。

在大多数情况下，"V+得+O"结构中的宾语都含有数量成分，有的带数量定语，有的是数量词；"得"字通常也可以省略，但省略"得"字后就没有了强调"可以"的意思。

八 "得"带补语的用法

"得"用于动词后，后面可以再接补语，构成"V+得+C"结构，充当补语的可以是形容词或动词。如：

天要落雨落得紧哒（t ʅ⁴⁴ iɔ³¹ lo⁴⁴ y⁵¹ lo⁴⁴ te tʃien⁵¹ ta）。天马上就要下雨了。

早点唧去，还赶得到（tso⁵¹ tia⁵¹ tʃi ke³¹，hæ³⁵ kuã⁵¹ te tɔ⁵¹）。早点儿去，还赶得上。

老师讲课我听得懂（lɔ⁵¹ s ɿ⁴⁴ koŋ⁵¹ kɔ³¹ŋ o³¹ tʻioŋ³¹³ te teŋ⁵¹）。老师讲课我听得懂。

有时候补语前面还可出现动词"V"的宾语，构成"V+得+O+C"。如：

吃得饭下（tsʻia³¹³ te fã³¹ ha³¹）。饭吃得下。

买得票到（mæ³¹ te pʻiɔ³¹ tɔ⁵¹）。买得票到。

当宾语为人称代词时，宾语既可放在补语的前面，也可放在补语的后面，但通常放在补语的前面。如：

　　打得渠赢。——打得赢渠。

　　赶得你到。——赶得到你。

九　"得"的同现用法

　　在安仁方言中，不同意义的"得"可以同现，而且这种现象还比较常见，具体来说有以下几种情形。

　　（1）表"给予"的"得"与介词的"得"同现。

　　在安仁话中，表"给予"的"得"带双宾语，所接的间接宾语必须要有介词"得"引介，如：

　　我得支笔得你（ŋo³¹ te tsi⁴⁴ pi⁵¹ te ŋ³¹）。_{我给支笔给你。}

　　渠得本书得我（tʃi³⁵ te pen⁵¹ su⁴⁴ te ŋo³¹）。_{他给本书给我。}

　　（2）表"被动"的"得"与表"给予"的"得"同现，构成"N₁+得₁+N₂+得₂+O"这种结构，如：

　　那件衣裳得渠得妹妹去哒（le⁴⁴tʃ'ĩ³¹³ i⁴⁴ sã⁵¹ te tʃi³⁵ me³⁵ me³⁵ ts'u ĩ⁴⁴ ke-ta）。_{那件衣服被他给妹妹了。}

　　我得渠咯东西下得渠得别个去哒（ŋo³¹ te tʃi³⁵ ke teŋ⁴⁴ ʃi⁵¹ ha³¹ te tʃi³⁵ te p'ie³⁵ko⁴⁴ke ta）。_{我给他的东西全被他给别人去了。}

　　在这种结构中，N₁是受事，N₂是施事，得₁表被动，得₂表给予。这种结构也可以变换为"N₂+把+N₁+得₂+O"，如：

　　渠把那件衣裳得妹妹去哒（tʃi³⁵ pa⁵¹ le⁴⁴ tʃ ĩ³¹³ i⁴⁴ sã⁵¹ te me³⁵ me³⁵ keta）。_{他把那件衣服给妹妹了。}

　　渠把我得渠咯东西下得别个去哒（tʃi³⁵ pa⁵¹ŋo³¹ te tʃi³⁵ ke teŋ⁴⁴ ʃi⁵¹ ha³¹ te p'ie³¹ ko⁴⁴keta）。_{他把我给他的东西全给别人了。}

　　（3）表"被动"的"得"与表"使用"的"得"同现，构成"得+N+得+O+V"这种结构，如：

　　门锁咖哒，得渠得起子撬开哒（mien³⁵so⁵¹ka ta, te tʃi³⁵ te tʃ'i⁵¹ ts⁵¹tʃ'iɔ³¹ ke⁴⁴ta）。_{门锁了，被他用起子撬开了。}

　　湿衣裳得渠得吹风机吹干哒（ʃie³¹³i⁴⁴sã⁵¹ te tʃi³⁵ te ts'ui⁴⁴ feŋ⁴⁴tʃi⁴⁴ts'u⁴⁴ kuā⁴⁴ta）。湿衣服被他用吹风机吹干了。

十　余论

"得"在安仁方言中是一个高频词，用法比较复杂，本书只涉及了安仁方言中作为动词的"得"和作为介词的"得"的一些常见用法，并没有将其所有用法都列举出来。比如下面一些说法在安仁话中也是存在的：

> 你现在一身劲，得麻格几天不吃饭，看你还有好大咯劲唧。
> 渠固调皮，得几个人收渠一餐，渠就老实哒。
> 渠天天打麻将，得一天不打阿要不得。
> 渠看书好舍己唧，得一下唧不看阿要不得。

在以上句子中，"得"都是用在确定或不确定的数量名词前，整个句子都是表示一种虚拟的语气，去掉"得"句子也能成立。不过，去掉"得"后，句子倾向于客观叙述，"得"在句中有表假设、计划的意思，似乎有表示虚拟语气的作用。如：渠固调皮，几个人收渠一餐，渠就老实哒。这句话中去掉"得"后，似乎变为陈述一种客观事实。

汉语中的好些方言（尤其是南方方言）中，表示给予的词可以同时表示使役和被动，有的还可以作为表处置的标记词（张振兴，1999）。

如长沙方言中的以下句子：

> 把他一本书（表给予）。
> 把小王急臭哒（表使役）。
> 把老张害苦了（表被动）。
> 把衣服洗干净（表处置）。

大冶方言也是一个典型的例子。和长沙方言不同的是大冶方言的"把"不只是身兼四职，还可以表示使用和比较。湖北省境内的西南官话和江淮官话跟大冶方言的情况大体类似（汪国胜，2001）。

如武汉方言的以下句子：

> 他把了两本书得我（表给予）。

把他喜得了（表使役）。

你把毛笔写（表使用）。

莫把他看到了（表被动）。

把门关起来（表处置）。

安仁方言中的情况也与此类似。安仁话中的"得"相当于长沙方言、武汉方言中的"把"，不过与它们比起来还是有一些区别。安仁方言中表"给予"的"得"除了表"给予"外，还可表使役、使用、被动，这和长沙方言、武汉方言的情况类似，但安仁话中的"得"不能表处置，在安仁话中表处置和普通话一样都用"把"。此外，安仁话中表使役的用法和这些方言也不太一样，在安仁话中表使役是由两个词来分担的，一个是"得"，另一个是"把"。如果表示使某人或某物发生某种行为，用"得"，如表示使某人或某物产生某种情况，则用"把"不用"得"。二者分工明确，绝不混淆，不像上面这些方言中表使役都是用"把"。

有学者认为，表示给予、使役和被动的"把"来源相同，后两义是由前一义发展而来的，即给予→使役→被动（桥本万太郎，1987）。在近代文献中，我们可以看到不少"把"表示给予、使役、和被动的例子。如：

先夫留下银子，我好意把你（明冯梦龙《警示通言》）。

千万千万，说得成时，把你二十两（明冯梦龙《醒世恒言》）。

险把咱家走乏（元郑德辉《倩女离魂》）。

这明明是天赐我两个横财，不取了他的，倒把别人取了去（元佚名《杀狗劝夫》）。

把洒家着蒙汗药麻翻了（明施耐庵《水浒》）。

在以上五个例子中，前两例表给予，中间一例表使役，后两例表被动。

那么，安仁方言中的"得"是如何变化发展而来的？在安仁话中也有"把"，二者的关系是怎样的？"得"在安仁话中既能表"给予"又能表"获得"，这一相反的意思是如何集中在一个词上面的？这些问题都还值得进一步思考。

第二节　安仁方言的"到"及其相关句式

在安仁话中，"到"是个很常见的词语，它可作动词、介词、助词，表示多种不同的意义，构成多种不同的句式。我们先看下面的句子：

车还要好久唧价到得？（ts′e⁴⁴hæ³⁵iɔ³¹hɔ⁵¹tʃiɯ⁵¹tʃi tʃia³¹³tɔ³¹te?）车子还要多久才能到?

渠屋底只大门锁咖哒，有哪个到屋底（tʃi³⁵u⁴⁴ti⁴⁴tʃia³¹³t′æ³¹mien⁴⁴so⁵¹ka ta，mɔ³⁵la⁵¹ko⁴⁴tɔ⁵¹u⁴⁴ti⁴⁴）。他家里的大门锁了,没有谁在家。

渠暑假到北京旅游克哒（tʃi³⁵su⁵¹tʃia⁵¹tɔ⁵¹pie³⁵tʃien³¹³ly⁵¹iɯ³⁵ke⁴⁴ta）。他暑假去北京旅游去了。

你先站到莫要那，等车先过价（ŋ³¹ ʃ ĩ⁴⁴tsã³¹tɔ⁵¹la，t ĩ⁵¹tse⁴⁴ʃ ĩ⁴⁴ko³¹tʃia³¹³）。你先站着不要动,等车先过了。

渠到看书，你不要吵渠（tʃi³⁵tɔ³¹kã⁴⁴su⁴⁴，ŋ³¹pu³⁵iɔ³¹ts′o⁵¹tʃi³⁵）。他正在看书,你不要吵他。

那本书我矜咖固久曼矜到，哪个晓得得你捞咖走咖哒（le⁴⁴pen⁵¹su⁴⁴ŋo³¹tʃien³⁵ka mã³⁵tʃiɯ⁵¹mã³⁵tʃien³⁵tɔ⁵¹，la⁵¹ko⁴⁴so⁵¹te te ŋ³⁵lo⁴⁴ka tse⁵¹ka-ta）。那本书我找了很久没找到,谁知道被你拿走了。

第一句中的"到"作动词，表示"到达"的意思，这和普通话中"到……地方"中"到"的用法和意义一样。第二句中的"到"作介词，相当于普通话的"在"，"到……地方"相当于普通话的"在……地方"。第三句中的也是作动词，但它不像第一句中的"到"表示"到达"的意思，而是恰好相反，表示"去"的意思。第四句中的"到"是一个动态助词，常附在动词或形容词后面，可以表示多种语法意义。第五句中的"到"也是一个动态助词，表持续义，和普通话中的"着"相对应。第六句中的"到"也是一个动词，直接用在动词后面作结果补语。下面将对安仁话中"到"的以上一些用法分类作详细的讨论。

一　"到"作介词的用法及句式

在安仁话中，"到"作介词的用法比较简单，通常后面接表示地点的名词或名词短语，构成"N+到+NP（+VP）"的句式，其意义相当于普通话中的"在……地方"。如：

放假渠曼回克，到学校看书（foŋ³¹ tʃia⁵¹ tʃi³⁵ mã³⁵ hui³⁵ ke，tɔ³¹ ʃo³⁵ ʃiɔ³¹ kã³¹ su⁴⁴）。<small>放假他没回去，在学校看书。</small>

我到操场找哒渠，渠曼到那底（ŋ o³¹ tɔ⁵¹ tsɔ⁴⁴ tsʼoŋ³⁵ tso⁵¹ ta tʃi³⁵，tʃi³⁵ mã³⁵ tɔ³¹ le⁴⁴ ti）。<small>我在操场找了他，他没在那里。</small>

渠晌午哒还到田底做事曼回来，好舍得己唧（tʃi³⁵ sioŋ⁵¹ u⁵¹ ta hæ³⁵ tɔ⁵¹ tˀi³⁵ ti tsa³¹ sˀɬ⁴⁴ mã³⁵ hui³⁵ le⁴⁴，hɔ⁵¹ sa⁵¹ te tʃi⁵¹ tʃi）。<small>他中午还在田里干活没回来，很勤快。</small>

老李到屋底困觉，你克喊下渠（lɔ⁵¹ li⁵¹ tɔ⁵¹ u⁴⁴ ti⁴⁴ huen³¹ ko⁴⁴，n̩³¹ ke³¹ hã⁵¹ ha³¹ tʃi³⁵）。<small>老李在家里睡觉，你去叫下他。</small>

妈妈一个人到厨房弄饭（ma⁴⁴ ma⁴⁴ i³⁵ ko⁴⁴ n³⁵ tɔ⁵¹ tsu³⁵ fo ŋ⁴⁴ le ŋ³¹ fã³¹）。<small>妈妈一个人在厨房做饭。</small>

这一格式中的 NP 可以是具体的地点名词，也可以是指代地点的指代词。它的否定式通常是在"到"前面加"曼"，构成"N + 曼 + 到 + NP（ + VP）"句式。

安仁话中的"到"虽然和普通话中的"在"意思一样，但用法却不尽相同。在安仁话中，"到 + NP"结构通常用在动词前面作状语，表明动作发生的地点，而不能放在动词后面，这和普通话"在"的用法不太一样。试比较：

普通话	安仁话
小张在操场上打球。	小张到操场上打球。
衣服挂在墙上。	衣裳挂到壁头上。/ 衣裳挂哒壁头上。
	/衣裳挂起到壁头上。

因此，像普通话中"衣服挂在墙上"这样的句子，安仁话不能直接说"衣裳挂到壁头上"，而是要么用另一个助词"哒"，要么在动词与"到"之间插入一个新的助词"起"总之不能直接有"V + 到 + N"的说法。

二　"到"作动词的用法及句式

在安仁话中，"到"作动词的用法比较复杂，其中既有和普通话中意义一样的用法，也有和普通话中意义不同的用法。

1. 表示"到达"义

在安仁话中，"到"表示"到达"义的用法和普通话类似。后面常接名词或名词短语，构成"N+到+NP"的句式，表示"到达……"也可以不接其他成分，表示"到达"意义。如：

火车几点钟到站？（ho⁵¹ts′e⁴⁴tʃi⁵¹t ĩ⁵¹ tsen⁴⁴tɔ³¹ tsã³¹?）。火车几点钟到站？

时间到哒，该动身哒（s l̩³⁵kã⁴⁴tɔ³¹ ta，kæ³⁵ teŋ³⁵ sen⁴⁴ta）。时间到了，该出发了。

到点哒休息下价（tɔ⁵¹t ĩ⁴⁴ta ʃiɯ⁴⁴ ʃi⁴⁴ ha³¹tʃia³¹³）。到时间了先休息一下。

再走几分钟唧就到哒（tsa³¹tse⁵¹tʃi⁵¹fen⁴⁴tseŋ⁴⁴tʃi tʃiɯ³¹tɔ³¹ta）。再走几分钟就到了。

2. 表示"去"义

在安仁话中，"到"表示"去"义时，后面常接表示地点的名词或名词短语，构成"N+到+NP+VP（+克哒）"的句式，其意义相当于普通话中的"去……地方"。通常为了表意清楚还会在后面加上"克哒去了"。如：

渠到山上杀柴克哒（tʃi³⁵tɔ⁵¹sã⁴⁴soŋ³⁵sa⁴⁴tsæ³⁵ke⁴⁴ta）。他去山上砍柴去了。

老张到街上买菜克哒（lo⁵¹tsoŋ⁴⁴tɔ⁵¹kæ⁴⁴soŋ⁴⁴mæ³¹ts′æ³¹ke⁴⁴ta）。老张去街上买菜去了。

放假哒到公园底嬉克（foŋ³¹tʃia⁵¹ta tɔ⁵¹keŋ⁴⁴u ĩ³⁵ ti ʃi³⁵ ke）。放假了去公园玩去。

你一个人莫要到河底洗澡（n̩³¹ i³⁵ ko⁴⁴ n̩³⁵ mo³⁵ iɔ³⁵ tɔ⁵¹ho³⁵ ti⁴⁴ ʃi⁵¹tso⁵¹）。你一个人不要去河里洗澡。

如上所述，在安仁话中"到+NP"结构，当"NP"是表示地点的名词时，表达的意思多种多样，如"到学校"既可表示"在学校"，又可表示"到达学校"，还可表示"去学校"，不过在句子中因为有上下语境的制约，通常不会产生歧义，造成误解。

3. 作结果补语

"到"作动词，直接用在动词后作结果补语，构成"V到"的说法。"V到"后面常可以接宾语，构成"N+V到+O"的句式，如：

我到学校斗到老乡哒（ŋ o³¹tɔ⁵¹ ʃo³⁵ ʃiɔ³¹te³¹ tɔ⁵¹lɔ⁵¹sio⁴⁴ta）。我在学校碰到老乡了。

渠开张到开唧看到只蛇拐（tʃi³⁵kæ³⁵tsioŋ⁴⁴tɔ⁵¹kæ⁴⁴tʃi kã³¹ tɔ⁵¹tʃia³¹³sa⁴⁴kuæ⁵¹）。他刚才在这里看到一条蛇。

固件衣裳我买到哒（ku³⁵ tʃ ĩ³¹³ i⁴⁴ sã⁵¹ ŋ o³¹ mæ³¹ tɔ⁵¹ ta）。这件衣服我买到了。

我算到渠会来（ŋ o³¹ suã⁵¹ tɔ⁵¹ tʃi³⁵ hui⁴⁴ le³⁵）。我算到他会来。

上述句子中的"V 到"中的"到"表示结果，这种用法在普通话中也有，如"找到""看到""想到"等。

在安仁话中"V 到"也可以在中间插入助词"得"，构成"V 得到"的说法，其否定形式是"V 不到"，"到"在其中也表示动作的结果。"V 得/不到"表示由动作 V 能够或不能够达到某种预期的结果，如：

> 我看得到渠。
>
> 我看不到渠。

"V 到"的否定形式是在前面加否定词"曼"，构成"曼 V 到"的说法。"曼 V 到"和"V 不倒"相比较而言，虽然它们中的"到"都是表示结果，但由于否定词位置的不同，使它们在使用上有着细微的差别："曼 V 倒"直接否定动作及其结果，"V 不倒"肯定了动作同时否定了动作结果。简单地说，"曼 V 倒"表示没有做好某事，"V 不倒"表示做了某事但没有达到预期的结果，二者语用意义不同。例如，"曼看到"单指"没有看到"，"看不到"则包含了"看了，但没有看到"的意思。

安仁话"到"作动词的这些用法，其中表示"到达"和作结果补语的用法与普通话类似，而表示"去"的含义则与普通话不一样。

三 "到"作助词的用法及句式

"到"作动态助词，可表示多种语法意义。根据其在句子中位置的不同，可以分为以下几类。

1. 用在动词或动词短语前面

"到"用在动词或动词短语前面，表示动作或事件正在进行，动词后边一般出现宾语，构成"N + 到 + VP + O"结构，相当于普通话中的"正在……""到"在句子中表示动作或事件正在进行，可以看作一个进行体标记。如：

渠到困觉，你莫要吵渠（tʃi³⁵ tɔ⁵¹ huen³¹ ko⁴⁴，ŋ³¹ mo³⁵ iɔ³¹ tso⁵¹ tʃi³⁵）。他正在睡觉，你不要吵他。

老王到吃饭，你等下唧（lo⁵¹ o ŋ⁴⁴ tɔ³⁵ tsʼia³¹³ fã³¹，ŋ̍³¹ t ȵ̍⁵¹ ha³¹ tʃi³⁵）。老王正在吃饭,你等一下。

固时唧□□到落雨（ku³⁵ sɻ⁴⁴ tʃi he⁵¹ tʃien⁴⁴ tɔ⁵¹ lo⁴⁴ y⁵¹）。这时候外面正在下雨。

小李到看电视，冇哪个喊得渠那（ʃiɔ⁵¹ li⁵¹ tɔ⁵¹ kã³¹ t ȵ̍³¹³ sɻ⁴⁴，mɔ³⁵ la⁵¹ ko⁴⁴ hã⁵¹ te tʃi³⁵ la³⁵）。小李正在看电视,没有谁叫得动他。

渠到洗衣裳（tʃi³⁵ tɔ³⁵ ʃi⁵¹ i⁴⁴ sã̃⁵¹）。他正在洗衣服。

在安仁话中"到 + VP"结构中表示持续义的"到"，其实是"到固/那底"的省略形式。在安仁话中"到固/那底"是一个表示持续义的语法标记，它是由表示位置的"到固/那底"语法化发展而来的，在安仁话中，"到固/那底"中的"到"本来是介词，表示"在这/那里"的意思，在安仁话中其常常放在表示进行义的动词前；强调该动作正在进行的特点，久而久之其原来表示位置的含义渐渐虚化，就变成了一个表示持续义的语法标记，再进一步省略后面的"固/那底"后形成了现在这种"到"用在动词或动词短语前表持续义的用法。在上面的句子中，把"到"替换过成"到固/那底"，意思也一样。如：

> 渠到固底困觉，你莫要吵渠。
>
> 老王到固底吃饭，你等下唧。
>
> 固时唧□□到那底落雨。
>
> 小李到那底看电视，冇哪个喊得渠那。
>
> 渠到固底洗衣裳。

2. "到"附在动词或形容词后

"到"附在动词或形容词后，构成"V/A 到"的结构，表示动作或状态的持续，其用法和普通话中的"着"类似。在安仁话中，"到"的这种用法主要有以下几种。

（1）用在动词后，构成祈使句，表示命令、请求、建议、提醒或安排等。其有两种句式。

其一，N（ + 你） + V 到，如：衣裳（你）穿到、帽子（你）戴到、手表（你）戴到。

其二，（你＋） V 到，如：（你）站到、（你）坐到、（你）趴到。

第一种形式的动作是及物的，第二种形式的动词是不及物的，对第一种形式而言，也可以把前面的 N 移到动词后面，意思不变。如：（你）穿到衣裳、（你）戴到帽子、（你）戴到手表。

这样从形式上看二者就统一起来了。对这类祈使句来说，"到"是必不可少的，动词后面没有"到"句子就不能成立了。

（2）用在动词后，作为连动句的前项，构成"（N＋） V₁到＋V₂"的句式。在这一句式中"V₁到"用作"V₂"的状语，表示"V₂"动作的方式或手段等。如：

老师站到上课（lɔ⁵¹ sʅ⁴⁴ tsã³¹ tɔ⁵¹ soŋ³¹ ko⁴⁴）。老师站着上课。

阖到看书对眼珠不好（huen³¹ tɔ⁵¹ kã³¹ su⁴⁴ tui³¹ ã⁵¹ tsu⁴⁴ pu³⁵ hɔ⁵¹）。躺着看书对眼睛不好。

废纸可以留到打草稿（fi³¹ tsʅ⁵¹ ko⁵¹ yi⁵¹ liɯ³⁵ tɔ⁵¹ ta⁵¹ tso⁵¹ ko⁵¹）。废纸可以留着打草稿。

（3）用在动词后，后接形容词性成分，构成"N＋V₁到＋A"的句式。如：

固个人看到蛮老实咯（ku³⁵ ko⁴⁴ ŋ³⁵ kã³¹ tɔ⁵¹ mã³⁵ lɔ⁵¹ ʃi⁴⁴ ke）。这个人看上去很老实。

固首歌听到还不错（ku³⁵ ʃiɯ⁵¹ ko⁴⁴ tioŋ³¹tɔ⁵¹ hæ³⁵ pu³⁵ tso³¹）。这首歌听上去还不错。

臭豆腐嗅到臭，但蛮好吃（tʃiɯ³¹ te⁴⁴ fu⁵¹ ʃieŋ³¹ tɔ⁵¹ tʃiɯ³¹, tã³¹ mã³⁵ hɔ⁵¹ tsʼia³¹³）。臭豆腐闻起来臭,但很好吃。

"到"在句子中相当于普通话"上去"的意思，在安仁话中和"起来"的意思差不多，把它换成"起来"意思也一样。如：

　　固个人看起来蛮老实咯。

　　固首歌听起来还不错。

　　臭豆腐闻起来臭，但蛮好吃。

（4）用在动词或形容词后，构成把字句，构成"把＋N＋V/A＋到"的句式。如：

把门关到（pa⁵¹ mien³⁵ kuã⁴⁴ tɔ⁵¹）。把门关上。

把衣裳得水浸到（pa⁵¹ i⁴⁴ sã⁵¹ te su⁵¹ tʃien³¹³ tɔ⁵¹）。把衣服用水浸上。

把肉冻到（pa⁵¹ iɯ³⁵ teŋ³¹tɔ⁵¹）。把肉冻上。

把柴用索子捆到（pa⁵¹ tsæ³⁵ te so⁵¹ ts ɻ⁵¹ k'uen⁵¹ tɔ⁵¹）。把柴用绳子捆上。

（5）用在动词或形容词后，表示事物的状态。其后常接"咯"，构成
"N（＋是）＋V/A＋咯"句式。

电视（是）关到咯（t ɻ³¹³ s ɻ⁴⁴ s ɻ³¹ k'uã⁴⁴ tɔ⁵¹ ke）。电视是关着的。

插头（是）插到咯（ts'a³⁵ te s ɻ⁴⁴ ts'a³⁵ tɔ⁵¹ ke）。插头是插着的。

门（是）锁到咯（mien³⁵ s ɻ⁴⁴ so⁵¹ tɔ⁵¹ ke）。门是锁着的。

肉（是）冻到咯（iɯ³⁵ s ɻ⁴⁴teŋ³¹ tɔ⁵¹ ke）。肉是冻着的。

通常后面的"咯"不能省略，如果没有"咯"的话句子不能成立，
也就是说"V/A 到"单独不能作谓语，表示事物状态。

四　余论

在安仁方言中"到"用途广泛，可以作动词、介词、助词，构成各
种句式，在其他方言中也存在这种类似的现象。汪国胜（1992）提到在
大冶方言中"到"也有各种各样的用法，其中有些用法和安仁方言类似，
如构成祈使句、在连动句中作后一动词的状语等，但大多数用法不尽相
同。有意思的是，"到"用来表示动作或事件正在进行时，在大冶方言中
是置于动词的后面，而在安仁方言中正好相反，是置于动词的前面。从其
来源看，两者都是从指代位置或处所的指示代词虚化而来的，在安仁话中
是从"到固/那里"虚化而来的，在大冶话中是从"在里"虚化而来的，
都可以还原成相应的原始格式。例如，在大冶方言中（汪国胜，1992）
有以下句式：

　　　她洗到衣裳——她在里洗衣裳。

　　　屋地还下到雨——屋地里还在下雨。

在安仁方言中则有：

　　　渠到洗衣裳——渠到固底洗衣裳。

　　　屋底还到落雨——屋底还到固底落雨。

二者既然来源相同，为什么语法形式不一样？这说明这一语法形式正

在经历某种变化，安仁方言是直接省略了"到"后面的"固/那底"形成的，大冶方言是把"到"附在动词后面，这种语法形式和安仁方言相比似乎处于超前的地位，这种变化可能是受到周边官话以及标准语影响的结果。

第三节　安仁方言的双宾句

双宾句是后跟两个宾语的句子，其中一个表物，是直接宾语，另一个表人，是间接宾语，如：

我送把伞得你（η o^{31} seη^{31} pa^{51} sã^{51} te η^{31}）。我送把伞给你。

渠得支笔得小李（t$\int$i^{35} te tsη^{44} pi^{51} te $\int$iɔ^{51} li^{51}）。他给支笔给小李。

老师奖本书得小张（lɔ^{51} sη^{44} t$\int$ioη^{51} pen^{51} su^{44} te $\int$iɔ^{51} tsoη^{44}）。老师奖本书给小张。

小李赔咖渠件衣裳（$\int$iɔ^{51} li^{51} pe^{35} ka t$\int$i^{35} t$\int$ 'i^{313} i^{44} sã^{51}）。小李赔了他一件衣服。

你要喊渠伯伯（η^{31} iɔ^{31} hã^{51} t$\int$i^{35} pe^{35} pe^{35}）。你要喊他伯伯。

小王欠你钱（$\int$iɔ^{51} oη^{44} t$\int$'i$^{31}\eta^{31}$ tsη^{51}）。小王欠你钱。

像这类句子，谓语动词后面常接两个宾语，一个通常是表物的直接宾语，另一个通常是表人的间接宾语。为了表述方便，在下文中，我们都把直接宾语记为 O_1，间接宾语记为 O_2。上述这些双宾句可以记作"S + V + O_1 + 得 + O_2"和"S + V + O_2 + O_1"两种结构。

本书主要考察安仁方言双宾句的各种句法表现，具体包括双宾句的谓词、双宾语的次序、宾语的介引成分、宾语的位移及隐现、歧义双宾句和双宾兼语混合句。

一　双宾句的谓词

在安仁方言中，并不是只有动词才能带双宾语，少许形容词也能带双宾语。本书把它们统称为谓词。就谓词而言，也并不是都能进入双宾句，进入双宾句的谓词是有条件限制的。同时，谓词的种类又和双宾语的次序有一定的关系。

在安仁方言中，能够进入双宾句的谓词主要有以下几类。

（1）包含"给予"义的动词。所谓"给予"，按朱德熙先生的说法，是指与者主动地使与者所与亦即受者所受之物由与者转移至受者。在安仁话中，常见的"给予"类动词有"得""送""卖""交""还""找""赔""退""发""分""补""借""奖""输""寄""打发"等。这些动词大都是单音节的动词，像一些普通话中含"给予"义的双音节动词，如"赠送""转交""退还""介绍"等，在安仁话中很少说，多出现在读书人当中，而且很明显是受了普通话影响的结果。一般人（尤其是老辈人）不常用，一般都有相应的单音节动词表达。如：

我送把伞得你（ŋ o^{31} seŋ^{31} pa^{51} sã^{51} te ŋ^{31}）。我送一把伞给你。

渠得支笔得小李（tʃi^{35} te tsi^{44} pi^{51} te ʃiɔ^{51} li^{51}）。他给支笔给小李。

老师奖本书得小张（lɔ^{51} s ʅ^{44} tʃioŋ^{51} pen^{51} su^{44} te ʃiɔ^{51} tsioŋ^{44}）。老师奖小张一本书。

渠寄咖一千块钱得你（tʃi^{35} tʃi^{31} ka i^{35} tʃʅ^{44} kuæ^{31} ts ʅ^{51} te ŋ^{31}）。他寄了一千块钱给你。

我卖只猪得渠（ŋ o^{31} mæ^{31} tʃia^{313} tsu^{44} te tʃi^{35}）。我卖了一只猪给他。

小张借件衣裳得你（ʃiɔ^{51} tsioŋ^{44} tʃiæ^{31} tʃ ʅ^{313} i^{44} sã^{51} te ŋ^{35}）。小张借了件衣服给你。

小李赔咖渠件衣裳（ʃiɔ^{51} li^{51} pe^{35} ka tʃi^{35} tʃ ʅ^{313} i^{44} sã^{51}）。小李赔了他一件衣服。

渠嫁，渠屋底打发渠蛮多东西（tʃi^{35} ka^{31}，tʃi^{35} u^{44} ti^{44} ta^{51} fa^{44} tʃi^{35} mã^{35} to^{44} teŋ^{44} ʃi^{51}）。她出嫁，她家里送了她很多嫁妆。

这类动词后面接双宾语有两种结构类型，分别是"S + V + O$_1$ + 得 + O$_2$"和"S + V + O$_2$ + O$_1$"。其中像"得""送""卖""交""借""奖""输""寄"这类动词，常用"S + V + O$_1$ + 得 + O$_2$"结构，而像"赔""还""找""退""补""打发"这类动词，常用"S + V + O$_2$ + O$_1$"结构。不过总体来说，"S + V + O$_1$ + 得 + O$_2$"这类结构更为常用，一般"S + V + O$_2$ + O$_1$"结构都能变成"S + V + O$_1$ + 得 + O$_2$"结构。如：

小李赔咖渠件衣裳。——小李赔咖件衣裳得渠。

找渠十块钱。——找十块钱得渠。

还小张钱。——还钱得小张。

打发渠蛮多东西。——打发蛮多东西得渠。

上述例句两边的说法意思都一样，即使互换也不会影响句子意思的表达，但相比而言"S + V + O$_1$ + 得 + O$_2$"结构更为普遍。

（2）包含"取得"义的动词。所谓"取得"，按朱德熙先生的说法，是指得者主动地使得者所得亦即失者所失之物由失者转移至得者。"取得"义动词也是很常见的一类可带双宾语的动词。在安仁话中，常见的包含"取得"义的动词有"买""租""借""哄""偷""抢""要""收""罚""赢"等。如：

渠打麻将好手气，一下唧就赢咖别个蛮多钱（tʃi³⁵ ta⁵¹ ma³⁵ tʃioŋ³¹ hɔ⁵¹ ʃɯ⁵¹ tʃi³¹，i³⁵ ha³¹ tʃi tʃɯ³¹ ioŋ³⁵ ka p'ie³⁵ ko⁴⁴ mã³⁵ to⁴⁴ ts ĩ⁵¹）。他打麻将手气好，一下子就赢了别人很多钱。

渠好蠢气唧，得只骗子哄咖渠几千块钱（tʃi³⁵ hɔ⁵¹ ts'uen⁵¹ tʃi，te⁴⁴ tʃia³¹³ p' ĩ³¹ ts ĩ⁵¹ heŋ⁵¹ ka tʃi⁴⁴ tʃi⁵¹ tʃ'ĩ⁴⁴kuæ³¹ ts ĩ⁵¹）。他很蠢，被骗子骗了几千块钱。

固个月用电用得多，收电费收咖我几百块钱（ku³⁵ko⁴⁴ue⁴⁴ien³¹³ ĩ³¹³ien³¹³ te-to⁴⁴，ʃɯ⁴⁴t ĩ³¹³ fi³¹ ʃɯ⁴⁴ ka ŋ ɔ³¹ tʃi⁵¹ pe³⁵ kuæ³¹ ts ĩ⁵¹）。这个月用电用得多，收电费收了我几百块钱。

渠偷税，抓到罚咖渠几千块钱，还关咖几天（tʃi³⁵ te⁴⁴ su³¹，tsua⁴⁴ tɔ⁵¹ fa⁴⁴ ka tʃi³⁵ tʃi⁵¹ tʃ'ĩ³¹ kuæ³¹ ts ĩ⁵¹，hæ³⁵ kuã⁴⁴ ka tʃi⁵¹ t ĩ⁴⁴）。他偷税，被抓到罚了他几千块钱。

和"给予"类动词不同，这类动词后接双宾语通常只采用"S + V + O₂ + O₁"结构，不能采用"S + V + O₁ + 得 + O₂"结构。如果采用后一种结构句子的意思会发生变化。如：

哄咖渠几粒糖。—— 哄几粒糖得渠。

罚渠一千。—— 罚一千得渠。

赢别个钱—— 赢钱得别个。

上述例子右边的说法意义已经改变，如"哄咖渠几粒糖"意思是"从他那里哄了几颗糖""他"是损失者；而"哄几粒糖得渠"意思是"从其他人那里哄了几颗糖给他"，"他"是获益者，意思完全不一样了。

在安仁话中有些意义相对的动词，如"卖—买""借（出）—借（进）""租（出）—租（进）""输—赢"等，表示前一种"给予"义通常采用"S + V + O₁ + 得 + O₂"结构，表示后一种"取得"义通常采用"S + V + O₂ + O₁"结构。由于在安仁话中，"买—卖""借（出）—借（进）""租（出）—租（进）"读音都是一样，因此这两种不同的结构有区别歧义的作用。如：

卖件衣裳得渠。——买渠件衣裳。

借本书得渠。——借渠本书。

租间屋得渠。——租渠间屋。

在安仁话中由于买卖不分，因此像"卖件衣裳得渠"有歧义，有两种意思，一种是"卖给他一件衣服"，另一种意思是"买了件衣服送给他"，而"买渠件衣服"没有歧义，一般只表示"买了他件衣服"。

在安仁话中，表示这种意思，也可以不采用双宾句的形式，如上述"S + V + O_2 + O_1"结构也可以变换为"S + 掂 + O_2 + V + O_1"说法。如：

买渠件衣裳。——掂渠买件衣裳。

借渠本书。——掂渠借本书。

租渠间屋。——掂渠租间屋。

通常只限于上述"买""租""借"三个动词，其他表"取得"义的动词不能这样变化。

这类动词的表物宾语 O_1 一般不能是光杆名词。如果是"一 + 量词 + 名词"结构，"一"通常可以省略。这类动词的 O_2 和 O_1 在语义上往往具有领属关系，但在形式上通常不能插入表领属关系的结构助词"咯"。

（3）包含"述说"义的动词。这也是比较常见的一类双宾句动词。在安仁话中，常用的有"问""哇""讲""骂""求""答应""交代""告诉"等。如：

我问你件事（ŋ o³¹ uen³¹³ ŋ̩³¹ tʃ ɭ̍³¹³ s ɭ̍⁴⁴）。我问你一件事。

渠哇咖你蛮多坏话（tʃi³⁵ ua³¹ ka ŋ³¹ mã³⁵ to⁴⁴ huæ³¹ hua³¹）。他说了你很多坏话。

哥哥告诉你只办法（ko⁴⁴ ko⁴⁴ kɔ³¹ su⁴⁴ŋ̩³¹ tʃia³¹³ pã⁴⁴ fa⁴⁴）。哥哥告诉你一个办法。

王老师告我南英语（ŋ o³⁵ lɔ⁵¹ s ɭ̍⁴⁴ kɔ³¹ŋ o³¹ lã³⁵ ien⁴⁴ y⁵¹）。王老师教我们英语。

渠求你帮忙（tʃi³⁵ tʃiɯ³⁵ŋ̩³¹ pioŋ⁴⁴ mioŋ³⁵）。他求你帮忙。

这类动词的后接双宾语的结构也通常是"S + V + O_2 + O_1"，其中 O_1 表示述说的内容，O_2 表示述说的对象。从 O_1 的构成来看，既可以是名词性成分，也可以是谓词性成分，有时还可以是小句形式。如：

我答应你到学校后打电话得你（ŋ o³¹ ta³⁵ ien³¹ ŋ̩³¹ tɔ³¹ ʃo³⁵ ʃiɔ³¹ he³¹ ta⁵¹ t ĩ³¹³ hua³¹ te n̩³¹）。我答应你到学校后打电话给你。

（4）包含"泼洒"义的一类动词。常用的有"倒""洒""射""溅""淋""涂""踩""领""射"等。这类动词的后接双宾语的结构也通常是"$S+V+O_2+O_1$"，如：

那只车子射咖过路咯人一身泥巴（le⁴⁴ tʃia³¹³ tse⁴⁴ tsi⁵¹ sa³¹ ka ko³¹ la³¹ ke n̩³⁵ i⁴⁴ sen⁴⁴ le³⁵ pa⁴⁴）。那辆车子溅了过路人一身泥巴。

渠倒水不看人，倒咖别个一身水（tʃi³⁵ tɔ⁵¹ su⁵¹ pu³⁵ kã³¹ n̩³⁵，tɔ⁵¹ ka pie³⁵ ko⁴⁴ i⁴⁴ sen⁴⁴ su⁵¹）。他倒水的时候没注意,倒了别人一身水。

渠跟别个困咖一夜，领咖别个一身麻子疮（tʃi³⁵ kien⁴⁴ pie³⁵ ko⁴⁴ huen³¹ ka i³⁵ ia³¹，lien⁵¹ ka pie³⁵ ko⁴⁴ i³⁵ sen⁴⁴ ma³⁵ ts ɭ⁵¹ ts'ion̩⁴⁴）。他和别人一起睡了一晚上,被别人传染了一身疥疮。

这类动词的 O_1 宾语都带有"一身""一头""一脚"等表示周遍性的量词。一般说来，整个句子所说明的事情对 O_2 来说是不愉快的。

（5）包含"差欠"义的一类动词或形容词。在安仁话中常用的有"差""欠""少""大""小""高""矮"等。如：

我还差你几十块钱，到时候补以得你（n̩ o³¹ hæ³⁵ tsa⁴⁴n̩³¹ tʃi⁵¹ ʃi⁴⁴ kuæ⁵¹ ts ɭ⁵¹，tɔ⁵¹ s ɭ⁴⁴ he⁴⁴ pu⁵¹ ʃi⁵¹ te n̩³¹）。我还差你几十块钱,到时候补给你。

你还欠渠三千块钱（n̩³¹ hæ³⁵ tʃ ɭ³¹³ tʃi³⁵ sã⁴⁴ tʃ ɭ⁴⁴ kuæ³¹ ts ɭ⁵¹）。你还欠他三千块钱。

渠是亲戚，买东西少渠几块钱唧要麻格紧吗？（tʃi³⁵ s ɭ⁴⁴ tʃien⁴⁴ tʃi⁴⁴，mæ⁵¹ ten̩⁴⁴ ʃi⁴⁴sɔ⁵¹ tʃi³⁵ tʃi⁵¹ k'uæ³¹ ts ɭ⁵¹ iɔ³¹ ma³⁵ke⁴⁴tʃien⁵¹?）他是亲戚,买东西少他几块钱有什么关系?

你要比渠大，大渠几个月（n̩³¹ iɔ³¹ pi⁵¹ tʃi³⁵ t'æ³¹，t'æ³¹ tʃi³⁵ tʃi⁵¹ ko³¹ ue⁴⁴）。你要比他大,大他几个月。

你比渠矮，矮渠只脑壳（n̩³¹ pi⁵¹ tʃi³⁵ æi⁵¹，æi⁵¹ tʃi³⁵ tʃia³¹³ lɔ⁵¹ ho⁴⁴）。你比他矮,矮他一个头。

这类动词或形容词的后接双宾语的结构也通常是"$S+V+O_2+O_1$"。其中像"大""小""高""矮"这类形容词也可带双宾语，表示"差欠"的含义，因此也把它们归入此类。这类形容词主要是表示比较的意思，在安仁话中也可以变换成相应的比较式。如：

大渠几个月。——比渠大几个月。

矮渠只脑壳。——比渠矮只脑壳。

（6）包含“称呼”义的一类动词。在安仁话中这类动词只有“喊”，这类动词的后接双宾语的结构通常是“S + V + O_2 + O_1”。

在安仁话中“喊”有“称呼”“叫”的意思。如：

我不是喊你，是喊你叔叔（ŋ o³¹ pu³⁵ s ʅ⁴⁴ hã⁵¹ ŋ̍³¹，s ʅ⁴⁴ hã⁵¹ ŋ̍³¹ ʃiɯ³⁵ ʃiɯ³⁵）。我不是叫你,是叫你叔叔。

你比渠大，渠要喊你叔叔（ŋ̍³¹ pi⁵¹ tʃi³⁵ t'æ³¹，tʃi³⁵ iɔ³¹ hã⁵¹ ŋ̍³¹ ʃiɯ³⁵ ʃiɯ³⁵）。你比他大,他要称呼你叔叔。

前一句中的“喊”是“召唤”的意思，后一句中的“喊”是“称呼”的意思。

因此，在安仁话中像“喊你叔叔”这类说法是有歧义的，“喊”作“叫”义讲时是指“叫你的叔叔”。“喊”作“称呼”义讲时是指“称呼你为叔叔”，不过通常在使用中由于有语境的分化制约，因此很少造成交流障碍。

在安仁话中，“喊”作“召唤”义时也能带双宾语，通常后面的表物宾语 O_1 既可以是名词性的，也可以是动词性的。如：

你喊渠过来（ŋ̍³¹ hã⁵¹ tʃi³⁵ ko³¹ le³⁵）。你叫他过来。

“喊”作“称呼”义时带双宾语，后面的表物宾语 O_1 只能是名词性的。如：

渠比你大，你要喊渠哥哥（tʃi³⁵ pi⁵¹ ŋ̍³¹ t'æ³¹，ŋ̍³¹ iɔ³¹ hã⁵¹ tʃi³⁵ ko⁴⁴ ko⁴⁴）。他比你大,你要叫他哥哥。

张军是你老师，你看到渠哒要喊渠张老师（tsioŋ³⁵ tʃuen³⁵ s ʅ⁴⁴ŋ̍³¹lɔ⁵¹ s ʅ⁴⁴，ŋ̍³¹ kã³¹ tɔ⁵¹ tʃi⁴⁴ iɔ³¹ hã⁵¹ tʃi³⁵ tsioŋ³⁵ lɔ⁵¹ s ʅ⁴⁴）。张军是你老师,你看到他了要叫他张老师。

其中 O_2 表示称呼的对象，O_1 表示称呼的内容。通常 O_1 是一个具体的称呼，如果是表示笼统的称呼，如“号”“外号”等，则要在前面加表领属的结构助词“咯”，整个句子不再是双宾句。如：

当到喊渠哥哥，背到就喊渠咯号（tioŋ⁴⁴ tɔ⁵¹ hã⁵¹ tʃi³⁵ ko⁴⁴ ko⁴⁴，pie³¹ tɔ⁵¹ hã⁵¹ tʃi³⁵ hɔ³¹³）。当面叫他哥哥,背着就叫他的名字。

你总是喊渠咯外号，固样阿铁不礼貌哒（ŋ̍³¹ tseŋ⁵¹ s ʅ⁴⁴ hã⁵¹ tʃi⁴⁴ ke ua³¹ hɔ⁴⁴，ku³⁵ ioŋ⁵¹ a³¹³ t'ie³⁵ pu³⁵ li⁵¹ mɔ⁴⁴ ta）。你总是叫他的外号,这样也太不礼貌了。

（7）包含"学帮"义的一类动词。这类动词也不多，在安仁话中主要有"学""掂"等。这类动词的后接双宾语的结构通常是"S + V + O₂ + O₁"，如：

我有事出去一下，麻烦你掂我守下屋（ŋo³¹ iɯ³¹³ sʅ³¹ tsʼu³⁵ ke i³⁵ ha³¹，ma³⁵ fã⁴⁴ŋ³¹ tʅ⁴⁴ŋo³¹ ʃiɯ⁵¹ ha⁴⁴ u³⁵）。我有事出去一下，麻烦你给我看下家。

你掂渠做作业（ŋ³¹ tʅ⁴⁴ tʃi³⁵ tsa³¹ tso³⁵ ie⁴⁴）。你替他做作业。

好咯不学，总是学结子哇话（hɔ⁵¹ ke pu³⁵ ʃo⁵¹，tsen⁵¹ sʅ⁴⁴ ʃo⁵¹ tʃie³⁵ tsʅ⁵¹ ua³¹³ hua³¹）。好的不学，总是学结巴说话。

在安仁话中"掂"是一个应用很广泛的词，其可以连接两个并列的成分，表示"和"与"跟"的含义，如：

你掂渠一起过来（ŋ³¹ tʅ⁴⁴ tʃi³⁵ i³⁵ ʃi⁵¹ ko³¹ le⁴⁴）。你跟他一起过来。

我掂渠是同学（ŋo³¹ tʅ⁴⁴ tʃi³⁵ sʅ⁴⁴ teŋ³⁵ ʃo⁵¹）。我和他是同学。

其后也可以接双宾语，接双宾语时其意义相当于普通话中的"给"和"帮"，在安仁话中表示这类意义都用"掂"。现在由于受普通话的影响，"帮"也在安仁话中广泛使用，相比"掂"而言，"帮"的语气更为委婉，显得更加客气。

这类双宾句有一个特点，就是后面所带的表物宾语 O₁ 都是谓词性的，如果是名词性的话，则通常要在其前面加助词"咯"，与前面的表人宾语构成领属关系，不再表示双宾了。如：

你莫要学渠咯样（ŋ³¹ mo³⁵ iɔ³¹ ʃo³⁵ tʃi³⁵ ke ioŋ⁵¹）。你不要学他的样子。

（8）包含临时"给予"义的一类动词。这类动词很多，是一个开放的类，常见的有"抄""写""打""倒""捞""留""称""剁""舀""弄""扯""捉""夹""挑""烧""做"等。这些动词都是单音节动词，并且都是表示具体的行为动作，在安仁话中它们的一个共同特点是可以与介词"得"一起构成"S + V + O₁ + 得 + O₂"结构的双宾句。如：

渠天天弄饭得你吃（tʃi³⁵ tʅ⁴⁴ tʅ⁴⁴ len³¹ fã³¹ te ŋ³¹ tsʼia³¹³）。他天天做饭给你吃。

烧点开水哪得我洗澡（sɔ³⁵ tʅ⁵¹ kæ⁴⁴su⁵¹ tʃi⁴⁴ te ŋo³¹ ʃi⁵¹ tso⁵¹）。烧点开水给我洗澡。

到学校哒记得打电话得我（tɔ³¹ ʃo³⁵ ʃiɔ³¹ ta tʃi³⁵ te ta⁵¹ tʅ³¹³ hua³¹ te ŋo³¹）。到学校了记得打电话给我。

渠月月写信得屋底（tʃi³⁵ ue⁴⁴ ue⁴⁴ ʃie⁵¹ ʃien³¹ te u⁴⁴ ti⁴⁴）。_{他每月都写信给家里。}

过年哒，剁斤肉得你吃（ko³¹ ĩ³⁵ ta，to³¹ tʃien⁴⁴ iɯ³¹³ te ŋ̩³¹ ts'ia³¹³）。_{过年了，剁斤肉给你吃。}

捞本书得你看（lɔ⁴⁴ pen⁵¹ su⁴⁴ te ŋ̩³¹ kã³¹）。_{拿本书给你看。}

捉只鸡得渠（tso⁴⁴ tʃia³¹³ tʃi⁴⁴ te tʃi³⁵）。_{捉只鸡给他。}

通常这类动词从语义上来看，并不涉及人和物两个对象，这和前面这类可带双宾语的动词不一样。但是，其可与"得"一起构成"S + V + O₁ + 得 + O₂"格式的双宾句。在这种结构中，动词临时具有"给予"义，使得它们既涉及给予物，也涉及给予的对象，这从上面的例句中可以看出来。不过，虽然像这类动词可以进入"S + V + O₁ + 得 + O₂"结构，具有"给予"义，但其和前面所讲的那些本身就具有"给予"义的动词相比还是存在一定的区别。

那些本身就包含"给予"义的动词如"得""送""奖""寄"等后面接双宾语可以有两种结构类型，分别是"S + V + O₁ + 得 + O₂"和"S + V + O₂ + O₁"。如：

　　　　我得本书得你。——我得你本书。
　　　　渠送支笔得你。——渠送你支笔。

而这些包含临时"给予"义的动词带双宾语大都只有"S + V + O₁ + 得 + O₂"这一种结构，如：

　　　　弄饭得你吃。—— *弄你吃饭。
　　　　写信得屋底。—— *写屋底信。

另外一些动词虽然也可以用"S + V + O₂ + O₁"这种结构，但其表示的意义已经变化了。如：

　　　　捞本书得你。——捞你本书。
　　　　捉只鸡得渠。——捉渠只鸡。

像"捞你本书"这类说法指的是"拿了你的一本书"，其中的表物宾

语 O_1 和表人宾语 O_2 之间存在一种领属关系。这和"取得"义类的动词接双宾的情况类似。

二　双宾句的结构

安仁方言中的双宾句有两种语序，构成两种结构。一种是直接宾语在前，再用"得"引出间接宾语的格式，具体为"S + V + O_1 + 得 + O_2"。这种格式是普通话中所没有的。另一种是间接宾语在直接宾语前，具体为"S + V + O_2 + O_1"。这种格式和普通话中的双宾格式相同。不过相比较起来，在安仁话中前一种格式更为普遍、常用。

其中就双宾语的结构能否变化而言，安仁方言中的双宾句有下面三种情况。

（1）双宾语的结构可以变化，双宾语可以易位，易位后不改变句子的意思。这类带双宾的动词主要是"给予"类的动词，如：

> 我送把伞得你。——我送你把伞。
>
> 渠得支笔得小李。——渠得小李支笔。
>
> 老师奖本书得小张。——老师奖小张本书。
>
> 小李赔咖渠件衣裳。——小李赔咖件衣裳得渠。
>
> 找渠十块钱。——找十块钱得渠。
>
> 还小张钱。——还钱得小张。
>
> 打发渠蛮多东西。——打发蛮多东西得渠。

这类动词采用两种结构都可以，后面接的双宾语可以易位，并且易位后不改变句子的意思。但是，其在结构的选择上具有明显的倾向性，其中像"得""送""卖""交""借""奖""输""寄"这类动词，常用"S + V + O_1 + 得 + O_2"结构，而像"赔""还""找""退""补""打发"这类动词，常用"S + V + O_2 + O_1"结构。

（2）双宾语的结构不能变化，双宾语不能易位。其中大多数"述说""泼洒""差欠""称呼""学帮"类动词所构成的双宾句只能用"S + V + O_2 + O_1"的结构。如：

我问你件事。—— ＊我问件事得你。

倒咖渠一身水。—— ＊倒一身水得渠。

还欠渠三百块钱。—— ＊还欠三百块钱得渠。

喊渠李老师。—— ＊喊李老师得渠。

掂你做事。—— ＊掂做事得你。

而大多数包含临时"给予"义的动词只能用"S＋V＋O_1＋得＋O_2"的结构。如：

烧点开水唧得我洗澡。—— ＊烧我洗澡点开水。

弄饭得你吃。—— ＊弄你吃饭。

写信得屋底。—— ＊写屋底信。

（3）双宾语的结构可以变化，双宾语可以易位，但易位后句子的意思改变。这类动词包括"取得"义动词和一些包含临时"给予"义类的动词。如：

哄咖渠几粒糖。—— 哄几粒糖得渠。

罚渠一千。—— 罚一千得渠。

赢别个钱。—— 赢钱得别个。

从语义关系上来看，左边的句子动词表"取得"义，O_2是O_1的失者，主语是受者。而变换成右边的句子后，O_2变成了受者，整个句子表"给予"义，动词也包含临时的"给予"义。

捞本书得你。——捞你本书。

捉只鸡得渠。——捉渠只鸡。

这类变化从语义关系上来看，左边的句子表"给予"义，O_2是受者；变化成右边的句子后，O_2成了O_1的失者，主语是受者，动词临时具有"取得"义。

从上面的考察中我们可以发现，在安仁方言中，双宾语的结构类型主要和动词的类相关，受动词的语义制约。以前人们普遍认为，方言的双宾结构和普通话存在较大差异，从对安仁方言的调查发现而言，这种看法不怎么全面。二者虽存在一定的差异，但同时也存在许多共同之处。就上面考察的多类动词而言，只有表"给予"义的动词双宾句可以有两种结构，而"取得"义的动词虽然可以有两种结构，但变换后意思发生改变。至于"述说""泼洒""差欠""称呼""学帮"类动词则只能有一种结构，这种结构和普通话一致。由此可见，双宾语的结构和普通话不一致，或有两种可自由变化的结构的双宾句在安仁方言中并不普遍。就整个双宾语的情况来看和普通话的差异并没有想象的那么大。

同时，对那些可自由变换不同结构的双宾句而言，不同结构的双宾句出现的频率不一样，对不同的动词有不同的倾向性。不过总体而言，带"得"字结构的双宾句在安仁方言中更具普遍性，其作为安仁方言中表示"给予"的固有格式，具有较强的能产性，是一种优势的格式，一些不含"给予"义的动词也能进入这种结构，并临时获得一种"给予"义。与普通话一致的双宾结构估计是受普通话影响，从普通话中借入的。现在这种借入形式已被方言所接受，与方言的固有形式并存共用，并在有些词上面已经取得优势地位。

三　双宾句的介引成分"得"

安仁方言中带"得"字的双宾句，其间接宾语前面必须要出现介引成分"得"。"得"是和普通话中起介引作用的介词"给"相当的语法成分。如：

我送把伞得你（ŋ o³¹ seŋ³¹ pa⁵¹ sã⁵¹ te n̩³¹）。我送把伞给你。

渠得支笔得小李（tʃi³⁵ te ts ɿ⁴⁴ pi⁵¹ te ʃiɔ⁵¹ li⁵¹）。他给支笔给小李。

老师奖本书得小张（lo⁵¹ s ɿ⁴⁴ tʃioŋ⁵¹ pen⁵¹ su⁴⁴ te ʃiɔ⁵¹ tsioŋ⁵¹）。老师奖本书给小张。

渠寄咖一千块钱得你（tʃi³⁵ tʃi³¹ ka i³⁵ tʃ ɿ³¹ k'uæ³¹ ts ɿ⁵¹ te n̩³¹）。他寄了一千块钱给你。

渠月月写信得屋底（tʃi³⁵ ue⁴⁴ ue⁴⁴ ʃie⁵¹ ʃien³¹³ te u⁴⁴ ti）。他每月都写信给家里。

过年哒，剁斤肉得你（ko³¹ ɿ³⁵ ta, to³¹ tʃien⁴⁴ iɯ³¹³ te n̩³¹）。过年了，剁斤肉给你。

这些例句都是表示"给予"义的双宾句，其中有些是动词本身就表"给予"义，还有一些是动词本身不表"给予"义，进入这一结构后临时具有了"给予"义。也就是说，通常只有表"给予"义的双宾句，间接宾语前才能用"得"，不管其"给予"义是动词本身具有的还是结构附加临时具有的，"得"都可以看作一个表示"给予"的标志，其后面常接所给予的对象。从语义上来看，"得"在安仁方言中本身就是一个表"给予"义的动词，其作介引成分时其表"给予"的意义还没有完全虚化，在某种程度上还得到了很大的保存。其他表"述说""泼洒""差欠""称呼""学帮"类的动词间接宾语前面是不能用"得"的，表"取得"义的动词双宾句如果在间接宾语前加"得"则句子的意思发生变化，不再表"取得"而是表"给予"了。

"得"引导的间接宾语 O_2 只能用在直接宾语 O_1 后面，不能放在 O_1 前面。如：

　　　送把伞得你。——　*送得你把伞。
　　　奖本书得你。——　*奖得你本书。
　　　剁斤肉得你。——　*剁得你斤肉。
　　　捉只鸡得你。——　*捉得你只鸡。

对于本身含有"给予"义的动词来说，如果把由"得"引导的间接宾语 O_2 移到直接宾语 O_1 前，句子不成立，这时可以去掉"得"，句子可以成立，其意义也不会变化，这实际上是变成了"$S+V+O_2+O_1$"结构。而对临时含有"给予"义的动词来说，如果把由"得"引导的间接宾语 O_2 移到直接宾语 O_1 前，句子不成立，这时也可以去掉"得"，句子可以成立，但其意义会发生变化。

有时候直接宾语 O_1 可以移位到句首作主语，这时由"得"引导的间接宾语 O_2 可以直接跟在谓语动词后面。如：

　　　退钱得你。——　钱退得你。
　　　送把伞得你。——　伞送得你。
　　　奖本书得你。——　书奖得你。

通常直接宾语 O_1 在动词后时要带量词构成"量词＋名词"的结构。

而当其移位到主语的位置时，通常不能再带量词，是光杆名词或在前面加指示代词。动词后面也常常可以再加时态助词。

　　双宾句的间接宾语 O_2 前面使用介引成分，这种情况不仅在安仁方言中存在，在南方的许多方言中也存在，不过具体的形式可能不一样。有的方言中可能是用"得"，有的可能是用"到"，还有的可能是用"了"。其作用也不一样，有的可有可无，有的是必不能少。例如，同样用"得"的方言如下：

　　赣语的泰和方言（李如龙等，1997）：

　　　　我要汇一笔钱得小时间教我作手艺个师傅。
　　　　格件衣裳送得渠禾。

　　客家话的长汀方言（饶长溶，1997）：

　　　　你交一封信得大哥，送几本书得老弟。
　　　　女这几色果子拿得石水（尝），解那一斗米量得大伯（食）。

　　湘语的益阳方言（崔振华，1998）：

　　　　把杯茶得我。
　　　　还一百块钱得他。

　　用其他词的如下。
　　江淮官话的黄冈方言（何洪峰，1996）用"到"：

　　　　你叫章儿把条扁担到你。
　　　　药筒子我把到建国儿了。

　　赣语的大冶方言（汪国胜，2000a）用"了"：

　　　　你扣一百块钱了渠。
　　　　咱买两套衣裳了渠。

　　不过在大冶方言中"了"并不是必不可少的，这和安仁方言中的

"得"不太一样。

四 宾语的移位变换

在安仁方言中，双宾句的动词类型不仅对双宾句的结构有决定性的制约作用，而且对宾语的移位变换情况也有影响。

1. "给予"义双宾语的移位变换情况

"给予"类动词构成的双宾语有两种结构，一种是"S + V + O₁ + 得 + O₂"结构，另一种是"S + V + O₂ + O₁"结构。这两种结构都有两种变换形式，一种变换形式是用"把"将 O₁ 提到 V 前面，变换成"S + 把 + O₁ + V + 得 + O₂"结构的处置句。如：

> 你退钱得我。——你把钱退得我。
>
> 小张借件衣裳得你。——小张把衣裳借得你。
>
> 我赔你支笔。——我把笔赔得你。

另一种变换形式是把 O₁ 移到句首作主语，构成"O₁ + S + V + 得 + O₂"结构的受事主语句。如：

> 你退钱得我。——钱你退得我。
>
> 小张借件衣裳得你。——衣裳小张借得你。
>
> 我赔你支笔。——笔我赔得你。

这两种变换都是直接宾语 O₁ 的移位，在安仁方言中间接宾语 O₂ 是不能移位变化的。如：

> 小张借件衣裳得你。—— *你小张借件衣裳。

不管变换前间接宾语 O₂ 前有没有"得"，变换后 O₂ 前面都必须得带"得"，否则句式不成立。如：

> 我退钱得你。—— *我把钱退你。
>
> 我赔你支笔。—— *我把笔赔你。

就 O_1 来说，移位变换前 O_1 往往是无定的，前面一般要带量词，构成量名结构。移位变换后，O_1 一般要求是有定的，前面一般不能再带量词，O_1 往往是光杆名词或要在前面加指示代词。

2. 临时"给予"义动词双宾语的变换情况

含临时"给予"义类的动词构成的双宾语只有"$S + V + O_1 + 得 + O_2$"这种结构，其变换的情况和上面的"给予"义类动词双宾语的情况类似。一种变换形式是用"把"将 O_1 提到 V 前面，变换成"$S + 把 + O_1 + V + 得 + O_2$"结构的处置句。如：

　　我剁斤肉得你。——我把肉剁得你。

　　渠捞本书得你看。——渠把书捞得你。

　　你捉只鸡得渠。——你把鸡捉得渠。

另一种变换形式是把 O_1 移到句首作主语，构成"$O_1 + S + V + 得 + O_2$"结构的受事主语句。如：

　　我剁斤肉得你。——肉我剁得你。

　　渠捞本书得你看。——书渠捞得你。

　　你捉只鸡得渠。——鸡你捉得渠。

移位变换前 O_1 往往是无定的，前面一般要带量词，构成量名结构。移位变换后，O_1 一般要求是有定的，前面一般不能再带量词，O_1 往往是光杆名词或要在前面加指示代词。

3. "泼洒"类动词所构成的双宾语变换情况

"泼洒"类动词所构成的双宾语只能用"$S + V + O_2 + O_1$"的结构。如：

你倒咖渠一身水（η^{31} tɔ^{51} ka tʃi^{35} i^{35} sen^{44} su^{51}）。你倒了他一身水。

车子射咖渠一身泥巴（tsʼe^{44} tsi^{51} sa^{31} ka tʃi^{35} i^{35} sen^{44} le^{35} pa^{44}）。车子溅了他一身泥巴。

这类双宾语的移位变换情况有两种，一种是用"把"将直接宾语 O_1 移位到 V 前，构成"$S + 把 + O_1 + V + 得 + O_2$"结构的处置句。如：

　　你倒咖渠一身水。——你把水倒咖渠一身。

车子射咖渠一身泥巴。——车子把泥巴射咖渠一身。

这种变换移位的只是 O_1 中的名词成分，"一+量词"的成分保留不动。

另一种是用"得"将间接宾语 O_2 移位到句首，构成"O_2+得+S+V+O_1"结构，"得"在这里表被动，整个变换后的句子是一个被动句。如：

你倒咖渠一身水。——渠得你倒咖一身水。

车子射咖渠一身泥巴。——渠得车子射咖一身泥巴。

4."述说""学帮"类动词所构成的双宾语变换情况

"述说""泼洒""差欠""称呼""学帮"类动词所构成的双宾句只能用"S+V+O_2+O_1"的结构。如：

我问你件事（$\eta\, o^{31}\, uen^{31}\eta^{31}\, t\int\, \widehat{i}^{313}\, s\, \widehat{i}^{31}$）。我问你一件事。

我掂你做事（$\eta\, o^{31}\, t\, \widehat{i}^{44}\eta^{31}\, tsa^{31}\, s\, \widehat{i}^{31}$）。我给你做事。

这类双宾语的移位变换情况有一种，就是把 O_1 移到句首作主语，构成"O_1+S+V+O_2"结构。如：

我问你件事。——固件事我问你。

我掂你做事。——事我掂你做。

移位变换前 O_1 往往是无定的，前面一般要带量词，构成量名结构。移位变换后，O_1 一般要求是有定的，前面一般不能再带量词，O_1 往往是光杆名词或要在前面加指示代词。

5."差欠"类词所构成的双宾语变换情况

"差欠"类词所构成的双宾句只能用"S+V/A+O_2+O_1"的结构。如：

你还欠渠几千块钱（$\eta^{31}\, hæ^{35}\, t\int\, \widehat{i}^{313}\, t\int i^{35}\, t\int i^{51}\, t\int\, \widehat{i}^{31}\, k'uæ^{31}\, ts\, \widehat{i}^{51}$）。你还欠他几千块钱。

大渠几个月（$t'æ^{51}\, t\int i^{35}\, t\int i^{51}\, ko^{44}\, ue^{44}$）。大他几个月。

矮渠只脑壳（$æi^{51}\, t\int i^{35}\, t\int ia^{313}\, lo^{51}\, ho^{44}$）。矮他一个头。

其中像"差欠"类的动词构成的双宾语一般不能移位变换，而像"大""小""高""矮"这类表示"差欠"含义的形容词构成双宾语一般可以变换成"S＋比＋O_2＋A＋O_1"结构，变成相应的比较句。如：

你大渠几个月。——你比渠大几个月。

你矮渠只脑壳。——你比渠矮只脑壳。

6．"称呼"类动词所构成的双宾语变换情况

"称呼"类动词所构成的双宾语只能用"S＋V＋O_2＋O_1"的结构。如：

你要喊渠李老师（ŋ³¹ iɔ³¹ hã⁵¹ tʃi³⁵ li⁵¹ lɔ⁵¹ s ʅ⁴⁴）。你要叫他李老师。

渠喊你叔叔（tʃi³⁵ hã⁵¹ŋ³¹ ʃiɯ³⁵ ʃiɯ³⁵）。他叫你叔叔。

这类双宾语变换形式也只有一种，就是在直接宾语 O_1 前再加动词"喊"，构成"S＋V＋O_2＋V＋O_1"的结构。如：

你要喊渠李老师。—— 你要喊渠喊李老师。

渠喊你叔叔。——渠喊你喊叔叔。

7．"取得"义动词所构成的双宾语变换情况

"取得"类动词所构成的双宾语只能用"S＋V＋O_2＋O_1"的结构。如：

税务局罚咖渠一千块钱（ʃu³⁵ u³¹ tʃu³⁵ fa⁴⁴ ka tʃi³⁵ i³⁵ tʃʼʅ³¹ kʼuæ³¹ ts ʅ⁵¹）。税务局罚了他一千块钱。

渠赢咖别个蛮多钱（tʃi³⁵ ioŋ³⁵ ka pie³⁵ ko⁴⁴ mã³⁵ to⁴⁴ ts ʅ⁵¹）。他赢了别人很多钱。

这类动词所构成的双宾语在安仁方言中只有一种变换形式，即用"得"将间接宾语 O_2 移位到句首，构成"O_2＋得＋S＋V＋O_1"结构，"得"在这里表被动，整个变换后的句子是一个被动句。如：

税务局罚咖渠一千块钱。——渠得税务局罚咖一千块钱。

小李赢咖渠蛮多钱。——渠得小李赢咖渠蛮多钱。

五　双宾句宾语的省略情况

不同类型的双宾语，宾语的省略情况也不一样，具体表现为下面四种情形。

（1）"给予"类（包括临时"给予"类）双宾语和部分"述说"类双宾语既可省略直接宾语 O_1，也可以省略间接宾语 O_2。如：

  我得件衣裳得渠。——我得件衣裳。｜我得渠。

  我送本书得渠。——我送本书。｜我得渠。

  渠捞本书得你。——渠捞本书。｜渠得你。

  渠赔你把伞。——渠赔你。｜渠赔把伞。

  我问你件事。——我问你。｜我问件事。

（2）"取得"类、"差欠"类双宾语可以省略间接宾语 O_2，不能省略直接宾语 O_1。如：

  我还差你十块钱。——我还差十块钱。｜＊我还差你。

  渠欠你蛮多钱。——渠欠蛮多钱。｜＊渠欠你。

  我打牌赢咖别个蛮多钱。——我打牌赢咖蛮多钱。｜＊我赢咖别个。

（3）部分"述说"类动词双宾语，如"骂""求"等，这类双宾语只能省略直接宾语 O_1，不能省略间接宾语 O_2。如：

  渠骂你是只猪。——渠骂你。｜＊渠骂是只猪。

  渠求你帮忙。——渠求你。｜＊渠求帮忙。

（4）"泼洒"类、"称呼"类和部分"帮学"类动词双宾句直接宾语 O_1 和间接宾语 O_2 都不能省略。如：

  渠到咖小李一身水。——＊渠到咖小李。｜＊渠到咖一身水。

  你喊渠叔叔。——＊你喊渠。｜＊你喊叔叔。

  我掯你看牛。——＊我掯你。｜＊我掯看牛。

六　双宾句的歧义

在普通话中，"租""借"之类的动词往往有两种意思，既可表示"给予"又可表示"取得"，表示"给予"义时可作"租出""借出"讲，表示"取得"义时可作"租进""借进"讲，在安仁方言中也有类似的情况。除了"租""借"外，在安仁话中，"买""卖"也是不分的，读音都一样，既可以是"卖出"，也可以是"买进"。

在普通话中双宾语通常只有一种结构，即"S + V + O₂ + O₁"的结构。因此，像"租""借"之类的动词进入这种结构时，句子往往会产生歧义。如：

　　小李租小张一间房。
　　小李借小张一间房。

句子的意思既可以表示小李"租给""借给"小张一间房，也可以表示是小李向小张"租了""借了"一间房。

在安仁方言中，双宾句往往有两种结构，并且由于动词的类不同会采用不同的结构。例如，"给予"类动词可采用"S + V + O₁ + 得 + O₂"和"S + V + O₂ + O₁"两种结构，而"取得"义动词只能采用"S + V + O₂ + O₁"的结构。

因此，像"租""借"这类词在安仁方言中带双宾不会像普通话一样会有歧义，如果是表示"给予"义通常采用"S + V + O₁ + 得 + O₂"的结构，表示"取得"义通常采用"S + V + O₂ + O₁"的结构。如：

　　卖件衣裳得渠。——买渠件衣裳。
　　借本书得渠。——借渠本书。
　　租间屋得渠。——租渠间屋。

由于在安仁话中，"买、卖""借（出）、借（进）""租（出）、租（进）"读音都是一样，因此这两种不同的双宾结构有区别歧义的作用。

虽然像"租""借""买（卖）"这类动词在双宾句中不会像普通话

那样产生歧义，但在特定的句式中仍会有其他歧义表现。

　　一般说来，像"租""借""买（卖）"这类动词在"$S+V+O_2+O_1$"结构的双宾句中不会产生歧义，如"买渠件衣服"这句话只表"取得"义，没有歧义，只表示"从他那买了件衣服"。而像"租""借""买（卖）"这类动词在"$S+V+O_1+$得$+O_2$"结构中会产生一种新的歧义，这种歧义不是表现在"给予/取得"上，而是表现在"给予物"从何而来。具体来说，是由于"给予物"来源指向不明引起的，如："我借件衣裳得渠"，既可理解为"我从我自己这里借了件衣裳给他"，也可理解为"我从其他地方借了件衣服给他"。这两种理解都可以，因此会有歧义。不过在日常交流中由于有语境的制约和分化，在具体交流中是很少有歧义的。

七　双宾兼语混合句

　　在安仁方言中，双宾句的后面有时还可以再接一个动词或动词性的结构，构成一种双宾和兼语的混合句式。如：

我得间屋得你住（ηo^{31} te $k\tilde{a}^{44}$ u^{44} te $\underset{\cdot}{\eta}^{31}$ tsu^{31}）。我给间房子给你住。

送只桶得你用（$se\eta^{31}$ $t\int ia^{313}$ $te\eta^{51}$ te $\underset{\cdot}{\eta}^{31}$ ien^{313}）。送个桶给你用。

渠天天弄饭得你吃（$t\int i^{35}$ $t\,\check{i}^{44}$ $t\,\check{i}^{44}$ $le\eta^{31}$ $f\tilde{a}^{31}$ te $\underset{\cdot}{\eta}^{31}$ $ts'ia^{313}$）。他天天做饭给你吃。

烧点开水唧得我洗澡（$sɔ^{35}$ $t\,\check{i}^{51}$ $kæ^{35}$ su^{51} $t\int i^{44}$ te ηo^{31} $\int i^{51}$ $tsɔ^{51}$）。烧点开水给我洗澡。

过年哒，剁斤肉得你吃（$ko^{31}\check{i}^{35}ta$, to^{31} $t\int ien^{44}$ $i\mathrm{u}^{313}$ te $\underset{\cdot}{\eta}^{31}$ $ts'ia^{313}$）。过年了，剁斤肉给你吃。

捞本书得你看（$lɔ^{44}$ pen^{51} su^{44} te $\underset{\cdot}{\eta}^{31}$ $k\tilde{a}^{31}$）。拿本书给你看。

捉只鸡得你吃（tso^{44} $t\int ia^{313}$ $t\int i^{44}$ te $\underset{\cdot}{\eta}^{31}$ $ts'ia^{313}$）。捉只鸡给你吃。

　　在普通话中，也有这种类似的情况，如："你给他一本书看。"

　　不过在安仁话中，能在后面带动词的双宾句不是和普通话类似的"$S+V+O_2+O_1$"结构，而是"$S+V+O_1+$得$+O_2$"结构。也就是说，通常采用"$S+V+O_1+$得$+O_2$"结构的"给予"义或临时"给予"义类动词才可以在后面加动词，构成双宾兼语混合句，如：

　　　　渠得把伞得你。——渠得把伞得你用。
　　　　买副手套得你。——买副手套得你戴。

而对只能采用"S + V + O₂ + O₁"结构的"述说""泼洒""差欠""称呼""学帮"类动词不能再后面加动词构成双宾兼语混合句。如：

渠得你把伞。——＊渠得你把伞用。

第四节　安仁方言的比较句

比较是语言中的一个重要的语义范畴，主要用来辨别两种或两种以上同类事物的异同。从比较的构成来看，一个完整的比较至少包括以下三个方面。一是比较项，即比较的对象，包括作比较的对象和被比较的对象。二是比较值，即比较的结论，其既可以是一个笼统的值，又可以是一个具体的值。三是比较词，在不同的方言中所用的具体比较词不尽相同，如在普通话中常用的比较词是"比"。

在汉语方言中，比较有着各自不同的表达形式，但总体来说，比较项和比较值对一个完整的比较来说是必不可少的，而比较词在有些比较句中却可以不出现。同时，我们又可以根据比较的目的不同把比较句分为等比句、差比句、极比句、递比句四类。本书主要考察的就是安仁方言中的这四类比较句，详细说明其句式特点及使用条件。

一　等比句

等比句是用来比较事物的异同的，表示相比的事物在某一方面一致，重在表现共性。安仁方言中表示等比的句式主要有以下几种。

1. A + 掯 + B + 一样

这一结构中 A 是比较项，B 是被比较项。"掯"相当于普通话中的"和""跟"，用来连接比较项和被比较项，其前面是比较项，后面是被比较项。这种比较与被比较关系完全是由其在"掯"前后的位置决定的，位置变化了，比较关系也会随之发生变化。"一样"既是比较词又表明了比较的结果，也可看作一个比较值，有时句中还会出现比较的方面。如：

你掯渠一样，好不到哪里去（$\mathrm{\eta^{31}}$ t $\mathrm{\check{i}^{44}}$ tʃi^{35} i^{35} io$\mathrm{\eta^{31}}$，hɔ^{51} pu^{35} tɔ^{44} la^{51} ti^{44} k′e）。你和他一样,好不到哪里去。

小王固次考试略成绩掂上次一样，冇麻格进步（ʃiɔ⁵¹ oŋ³⁵ ku³⁵ tsʹʅ⁴⁴ kɔ⁵¹ sʅ⁴⁴ ke ʃien³⁵ tʃi⁴⁴ tʅ⁴⁴ sio ŋ⁵¹ tsʹʅ⁴⁴ i³⁵ ioŋ³¹，mɔ³⁵ ma³⁵ ke⁴⁴ tʃien³¹ pu³¹）。小王这次考试的成绩和上次一样，没什么进步。

渠做略衣裳掂店子底卖略一样（tʃi³⁵ tsa³¹ ke i⁴⁴ sã⁵¹ t ʅ⁴⁴ t ʅ³¹ ts ʅ⁵¹ ti⁴⁴ mæ³¹ ke i³⁵ ioŋ³¹）。他做的衣服和店子里卖的一样。

上面例中的"一样"也可以用"差不多"来替换，相比来说后者更常用些。如：

你掂渠差不多，好不到哪里去（ŋ³¹ t ʅ⁴⁴ tʃi³⁵ tsa⁴⁴ pu³⁵ to⁴⁴，hɔ⁵¹ pu³⁵ tɔ⁵¹ la⁵¹ ti⁴⁴ ke³¹）。你和他差不多，好不到哪里去。

渠做略衣裳掂店子底卖略差不多（tʃi³⁵ tsa³¹ ke i⁴⁴ sã⁵¹ t ʅ⁴⁴ t ʅ³¹³ ts ʅ⁴⁴ ti mæ³¹ ke tsʹa⁴⁴ pu³⁵ to⁴⁴）。他做的衣服和店子里卖的差不多。

你年纪掂渠差不多（ŋ³¹ʅ³⁵ tʃi⁴⁴ t ʅ⁴⁴ tʃi³⁵ tsʹa⁴⁴ pu³⁵ to⁴⁴）。你年纪和他差不多。

一般来说，"一样"表示一种精确的比较结果，是一种等于关系，而"差不多"表示大概相似，带有估计的意味在里面。因此，对很多的比较如"身高""体重"之类的由于大多都是估摸所以用"差不多"多一些；如果是表示精确测量后数值一样，则不能再用"差不多"必须要用"一样"。"差不多"除了表示估摸的比较外还可以表示一种委婉的说法，通常说话者带有一种谦虚或客气的意味。

小王固次考试略成绩掂上次差不多，下是七十分（ʃiɔ⁵¹ oŋ³⁵ ku³⁵ tsʅ⁴⁴ kɔ⁵¹ sʅ⁴⁴ ke tsʹen³⁵ tʃi⁴⁴ t ʅ⁴⁴ soŋ³¹ ts ʅ⁴⁴ tsa⁴⁴ pu³⁵ to⁴⁴，hæ³¹ sʅ⁴⁴ tʃʹi³⁵ ʃi⁴⁴ fen⁴⁴）。小王这次考试的成绩和上次差不多，都是七十分。

从语义的表达上来说，上面的句子用"一样"比用"差不多"表义准确得多，但用"差不多"语气则更显得委婉一些。

"A＋掂＋B＋一样"这种格式的否定式有两种形式，一种是"A＋不掂＋B＋一样"，另一种是"A＋掂＋B＋不一样"。否定词"不"既可以放在"掂"前面也可以放在"一样"前面，都表示一种差比。如：

渠不掂渠哥哥一样，渠要老实点唦。

渠掂渠哥哥不一样，渠要老实蛮多。

相比来说，后者表示差比的程度要比前者强得多。"A＋不掂＋B＋一样"否定结构表示的差比程度较小，而"A＋掂＋B＋不一样"否定结构表示的差比程度要大得多。不过据本人的调查，在安仁话中前一种否定结构并不多见，可能是受了普通话影响的结果，而后一种否定结构才是安仁话中主要的表达形式。

"A＋掂＋B＋差不多"这种格式的在安仁话中没有对应的否定说法。

2．A＋掂＋B＋一样＋W

这种格式相比前一种格式在后面多了一个"W"成分。"W"在句中主要用来补充说明比较的结果，其通常是一个形容词成分，有时也可以是动词性词语。如：

固蔸树掂那蔸树一样高（ku³⁵ te⁴⁴ su³¹ tĭ⁴⁴ le⁴⁴ te⁴⁴ su³¹ i³⁵ ioŋ³¹ kɔ⁴⁴）。这棵树和那棵树一样高。

固间屋掂那间屋一样大（ku³⁵ kã⁴⁴ u⁴⁴ tĭ⁴⁴ le⁴⁴ kã⁴⁴ u⁴⁴ i³⁵ ioŋ³¹ t'æ³¹）。这间房子和那间房子一样大。

渠掂渠哥哥一样聪明（tʃi³⁵ tĭ⁴⁴ tʃi³⁵ ko⁴⁴ ko⁴⁴ i³⁵ io ŋ³¹ tsen⁴⁴ mien⁴⁴）。他和他哥哥一样聪明。

渠掂只细把唧一样爱哭（tʃi³⁵ t ĭ⁴⁴ tʃia³¹³ ʃi³¹³ pa⁵¹ tʃi⁴⁴ i³⁵ ioŋ³¹ ai³¹ k'u³⁵）。他和小孩子一样爱哭。

小李掂渠爸爸一样会开车（ʃiɔ⁵¹ li⁵¹ t ĭ⁴⁴ tʃi³⁵ pa⁴⁴ pa⁴⁴ i³⁵ ioŋ³¹ hui⁴⁴ kæ⁴⁴ ts'e⁴⁴）。小李和他爸爸一样会开车。

上面例句中的"一样"也可以用"差不多"替换，但只限于后面的"W"是形容词成分时，如果后面的"W"是动词性词语时则不能用"差不多"修饰，只能用"一样"。例如，下面的说法在安仁话中是不成立的：

渠掂只细把唧差不多爱哭。

有的时候"差不多"还可以和"一样"连用，构成"差不多一样"的说法。"差不多"要放在"一样"的前面，不能放在"一样"的后面，像"一样差不多"的说法是不成立的。如：

固蔸树掂那蔸树差不多一样高（ku³⁵ te⁴⁴ su³¹ t ĭ⁴⁴ le⁴⁴ te⁴⁴ su³¹ ts'a⁴⁴ pu³⁵ to^{44} i^{35} io$ŋ^{31}$ kɔ^{44}）。这棵树和那棵树差不多一样高。

固间屋掂那间屋差不多一样大（ku^{35} kã^{44} u^{44} t'ĩ^{44} le kã^{44} u^{44} ts'a^{44} pu^{35} to^{44} i^{35} io$ŋ^{31}$ t'æ^{31}）。这间房子和那间房子差不多一样大。

渠掂渠哥哥差不多一样聪明（tʃi^{35} t'ĩ^{44}tʃi^{35} ko^{44} ko^{44} ts'a^{44} pu^{35} to^{44} i^{35} io$ŋ^{31}$ tsen^{44} mien^{44}）。他和他哥哥差不多一样聪明。

"差不多一样"表示的比较物与被比较物之间接近程度比单说"差不多"更深，但不如"一样"，三者之间的表示接近程度的关系如下：

差不多＜差不多一样＜一样。

"差不多一样"和"差不多"一样后面的"W"也只能是形容词成分，不能是动词性成分。

比较词"掂"除了表示"和""跟"的意思外，还有表示"像"的含义。在安仁话中表示"×像×一样"通常都用"掂"，不说"像"。如：

渠掂只猴子一样瘦（tʃi^{35} t'ĩ^{44} tʃia^{313} he^{35} ts'ĩ^{51} i^{35} io$ŋ^{31}$ se^{313}）。他像猴子一样瘦。

渠晓得固件事装起掂不晓得一样（tʃi^{35} ʃiɔ^{51} te ku^{35} tʃ'ĩ^{313} sĩ^{44} tsio$ŋ^{44}$ ʃi^{51} ĩ^{44} pu^{35} ʃiɔ^{51} te i^{35} io$ŋ^{31}$）。他知道这件事装着像不知道一样。

小李垒胖，手掂脚一样粗（ʃiɔ^{51} li^{51} lui^{44} p'io$ŋ^{31}$，ʃiɯ^{51} t'ĩ^{44} tʃio^{35} i^{35} io$ŋ^{31}$ ts'u^{44}）。小李很胖，手像脚一样粗。

在上面的例句中，如果把"掂"理解成"和"或"跟"也说得过去。不过，从其表达的意思来看，理解成"像"可能会更准确一些。

在上面的例句中，当"W"是形容词的时候，这种说法也可以把后面的形容词成分"W"提前，如："小李掂只猪一样胖"也可以说成"小李胖起掂只猪一样"。

3．A＋像＋B＋固样＋W

在安仁话中也能够用"像"连接比较项和被比较项，不过，用"像"的话通常不采用上面的格式，而是用"A＋像＋B＋固样＋W"的说法。如：

渠像渠哥哥固样会读书（tʃi^{35} ʃio$ŋ^{51}$ tʃi^{35} ko^{44} ko^{44} ku^{35} io$ŋ^{31}$ hui^{44} tu^{44} su^{44}）。他像他哥哥这样会读书。

渠爸爸细咖时唧像渠固样调皮（tʃi³⁵ pa⁴⁴ pa⁴⁴ ʃi³¹³ ka sʅ⁴⁴ tʃi⁴⁴ ʃioŋ⁵¹ tʃi³⁵ ku³⁵ ioŋ³¹ t'iɔ⁵¹ pi³⁵）。他爸爸小的时候像他这样调皮。

渠新妇像渠固样难惹（tʃi³⁵ ʃien⁴⁴ fu⁴⁴ ʃio ŋ³¹ tʃi³⁵ ku³⁵ io ŋ³¹ lã³⁵ iæ⁵¹）。他媳妇像他这样泼辣。

如果表示否定，则在"像"前面加否定词"不"构成"A＋不＋像＋B＋固样＋W"。如：

我不像渠固样小气（ŋo³¹ pu³⁵ ʃioŋ⁵¹ tʃi³⁵ ku³⁵ ioŋ³¹ ʃiɔ⁵¹ tʃi⁴⁴）。我不像他这么小气。

渠新妇不像渠固样难惹（tʃi³⁵ ʃien⁴⁴ fu⁴⁴ pu³⁵ ʃioŋ⁵¹ tʃi³⁵ ku³⁵ ioŋ³¹ lã³⁵ iæ⁵¹）。新媳妇不像他这样泼辣。

渠爸爸细咖时唧不像渠固样调皮（tʃi³⁵ pa⁴⁴ pa⁴⁴ ʃi³¹³ ka sʅ⁴⁴ tʃi⁴⁴ pu³⁵ ʃioŋ⁵¹ tʃi³⁵ ku³⁵ ioŋ³¹ t'iɔ⁵¹ pi³⁵）。他爸爸小时候不像他这样调皮。

用"像"的话不管肯定还是否定"W"都只能受指示代词"固样"修饰，不能用"一样"来修饰。现在由于受普通话的影响，像"A＋像＋B＋一样＋W"的说法在安仁话中也能接受。不过据本人调查，这种说法在安仁话中并不具有普遍性。

4. A＋有＋B＋（固）＋W

这一结构常表示比较项 A 达到了被比较项 B 的程度。如：

田底咯草长起有个人固高哒（t ʅ³⁵ ti⁴⁴ ke ts'ɔ⁵¹ tioŋ⁵¹ ʃi⁵¹ iɯ³¹³ ko⁴⁴ ŋ̍³⁵ ku³⁵ kɔ⁴⁴ ta）。田里的草长得有一个人这么高了。

渠有渠哥哥固会开车（tʃi³⁵ iɯ³¹³ tʃi³⁵ ko⁴⁴ ko⁴⁴ ku³⁵ hui⁴⁴ kæ⁴⁴ ts' e⁴⁴）。他有他哥哥这么会开车。

固蔸树长起有一间屋固高（ku³⁵ te⁴⁴ su³¹ tioŋ⁵¹ ʃi⁵¹ iɯ³¹³ i⁴⁴ kã⁴⁴ u⁴⁴ ku³⁵ kɔ⁴⁴）。这棵树长得有一栋房子这么高。

固底有广州固热（ku³⁵ ti⁴⁴ iɯ³¹³ koŋ⁵¹ tsiɯ⁴⁴ ku³⁵ ie⁴⁴）。这里有广州这么热。

做哪底有哇消在？（tsa³¹ la⁵¹ ti⁴⁴ iɯ³¹³ ua³¹ ʃiɔ⁴⁴ tsa⁵¹?）做哪里有说这么轻松？

如果表示否定，则用否定词"冇得"构成"A＋冇得＋B＋（固）＋W"的说法。如：

你冇得渠固舍己（ŋ̍³¹ mɔ³⁵ te tʃi³⁵ ku³⁵ sa⁵¹ tʃi⁵¹）。你没有他这么勤奋。

固只西瓜冒得那只西瓜固好吃（ku³⁵ tʃia³¹³ ʃi⁴⁴ kua⁴⁴ mɔ³⁵ te le⁴⁴ tʃia³¹³

ʃi⁴⁴ kua⁴⁴ ku³⁵ hɔ⁵¹ ts′ia³¹³）。这个西瓜没有那个西瓜这么好吃。

为了表意更加准确，在"W"前常加指示代词"固"。"固"在句中有表示程度的作用，通常不能省略。

5. A + 比得 + B

这一结构多用于反问句，表示"比不上……"如：

渠好厉害唧，你哪底比得渠（tʃi³⁵ hɔ⁵¹ li³¹ hæ⁴⁴ tʃi，ŋ̩³¹ la⁵¹ ti⁴⁴ pi⁵¹ te tʃi³⁵）。他很厉害,你哪里比得上他。

你要是比得渠就好哒（ŋ̩³¹ iɔ³¹ s ʅ⁴⁴ pi⁵¹ te tʃi³⁵ tʃiɯ⁴⁴ hɔ⁵¹ ta）。你要是比得上他就好了。

渠屋底略条件好好唧，哪个比得渠（tʃi³⁵ u⁴⁴ ti⁴⁴ ke tiɔ³⁵ tʃ ʅ³¹³ hɔ⁵¹ hɔ⁵¹ tʃi，la⁵¹ ko⁴⁴ pi⁵¹ te tʃi³⁵）。他家里的条件很好,没有谁比得上。

其否定形式是"A + 比不得 + B"。如：

渠爸爸当官，你比不得渠（tʃi³⁵ pa⁴⁴ pa⁴⁴ toŋ⁴⁴ kuã⁴⁴，ŋ̩³¹ pi⁵¹ pu³⁵ te tʃi³⁵）。他爸爸做官,你不能和他比。

有时候也换成"A + 掂 + B + 比不得"的说法，表达的意思一样。如上面的例句也能说成：

渠爸爸当官，你掂渠比不得（tʃi³⁵ pa⁴⁴ pa⁴⁴ toŋ⁴⁴ kuã⁴⁴，ŋ̩³¹ tĩ⁴⁴ tʃi³⁵ pi⁵¹ pu³⁵ te）。他爸爸做官,你和他比不了。

二　差比句

差比句主要用来比较事物之间的区别。和等比句重在表现共性不同，差比句重在表现事物之间的差异。安仁方言中的差比句主要有以下几种形式。

1. A + 比 + B + W

这是安仁方言中很常用的一种格式，如：

渠比渠哥哥要聪明（tʃi³⁵ pi⁵¹ tʃi³⁵ ko⁴⁴ ko⁴⁴ iɔ³¹ ts′en⁴⁴ mien³⁵）。他比他哥哥聪明。

热天比冷天好过（ie⁴⁴ t′ĩ⁴⁴ pi⁵¹ loŋ³⁵ t′ĩ⁴⁴ hɔ⁵¹ ko³¹）。热天比冷天好过。

小李赚咯钱比小王还多（ʃiɔ⁵¹ li⁴⁴ ts′uã³¹ ke tsʅ⁵¹ pi⁵¹ ʃiɔ⁵¹ o ŋ³⁵ hæ³⁵ to⁴⁴）。小李赚的钱比小王还多。

渠做事比别个要勤快得多（tʃi³⁵ tsa³¹ sʅ³¹ pi⁵¹ p′ie³⁵ ko⁴⁴ iɔ³¹ tʃien³⁵ k′

uæ^{31} te to^{44}）。他做事比别人要勤快得多。

　　在这种比较式中，"W"前面还可以出现"还""要"等修饰成分。"还""要"有时还可以连用，说成"还要"。如：

　　　　读书比做事还要辛苦（tu^{44} su^{44} pi^{51} tsa^{31} sʅ^{44} hæ^{35} iɔ^{31} ʃien^{44} ku^{51}）。读书比干活还要辛苦。

　　　　坐到比站到还要苦（tso^{31} tɔ^{51} pi^{51} tsa^{44} tɔ^{51} hæ^{35} iɔ^{31} ka^{44}）。坐着比站着还要苦。

　　单独受"要"修饰时只表示客观陈述，"要"既可放在"比"的前面，也可以放在"W"的前面，意思不变，如：

　　　　热天要比冷天好过。

　　　　热天比冷天要好过。

　　上面两种说法都成立，语义没有多大的差别。

　　而受"还""还要"修饰，其只能放在"W"的前面，句子往往带有对比较的结果感到有点出乎意料的意味。

　　　　坐车比走路要快。

　　　　走路比坐车还快。

　　　　走路比坐车还要快。

　　在上面的例句中，由于"坐车"比"走路"快，这是常识，所以说"坐车比走路要快"，句中的比较值"快"不能再受"还"的修饰。而"走路"比"坐车"快，比如在堵车的时候，这有点出乎说话者的意料，所以后两句中"快"常常可以再受"还""还要"的修饰。"还"和"还要"表达的意思一样，没有多大的区别。

　　这种说法的否定形式是在"比"前面加否定词"不"，构成"A+不+比+B+W"的结构。如：

　　渠不比我高（tʃi^{35} pu^{35} pi^{51} ŋo^{31} kɔ^{44}）。他不比我高。

　　论长相，你不比渠差（luen^{44} tsioŋ^{51} ʃioi^{44}，n̩^{31} pu^{35} pi^{51} tʃi^{35} tsa^{44}）。论相貌，你不比他差。

　　渠年纪不比你大，做事要比你老练得多（tʃi^{35} ï^{35} tʃi^{44} pu^{35} pi^{51} n̩^{31} t'æ^{31}，tsa^{31} sʅ^{44} iɔ^{31} pi^{51} n̩^{31} lɔ^{51} l ï^{51} te tɔ^{44}）。他年纪不比你大，做事要比你老练得多。

这种说法在安仁话中含有歧义。从语义的表达上来说，"A 不比 B……"含有两种意思，一种意思是 A 和 B 相等，还有一种意思是 A 要大于 B。例如，"渠不比你细"这句话含有两种意思：一种是"他和你一样大"，还有一种意思是"他要比你大"。在语言的使用中往往趋向于后一种意思。如果是前一种意思，人们往往会直接用前面的"A ＋ 掂 ＋ B ＋ 一样 ＋ W"的说法。

通常也可以把否定词"不"后移，作后面比较值的补语成分，构成"A ＋ 比 ＋ B ＋ W ＋ 不得好多"的说法，如：

渠比我高不得好多（tʃi³⁵ pi⁵¹ ŋɔ³¹ ko⁴⁴ pu³⁵ te hɔ⁵¹ to⁴⁴）。_{他比我高不了多少。}

论长相，你比渠差不得好多（luen⁴⁴ tsioŋ⁵¹ ʃioŋ⁴⁴，n̩³¹ pi⁵¹ tʃi³⁵ tsa⁴⁴ pu³⁵ te hɔ⁵¹ to⁴⁴）。_{论相貌，你比他差不了多少。}

渠年纪比你大不得好多，做事要比你老练得多（tʃi³⁵ ĩ³⁵ tʃi⁴⁴ pi⁵¹ n̩³¹ t'æ³¹ pu³⁵ te hɔ⁵¹ to⁴⁴，tsa³¹ sl̩⁴⁴iɔ³¹ pi⁵¹n̩³¹ lɔ⁵¹ lĩ³¹ te to⁴⁴）。_{他年纪比你大不了多少，做事要比你老练得多。}

用这种说法往往没有歧义，表示两者相当的意思，在安仁话中比前一种说法要普遍得多。

2. A ＋ 比 ＋ B ＋ W ＋ Z

这一说法中的"Z"是差比句中比较结果"W"的具体量化值。如：

渠比你要高只脑壳（tʃi³⁵ pi⁵¹n̩³¹ io⁴⁴ ko⁴⁴ tʃia³¹³ lɔ⁵¹ ho⁴⁴）。_{他比你要高一个头。}

固件衣裳比那件衣裳贵几十块钱（ku³⁵ tʃĩ³¹³ i⁴⁴ sã⁵¹ pi⁵¹ le⁴⁴ tʃĩ³¹³ i⁴⁴ sã⁵¹ kui³¹ tʃi⁵¹ ʃi⁴⁴k'uæ⁵¹ tsĩ⁵¹）。_{这件衣服比那件衣服贵几十块钱。}

我南两个是老庚，但我比你大几个月（ŋo³¹ lã³⁵ lioŋ³¹ ko⁴⁴ sl̩⁴⁴ lɔ⁵¹ ken⁴⁴，tã³¹ ŋo³¹ pi⁵¹n̩³¹ t'æ³¹ tʃi⁵¹ ko⁴⁴ ue⁴⁴）。_{我们两个同年，但我比你大几个月。}

固间屋比那间屋大几平（方）米（ku³⁵ kã⁴⁴ u⁴⁴ pi⁵¹ le kã⁴⁴ u⁴⁴ tæ³¹ tʃi⁴⁴ pien³⁵ mien⁵¹）。_{这间房子比那间房子大几平方米。}

肥肉要比酱肉便宜点唧（fi³⁵ iɯ³¹³ iɔ⁴⁴ pi⁵¹ tʃioŋ⁵¹ iɯ³¹³ p'ĩ³⁵ ĩ⁴⁴ tia³¹³ tʃi）。_{肥肉要比瘦肉便宜点儿。}

渠比以前懂事多哒（tʃi³⁵ pi⁵¹ i⁵¹ tsĩ⁵¹ teŋ⁵¹ sl̩⁴⁴ to⁴⁴ ta）。_{他比以前懂事多了。}

"Z"在比较句中是对比较结果"W"的补充说明。它既可以是一个确定值，也可以不是一个确定值。"Z"前面有时还可以出现"得"字，表示可能或揣测，如：

固件衣裳比那件衣裳贵得几十块钱唧（ku³⁵ tʃ ɿ³¹³ i⁴⁴ sã⁵¹ pi⁵¹ le⁴⁴ tʃ ɿ³¹³ i⁴⁴ sã⁵¹ kui³¹ te tʃi⁵¹ ʃi⁴⁴ kʼuæ³¹ ts ɿ⁵¹ tʃi）。这件衣服可能比那件衣服贵几十块钱。

我比你大得几岁唧（ŋo³¹ pi⁵¹ ŋ̩³¹ tʼæ³¹ te tʃi⁵¹ su³¹ tʃi）。我比你可能只大几岁。

渠比你矮得寸把唧（tʃi³⁵ pi⁵¹ŋ̩³¹ æi⁵¹ te tsʼuen³¹ pa⁵¹ tʃi）。他比你可能只矮一寸左右。

你比渠重得斤把两斤唧（ŋ̩³¹ pi⁵¹ tʃi³⁵ tsʼeŋ³¹ te tʃien⁴⁴ pa⁵¹ lioŋ³¹ tʃien⁴⁴ tʃi）。你比他可能只重一两斤。

句子不带"得"只是表示一种客观陈述，带了"得"后，整个句子表示一种揣测的语气，表示说话者的一种估计。因此，后面的数字都是表示不确定值的数量词，通常是带"唧"尾的表示不确定值的数量短语。

这种结构的否定形式也是在"比"前面加否定词"不"，构成"A + 不 + 比 + B + W + Z"。

3. A + W + B + Z

这种格式通常用来比较年龄、身高或体重。其中"W"常是"高""矮""大""细""轻""重"等形容词。"Z"必不可少，缺少"Z"的话句子就不能成立。如：

*你矮渠

*渠大你

上述句子需带上"Z"后才能成立。如：

你矮渠只脑壳（ŋ̩³¹ æi⁵¹ tʃi³⁵ tʃia³¹³ lɔ⁵¹ ho⁴⁴）。你矮他一个头。

渠大你三岁（tʃi³⁵ tʼæ³¹ŋ̩³¹ sã⁴⁴ su³¹）。他大你三岁。

渠婆娘垒胖咯，要重渠十多斤（tʃi³⁵ po³⁵ ioŋ⁴⁴ lui⁴⁴ poŋ³¹ ke, iɔ³¹ tse ŋ̩³¹ tʃi³⁵ ʃi⁴⁴ to⁴⁴ tʃien⁴⁴）。他老婆很胖，要比他重十多斤。

有时候"高""矮""大""小"等形容词的引申用法也能用这种结构，但不一定是比较身高或体重的大小。如：

渠读高中咯时唧高你几届（tʃi³⁵ tu³⁵ kɔ⁴⁴ tsen⁴⁴ ke s ɿ⁴⁴ tʃi⁴⁴ kɔ⁴⁴ŋ̩³¹ tʃi⁵¹ kæ³¹）。他读高中时比你高几届。

渠腰围大你几公分（tʃi³⁵ iɔ⁴⁴ ui³⁵ tʼæ³¹ŋ̩³¹ tʃi⁵¹ ken⁴⁴ fen⁴⁴）。他腰围比你大几公分。

上述例句也可以用上面的"A＋比＋B＋W＋Z"说法，如：

你比渠矮只脑壳（ŋ³¹ pi⁵¹ tʃi³⁵ æi⁵¹ tʃia³¹³ lɔ⁵¹ ho⁴⁴）。你比他矮个头。

渠比你大三岁（tʃi³⁵ pi⁵¹ŋ³¹ t'æ³¹ sã⁴⁴ su³¹）。他比你大三岁。

渠读高中咯时唧比你高几届（tʃi³⁵ tu³⁵ kɔ⁴⁴ tsen⁴⁴ ke s ʔ⁴⁴ tʃi⁴⁴ pi⁵¹ ŋ³¹ kɔ⁴⁴ tʃi⁵¹ kæ³¹）。他读高中时比你高几届。

渠腰围比你大几公分（tʃi³⁵ iɔ⁴⁴ ui³⁵ pi⁵¹ ŋ³¹ t'æ³¹ tʃi⁵¹ ken⁴⁴ fen⁴⁴）。他腰围比你大几公分。

二者的意思差不多，相比来说用"比"显得正式一些，适用于一切比较，在日常的口语通常都用前一种说法，但只局限于比较年龄、身高或体重。

这种结构的否定形式和前一种结构的否定形式一样，都是"A＋不＋比＋B＋W＋Z"。

4. A＋冇得＋B＋W

这种格式是表示等比的"A＋有＋B＋W"的对应否定形式。如：

你冇得你哥哥会读书（ŋ³¹ mɔ³⁵ te ŋ³¹ ko⁴⁴ ko⁴⁴ hui³¹ tu⁴⁴ su⁴⁴）。你没有你哥哥会读书。

新屋冇得老屋凉快（ʃien⁴⁴ u⁴⁴ mɔ³⁵ te lɔ⁵¹ u⁴⁴ liɔŋ³⁵ k'uæ³¹）。新屋子没有老屋子凉快。

渠冇得你高（tʃi³⁵ mɔ³⁵ te ŋ³¹ kɔ⁴⁴）。他没有你高。

走路冇得坐车快（tse⁵¹ la³¹ mɔ³⁵ te tso³¹ ts'e⁴⁴ k'uæ³¹）。走路没有坐车快。

这种比较的说法在安仁话中也含有歧义。从语义的表达上来说，"A＋冇得＋B＋W"暗含对"A"的两种判断，一种判断是"A也W"，但程度不及B，还有一种判断是"A不W"。例如，"你冇得你哥哥会读书"这句话含有两种意思：一种是"你也会读书，但你哥哥比你更会读书"，还有一种是"你不会读书，你哥哥会读书"。

这种比较式有时在 W 前加上指示代词"固"，表示程度。如：

你冇得你哥哥固会读书（ŋ³¹ mɔ³⁵ te ŋ³¹ ko⁴⁴ ko⁴⁴ ku³⁵ hui³¹ tu⁴⁴ su⁴⁴）。你没有你哥哥这么会读书。

去年冇得今年固热（kʔ³¹³ ʔ³⁵ mɔ³⁵ te tʃien⁴⁴ ʔ³⁵ ku³⁵ ie⁴⁴）。去年没有今年这么热。

固件衣裳冇得那件衣裳固好看（ku³⁵ tʃ ʔ³¹³ i⁴⁴ sã⁵¹ mɔ³⁵ te le⁴⁴ tʃ ʔ³¹³ i⁴⁴ sã⁵¹ ku³⁵ hɔ⁵¹ kã³¹）。这件衣服没有那件衣服好看。

渠冇得你固高（tʃi³⁵ mɔ³⁵ te ŋ³¹ ku³⁵ ko⁴⁴）。他没有你这么高。

在 W 前加上指示代词"固"后，句子表示的意思往往就没有歧义了，一般只表示二者在程度上"量"的差别。例如，"你冇得你哥哥固会读书"加了"固"之后，只表示"你也会读书，但你哥哥比你更会读书"这一种意思，不再有"你不会读书，你哥哥会读书"的意思。因此，"固"在某种程度上也起到了分化歧义的作用。

5. A+不像+B+固+W

在安仁话中也有"A+不像+B"的说法，这种结构一般是指二者长得不像，"不像"是指长得不像。例如，"渠不像渠哥哥"通常是指他和他哥哥长得不像，也可以说成"渠长得不像渠哥哥"，意思一样，只不过后一种说法显得更严谨一些。

如果是比较二者在某一方面的差别则通常在后面再加"固"和"W"构成"A+不像+B+固+W"的结构。这种结构中的"W"说明了二者差别的方面，"固"是一个指示代词，是用来修饰限定"W"的，不能省略，省略后句子往往不能成立。如：

渠不像渠哥哥固勤快（tʃi³⁵ pu³⁵ ʃioŋ³¹ tʃi³⁵ ko⁴⁴ ko⁴⁴ ku³⁵ tʃien³⁵ kʼuæ³¹）。他不像他哥哥这么勤快。

渠不像细咯时唧固听话哒（tʃi³⁵ pu³⁵ ʃioŋ³¹ si³¹³ ke sʅ³⁵ tʃi⁴⁴ ku³⁵ tioŋ³¹ hua³¹ ta）。他不像小时候这么听话。

老李当哒官后不像以前固随和哒（lɔ⁵¹ li⁵¹ toŋ⁴⁴ ta kuã⁴⁴ he³¹ pu³⁵ ʃioŋ³¹ i⁵¹ tsʅ⁵¹ ku⁴⁴ sui³⁵ ho⁴⁴ ta）。老李做官后不像以前这么随和了。

冇钱咯时唧不像有钱咯时唧固大咯架子（mɔ³⁵ ts ʅ⁵¹ ke sʅ⁴⁴ tʃi⁴⁴ pu³⁵ ʃioŋ³¹ iɯ³¹³ ts ʅ⁵¹ ke s ʅ⁴⁴ tʃi⁴⁴ ku³⁵ tʼæ³¹³ ke tʃia³¹ ts ʅ⁵¹）。没钱时不像有钱时这么大的架子。

渠有咖调皮，不像渠老弟固懂事（tʃi³⁵ iɯ³¹³ ka⁴⁴ tʼiɔ³¹ pi³⁵，pu³⁵ ʃioŋ³¹ tʃi³⁵ lɔ⁵¹ ti⁴⁴ ku³⁵ ten⁵¹ sʅ⁴⁴）。他比较调皮，不像他弟弟这么懂事。

骑摩托不像骑单车固费劲（tʃi³⁵ mo³⁵ to⁴⁴ tsʼe³¹ pu³⁵ ʃioŋ³¹ tʃi³⁵ tã⁴⁴ tse³¹ ku³⁵ fi³¹ tʃien³¹）。骑摩托车不像骑单车这么费劲。

"A+不像+B+固+W"和"A+冇得+B+W"都是表示差比，二者的意思相近，在有的句子中二者可以互换，意思差不多。如：

你冇得你哥哥会读书。——你不像你哥哥固会读书。

但是仔细比较，二者还是存在一定的区别。

首先，对"A＋冇得＋B＋W"结构来说，"固"可有可无，并且在一定的条件下有分化歧义的作用；而对"A＋不像＋B＋固＋W"结构来说，"固"是必不可少的，缺少"固"句子就不能成立。

其次，具体比较"A＋冇得＋B＋固＋W"和"A＋不像＋B＋固＋W"两种说法，二者在语义上存在一定的差别。如上所述，"A＋冇得＋B＋固＋W"在语义上一般指"A也W"，但程度不及B，如"你冇得你哥哥固会读书"只指"你和你哥哥都会读书，但你哥哥比你还会读一些"，不再指"你不会读书，你哥哥会读书"这种意思。而"A＋不像＋B＋固＋W"在语义上一般是指"A不W，B会W"，不指"A也W，但程度不及B"这种意思。例如，"你不像你哥哥固小气"一般只指"你不小气，你哥哥小气"这种意思，不指"你和你哥哥都小气，但你不及你哥哥"这种意思。试比较下面句子：

新屋冇得老屋固凉快。——新屋不像老屋固凉快。
我冇得渠固会赚钱。——我不像渠固会赚钱。
渠冇得渠哥哥固小气。——渠不像渠哥哥固小气。

前面的句子都暗含"A也W"，而后面的句子都暗含"A不W"的意思。

再次，"A＋冇得＋B＋W"结构中的W可以是性质形容词或"会""有"等动词构成的动宾短语，但不能是状态形容词或复杂的谓词性短语。例如，下面的句子就不能成立：

你花钱冇得渠大手大脚。
渠冇得渠老弟天天嬉。

而"A＋不像＋B＋固＋W"结构中的W则没有这种限制，上面的句子如果换成"不像"都能成立。如：

你花钱不像渠固大手大脚（ŋ³¹ hua⁴⁴ ts̩³⁵ pu³⁵ ʃioŋ³¹ tʃi³⁵ ku³⁵ t'æ³¹³ ʃiɯ⁵¹ t' æ³¹³ tʃio⁵¹）。你花钱不像他这样大手大脚。

渠不像渠老弟固样天天嬉（tʃi³⁵ pu³⁵ ʃioŋ³¹ tʃi³⁵ lɔ⁵¹ ti⁴⁴ ku³⁵ ioŋ³¹ t ĭ⁴⁴ t ĭ⁴⁴ ʃi³⁵）。他不像他弟弟这样天天玩。

值得注意的是，当 W 是谓词性短语时，"A + 不像 + B + 固 + W"结构中的"固"要换成"固样"。如：

渠不像你固样到处哇别个咯坏话（tʃi³⁵ pu³⁵ ʃioŋ³¹ ŋ̩³¹ ku³⁵ ioŋ³¹ tɔ³¹ ts'u⁴⁴ ua³¹ pie³⁵ ko⁴⁴ ke⁴⁴ huæ³¹ hua³¹）。他不像你这样到处讲别人的坏话。

小李不像那些流子固样买东西不得钱（ʃiɔ⁵¹ li⁴⁴ pu³⁵ ʃioŋ³¹ le⁴⁴ ʃie³⁵ liɯ³⁵ ts ɿ⁴⁴ ku³⁵ ioŋ³¹ mæ³¹ teŋ⁴⁴ ʃi pu³⁵ te⁴⁴ ts ĭ⁵¹）。小李不像那些流浪那样买东西不付钱。

渠不像渠爸爸固样小气得要命（tʃi³⁵ pu³⁵ ʃioŋ³¹ tʃi³⁵ pa⁴⁴ pa⁴⁴ ku³⁵ ioŋ³¹ ʃiɔ⁵¹ tʃi⁴⁴ te⁴⁴ iɔ³¹ mioŋ³¹³）。他不像他爸爸这样很小气。

当"W"都是性质形容词时，"A + 冇得 + B + W"结构中的 W 趋向于是中性或褒义形容词，而"A + 不像 + B + 固 + W"结构中的形容词趋向于是中性或贬义形容词。

最后，从语用的倾向上来看，"A + 冇得 + B + W"重在表示对 A 的否定，语义的重点在 A 上面，主要表明 A 不如 B；"A + 不像 + B + 固 + W"重在表示对 B 的肯定，语义的重点在 B 上面，主要强调 B 强于 A。如：

我冇得渠固有钱。

我不像渠固有钱。

以上两句话虽然意思差不多，但还是存在细微的差别，前一句重在表明"我没什么钱"，后一句重在表明"渠有很多钱"。

在安仁话中也有"A + 像 + B + 固 + W"表达的意思和"A + 不像 + B + 固 + W"相反的情况，但一般用于表示假设的句子中。如：

你要是像渠固聪明就好哒（ŋ³¹ iɔ³¹ sɿ⁴⁴ ʃioŋ³¹ tʃi³⁵ ku³⁵ ts'en⁴⁴ mien³⁵ tʃiɯ³¹³ hɔ⁵¹ ta）。你要是像他这么聪明就好了。

我要是像你固有钱那好好唧（ŋɔ³¹ iɔ³¹ sɿ⁴⁴ ʃioŋ³¹ ŋ̩³¹ ku³⁵ iɯ³¹³ tsɿ⁵¹ le⁴⁴ hɔ⁵¹ hɔ⁵¹ tʃi⁴⁴）。我要是像你这么有钱那多好啊。

一般情况下，表示这种意思，如果不是表假设则通常不用这种说法，而是用表示等比的"A＋掂＋B＋一样＋W"的说法。

6. A＋耐＋B＋不和

这种比较结构重在突出二者在某一方面能力、素质的差异，前面往往要先把比较点说出来，如：

读书你耐你老弟不和（tu³⁵ su⁴⁴ ŋ̩³¹ læ³¹ ŋ̩³¹ lɔ³¹ ti⁴⁴ pu³⁵ ho³⁵）。<small>读书你不如你弟弟。</small>

论打高渠耐你不和（luen³¹ ta⁵¹ ko⁴⁴ tʃi³⁵ læ³¹ ŋ̩³¹ pu³⁵ ho³⁵）。<small>论打架他不如你。</small>

你读书耐渠不和，做事也耐渠不和（ŋ̩³¹ tu³⁵ su⁴⁴ læ³¹ tʃi³⁵ pu³⁵ ho³⁵，tsa³¹ s ɿ³¹ a⁵¹ læ³¹ tʃi³⁵ pu³⁵ ho³⁵）。<small>你读书不如他，做事也不如他。</small>

徒弟咯手艺到底还是耐师傅不和（tu³⁵ ti⁴⁴ ke⁴⁴ ʃiɯ³¹³ i⁴⁴ tɔ³¹³ ti⁴⁴ hæ³⁵ sɿ³¹ læ³¹ sɿ⁴⁴ fu³⁵ pu³⁵ ho³⁵）。<small>徒弟的手艺到底还是不如师傅。</small>

这种结构有表示"不如""比不上"的意思，所比较的方面不能放在句子后面，通常需要放在句首作主语。

有时当比较项 A 是表示否定的周遍性短语时，如"冇哪个"时，在"耐"后面要加"得"，把"不"去掉，构成"冇哪个＋耐得＋B＋和"的说法，如：

读书渠最厉害，冇哪个耐得渠和（tu³⁵ su⁴⁴ tʃi³⁵ tsui³¹ li³¹ hæ³¹，mɔ³⁵ la⁵¹ ko⁴⁴ læ³¹ te⁴⁴ tʃi³⁵ ho³⁵）。<small>读书他最厉害，没有谁比得上他。</small>

做事渠最舍己，冇哪个耐得渠和（tsa³¹ s ɿ³¹ tʃi³⁵ tsui³¹ sa⁵¹ tʃi⁵¹，mɔ³⁵ la⁵¹ ko⁴⁴ læ³¹ te⁴⁴ tʃi³⁵ ho³⁵）。<small>做事他最用功，没有谁比得上他。</small>

7. A＋抵不得＋B

这种结构主要强调二者在某一方面能力、素质的差异，前面往往也要先把比较点说出来，如：

做事你只后生干还抵不得只老人（tsa³¹ sɿ³¹ ŋ̩³¹ tʃia³¹³ he³¹ sɿ⁴⁴ kã⁴⁴ hæ³⁵ ti⁵¹ pu³⁵ te⁴⁴ tʃia³⁵ lɔ³¹ ŋ̩³⁵）。<small>做事你一个年轻人还比不上一个老人。</small>

莳田你两个人还抵不得渠一个人（sɿ³¹ tɿ³⁵ ŋ̩³¹ lioŋ³¹ ko⁴⁴ hæ³⁵ ti⁵¹ pu³⁵ te⁴⁴ tʃi³⁵ i³⁵ ko⁴⁴ ŋ̩³⁵）。<small>种田你两个人还比不上他一个人。</small>

渠固大哒还不懂事，还抵不得一只三岁咯细把唧（tʃi³⁵ ku³⁵ t'æ³¹ ta³⁵ hæ³⁵ pu³⁵ teŋ⁵¹ sɿ³¹，hæ³⁵ ti⁵¹ pu³⁵ te⁴⁴ i³⁵ tʃia³⁵ sã⁴⁴ su⁴⁴ ke⁴⁴ ʃi³¹³ pa⁵¹ tʃi⁴⁴）。<small>他这么大了还不懂事，还比不上一个三岁的小孩。</small>

渠好厉害唧，你根本抵不得渠只手指脑（tʃi³⁵ hɔ⁵¹ li³¹ hæ⁴⁴ tʃi⁴⁴，ŋ̩³¹ k

ৎ⁴⁴ pen⁵¹ ti⁵¹ pu³⁵ te⁴⁴ tʃi³⁵ tʃia³⁵ ʃiɯ⁵¹ ts ৎ⁴⁴ lɔ⁵¹）。他很厉害,你根本比不上他一个手指头。

如果表示强调,则通常用"A 连 B 都抵不得"的说法,如"渠固大哒还不懂事,连只三岁咯细把唧都抵不得"也可以把"抵不得"换成"不如",意思差不多。

相比来说,"连……都不如"语气要比"连……都抵不得"重得多。

在安仁话中"抵不得"是"不抵"的意思,即使互换意思也一样,如:

> 做事你只后生干还不抵只老人。
> 莳田你两个人还不抵渠一个人。
> 渠固大哒还不懂事,还不抵一只三岁咯细把唧。
> 渠好厉害唧,你根本不抵渠只手指脑。

相比来说,在安仁话中"抵不得"的说法比"不抵"更为普遍常用。

8. A + 不比 + B

在安仁话中也有"A 不比 B"的说法。如:

□□不比屋底,麻格事下顺你咯意（he⁵¹ tʃien⁴⁴ pu³⁵ pi⁵¹ u³⁵ ti⁴⁴, ma³⁵ ke⁴⁴ s ৎ³¹ ha³¹ suen³¹ ŋ̩³¹ ke³⁵ i³¹³）。外面不像家里,什么事都如意。

年纪大哒,不比年轻咯时唧（ৎ³⁵ tʃi⁴⁴ t'æ³¹ ta³⁵, pu³⁵ pi⁵¹ ৎ³¹ tʃien⁴⁴ ke⁴⁴ s ৎ³⁵ tʃi⁴⁴）。年纪大了,不像年轻时。

自己咯人不比别个,有哒麻格困难总会帮点忙唧（ts ৎ³¹ tʃi⁵¹ ke³⁵ ŋ³⁵ pu³⁵ pi⁵¹ pie³⁵ ko⁴⁴, iɯ³¹³ ta ma³⁵ ke⁴⁴ kuen³¹ lã³⁵ tse ŋ³⁵ hui³¹ pio ŋ⁴⁴ t ৎ⁵¹ mo ŋ³⁵ tʃi⁴⁴）。自己的人不像别人,有什么困难总会帮点忙。

在上述句子中"不比"意思是"不像","A + 不比 + B"相当于"A 不像 B",重在表示 A 和 B 不一样。

"A + 不比 + B"结构和"A + 不比 + B + W"结构相比意思存在较大的差别。"A + 不比 + B"主观上含有"A 不能和 B 相比"的意味,而"A + 不比 + B + W"则只是客观陈述比较的结构。如:

细把唧不比大人,要多照顾下唧（ʃi³¹³ pa⁵¹ tʃi⁴⁴ pu³⁵ pi⁵¹ t'æ³¹ ŋ³⁵, iɔ³¹ to⁴⁴ tsɔ³¹ ku³⁵ ha³¹ tʃi⁴⁴）。小孩子不像大人,要多照顾一下。

细把唧不比大人蠢，有时唧大人还不如细把唧（ʃi³¹ pa⁵¹ tʃi⁴⁴ pu³⁵ pi⁵¹ t'æ³¹ ŋ³⁵ ts'uen⁵¹，iɯ³¹³ sɿ³⁵ tʃi⁴⁴ t'æ³¹ ŋ³⁵ hæ³⁵ pu³⁵ u³⁵ ʃi³¹³ pa⁵¹ tʃi⁴⁴）。小孩子不比大人蠢,有时候大人还不如小孩子。

前一句是说"小孩不能和大人比，要多照顾他们"，后一句是说"小孩不比大人笨，大人有时还不如小孩"，二者的意思存在较大的差别。

三　极比句

极比句也是一种比较句，表示某一事物在某种性状上胜过或不及同类的其他事物。事实上，极比句也可以看作一种特殊的差比。同一般的差比句相比较，二者最主要的区别表现在比较的范围上，一般差比句的比较项是特指的，而极比句的比较项往往有一个是遍指的。通常表示遍指的是比较项 A，但有时也可以是被比较项 B，但两者不能同时都是遍指。在安仁话中常用的表示遍指的词有"哪""麻格"等，其通常与其他成分搭配构成表示遍指的结构，其还可以受否定词"冇"的修饰，构成带"冇"的表示遍指的结构，所构成的极比句主要有以下几种类型。

1. 哪 + 量 + 亚 + 比不得 + B

"哪"是一个表示任指的成分，后面常接量词，与前面的"哪"一起构成"哪 + 量"的结构表示任指。当其表示人时用量词"个"，构成"哪个"，当其表示地点时用量词"底"，构成"哪底"。"亚"用于任指成分"哪个"后，相当于"都"，不能省略，省略后句子不能成立。比较的对象常置于句首作主语。如：

做衣裳哪个亚比不得老李（tsa³¹ i⁴⁴ sã⁵¹ la⁵¹ ko⁴⁴ a⁵¹ pi⁵¹ pu³⁵ te⁴⁴ lɔ⁵¹ li⁴⁴）。做衣服谁都比不上老李。

读书论舍己哪个亚比不得渠（tu³⁵ su⁴⁴ luen³¹ sa⁵¹ tʃi⁵¹ la⁵¹ ko⁴⁴ a⁵¹ pi⁵¹ pu³⁵ te⁴⁴ tʃi³⁵）。读书论用功谁也比不上他。

打麻将哪个亚比不得渠，渠天天打（ta⁵¹ ma³⁵ tʃioŋ³¹ la⁵¹ ko⁴⁴ a⁵¹ pi⁵¹ pu³⁵ te⁴⁴ tʃi³⁵，tʃi³⁵ tĩ⁴⁴ tĩ⁴⁴ ta⁵¹）。打麻将谁也比不上他,他天天打。

论命好哪个亚比不得渠，渠天天嬉亚有现咯吃（luen³¹ mioŋ³¹³ hɔ⁵¹ la⁵¹ ko⁴⁴ a⁵¹ pi⁵¹ pu³⁵ te⁴⁴ tʃi³⁵，tʃi³⁵ tĩ⁴⁴ tĩ⁴⁴ ʃi³⁵ a⁵¹ iɯ³¹³ ʃi³¹ ke⁴⁴ ts'a³¹³）。论命好谁也比不上他,他天天玩吃现成的。

哪底亚比不得自己屋底（la⁵¹ ti⁴⁴ a⁵¹ pi⁵¹ pu³⁵ te⁴⁴ tsɿ⁴⁴ tʃi³⁵ u³⁵ ti⁴⁴）。哪里都比不上自己家里。

2. 麻格 + N + 亚 + 冇得 + B + W

麻格补药亚冇得饭固补（ma³¹ ke⁴⁴ pu⁵¹ iɔ⁴⁴ a⁵¹ mɔ³⁵ te⁴⁴ fã³¹ ku³⁵ pu⁵¹）。什么补药都没有饭这么补。

麻格水果亚冇得西瓜好吃（ma³¹ ke⁴⁴ su⁵¹ kɔ⁵¹ a⁵¹ mɔ³⁵ te⁴⁴ ʃi⁴⁴ kua⁴⁴ hɔ⁵¹ ts′ia³¹³）。什么水果都没有西瓜好吃。

麻格吃咯东西亚冇得饭固好（ma³¹ ke⁴⁴ ts′ia³¹³ ke⁴⁴ teŋ⁴⁴ ʃi a⁵¹ mɔ³⁵ te⁴⁴ fã³¹ ku³⁵ hɔ⁵¹）。什么吃的东西都没有饭这么好吃。

麻格车亚冇得轿车好（ma³¹ ke⁴⁴ ts′e⁴⁴ a⁵¹ mɔ³⁵ te⁴⁴ tʃ′iɔ³¹³ tʃie⁴⁴ hɔ⁵¹）。什么车都没有轿车好。

这一结构中的"W"必不能少，不能省略，省略后比较句就不能成立了。在安仁话中，表示这种极比一般很少用"麻格 + N + 亚 + 比不上 + B"这种说法，通常用"冇得……"后面再把比较的对象"W"说出来。

3. A + 比 + 哪 + 量 + 亚要 + W

读书渠比哪个亚要厉害（tu⁴⁴su⁴⁴tʃi³⁵pi⁵¹la⁵¹kɔ⁴⁴a⁵¹iɔ³⁵li³¹hæ³¹）。读书他比谁都要厉害。

渠赚咯钱比哪个亚要多（tʃi³⁵ tsuã³¹ ke⁴⁴ tsʅ⁵¹ pi⁵¹ la⁵¹ kɔ⁴⁴ a⁵¹ iɔ³⁵ to⁴⁴）。他赚的钱比谁都要多。

下棋渠比哪个亚要强（ʃia³¹tʃi³⁵tʃi³⁵pi⁵¹la⁵¹kɔ⁴⁴a⁵¹iɔ³⁵tsioŋ⁵¹）。下棋他比谁都要强。

固只垱比哪只垱亚要高（ku³⁵ tʃia³¹³ toŋ³¹ pi⁵¹ le⁴⁴ tʃia³¹³ toŋ³¹ a⁵¹ iɔ³⁵ kɔ⁴⁴）。这个地方比什么地方都要高。

固蔸树比哪蔸树亚要高（ku³⁵ te⁴⁴ su³¹ pi⁵¹ le⁴⁴ te³⁵ su³¹ a⁵¹ iɔ³⁵ kɔ⁴⁴）。这棵树比任何一棵树都要高。

这种比较结构也通常需要用"亚要"引出比较的对象"W"，表示遍指的成分也可以置前构成"哪 + 量 + 比 + A + 亚要 + W"的说法。和前一种说法相比较，二者所强调的重点不同。

4. 冇哪 + 量 + 比得上 + B

吹牛皮冇哪个比得上渠（ts′ui³⁵ iɯ³⁵ pi⁴⁴ mɔ³⁵ la⁵¹ kɔ⁴⁴ pi⁵¹ te⁴⁴ soŋ³⁵ tʃi³⁵）。吹牛皮没有谁比得上他。

下象棋冇哪个比得上渠，渠最厉害（ʃia³¹ ʃioŋ⁵¹ tʃi³⁵ mɔ³⁵ la⁵¹ kɔ⁴⁴ pi⁵¹ te⁴⁴ sioŋ³⁵ tʃi³⁵，tʃi³⁵ tsui³¹ li³¹³ hæ³¹）。下象棋没有谁比得上他，他最厉害。

莳田老李最得诀，冇哪个比得上渠（ts ʅ³¹ tʻi³⁵ lɔ⁵¹ li⁵¹ tsui³¹ te³⁵ tsue³⁵，mɔ³⁵ la⁵¹ ko⁴⁴ pi⁵¹ te sioŋ³⁵ tʃi³⁵）。种田老李最快，没有谁比得上他。

做事冇哪个比得上老李（tsa³¹ sʅ³¹ mɔ³⁵ la⁵¹ ko⁴⁴ pi⁵¹ te⁴⁴ soŋ³¹ lɔ⁵¹ li⁴⁴）。做事没有谁比得上老李。

固底最好，冇哪底比得上固底（ku³⁵ ti⁴⁴ tsui³¹ hɔ⁵¹，mɔ³⁵ la⁵¹ ti⁴⁴ pi⁵¹ te soŋ³⁵ ku³⁵ ti⁴⁴）。这里最好，没有什么地方比得上这里。

这种结构强调"B"最强，如果是表示人，前面的表示遍指的结构用"冇 + 哪 + 个"，如果表示地点的比较，前面表示遍指的结构用"冇 + 哪 + 底"。

5. 冇哪个 + 耐得 + B + 和

读书渠最厉害，冇哪个耐得渠和（tu³⁵ su⁴⁴ tʃi³⁵ tsui³¹ li³¹ hæ⁴⁴，mɔ³⁵ la⁵¹ ko⁴⁴ læ³¹ te⁴⁴ tʃi³⁵ ho³⁵）。读书他最厉害，没有谁比得上他。

做事渠最舍己，冇哪个耐得渠和（tsa³¹ s ʅ³¹ tʃi³⁵ tsui³¹ sa⁵¹ tʃi⁵¹，mɔ³⁵ la⁵¹ ko⁴⁴ læ³¹ te tʃi³⁵ ho³⁵）。做事他最用功，没有谁比得上他。

下棋冇哪个耐得渠和（ʃia³¹ tʃi³⁵ mɔ³⁵ la⁵¹ ko⁴⁴ læ³¹ te tʃi³⁵ ho³⁵）。下棋没有谁比他厉害。

打高冇哪个耐得渠和（ta⁵¹ ko⁴⁴ mɔ³⁵ læ⁵¹ ko⁴⁴ læ³¹ te tʃi³⁵ ho³⁵）。打架没有谁打得过他。

这种结构表示的意思和前面"冇哪 + 量 + 比得上 + B"差不多，但二者还是存在一定的区别。这种结构重在表示二者较量的结果，其中一个最强。前一种结构只表示一种宽泛的比较，因此其适用性更强，既可以用来比较人，还可以比较事物，而"冇哪个 + 耐得 + B + 和"只可用来比较人。

6. 冇哪 + 量 + 比 + B + 还 + W

湾底固多人，冇哪个比渠还大方（uã⁴⁴ ti ku³⁵ to⁴⁴ŋ³⁵，mɔ³⁵ læ⁵¹ ko⁴⁴ pi⁴⁴ tʃi³⁵ hæ³⁵ tʻæ³¹ foŋ⁴⁴）。村子里这么多人，没有谁比他还大方。

做事冇哪个比渠还精（tsa³¹ s ʅ³¹ mɔ³⁵ la⁵¹ ko⁴⁴ pi⁵¹ tʃi³⁵ hæ³⁵ tʃien⁴⁴）。做事没有谁比他还精明。

冇哪个人比渠还聪明（mɔ³⁵ la⁵¹ ko⁴⁴ pi⁵¹ tʃi³⁵ hæ³⁵ tsʻen⁴⁴ mien⁴⁴）。没有谁比他还聪明。

冇哪底比固底还好（mɔ³⁵ la⁵¹ ti pi⁵¹ ku³⁵ ti hæ³⁵ hɔ⁵¹）。没有什么地方比这里还好。

冇哪朵花比固朵花还好看（mɔ³⁵ la⁵¹ tɔ⁵¹ hua⁴⁴ pi⁵¹ ku³⁵ tɔ⁵¹ hua⁴⁴ hæ³⁵

hɔ⁵¹ kã³¹）。没有哪朵花比这朵花还好看。

这一结构带有反问的意味，既可比较人，还可以比较物，后面通常要用"还"引出比较的对象。

四 递比句

递比句是表示程度逐渐递加或递减的比较句。递比句也是一种特殊的差比句，表示多个事物的逐次比较，程度呈现出逐渐加深或减轻的变化。从形式上看，递比句的最大特点是比较项或被比较项都是"一＋量"结构，且前后两个"一＋量"结构必须相同。安仁方言中的递比句主要有以下几种类型。

1. 一＋量＋比＋一＋量＋W

这一结构中作为比较项和被比较项的"一＋量"结构虽然具体所指不同，但必须要形式一样。如：

渠赚咯钱一年比一年多哒（tʃi³⁵ tsuã³¹ ke tsɿ⁵¹ i³⁵ i⁵¹ pi⁵¹ i³⁵ ɿ⁵¹ to⁴⁴ ta）。他赚的钱一年比一年多。

渠做咯衣裳一件比一件好看（tʃi³⁵ tsa³¹ kei⁴⁴ sã⁵¹ i³⁵ tʃɿ³¹³ pi⁵¹ i³⁵ tʃɿ³¹³ hɔ⁵¹ kã³¹）。他做的衣服一件比一件好看。

现在一天比一天热哒（ɿ³¹³ tsa⁴⁴ i³⁵ tʃɿ⁴⁴ pi⁵¹ i³⁵ tʃɿ⁴⁴ ie³⁵ ta）。现在一天比一天热了。

渠起咯屋一栋比一栋好看（tʃi³⁵ ʃi⁵¹ ke u⁴⁴ i³⁵ teŋ³¹ pi³⁵ i³⁵ teŋ³¹ hɔ⁵¹ kã³¹）。他建房子一栋比一栋好看。

这种结构表示后面的形容词"W"的程度逐渐递增。

2. 一＋量＋不如＋一＋量

渠赚钱一年不如一年（tʃi³⁵ tsuã³¹ tsɿ⁵¹ i³⁵ ɿ³¹³ pu³⁵ u³⁵ i³⁵ ɿ³¹³）。他赚钱一年不如一年。

渠做咯衣裳一件不如一件（tʃi³⁵ tsa³¹ ke i⁴⁴ sã⁵¹ i⁴⁴ tʃɿ³¹³ pu³⁵ u³⁵ i³⁵ tʃɿ³¹³）。他做的衣服一件不如一件。

现在做生意一天不如一天（ʃi³¹³ tsæ⁴⁴ tsa³¹ sen⁴⁴ i⁴⁴ t'ɿ⁴⁴ pu³⁵ u³⁵ i³¹ t'ɿ⁴⁴）。现在做生意一天不如一天。

渠考试一次不如一次（tʃi³⁵ kɔ⁵¹ sɿ⁴⁴ i³⁵ tsɿ³¹ pu³⁵ u³⁵ i³⁵ tsɿ³¹）。他考试一次不如一次。

这种结构主要表示程度的逐渐递减，所比较的对象通常在句首说明，

to^{44} i^{35} io$\mathfrak{y}^{31}$ kɔ^{44}）。这棵树和那棵树差不多一样高。

固间屋掂那间屋差不多一样大（ku^{35} kã^{44} u^{44} t$\mathfrak{i}^{44}$ le kã^{44} u^{44} ts'a^{44} pu^{35} to^{44} i^{35} io$\mathfrak{y}^{31}$ t'æ^{31}）。这间房子和那间房子差不多一样大。

渠掂渠哥哥差不多一样聪明（t$\int$i^{35} t$\mathfrak{i}^{44}$t$\int$i^{35} ko^{44} ko^{44} ts'a^{44} pu^{35} to^{44} i^{35} io $\mathfrak{y}^{31}$ tsen^{44} mien^{44}）。他和他哥哥差不多一样聪明。

"差不多一样"表示的比较物与被比较物之间接近程度比单说"差不多"更深，但不如"一样"，三者之间的表示接近程度的关系如下：

差不多 < 差不多一样 < 一样。

"差不多一样"和"差不多"一样后面的"W"也只能是形容词成分，不能是动词性成分。

比较词"掂"除了表示"和""跟"的意思外，还有表示"像"的含义。在安仁话中表示"×像×一样"通常都用"掂"，不说"像"。如：

渠掂只猴子一样瘦（t$\int$i^{35} t $\mathfrak{i}^{44}$ t$\int$ia^{313} he^{35} ts $\mathfrak{1}^{51}$ i^{35} io$\mathfrak{y}^{31}$ se^{313}）。他像猴子一样瘦。

渠晓得固件事装起掂不晓得一样（t$\int$i^{35} $\int$iɔ^{51} te ku^{35} t$\int$ $\mathfrak{i}^{313}$ s$\mathfrak{1}^{44}$ tsio$\mathfrak{y}^{44}$ $\int$i^{51} t$\mathfrak{i}^{44}$ pu^{35} $\int$iɔ^{51} te i^{35} io$\mathfrak{y}^{31}$）。他知道这件事装着像不知道一样。

小李坌胖，手掂脚一样粗（$\int$iɔ^{51} li^{51} lui^{44} p'io$\mathfrak{y}^{31}$，$\int$iɯ^{51} t $\mathfrak{i}^{44}$ t$\int$io^{35} i^{35} io $\mathfrak{y}^{31}$ ts'u^{44}）。小李很胖，手像脚一样粗。

在上面的例句中，如果把"掂"理解成"和"或"跟"也说得过去。不过，从其表达的意思来看，理解成"像"可能会更准确一些。

在上面的例句中，当"W"是形容词的时候，这种说法也可以把后面的形容词成分"W"提前，如："小李掂只猪一样胖"也可以说成"小李胖起掂只猪一样"。

3. A + 像 + B + 固样 + W

在安仁话中也能够用"像"连接比较项和被比较项，不过，用"像"的话通常不采用上面的格式，而是用"A + 像 + B + 固样 + W"的说法。如：

渠像渠哥哥固样会读书（t$\int$i^{35} $\int$io$\mathfrak{y}^{51}$ t$\int$i^{35} ko^{44} ko^{44} ku^{35} io$\mathfrak{y}^{31}$ hui^{44} tu^{44} su^{44}）。他像他哥哥这样会读书。

渠爸爸细咖时唧像渠固样调皮 （tʃi³⁵ pa⁴⁴ pa⁴⁴ ʃi³¹³ ka s ɭ⁴⁴ tʃi⁴⁴ ʃioŋ⁵¹ tʃi³⁵ ku³⁵ ioŋ³¹ t′iɔ⁵¹ pi³⁵）。他爸爸小的时候像他这样调皮。

渠新妇像渠固样难惹 （tʃi³⁵ ʃien⁴⁴ fu⁴⁴ ʃio ŋ³¹ tʃi³⁵ ku³⁵ io ŋ³¹ lã³⁵ iæ⁵¹）。他媳妇像他这样泼辣。

如果表示否定，则在"像"前面加否定词"不"构成"A＋不＋像＋B＋固样＋W"。如：

我不像渠固样小气 （ŋo³¹ pu³⁵ ʃioŋ⁵¹ tʃi³⁵ ku³⁵ ioŋ³¹ ʃiɔ⁵¹ tʃi⁴⁴）。我不像他这么小气。

渠新妇不像渠固样难惹 （tʃi³⁵ ʃien⁴⁴ fu⁴⁴ pu³⁵ ʃioŋ⁵¹ tʃi³⁵ ku³⁵ io ŋ³¹ lã³⁵ iæ⁵¹）。新媳妇不像他这样泼辣。

渠爸爸细咖时唧不像渠固样调皮 （tʃi³⁵ pa⁴⁴ pa⁴⁴ ʃi³¹³ ka sɭ⁴⁴ tʃi⁴⁴ pu³⁵ ʃioŋ⁵¹ tʃi³⁵ ku³⁵ ioŋ³¹ t′iɔ⁵¹ pi³⁵）。他爸爸小时候不像他这样调皮。

用"像"的话不管肯定还是否定"W"都只能受指示代词"固样"修饰，不能用"一样"来修饰。现在由于受普通话的影响，像"A＋像＋B＋一样＋W"的说法在安仁话中也能接受。不过据本人调查，这种说法在安仁话中并不具有普遍性。

4. A＋有＋B＋（固）＋W

这一结构常表示比较项 A 达到了被比较项 B 的程度。如：

田底咯草长起有个人固高哒 （t ɻ̍³⁵ ti⁴⁴ ke ts′ɔ⁵¹ tioŋ⁵¹ ʃi⁵¹ iɯ³¹³ ko⁴⁴ ŋ̍³⁵ ku³⁵ kɔ⁴⁴ ta）。田里的草长得有一个人这么高了。

渠有渠哥哥固会开车 （tʃi³⁵ iɯ³¹³ tʃi³⁵ ko⁴⁴ ko⁴⁴ ku³⁵ hui⁴⁴ kæ⁴⁴ ts′e⁴⁴）。他有他哥哥这么会开车。

固菀树长起有一间屋固高 （ku³⁵ te⁴⁴ su³¹ tioŋ⁵¹ ʃi⁵¹ iɯ³¹³ i⁴⁴ kã⁴⁴ u⁴⁴ ku³⁵ kɔ⁴⁴）。这棵树长得有一栋房子这么高。

固底有广州固热 （ku³⁵ ti⁴⁴ iɯ³¹³ koŋ⁵¹ tsiɯ⁴⁴ ku³⁵ ie⁴⁴）。这里有广州这么热。

做哪底有哇消在？ （tsa³¹ la⁵¹ ti⁴⁴ iɯ³¹³ ua³¹ ʃiɔ⁴⁴ tsa⁵¹?）做哪里有说这么轻松？

如果表示否定，则用否定词"冇得"构成"A＋冇得＋B＋（固）＋W"的说法。如：

你冇得渠固舍己 （ŋ³¹ mɔ³⁵ te tʃi³⁵ ku³⁵ sa⁵¹ tʃi⁵¹）。你没有他这么勤奋。

固只西瓜冒得那只西瓜固好吃 （ku³⁵ tʃia³¹³ ʃi⁴⁴ kua⁴⁴ mɔ³⁵ te le⁴⁴ tʃia³¹³

ʃi⁴⁴ kua⁴⁴ ku³⁵ hɔ⁵¹ tsʼia³¹³）。这个西瓜没有那个西瓜这么好吃。

为了表意更加准确，在"W"前常加指示代词"固"。"固"在句中有表示程度的作用，通常不能省略。

5. A + 比得 + B

这一结构多用于反问句，表示"比不上……"如：

渠好厉害唧，你哪底比得渠（tʃi³⁵ hɔ⁵¹ li³¹ hæ⁴⁴ tʃi, ŋ̩³¹ la⁵¹ ti⁴⁴ pi⁵¹ te tʃi³⁵）。他很厉害，你哪里比得上他。

你要是比得渠就好哒（ŋ̩³¹ iɔ³¹ s ʅ⁴⁴ pi⁵¹ te tʃi³⁵ tʃiɯ⁴⁴ hɔ⁵¹ ta）。你要是比得上他就好了。

渠屋底咯条件好好唧，哪个比得渠（tʃi³⁵ u⁴⁴ ti⁴⁴ ke tiɔ³⁵ tʃ ʅ³¹³ hɔ⁵¹ hɔ⁵¹ tʃi, la⁵¹ ko⁴⁴ pi⁵¹ te tʃi³⁵）。他家里的条件很好，没有谁比得上。

其否定形式是"A + 比不得 + B"。如：

渠爸爸当官，你比不得渠（tʃi³⁵ pa⁴⁴ pa⁴⁴ toŋ⁴⁴ kuã⁴⁴, ŋ̩³¹ pi⁵¹ pu³⁵ te tʃi³⁵）。他爸爸做官，你不能和他比。

有时候也换成"A + 掂 + B + 比不得"的说法，表达的意思一样。如上面的例句也能说成：

渠爸爸当官，你掂渠比不得（tʃi³⁵ pa⁴⁴ pa⁴⁴ toŋ⁴⁴ kuã⁴⁴, ŋ̩³¹ tʅ⁴⁴ tʃi³⁵ pi⁵¹ pu³⁵ te）。他爸爸做官，你和他比不了。

二　差比句

差比句主要用来比较事物之间的区别。和等比句重在表现共性不同，差比句重在表现事物之间的差异。安仁方言中的差比句主要有以下几种形式。

1. A + 比 + B + W

这是安仁方言中很常用的一种格式，如：

渠比渠哥哥要聪明（tʃi³⁵ pi⁵¹ tʃi³⁵ ko⁴⁴ ko⁴⁴ iɔ³¹ tsʼen⁴⁴ mien³⁵）。他比他哥哥聪明。

热天比冷天好过（ie⁴⁴ tʼʅ⁴⁴ pi⁵¹ loŋ³⁵ tʼʅ⁴⁴ hɔ⁵¹ ko³¹）。热天比冷天好过。

小李赚咯钱比小王还多（ʃiɔ⁵¹ li⁴⁴ tsʼuã³¹ ke tsʅ⁵¹ pi⁵¹ ʃiɔ⁵¹ oŋ³⁵ hæ³⁵ to⁴⁴）。小李赚的钱比小王还多。

渠做事比别个要勤快得多（tʃi³⁵ tsa³¹ sʅ³¹ pi⁵¹ pʼie³⁵ ko⁴⁴ iɔ³¹ tʃien³⁵ kʼ

uæ^{31} te to^{44}）。他做事比别人要勤快得多。

在这种比较式中，"W"前面还可以出现"还""要"等修饰成分。
"还""要"有时还可以连用，说成"还要"。如：

读书 比 做事 还要 辛苦（tu^{44} su^{44} pi^{51} tsa^{31} s^{44} hæ^{35} iɔ^{31} ʃien^{44}
ku^{51}）。读书比干活还要辛苦。

坐到比站到还要苦（tso^{31} tɔ^{51} pi^{51} tsa^{44} tɔ^{51} hæ^{35} iɔ^{31} ka^{44}）。坐着比站着还要苦。

单独受"要"修饰时只表示客观陈述，"要"既可放在"比"的前
面，也可以放在"W"的前面，意思不变，如：

热天要比冷天好过。

热天比冷天要好过。

上面两种说法都成立，语义没有多大的差别。

而受"还""还要"修饰，其只能放在"W"的前面，句子往往带有
对比较的结果感到有点出乎意料的意味。

坐车比走路要快。

走路比坐车还快。

走路比坐车还要快。

在上面的例句中，由于"坐车"比"走路"快，这是常识，所以说
"坐车比走路要快"，句中的比较值"快"不能再受"还"的修饰。而
"走路"比"坐车"快，比如在堵车的时候，这有点出乎说话者的意料，
所以后两句中"快"常常可以再受"还""还要"的修饰。"还"和"还
要"表达的意思一样，没有多大的区别。

这种说法的否定形式是在"比"前面加否定词"不"，构成"A +
不 + 比 + B + W"的结构。如：

渠不比我高（tʃi^{35} pu^{35} pi^{51} ŋo^{31} kɔ^{44}）。他不比我高。

论长相，你不比渠差（luen^{44} tsioŋ^{51} ʃioŋ^{44}，n̩^{31} pu^{35} pi^{51} tʃi^{35} tsa^{44}）。论相貌，你不比他差。

渠年纪不比你大，做事要比你老练得多（tʃi^{35} ĩ^{35} tʃi^{44} pu^{35} pi^{51} n̩^{31} t'
æ^{31}，tsa^{31} s^{44} iɔ^{31} pi^{51} n̩^{31} lɔ^{51} l ĩ^{51} te tɔ^{44}）。他年纪不比你大，做事比你老练得多。

这种说法在安仁话中含有歧义。从语义的表达上来说，"A 不比B……"含有两种意思，一种意思是 A 和 B 相等，还有一种意思是 A 要大于 B。例如，"渠不比你细"这句话含有两种意思：一种是"他和你一样大"，还有一种意思是"他要比你大"。在语言的使用中往往趋向于后一种意思。如果是前一种意思，人们往往会直接用前面的"A + 掂 + B +一样 + W"的说法。

通常也可以把否定词"不"后移，作后面比较值的补语成分，构成"A + 比 + B + W + 不得好多"的说法，如：

渠比我高不得好多（tʃi³⁵ pi⁵¹ ŋo³¹ ko⁴⁴ pu³⁵ te hɔ⁵¹ to⁴⁴）。他比我高不了多少。

论长相，你比渠差不得好多（luen⁴⁴ tsio ŋ⁵¹ ʃio ŋ⁴⁴，ŋ̩³¹ pi⁵¹ tʃi³⁵ tsa⁴⁴ pu³⁵ te hɔ⁵¹ to⁴⁴）。论相貌，你比他差不了多少。

渠年纪比你大不得好多，做事要比你老练得多（tʃi³⁵ i̯³⁵ tʃi⁴⁴ pi⁵¹ ŋ̩³¹ tʼæ³¹ pu³⁵ te hɔ⁵¹ to⁴⁴，tsa³¹ sl̩⁴⁴iɔ³¹ pi⁵¹ŋ̩³¹ lɔ⁵¹ li̯³¹ te tɔ⁴⁴）。他年纪比你大不了多少，做事要比你老练得多。

用这种说法往往没有歧义，表示两者相当的意思，在安仁话中比前一种说法要普遍得多。

2. A + 比 + B + W + Z

这一说法中的"Z"是差比句中比较结果"W"的具体量化值。如：

渠比你要高只脑壳（tʃi³⁵ pi⁵¹ŋ̩³¹ iɔ⁴⁴ ko⁴⁴ tʃia³¹³ lɔ⁵¹ ho⁴⁴）。他比你要高一个头。

固件衣裳比那件衣裳贵几十块钱（ku³⁵ tʃ i̯³¹³ i⁴⁴ sã⁵¹ pi⁵¹ le⁴⁴ tʃ i̯³¹³ i⁴⁴ sã⁵¹ kui³¹ tʃi⁵¹ ʃi⁴⁴kʼuæ⁵¹ ts i̯⁵¹）。这件衣服比那件衣服贵几十块钱。

我南两个是老庚，但我比你大几个月（ŋo³¹ lã³⁵ lio ŋ³¹ ko⁴⁴ s l̩⁴⁴ lɔ⁵¹ ken⁴⁴，tã³¹ ŋo³¹ pi⁵¹ŋ̩³¹ tʼæ³¹ tʃi⁵¹ ko⁴⁴ ue⁴⁴）。我们两个同年，但我比你大几个月。

固间屋比那间屋大几平（方）米（ku³⁵ kã⁴⁴ u⁴⁴ pi⁵¹ le kã⁴⁴ u⁴⁴ tæ³¹ tʃi⁴⁴ pien³⁵ mien⁵¹）。这间房子比那间房子大几平方米。

肥肉要比酱肉便宜点唧（fi³⁵ iɯ³¹³ iɔ⁴⁴ pi⁵¹ tʃio ŋ⁵¹ iɯ³¹³ pʼi̯³⁵ i̯⁴⁴ tia³¹³ tʃi）。肥肉要比瘦肉便宜点儿。

渠比以前懂事多哒（tʃi³⁵ pi⁵¹ i⁵¹ ts i̯⁵¹ te ŋ⁵¹ s l̩⁴⁴ to⁴⁴ ta）。他比以前懂事多了。

"Z"在比较句中是对比较结果"W"的补充说明。它既可以是一个确定值，也可以不是一个确定值。"Z"前面有时还可以出现"得"字，表示可能或揣测，如：

固件衣裳比那件衣裳贵得几十块钱唧（ku³⁵ tʃ ɿ³¹³ i⁴⁴ sã⁵¹ pi⁵¹ le⁴⁴ tʃ ɿ³¹³ i⁴⁴ sã⁵¹ kui³¹ te tʃi⁵¹ ʃi⁴⁴ kʹuæ³¹ ts ɿ⁵¹ tʃi）。这件衣服可能比那件衣服贵几十块钱。

我比你大得几岁唧（ŋo³¹ pi⁵¹ŋ³¹ tʹæ³¹ te tʃi⁵¹ su³¹ tʃi）。我比你可能只大几岁。

渠比你矮得寸把唧（tʃi³⁵ pi⁵¹ŋ³¹ æi⁵¹ te tsʹuen³¹ pa⁵¹ tʃi）。他比你可能只矮一寸左右。

你比渠重得斤把两斤唧（ŋ³¹ pi⁵¹ tʃi³⁵ tsʹeŋ³¹ te tʃien⁴⁴ pa⁵¹ lioŋ³¹ tʃien⁴⁴ tʃi）。你比他可能只重一两斤。

句子不带"得"只是表示一种客观陈述，带了"得"后，整个句子表示一种揣测的语气，表示说话者的一种估计。因此，后面的数字都是表示不确定值的数量词，通常是带"唧"尾的表示不确定值的数量短语。

这种结构的否定形式也是在"比"前面加否定词"不"，构成"A + 不 + 比 + B + W + Z"。

3. A + W + B + Z

这种格式通常用来比较年龄、身高或体重。其中"W"常是"高""矮""大""细""轻""重"等形容词。"Z"必不可少，缺少"Z"的话句子就不能成立。如：

* 你矮渠

* 渠大你

上述句子需带上"Z"后才能成立。如：

你矮渠只脑壳（ŋ³¹ æi⁵¹ tʃi³⁵ tʃia³¹³ lɔ⁵¹ ho⁴⁴）。你矮他一个头。

渠大你三岁（tʃi³⁵ tʹæ³¹ŋ³¹ sã⁴⁴ su³¹）。他大你三岁。

渠婆娘垒胖咯，要重渠十多斤（tʃi³⁵ po³⁵ ioŋ⁴⁴ lui⁴⁴ poŋ³¹ ke，iɔ³¹ tseŋ³¹ tʃi³⁵ ʃi⁴⁴ to⁴⁴ tʃien⁴⁴）。他老婆很胖，要比他重十多斤。

有时候"高""矮""大""小"等形容词的引申用法也能用这种结构，但不一定是比较身高或体重的大小。如：

渠读高中咯时唧高你几届（tʃi³⁵ tu³⁵ kɔ⁴⁴ tsen⁴⁴ ke s ɿ⁴⁴ tʃi⁴⁴ kɔ⁴⁴ŋ̩³¹ tʃi⁵¹ kæ³¹）。他读高中时比你高几届。

渠腰围大你几公分（tʃi³⁵ iɔ⁴⁴ ui³⁵ tʹæ³¹ŋ³¹ tʃi⁵¹ ken⁴⁴ fen⁴⁴）。他腰围比你大几公分。

上述例句也可以用上面的"A + 比 + B + W + Z"说法，如：

你比渠矮只脑壳（ŋ̩³¹ pi⁵¹ tʃi³⁵ æi⁵¹ tʃia³¹³ lɔ⁵¹ ho⁴⁴）。你比他矮个头。

渠比你大三岁（tʃi³⁵ pi⁵¹ŋ̩³¹ t'æ³¹ sã⁴⁴ su³¹）。他比你大三岁。

渠读高中咯时唧比你高几届（tʃi³⁵ tu³⁵ kɔ⁴⁴ tsen⁴⁴ ke s ɬ⁴⁴ tʃi⁴⁴ pi⁵¹ŋ̩³¹ kɔ⁴⁴ tʃi⁵¹ kæ³¹）。他读高中时比你高几届。

渠腰围比你大几公分（tʃi³⁵ iɔ⁴⁴ ui³⁵ pi⁵¹ ŋ̩³¹ t'æ³¹ tʃi⁵¹ ken⁴⁴ fen⁴⁴）。他腰围比你大几公分。

二者的意思差不多，相比来说用"比"显得正式一些，适用于一切比较，在日常的口语通常都用前一种说法，但只局限于比较年龄、身高或体重。

这种结构的否定形式和前一种结构的否定形式一样，都是"A + 不 + 比 + B + W + Z"。

4. A + 冇得 + B + W

这种格式是表示等比的"A + 有 + B + W"的对应否定形式。如：

你冇得你哥哥会读书（ŋ̩³¹ mɔ³⁵ te ŋ̩³¹ ko⁴⁴ ko⁴⁴ hui³¹ tu⁴⁴ su⁴⁴）。你没有你哥哥会读书。

新屋冇得老屋凉快（ʃien⁴⁴ u⁴⁴ mɔ³⁵ te lɔ⁵¹ u⁴⁴ liɔŋ³⁵ k'uæ³¹）。新屋子没有老屋子凉快。

渠冇得你高（tʃi³⁵ mɔ³⁵ te ŋ̩³¹ kɔ⁴⁴）。他没有你高。

走路冇得坐车快（tse⁵¹ la³¹ mɔ³⁵ te tsɔ³¹ ts'e⁴⁴ k'uæ³¹）。走路没有坐车快。

这种比较的说法在安仁话中也含有歧义。从语义的表达上来说，"A + 冇得 + B + W"暗含对"A"的两种判断，一种判断是"A 也 W"，但程度不及 B，还有一种判断是"A 不 W"。例如，"你冇得你哥哥会读书"这句话含有两种意思：一种是"你也会读书，但你哥哥比你更会读书"，还有一种是"你不会读书，你哥哥会读书"。

这种比较式有时在 W 前加上指示代词"固"，表示程度。如：

你冇得你哥哥固会读书（ŋ̩³¹ mɔ³⁵ te ŋ̩³¹ ko⁴⁴ ko⁴⁴ ku³⁵ hui³¹ tu⁴⁴ su⁴⁴）。你没有你哥哥这么会读书。

去年冇得今年固热（kĩ³¹³ ĩ³⁵ mɔ³⁵ te tʃien⁴⁴ ĩ³⁵ ku³⁵ ie⁴⁴）。去年没有今年这么热。

固件衣裳冇得那件衣裳固好看（ku³⁵ tʃ ĩ³¹³ i⁴⁴ sã⁵¹ mɔ³⁵ te le⁴⁴ tʃ ĩ³¹³ i⁴⁴ sã⁵¹ ku³⁵ hɔ⁵¹ kã³¹）。这件衣服没有那件衣服好看。

渠冇得你固高（tʃi³⁵ mɔ³⁵ te ŋ̩³¹ ku³⁵ ko⁴⁴）。他没有你这么高。

在 W 前加上指示代词"固"后，句子表示的意思往往就没有歧义了，一般只表示二者在程度上"量"的差别。例如，"你冇得你哥哥固会读书"加了"固"之后，只表示"你也会读书，但你哥哥比你更会读书"这一种意思，不再有"你不会读书，你哥哥会读书"的意思。因此，"固"在某种程度上也起到了分化歧义的作用。

5. A + 不像 + B + 固 + W

在安仁话中也有"A + 不像 + B"的说法，这种结构一般是指二者长得不像，"不像"是指长得不像。例如，"渠不像渠哥哥"通常是指他和他哥哥长得不像，也可以说成"渠长得不像渠哥哥"，意思一样，只不过后一种说法显得更严谨一些。

如果是比较二者在某一方面的差别则通常在后面再加"固"和"W"构成"A + 不像 + B + 固 + W"的结构。这种结构中的"W"说明了二者差别的方面，"固"是一个指示代词，是用来修饰限定"W"的，不能省略，省略后句子往往不能成立。如：

渠不像渠哥哥固勤快（tʃi³⁵ pu³⁵ ʃio ŋ³¹ tʃi³⁵ ko⁴⁴ ko⁴⁴ ku³⁵ tʃien³⁵ k'uæ³¹）。他不像他哥哥这么勤快。

渠不像细咯时唧固听话哒（tʃi³⁵ pu³⁵ ʃio ŋ³¹ si³¹³ ke sʅ³⁵ tʃi⁴⁴ ku³⁵ tio ŋ³¹ hua³¹ ta）。他不像小时候这么听话。

老李当哒官后不像以前固随和哒（lɔ⁵¹ li⁵¹ to ŋ⁴⁴ ta kuã⁴⁴ he³¹ pu³⁵ ʃio ŋ³¹ i⁵¹ tsʅ⁵¹ ku⁴⁴ sui³⁵ ho⁴⁴ ta）。老李做官后不像以前这么随和了。

冇钱咯时唧不像有钱咯时唧固大咯架子（mɔ³⁵ ts ʅ⁵¹ ke sʅ⁴⁴ tʃi⁴⁴ pu³⁵ ʃio ŋ³¹ iɯ³¹³ ts ʅ⁵¹ ke s ʅ⁴⁴ tʃi⁴⁴ ku³⁵ t'æ³¹³ ke tʃia³¹ ts ʅ⁵¹）。没钱时不像有钱时这么大的架子。

渠有咖调皮，不像渠老弟固懂事（tʃi³⁵ iɯ³¹³ ka⁴⁴ t'iɔ³¹ pi³⁵，pu³⁵ ʃio ŋ³¹ tʃi³⁵ lɔ⁵¹ ti⁴⁴ ku³⁵ ten⁵¹ sʅ⁴⁴）。他比较调皮，不像他弟弟这么懂事。

骑摩托不像骑单车固费劲（tʃi³⁵ mo³⁵ to⁴⁴ ts'e³¹ pu³⁵ ʃio ŋ³¹ tʃi³⁵ tã⁴⁴ tse³¹ ku³⁵ fi³¹ tʃien³¹）。骑摩托车不像骑单车这么费劲。

"A + 不像 + B + 固 + W"和"A + 冇得 + B + W"都是表示差比，二者的意思相近，在有的句子中二者可以互换，意思差不多。如：

你冇得你哥哥会读书。——你不像你哥哥固会读书。

但是仔细比较，二者还是存在一定的区别。

首先，对"A＋冇得＋B＋W"结构来说，"固"可有可无，并且在一定的条件下有分化歧义的作用；而对"A＋不像＋B＋固＋W"结构来说，"固"是必不可少的，缺少"固"句子就不能成立。

其次，具体比较"A＋冇得＋B＋固＋W"和"A＋不像＋B＋固＋W"两种说法，二者在语义上存在一定的差别。如上所述，"A＋冇得＋B＋固＋W"在语义上一般指"A 也 W"，但程度不及 B，如"你冇得你哥哥固会读书"只指"你和你哥哥都会读书，但你哥哥比你还会读一些"，不再指"你不会读书，你哥哥会读书"这种意思。而"A＋不像＋B＋固＋W"在语义上一般是指"A 不 W，B 会 W"，不指"A 也 W，但程度不及 B"这种意思。例如，"你不像你哥哥固小气"一般只指"你不小气，你哥哥小气"这种意思，不指"你和你哥哥都小气，但你不及你哥哥"这种意思。试比较下面句子：

新屋冇得老屋固凉快。——新屋不像老屋固凉快。
我冇得渠固会赚钱。——我不像渠固会赚钱。
渠冇得渠哥哥固小气。——渠不像渠哥哥固小气。

前面的句子都暗含"A 也 W"，而后面的句子都暗含"A 不 W"的意思。

再次，"A＋冇得＋B＋W"结构中的 W 可以是性质形容词或"会""有"等动词构成的动宾短语，但不能是状态形容词或复杂的谓词性短语。例如，下面的句子就不能成立：

你花钱冇得渠大手大脚。
渠冇得渠老弟天天嬉。

而"A＋不像＋B＋固＋W"结构中的 W 则没有这种限制，上面的句子如果换成"不像"都能成立。如：

你花钱不像渠固大手大脚（ŋ³¹ hua⁴⁴ ts ʅ³⁵ pu³⁵ ʃioŋ³¹ tʃi³⁵ ku³⁵ t'æ³¹³ ʃiɯ⁵¹ t' æ³¹³ tʃio⁵¹）。你花钱不像他这样大手大脚。

渠不像渠老弟固样天天嬉（tʃi³⁵ pu³⁵ ʃioŋ³¹ tʃi³⁵ lɔ⁵¹ ti⁴⁴ ku³⁵ ioŋ³¹ t ˀi⁴⁴ t ˀi⁴⁴ ʃi³⁵）。他不像他弟弟这样天天玩。

值得注意的是，当 W 是谓词性短语时，"A＋不像＋B＋固＋W"结构中的"固"要换成"固样"。如：

渠不像你固样到处哇别个咯坏话（tʃi³⁵ pu³⁵ ʃioŋ³¹ ŋ³¹ ku³⁵ ioŋ³¹ tɔ³¹ ts'u⁴⁴ ua³¹ pie³⁵ ko⁴⁴ ke⁴⁴ huæ³¹ hua³¹）。他不像你这样到处讲别人的坏话。

小李不像那些流子固样买东西不得钱（ʃiɔ⁵¹ li⁴⁴ pu³⁵ ʃioŋ³¹ le⁴⁴ ʃie³⁵ liɯ³⁵ ts ˀi⁴⁴ ku³⁵ ioŋ³¹ mæ³¹ teŋ⁴⁴ ʃi pu³⁵ te⁴⁴ ts ˀi⁵¹）。小李不像那些流浪那样买东西不付钱。

渠不像渠爸爸固样小气得要命（tʃi³⁵ pu³⁵ ʃio ŋ³¹ tʃi³⁵ pa⁴⁴ pa⁴⁴ ku³⁵ io ŋ³¹ ʃiɔ⁵¹ tʃi⁴⁴ te⁴⁴ iɔ³¹ mioŋ³¹³）。他不像他爸爸这样很小气。

当"W"都是性质形容词时，"A＋冇得＋B＋W"结构中的 W 趋向于是中性或褒义形容词，而"A＋不像＋B＋固＋W"结构中的形容词趋向于是中性或贬义形容词。

最后，从语用的倾向上来看，"A＋冇得＋B＋W"重在表示对 A 的否定，语义的重点在 A 上面，主要表明 A 不如 B；"A＋不像＋B＋固＋W"重在表示对 B 的肯定，语义的重点在 B 上面，主要强调 B 强于 A。如：

　　我冇得渠固有钱。

　　我不像渠固有钱。

以上两句话虽然意思差不多，但还是存在细微的差别，前一句重在表明"我没什么钱"，后一句重在表明"渠有很多钱"。

在安仁话中也有"A＋像＋B＋固＋W"表达的意思和"A＋不像＋B＋固＋W"相反的情况，但一般用于表示假设的句子中。如：

你要是像渠固聪明就好哒（ŋ³¹ iɔ³¹ sˀi⁴⁴ ʃioŋ³¹ tʃi³⁵ ku³⁵ ts'en⁴⁴ mien³⁵ tʃiɯ³¹³ hɔ⁵¹ ta）。你要是像他这么聪明就好了。

我要是像你固有钱那好好唧（ŋɔ³¹ iɔ³¹ sˀi⁴⁴ ʃioŋ³¹ ŋ³¹ ku³⁵ iɯ³¹³ tsˀi⁵¹ le⁴⁴ hɔ⁵¹ hɔ⁵¹ tʃi⁴⁴）。我要是像你这么有钱那多好啊。

一般情况下，表示这种意思，如果不是表假设则通常不用这种说法，而是用表示等比的"A+掂+B+一样+W"的说法。

6. A+耐+B+不和

这种比较结构重在突出二者在某一方面能力、素质的差异，前面往往要先把比较点说出来，如：

读书你耐你老弟不和（tu^{35} su^{44} ɳ̍^{31} læ^{31} ɳ̍^{31} lɔ^{31} ti^{44} pu^{35} ho^{35}）。读书你不如你弟弟。

论打高渠耐你不和（luen^{31} ta^{51} ko^{44} tʃi^{35} læ^{31} ɳ̍^{31} pu^{35} ho^{35}）。论打架他不如你。

你读书耐渠不和，做事也耐渠不和（ɳ̍^{31} tu^{35} su^{44} læ^{31} tʃi^{35} pu^{35} ho^{35}，tsa^{31} sɿ^{31} a^{51} læ^{31} tʃi^{35} pu^{35} ho^{35}）。你读书不如他，做事也不如他。

徒弟咯手艺到底还是耐师傅不和（tu^{35} ti^{44} ke^{44} ʃiɯ^{313} i^{44} tɔ^{313} ti^{44} hæ^{35} sɿ^{31} læ^{31} sɿ^{44} fu^{35} pu^{35} ho^{35}）。徒弟的手艺到底还是不如师傅。

这种结构有表示"不如""比不上"的意思，所比较的方面不能放在句子后面，通常需要放在句首作主语。

有时当比较项 A 是表示否定的周遍性短语时，如"冇哪个"时，在"耐"后面要加"得"，把"不"去掉，构成"冇哪个+耐得+B+和"的说法，如：

读书渠最厉害，冇哪个耐得渠和（tu^{35} su^{44} tʃi^{35} tsui^{31} li^{31} hæ^{31}，mɔ^{35} la^{51} ko^{44} læ^{31} te^{44} tʃi^{35} ho^{35}）。读书他最厉害,没有谁比得上他。

做事渠最舍己，冇哪个耐得渠和（tsa^{31} sɿ^{31} tʃi^{35} tsui^{31} sa^{51} tʃi^{51}，mɔ^{35} la^{51} ko^{44} læ^{31} te^{44} tʃi^{35} ho^{35}）。做事他最用功,没有谁比得上他。

7. A+抵不得+B

这种结构主要强调二者在某一方面能力、素质的差异，前面往往也要先把比较点说出来，如：

做事你只后生干还抵不得只老人（tsa^{31} sɿ^{31} ɳ̍^{31} tʃia^{313} he^{31} sɿ^{44} kã^{44} hæ^{35} ti^{51} pu^{35} te^{44} tʃia^{35} lɔ^{31} ɳ̍^{35}）。做事你一个年轻人还比不上一个老人。

莳田你两个人还抵不得渠一个人（sɿ^{31} tɿ^{35} ɳ̍^{31} lioŋ^{31} ko^{44} hæ^{35} ti^{51} pu^{35} te^{44} tʃi^{35} i^{35} ko^{44} ɳ̍^{35}）。种田你两个人还比不上他一个人。

渠固大哒还不懂事，还抵不得一只三岁咯细把唧（tʃi^{35} ku^{35} t'æ^{31} ta^{35} hæ^{35} pu^{35} teŋ^{51} sɿ^{31}，hæ^{35} ti^{51} pu^{35} te^{44} i^{35} tʃia^{35} sã^{44} su^{44} ke^{44} ʃi^{313} pa^{51} tʃi^{44}）。他这么大了还不懂事,还比不上一个三岁的小孩。

渠好厉害唧，你根本抵不得渠只手指脑（tʃi^{35} hɔ^{51} li^{31} hæ^{44} tʃi^{44}，ɳ̍^{31} k ʅ⁴⁴ pen⁵¹ ti⁵¹ pu³⁵ te⁴⁴ tʃi³⁵ tʃia³⁵ ʃiɯ⁵¹ ts ʅ⁴⁴ lɔ⁵¹）。他很厉害，你根本比不上他一个手指头。

如果表示强调，则通常用"A 连 B 都抵不得"的说法，如"渠固大哒还不懂事，连只三岁咯细把唧都抵不得"也可以把"抵不得"换成"不如"，意思差不多。

相比来说，"连……都不如"语气要比"连……都抵不得"重得多。

在安仁话中"抵不得"是"不抵"的意思，即使互换意思也一样，如：

　　做事你只后生干还不抵只老人。

　　莳田你两个人还不抵渠一个人。

　　渠固大哒还不懂事，还不抵一只三岁咯细把唧。

　　渠好厉害唧，你根本不抵渠只手指脑。

相比来说，在安仁话中"抵不得"的说法比"不抵"更为普遍常用。

8. A + 不比 + B

在安仁话中也有"A 不比 B"的说法。如：

□□不比屋底，麻格事下顺你咯意（he⁵¹ tʃien⁴⁴ pu³⁵ pi⁵¹ u³⁵ ti⁴⁴，ma³⁵ ke⁴⁴ s ʅ³¹ ha³¹ suen³¹ n̩³¹ ke³⁵ i³¹³）。外面不像家里，什么事都如意。

年纪大哒，不比年轻咯时唧（ʅ³⁵ tʃi⁴⁴ tʼæ³¹ ta³⁵，pu³⁵ pi⁵¹ ʅ³¹ tʃien⁴⁴ ke⁴⁴ s ʅ³⁵ tʃi⁴⁴）。年纪大了，不像年轻时。

自己咯人不比别个，有哒麻格困难总会帮点忙唧（ts ʅ³¹ tʃi⁵¹ ke³⁵ n̩³⁵ pu³⁵ pi⁵¹ pie³⁵ ko⁴⁴，iɯ³¹³ ta ma³⁵ ke⁴⁴ kuen³¹ lã³⁵ tse ŋ³⁵ hui³¹ pio ŋ⁴⁴ t ʅ⁵¹ mo ŋ³⁵ tʃi⁴⁴）。自己的人不像别人，有什么困难总会帮点忙。

在上述句子中"不比"意思是"不像"，"A + 不比 + B"相当于"A 不像 B"，重在表示 A 和 B 不一样。

"A + 不比 + B"结构和"A + 不比 + B + W"结构相比意思存在较大的差别。"A + 不比 + B"主观上含有"A 不能和 B 相比"的意味，而"A + 不比 + B + W"则只是客观陈述比较的结构。如：

　　细把唧不比大人，要多照顾下唧（ʃi³¹³ pa⁵¹ tʃi⁴⁴ pu³⁵ pi⁵¹ tʼæ³¹ ŋ³⁵，iɔ³¹ to⁴⁴ tsɔ³¹ ku³⁵ ha³¹ tʃi⁴⁴）。小孩子不像大人，要多照顾一下。

细把唧不比大人蠢，有时唧大人还不如细把唧（ʃi³¹ pa⁵¹ tʃi⁴⁴ pu³⁵ pi⁵¹ t'æ³¹ ŋ³⁵ ts'uen⁵¹，iɯ³¹³sʅ³⁵ tʃi⁴⁴ t'æ³¹ ŋ³⁵ hæ³⁵ pu³⁵ u³⁵ ʃi³¹³ pa⁵¹ tʃi⁴⁴）。小孩子不比大人蠢，有时候大人还不如小孩子。

前一句是说"小孩不能和大人比，要多照顾他们"，后一句是说"小孩不比大人笨，大人有时还不如小孩"，二者的意思存在较大的差别。

三　极比句

极比句也是一种比较句，表示某一事物在某种性状上胜过或不及同类的其他事物。事实上，极比句也可以看作一种特殊的差比。同一般的差比句相比较，二者最主要的区别表现在比较的范围上，一般差比句的比较项是特指的，而极比句的比较项往往有一个是遍指的。通常表示遍指的是比较项 A，但有时也可以是被比较项 B，但两者不能同时都是遍指。在安仁话中常用的表示遍指的词有"哪""麻格"等，其通常与其他成分搭配构成表示遍指的结构，其还可以受否定词"冇"的修饰，构成带"冇"的表示遍指的结构，所构成的极比句主要有以下几种类型。

1. 哪 + 量 + 亚 + 比不得 + B

"哪"是一个表示任指的成分，后面常接量词，与前面的"哪"一起构成"哪 + 量"的结构表示任指。当其表示人时用量词"个"，构成"哪个"，当其表示地点时用量词"底"，构成"哪底"。"亚"用于任指成分"哪个"后，相当于"都"，不能省略，省略后句子不能成立。比较的对象常置于句首作主语。如：

做衣裳哪个亚比不得老李（tsa³¹ i⁴⁴ sã⁵¹ la⁵¹ ko⁴⁴ a⁵¹ pi⁵¹ pu³⁵ te⁴⁴ lɔ⁵¹ li⁴⁴）。做衣服谁都比不上老李。

读书论舍己哪个亚比不得渠（tu³⁵ su⁴⁴ luen³¹ sa⁵¹ tʃi⁵¹ la⁵¹ ko⁴⁴ a⁵¹ pi⁵¹ pu³⁵ te⁴⁴ tʃi³⁵）。读书论用功谁也比不上他。

打麻将哪个亚比不得渠，渠天天打（ta⁵¹ ma³⁵ tʃioŋ³¹ la⁵¹ ko⁴⁴ a⁵¹ pi⁵¹ pu³⁵ te⁴⁴ tʃi³⁵，tʃi³⁵ tĩ⁴⁴ tĩ⁴⁴ ta⁵¹）。打麻将谁也比不上他,他天天打。

论命好哪个亚比不得渠，渠天天嬉亚有现咯吃（luen³¹ mioŋ³¹³ hɔ⁵¹ la⁵¹ ko⁴⁴ a⁵¹ pi⁵¹ pu³⁵ te⁴⁴ tʃi³⁵，tʃi³⁵ tĩ⁴⁴t i⁴⁴ ʃi³⁵ a⁵¹ iɯ³¹³ ʃi³¹ ke⁴⁴ ts'a³¹³）。论命好谁也比不上他,他天天玩吃现成的。

哪底亚比不得自己屋底（la⁵¹ ti⁴⁴ a⁵¹ pi⁵¹ pu³⁵ te⁴⁴ tsʅ⁴⁴ tʃi³⁵ u³⁵ ti⁴⁴）。哪里都比不上自己家里。

2. 麻格 + N + 亚 + 冇得 + B + W

麻格补药亚冇得饭固补（ma³¹ ke⁴⁴ pu⁵¹ iɔ⁴⁴ a⁵¹ mɔ³⁵ te⁴⁴ fã³¹ ku³⁵ pu⁵¹）。什么补药都没有饭这么补。

麻格水果亚冇得西瓜好吃（ma³¹ ke⁴⁴ su⁵¹ ko⁵¹ a⁵¹ mɔ³⁵ te⁴⁴ ʃi⁴⁴ kua⁴⁴ hɔ⁵¹ ts'ia³¹³）。什么水果都没有西瓜好吃。

麻格吃咯东西亚冇得饭固好（ma³¹ ke⁴⁴ ts'ia³¹³ ke⁴⁴ teŋ⁴⁴ ʃi a⁵¹ mɔ³⁵ te⁴⁴ fã³¹ ku³⁵ hɔ⁵¹）。什么吃的东西都没有饭这么好吃。

麻格车亚冇得轿车好（ma³¹ ke⁴⁴ ts'e⁴⁴ a⁵¹ mɔ³⁵ te⁴⁴ tʃ'iɔ³¹³ tʃie⁴⁴ hɔ⁵¹）。什么车都没有轿车好。

这一结构中的"W"必不能少，不能省略，省略后比较句就不能成立了。在安仁话中，表示这种极比一般很少用"麻格 + N + 亚 + 比不上 + B"这种说法，通常用"冇得……"后面再把比较的对象"W"说出来。

3. A + 比 + 哪 + 量 + 亚要 + W

读书渠比哪个亚要厉害（tu⁴⁴ su⁴⁴ tʃi³⁵ pi³⁵ la⁵¹ ko⁴⁴ a⁵¹ iɔ³⁵ li³¹ hæ³¹）。读书他比谁都要厉害。

渠赚咯钱比哪个亚要多（tʃi³⁵ tsuã³¹ ke⁴⁴ tsɿ⁵¹ pi⁵¹ la⁵¹ ko⁴⁴ a⁵¹ iɔ³⁵ to⁴⁴）。他赚的钱比谁都要多。

下棋渠比哪个亚要强（ʃia³¹ tʃi³⁵ tʃi³⁵ pi⁵¹ la⁵¹ ko⁴⁴ a⁵¹ iɔ³⁵ tsioŋ⁵¹）。下棋他比谁都要强。

固只垱比哪只垱亚要高（ku³⁵ tʃia³¹³ toŋ³¹ pi⁵¹ le⁴⁴ tʃia³¹³ toŋ³¹ a⁵¹ iɔ³⁵ kɔ⁴⁴）。这个地方比什么地方都要高。

固蔸树比哪蔸树亚要高（ku³⁵ te⁴⁴ su³¹ pi⁵¹ le⁴⁴ te³⁵ su³¹ a⁵¹ iɔ³⁵ kɔ⁴⁴）。这棵树比任何一棵树都要高。

这种比较结构也通常需要用"亚要"引出比较的对象"W"，表示遍指的成分也可以置前构成"哪 + 量 + 比 + A + 亚要 + W"的说法。和前一种说法相比较，二者所强调的重点不同。

4. 冇哪 + 量 + 比得上 + B

吹牛皮冇哪个比得上渠（ts'ui³⁵ ium³⁵ pi⁴⁴ mɔ³⁵ la⁵¹ ko⁴⁴ pi⁵¹ te⁴⁴ soŋ³⁵ tʃi³⁵）。吹牛皮没有谁比得上他。

下象棋冇哪个比得上渠，渠最厉害（ʃia³¹ ʃioŋ⁵¹ tʃi³⁵ mɔ³⁵ la⁵¹ ko⁴⁴ pi⁵¹ te⁴⁴ sioŋ³⁵ tʃi³⁵，tʃi³⁵ tsui³¹ li³¹³ hæ³¹）。下象棋没有谁比得上他，他最厉害。

莳田老李最得诀，冇哪个比得上渠（ts ȵ³¹ tȵ³⁵ lɔ⁵¹ li⁵¹ tsui³¹ te³⁵ tsue³⁵，mɔ³⁵ la⁵¹ ko⁴⁴ pi⁵¹ te sioŋ³⁵ tʃi³⁵）。种田老李最快，没有谁比得上他。

做事冇哪个比得上老李（tsa³¹ sȵ³¹ mɔ³⁵ la⁵¹ ko⁴⁴ pi⁵¹ te⁴⁴ soŋ³¹ lɔ⁵¹ li⁴⁴）。做事没有谁比得上老李。

固底最好，冇哪底比得上固底（ku³⁵ ti⁴⁴ tsui³¹ hɔ⁵¹，mɔ³⁵ la⁵¹ ti⁴⁴ pi⁵¹ te soŋ³⁵ ku³⁵ ti⁴⁴）。这里最好，没有什么地方比得上这里。

这种结构强调"B"最强，如果是表示人，前面的表示遍指的结构用"冇＋哪＋个"，如果表示地点的比较，前面表示遍指的结构用"冇＋哪＋底"。

5. 冇哪个＋耐得＋B＋和

读书渠最厉害，冇哪个耐得渠和（tu³⁵ su⁴⁴ tʃi³⁵ tsui³¹ li³¹ hæ⁴⁴，mɔ³⁵ la⁵¹ ko⁴⁴ læ³¹ te⁴⁴ tʃi³⁵ ho³⁵）。读书他最厉害，没有谁比得上他。

做事渠最舍己，冇哪个耐得渠和（tsa³¹ s ȵ³¹ tʃi³⁵ tsui³¹ sa⁵¹ tʃi⁵¹，mɔ³⁵ la⁵¹ ko⁴⁴ læ³¹ te tʃi³⁵ ho³⁵）。做事他最用功，没有谁比得上他。

下棋冇哪个耐得渠和（ʃia³¹ tʃi³⁵ mɔ³⁵ la⁵¹ ko⁴⁴ læ³¹ te tʃi³⁵ ho³⁵）。下棋没有谁比他厉害。

打高冇哪个耐得渠和（ta⁵¹ ko⁴⁴ mɔ³⁵ læ⁵¹ ko⁴⁴ læ³¹ te tʃi³⁵ ho³⁵）。打架没有谁打得过他。

这种结构表示的意思和前面"冇哪＋量＋比得上＋B"差不多，但二者还是存在一定的区别。这种结构重在表示二者较量的结果，其中一个最强。前一种结构只表示一种宽泛的比较，因此其适用性更强，既可以用来比较人，还可以比较事物，而"冇哪个＋耐得＋B＋和"只可用来比较人。

6. 冇哪＋量＋比＋B＋还＋W

湾底固多人，冇哪个比渠还大方（uã⁴⁴ ti ku³⁵ tɔ⁴⁴ ȵ³⁵，mɔ³⁵ læ⁵¹ ko⁴⁴ pi⁴⁴ tʃi³⁵ hæ³⁵ t'æ³¹ foŋ⁴⁴）。村子里这么多人，没有谁比他还大方。

做事冇哪个比渠还精（tsa³¹ s ȵ³¹ mɔ³⁵ la⁵¹ ko⁴⁴ pi⁵¹ tʃi³⁵ hæ³⁵ tʃien⁴⁴）。做事没有谁比他还精明。

冇哪个人比渠还聪明（mɔ³⁵ la⁵¹ ko⁴⁴ pi⁵¹ tʃi³⁵ hæ³⁵ ts'en⁴⁴ mien⁴⁴）。没有谁比他还聪明。

冇哪底比固底还好（mɔ³⁵ la⁵¹ ti pi⁵¹ ku³⁵ ti hæ³⁵ hɔ⁵¹）。没有什么地方比这里还好。

冇哪朵花比固朵花还好看（mɔ³⁵ la⁵¹ tɔ⁵¹ hua⁴⁴ pi⁵¹ ku³⁵ tɔ⁵¹ hua⁴⁴ hæ³⁵

hɔ⁵¹ kã³¹）。没有哪朵花比这朵花还好看。

这一结构带有反问的意味，既可比较人，还可以比较物，后面通常要用"还"引出比较的对象。

四　递比句

递比句是表示程度逐渐递加或递减的比较句。递比句也是一种特殊的差比句，表示多个事物的逐次比较，程度呈现出逐渐加深或减轻的变化。从形式上看，递比句的最大特点是比较项或被比较项都是"一＋量"结构，且前后两个"一＋量"结构必须相同。安仁方言中的递比句主要有以下几种类型。

1. 一＋量＋比＋一＋量＋W

这一结构中作为比较项和被比较项的"一＋量"结构虽然具体所指不同，但必须要形式一样。如：

渠赚咯钱一年比一年多哒（tʃi³⁵ tsuã³¹ ke tsʅ⁵¹ i³⁵ ʅ⁵¹ pi⁵¹ i³⁵ ʅ⁵¹ to⁴⁴ ta）。他赚的钱一年比一年多。

渠做咯衣裳一件比一件好看（tʃi³⁵ tsa³¹ kei⁴⁴ sã⁵¹ i³⁵ tʃʅ³¹³ pi⁵¹ i³⁵ tʃʅ³¹³ hɔ⁵¹ kã³¹）。他做的衣服一件比一件好看。

现在一天比一天热哒（ʅ³¹³ tsa⁴⁴ i³⁵ tʅ⁴⁴ pi⁵¹ i³⁵ tʅ⁴⁴ie³⁵ ta）。现在一天比一天热了。

渠起咯屋一栋比一栋好看（tʃi³⁵ ʃi⁵¹ ke u⁴⁴ i³⁵ teŋ³¹ pi³⁵ i³⁵ teŋ³¹ hɔ⁵¹ kã³¹）。他建房子一栋比一栋好看。

这种结构表示后面的形容词"W"的程度逐渐递增。

2. 一＋量＋不如＋一＋量

渠赚钱一年不如一年（tʃi³⁵ tsuã³¹ tsʅ⁵¹i³⁵ ʅ³¹³ pu³⁵ u³⁵ i³⁵ ʅ³¹³）。他赚钱一年不如一年。

渠做咯衣裳一件不如一件（tʃi³⁵ tsa³¹ ke i⁴⁴ sã⁵¹ i⁴⁴ tʃʅ³¹³ pu³⁵ u³⁵ i³⁵ tʃʅ³¹³）。他做的衣服一件不如一件。

现在做生意一天不如一天（ʃʅ³¹³ tsæ⁴⁴ tsa³¹ sen⁴⁴ i⁴⁴ i³¹ tʅ⁴⁴ pu³⁵ u³⁵ i³¹ tʅ⁴⁴）。现在做生意一天不如一天。

渠考试一次不如一次（tʃi³⁵kɔ⁵¹sʅ⁴⁴i³⁵ tsʅ³¹ pu³⁵ u³⁵ i³⁵ tsʅ³¹）。他考试一次不如一次。

这种结构主要表示程度的逐渐递减，所比较的对象通常在句首说明，和前一种结构不一样，其后面不再补出"W"。

3．一＋量＋比＋一＋量＋不如

这种结构表义和前一种"一＋量＋不如＋一＋量"相同，但和前一种相比，这种结构带有强调的意味，语气要更强一些。如：

渠做略衣裳一件比一件不如（tʃi³⁵ tsa³¹ ke i⁴⁴ sã⁵¹ i³⁵ tʃ ʔi³¹³ pi⁵¹ i³⁵ tʃ ʔi³¹³ pu³⁵ u³⁵）。他做的衣服一件比一件差。

渠考试一次比一次不如（tʃi³⁵ kɔ⁵¹ sʔ⁴⁴ i³⁵ ts′ʔ³¹ pi⁵¹ i³⁵ ts′ʔ³¹ pu³⁵ u³⁵）。他考试一次比一次差。

天气越来越差哒，一天比一天不如（t ʔi⁴⁴ tʃi⁴⁴ ue³¹ le³⁵ ue³¹ ts′a⁴⁴ ta，i³⁵ t′ʔ⁴⁴ pi⁵¹ i³⁵ t′ʔ⁴⁴ pu³⁵ u³⁵）。天气越来越差了，一天比一天差。

养略固多猪一只比一只不如（ioŋ⁵¹ ke ku³⁵ to⁴⁴ tsu⁴⁴ i³⁵ tʃia³¹³ pi⁵¹ i³¹ tʃia³¹³ pu³⁵ u³⁵）。养这么多猪一只不如一只。

第五节　安仁方言的正反问句

关于普通话疑问句的分类，吕叔湘（1976）在《现代汉语语法提纲》中把疑问句分为四大类：特指问、选择问、是非问、正反问。但是，长期以来学者对此都存在不同的看法。范继淹（1982）认为，除了特指问句之外，其他的问句都是一种选择问句，这就把是非问跟选择问（包括正反问）统一起来了。邵敬敏（1996）则主张把所有的疑问句都看成一种"选择"，因此疑问句可以分为是非选择和特指选择两种，而是非选择包括"单项是非选择"与"双项是非选择"，这就把通常分属两大类的"是非问"与"正反问"在语义表达层面上联系在一起了。因为实质上，无论是是非问还是正反问，它们都要求在回答时作出肯定或否定即正面或反面的明确选择，所以，是非问和正反问在意义上是相通的。朱德熙（1985）认为，反复问句也是一种选择问句，区别在于一般的选择问要对方在 X 与 Y 里选择一项作为回答，反复问是让人在 X 与非 X 里选择一项作为回答。反复（正反）问和选择问、是非问之间存在一定的纠葛。正如太田辰夫（2003）所讲："反复疑问是把肯定和否定并列着问，形式上和选择问相似，内容上和是非问无异。"但是，我们也必须承认，这几种疑问句在句法结构形式上仍存在明显的区别，反复（正反）问是用肯定否定相叠的形式来表疑问；而是非问则有两种形式：一是采用表疑问的上扬语调；二是句尾带上疑问语气词"吗"或"吧"。所以，我们在本书中还是采吕叔湘先生的观点，把普通话疑问句分成特指问、选择问、是非问、正反问四类。

安仁方言属于赣方言，它的疑问句系统和普通话一样，也可以分为特指问、选择问、是非问和正反问四种类型，和普通话相比二者既有相同的地方也有不相同的地方。安仁话中的"特指问"和"选择问"与普通话一样，有明确的标志，前者用疑问词，后者用"还是"，有明确的范围。普通话中的"正反问句"对应着安仁话中的"正反问句"，但普通话中的"是非问句"一部分与安仁话中的"是非问"对应，一部分与"正反问"对应。这也就是说，安仁话中的"是非问"对应普通话中的"是非问"，安仁话中的"正反问"则对应着普通话中的"是非问"和"正反问"。具体关系如下所示：

普通话	安仁话		安仁话	普通话
是非问→	是非问		是非问 →	是非问
	↘ 正反问		↗	
正反问 →	正反问		正反问 →	正反问

普通话中的是非问通常有两种格式：第一，句子的结构和陈述句相同，只用疑问语调来表疑问，也就是说用升调来表疑问。第二，句末用疑问语气词"吗"或"吧"来表疑问。安仁话中也有用上升的疑问语调表示疑问的是非问句，这和普通话中第一种表示是非问的格式完全相同。如：

渠是老师？（tʃi³⁵ sʅ⁴⁴lɔ⁵¹ sʅ⁴⁴?）他是老师?

小张到屋底？（ʃiɔ³⁵ tsoŋ⁴⁴tɔ⁴⁴u⁴⁴ɕi?）小张在家?

固时唧三点钟？（ku³⁵ sʅ³⁵tʃi sã⁴⁴tʅ⁵¹tsen⁴⁴?）现在三点钟?

安仁话表示是非问没有和普通话"吗"对应的语气词，只有和"吧"对应的语气词"哎"［ai］和"吧"［ba］。例如，上面的句子也可以说成下面的形式：

> 渠是老师哎/吧？
> 小张到屋底哎/吧？
> 固时唧三点钟哎/吧？

"哎"和"吧"用在是非问中，从语法意义上来讲，主要是征求对方的意见，说话者对事实的真相已有所揣测，问对方只是进一步证实。例如，上面的例句，都表示半信半疑，都是求证性的提问，希望得到对方的证实。比较而言，带"哎"的是非问说话者对所问的事一般来说疑大于信，带"吧"的是非问说话者对所问的事一般来说信大于疑，并期待对方持肯定态度。反映在形式上，带"哎"的问句中可以用上语气副词"当真"，强调说话者的"疑"，而带"吧"的问句则不能，如"你当真晓得开车哎？"不能说成"你当真晓得开车吧？"

安仁话中和普通话用"吗"的是非问对应着的是用"不""曼"的正反问。从形式上看"不""曼"都用在句末，和"吗"一样，但因为"不""曼"在句子中有实在的否定意义，还没有完全虚化成表示疑问的语气词，因此不宜归为是非问。因此，安仁话中的正反问承担着普通话中的正反问和带疑问语气词"吗"的是非问。

正反问句是把一件事情的正反两个方面都说出来，要求对方从中作出某一方面的回答，它是现代汉语中一种重要的疑问形式。普通话中的正反问句通常有三种格式：V不VO式、VO不VO式、VO不V式。

朱德熙先生曾指出，汉语方言中的正反问句可归为"VP不VP"和"可VP"两种类型。"VP不VP"类型的正反问句当它后面出现宾语时又有两种句型，一种是"V不VO"，另一种是"VO不V"。这两种句型的正反问句在汉语方言中的分布是互补的：前者主要见于南方方言，后者主要见于北方方言。安仁方言中的正反问句属于"VP不VP"型，主要有"V不VO"和"VP不"两种格式。安仁方言中的正反问句，根据否定词的不同又可以分为三大类：一类是否定词为"不"的，一类是否定词为"曼"的，还有一类是否定词为"冇"的。否定词不同，正反问句的意义、内容和形式都存在一系列差异。具体来说有以下六种基本句式：V 不 VP、VP 不、V 曼 VP、VP 曼、有冇……、有……冇。这几个句型有的可以互换，如可以说"你来不？"或"你来不来"，意思差不多，有的却不能互换，如"你吃咖饭曼？"就不能说成"你吃咖饭不？"

下面对这几种正反问句的用法、特点进行具体的分析探讨。

一　否定词为"不"的正反问句

安仁方言中带"不"的正反问句有两种基本的格式：一是"V 不 VP"式，二是"VP 不"式，常用来询问未发生、即将发生的动作行为或事物的性状，或者用来询问人的意愿。

1. "V 不 VP"式

"V 不 VP"式是安仁方言中正反问句最常用的格式。如：

渠来不来？（tʃi^{35}le^{35}pu^{35}le^{35}？）他来不来？

你吃不吃酒？（ŋ^{31}ts'ia^{313}pu^{35}ts'ia^{313}tʃiɯ^{51}？）你喝不喝酒？

小李喜不喜欢读书？（ʃiɔ^{51}li^{51}ʃi^{51}pu^{35}ʃi^{51}huã^{44}tu^{35}su^{44}？）小李喜欢不喜欢读书？

过年得不得钱得渠定岁？（ko^{31}ȵ^{35}te^{35}pu^{35}te^{35}ts'ȵ^{51}te^{35}tʃi^{35}tien^{31}su^{31}？）过年给不给钱给他压岁？

根据动词短语"VP"的构成及其在句法结构中的分布，在安仁方言中这类"V 不 VP"式的正反问句有下面几种具体的问句格式。其正反重叠的部分不单可以是句子的谓语中心，而且可以是句子的状语、补语部分。

（1）V 不 V？当"VP"所涉及的词是单音节时，直接重叠构成"V 不 V"式，这和普通话的说法一样。如：

渠今日来不来？（tʃi^{35}tʃ ȵ^{44}i^{44}le^{35}pu^{35}le^{35}？）他今天来不来？

那只鱼大不大？（le^{44}tʃia^{313}y^{35}t'æ^{313}pu^{35}t'æ^{313}？）那条鱼大不大？

不晓得固只西瓜甜不甜？（pu^{35}ʃiɔ^{51}te ku^{35}tʃia^{313}ʃi^{44}kua^{44}t ȵ^{51}pu^{35}t ȵ^{51}？）不知道这个西瓜甜不甜？

（2）A 不 AB？当"VP"所涉及的词为双音节时，则只取其中的第一个音节，构成"A 不 AB"式。"AB"代表两个音节。如：

小王喜不喜欢打球？（ʃiɔ⁵¹oŋ⁴⁴ʃi⁵¹pu³⁵ʃi⁵¹hã⁴⁴ta⁵¹tʃiɯ³⁵?）小王喜欢不喜欢打球？

看看渠现在还老不老实？（kã³¹ kã³¹ tʃi³⁵ ʃĩ³¹³ tsa⁴⁴ hæ³⁵ lɔ⁵¹ pu³⁵ lɔ⁵¹ ʃi³⁵?）看看他现在还老实不老实？

你愿不愿意帮渠咯忙？（ŋ̍³¹ uĩ³¹³　pu³⁵ uĩ³¹³　i³¹　piɔŋ⁴⁴ tʃi³⁵ ke moŋ³⁵?）你愿意不愿意帮他的忙？

这和普通话的说法明显不同。普通话多采用整个双音节或短语的重叠的形式，构成"AB 不 AB"的说法。

现在由于普通话的普及和推广，安仁话中表示正反问有时也采用普通话"AB 不 AB"的说法，如"喜欢不喜欢？""高兴不高兴？"等，但这种说法并不普遍，带有较强的书面色彩，其在安仁话正反问句中的用法远不如"V 不 VP"式那么普及。

普通话中还有"AB 不 A"的说法，如"考试不考？""洗澡不洗？"在安仁话中都以"A 不 AB"的形式出现，如"考不考试""洗不洗澡"，"不"字前以语素形式出现，"不"字后以双音节形式出现。

（3）V 不 VO？当"V"后面带宾语时，安仁方言中常用的形式也是"V 不 VO"式，而不是普通话的"VO 不 VO"式或"VO 不 V"式。如：

快煞夜哒，你还弄不弄饭？（k'uæ³¹ sa³⁵ ia³¹ ta, ŋ̍³¹ hæ³⁵ leŋ³¹ pu³⁵ le ŋ̍³¹fã³¹?）天快黑了，你还做饭不做？

快落雨哒，带不带把伞？（k'uæ³¹lo⁴⁴y⁵¹ta, tæ³¹ pu³⁵ tæ³¹ sã⁵¹?）快下雨了，带伞不带？

渠喜不喜欢打球？（tʃi³⁵ ʃi⁵¹ pu³⁵ ʃi⁵¹huã⁴⁴ ta⁵¹tʃiɯ³⁵?）他喜欢打球不喜欢？

（4）V助 不 V助 + VP？V助表示助动词，在句子中作状语，用来询问动作行为或性状的可能性、必要性和意愿性。如：

渠固调皮，你哇该不该打？（tʃi³⁵ ku³⁵ tiɔ³¹ pi³⁵, ŋ̍³¹ ua³¹ kæ⁴⁴　pu³⁵ kæ⁴⁴ ta⁵¹?）他这么调皮，你说该不该打？

你走得固慢，不晓得会不会迟到？（ŋ̍³¹ tse⁵¹ te ku³⁵ mã³¹, pu³⁵ ʃiɔ⁵¹ te hui³¹ pu³⁵hui³¹ tsʅ³⁵ tɔ³¹?）你走得这么慢，不知道会不会迟到？

你可不可以借本书得我看？（ŋ̍³¹ ko⁵¹ pu³⁵ ko⁵¹ i⁵¹ tʃia³¹ pen⁵¹ su⁴⁴ te ŋ̍ɔ³¹ kã³¹?）你可不可以借本书给我看？

快落雨哒，要不要送把伞得渠？（k'uæ³¹lo⁴⁴y⁵¹ta, iɔ⁵¹pu³⁵iɔ⁵¹ sen³¹ pa⁵¹

sã⁵¹ te tʃi³⁵?）快下雨了，要不要送把伞给他？

（5）A 不 A + VP？A 表示句子状语位置的形容词，可以正反重叠构成正反问句。如：

渠弄咯菜我以前曼吃过，不晓得好不好吃？（tʃi³⁵ leŋ³¹ ke ts'æ³¹³ ŋo³¹ i⁵¹ tsɿ⁵¹ mã³⁵ ts'a³¹³ ko³¹，pu³⁵ ʃɔ⁵¹ te hɔ⁵¹ pu³⁵ hɔ⁵¹ ts'ia³¹³?）他做的菜我以前没吃过，不知道好不好吃？

来咖固多客，多不多煮点饭唧？（le³⁵ ka ku³⁵ to⁴⁴ k'a⁴⁴，tɔ⁴⁴ pu³⁵ tɔ⁴⁴ tsu⁵¹ t ɿ⁵¹ fã³¹ tʃi?）来了这么多客人，多不多煮点饭？

要迟到哒，快不快点唧走？（iɔ³¹ tsɿ³⁵ tɔ³¹ ta，k'uæ³¹ pu³⁵ k'uæ³¹ tɿ⁵¹ tʃi tse⁵¹?）要迟到了，快不快点走？

这一格式和上一格式一样，都是状语位置词语的重叠构成的正反问句，不同的是一个是助动词，另一个是形容词。

（6）V 不 V + 得？这种格式用来询问可否，意思是"可不可以 VP"，即询问主客观条件是否允许实现某种动作行为。如：

固件衣裳不晓得我穿不穿得？（ku³⁵ tʃ ɿ³¹³ i⁴⁴ sã⁵¹ pu³⁵ ʃiɔ⁵¹ te ŋ o³¹ ts'u ɿ⁴⁴ pu³⁵ ts'u ɿ⁴⁴ te?）这件衣服我能不能穿？

渠支笔我用不用得？（tʃi³⁵ ts ɿ⁴⁴ pi³⁵ŋ o³¹ ien³¹³ pu³⁵ ien³¹³ te?）这支笔我能不能用？

固句话我哇不哇得？（ku³⁵ tsu³¹ hua³¹ŋ o³¹ ua⁵¹ pu³⁵ ua⁵¹ te?）这句话我能不能说？

这一格式表示的意思和"可不可以 + VP"意思差不多，上面的例子也可以说成：

固件衣裳不晓得我可不可以穿？

渠支笔我可不可以用？

固句话我可不可以哇？

（7）V 不 V + 得 + C？C 指补语，这一格式用来询问可能性或结果。如：

你走咖一天哒，还走不走得那？（ŋ³¹ tse⁵¹ ka i⁴⁴ tɿ⁴⁴ ta，hæ³⁵ tse⁵¹ pu³⁵ tse⁵¹ te la³⁵?）你走了一天了，还走不走得动？

固只题目好难唧，你做不做得出？（ku³⁵ tʃia³¹³ ti³⁵ mo⁴⁴ hɔ⁵¹ lã³⁵ tʃi，ŋ³¹ tsa³¹ pu³⁵ tsa³¹ te ts'u³⁵?）这个题目很难，你做不做得出？

你坐哒背头看黑板上咯字看不看得清？（ŋ³¹ tso³¹ ta pe⁵¹ te kã³¹ he³⁵ pã⁵¹ so ŋ⁴⁴ke ts ʅ³¹ kã³¹ pu³⁵ kã³¹ te tʃ′ien⁴⁴?）<small>你坐在后头看黑板上的字看不看得清?</small>

这一格式可以看作前一格式的扩展。

（8）V 得 A 不 A？A 是补语位置的形容词，用来询问事件的情况。如：

你看看固件衣裳洗得干不干净？（ŋ³¹ kã³¹ kã³¹ ku³⁵ tʃ ʅ³¹³ i⁴⁴ sã⁵¹ ʃi⁵¹ te kã³¹ pu³⁵ kã³¹ tʃien³¹?）<small>你看看这件衣服洗得干不干净?</small>

渠咯字写得好不好？（tʃi³⁵ke ts ʅ³¹³ ʃie⁵¹ te hɔ⁵¹ pu³⁵ hɔ⁵¹?）<small>他的字写得好不好?</small>

渠长得生不生得好？（tʃi³⁵ tioŋ⁵¹ te s ʅ⁴⁴ pu³⁵ s ʅ⁴⁴ te hɔ⁵¹?）<small>她长得漂不漂亮?</small>

2．"VP 不"式

把 "不" 置于句尾是 "VP 不" 式正反问句最常用的格式。如：

下盘棋不？（ʃia³¹ pã³⁵ tʃi³⁵ pu³⁵?）<small>下不下盘棋?</small>

渠来嬉不？（tʃi³⁵ le³⁵ ʃi³⁵ pu³⁵?）<small>他来不来玩?</small>

你到屋里还看书不？（ŋ³¹ tɔ⁴⁴ u³⁵ ti hæ³⁵ kã³¹ su⁴⁴ pu³⁵?）<small>你在家里还看不看书?</small>

从结构形式上考察，安仁方言中的 "VP 不" 式正反问句应该属于 "V 不 V" 式的省略形式，它同样要求听话人在正与反、是与否两个对立项之间确定一项作为回答，其句末的否定词 "不" 后面一般能够补出 VP 或 VP 的一部分。

根据 "VP" 性质的不同，"VP 不" 式正反问句有下面一些类型。

（1）单纯的动词谓语句。

渠来不？——渠来不来？

你嬉不？——你嬉不嬉？

老师同意不？——老师同意不同意？

（2）动宾谓语句。

你吃饭不？——你吃不吃饭？

渠打麻将不？——渠打不打麻将？

渠愿意捐钱不？——渠愿不愿意捐钱？

（3）动补谓语句。

牙齿疼得厉害不？——牙齿疼得厉不厉害？

雨落得大不？——雨落得大不大？

固只位置再坐一个人挤得下不？——固只位置再坐一个人挤不挤得下？

（4）双宾句。

渠讨哒婆娘，还得钱得大人不？——渠讨哒婆娘，还得不得钱得大人？

渠长大哒，还帮你做事不？——渠长大哒，还帮不帮你做事？

（5）主谓谓语句。

老李现在身体还好不？——老李现在身体还好不好？

渠长大哒还调皮不？——渠长大哒还调不调皮？

（6）形容词性谓语句。

渠小气不？——渠小不小气？

那件衣裳合身不？——那件衣裳合不合身？

从语义功能上考察，我们发现"VP不"式正反问句主要询问主观或客观的情况，或当事人的意愿，其功能和答话都和普通话中的是非问基本对应，但其句尾的"不"还没有完全虚化，和"吗"不同。试比较：

安仁话	普通话
问：今日是礼拜天不？	问：今天是星期天吗？
答：是咯/不是咯。	答：是的/不是的。
问：你吃饭不？	问：你吃饭吗？
答：吃/不吃。	答：吃/不吃。

二　否定词为"曼"的正反问句

安仁话中"曼"否定的动作行为限于过去和现在，不能指将来，重在否定客观事实，否定动作或行为都已经发生。"曼"构成正反问句主要询问某件事是否已经完成或实现，或某种状态是否已经出现或发生变化。句中常有表示完成或实现的结构助词"咖""哒"。

1. "VP曼"式

在安仁话中，"VP曼"和"V曼VP"表达的意思差不多，两种格式基本上可以通用。但是，相比较而言，"VP曼"要比"V曼VP"更常用，这和上述"不"的正反问句的情况刚好相反，对前者而言"V不VP"的格式要比"VP不"的格式更常用。

在安仁话中"VP曼"主要针对存在、完成、经历、进行或持续进行询问。其中"VP"为肯定部分，"曼"为否定部分，"曼"总处于句尾，后面不能附加任何别的成分。具体情况有以下几种。

（1）询问存在情况。

老张到屋底曼？（lɔ^{51} tsoŋ^{44} tɔ^{44} u^{35} ti mã^{35}？）老张在家没有？

看看那只卖菜略还到那底曼？（kã^{31} kã^{31} le tʃia^{313} mæ^{31} tsæ^{313} ke hæ^{35} tɔ^{44} le^{35} ti mã^{35}？）看看那个买菜的还在那没有？

衣裳挂在□□几天曼收，不晓得还到晾竿上曼？（i^{44} sã^{51} kua^{31} tɔ^{44} he^{51} tʃien^{44} tʃi^{51} tʃi^{51} mã^{35} ʃiɯ^{44}，pu^{35} ʃiɔ^{51} te hæ^{35} tɔ^{44} lioŋ^{31} kã^{51} soŋ^{44} mã^{35}？）衣服挂在外面几天没收，不知道还在晾竿上没有？

询问是否存在时，安仁方言中的正反问格式为"VP曼"或"V曼VP"，相对应的普通话表现则不一样，有"VP没有""V没VP"和"V不VP"三种。

（2）询问完成、经历情况。

你吃咖饭曼？（ŋ^{31} ts′ia^{313} ka fa^{31} mã^{35}？）你吃了饭没有？

衣裳干哒曼？（i^{44} sã^{51} kuã^{44} ta mã^{35}？）衣服干了没有？

你看到渠曼？（ŋ^{31} kã^{313} tɔ^{51} tʃi^{35} mã^{35}？）你见过他没有？

询问完成和经历情况时，安仁方言中的正反问格式为"VP曼"或"V曼VP"，普通话为"VP没有"和"V没VP"，两者情况大致相当。

（3）询问进行、持续情况。

渠固时唧到那底打麻将曼？（tʃi³⁵ ku³⁵ sꞱ⁴⁴ tʃi tɔ⁴⁴ le³⁵ ti ta⁵¹ ma³⁵ tʃioŋ³¹ mã³⁵?）_{他这个时候在那打麻将没有？}

车子停到那底曼？（tsʹe⁴⁴ tsꞱ⁵¹ tien³⁵ tɔ⁴⁴ le⁴⁴ ti mã³⁵?）_{车子停在那里没有？}

锅底到炒菜曼？（o⁴⁴ ti⁴⁴ tɔ⁴⁴ tsʹɔ⁵¹ tsʹæ³¹ mã³⁵?）_{锅里在炒菜没有？}

询问进行和持续情况时，安仁方言中的正反问格式是"VP 曼"或"V 曼 VP"，普通话也有"VP 没（有）""V 没 VP"两种。但是，对普通话而言，当动词前面有介词短语时，通常采用介词的肯定否定叠加形式，且"没"和"不"可以自由使用而不影响意义。例如，"渠固时唧到那底打麻将曼？"普通话既可以说成"他这个时候在那里打麻将没有？"还可以说成"他这个时候在没在那里打麻将？"或"他这个时候在不在那里打麻将？"

2."V 曼 VP"式

安仁话中"V 曼 V"和"VP 曼"一样主要针对存在、完成、经历、进行或持续进行询问，主要表示已然，与普通话的"V 没 V"意思一样。如：

饭蒸咖一个多小时哒看看熟曼熟？（fã³¹ tsen⁴⁴ ka i⁴⁴ ko³¹ to³⁵ ʃiɔ⁵¹ sꞱ³⁵ ta kã³¹ kã³¹ siɯ⁴⁴ mã³⁵ siɯ⁴⁴?）_{饭蒸了一个多小时了看看熟没熟？}

不晓得渠□日吃曼吃饭？（pu³⁵ ʃiɔ⁵¹ te tʃi³⁵ tsʹæ³¹³ iꞏ⁴⁴ tsʹia⁵¹ mã³⁵ tsʹia⁵¹ fã³¹?）_{不知道他昨日吃没吃饭？}

你开张洗曼洗澡？（ŋ³¹ kʹæ⁴⁴tsoŋ⁴⁴ ʃi⁵¹ mã³⁵ ʃi⁵¹ tsɔ⁵¹?）_{你刚才洗没洗澡？}

"V 曼 VP"格式中的"VP"是谓词性成分，其中根据"VP"的不同又可以把这一格式分为不同的小类。

（1）"VP"是光杆动词或形容词。

渠来曼来？（tʃi³⁵ le³⁵ mã³⁵ le³⁵?）_{他来没来？}

衣裳干曼干？（i⁴⁴ sã⁵¹ kua³¹³ mã³⁵ kua³¹³?）_{衣服干没干？}

渠洗曼洗澡？（tʃi³⁵ ʃi⁵¹ mã³⁵ ʃi⁵¹ tsɔ⁵¹?）_{他洗没洗澡？}

你上课略时候认曼认真？（ŋ³¹ soŋ⁴⁴ ko³¹ ke sꞱ³⁵ he⁴⁴ ien³¹³ mã³⁵ ien³¹³ tsen⁴⁴?）_{你上课的时候认不认真？}

这一类正反问句的格式是"V 曼 V"。其中的"V"既可以是动词又可以是形容词。当"V"是单音节时直接重叠，如上面的"来曼来""干曼干"。当"V"是双音节时则重叠第一个音节，如上述的"洗曼洗澡""认曼认真"。

（2）VP 带宾语。

其一，VP 带简单宾语的，如：

小李开学交曼交学费？（ʃiɔ⁵¹ li⁵¹ kæ⁴⁴ ʃo³⁵ tʃiɔ⁴⁴ mã³⁵ tʃiɔ⁴⁴ ʃo³⁵ fi³¹？）_{小李开学交没交学费？}

屋底来客哒，你弄曼弄饭？（u³⁵ ti le³⁵ ka³⁵ ta，n̩³¹ le ŋ³¹ mã³⁵ le ŋ³¹ fã³¹？）_{家里来客人了，你做不做饭？}

你到街上买曼买麻格菜？（n̩³¹ tɔ⁴⁴ kæ⁴⁴ so ŋ⁴⁴ mæ³¹ mã⁴⁴ mæ³¹ ma³¹ ke⁴⁴ ts'æ³¹？）_{你在街上买没买什么菜？}

其二，VP 带双宾语的，如：

你得曼得渠钱？（n̩³¹ te⁴⁴ mã³⁵ te⁴⁴tʃi³⁵ ts ɿ⁵¹？）_{你给没给他钱？}

小张生日你送曼送渠礼物？（ʃiɔ⁵¹ tsoŋ⁴⁴ so ŋ⁴⁴ i⁴⁴ n̩³¹ se ŋ³¹ mã³⁵ se ŋ³¹ tʃi³⁵ li⁵¹ u⁴⁴？）_{小张生日你送没送他礼物？}

这一类正反问句的形式是"V 曼 VP"，相应的普通话的形式是"V 没 VP"或"VP 没 V"。

（3）VP 带补语。

考试咯时唧固只题目你做曼做得出？（kɔ⁵¹ sɿ⁴⁴ ke sɿ³⁵ tʃi ku³⁵ tʃia³⁵ t'i³⁵ mo⁴⁴ n̩³¹ tsa³¹ mã³⁵ tsa³¹ te tsu³⁵？）_{考试时这个题目你做没做出来？}

你走咯时唧关曼关好门？（n̩³¹ tse⁵¹ ke sɿ³⁵ tʃi kuã⁴⁴ mã³⁵ kuã⁴⁴ hɔ⁵¹ mien³⁵？）_{你走的时候关没关好门？}

晌饭你吃曼吃饱？（ʃioŋ⁵¹ fã³¹n̩³¹ ts'ia³¹³ mã³⁵ ts'ia³¹³ pɔ⁵¹？）_{午饭你吃没吃饱？}

这类正反问句都采用"V 曼 VC"的说法，如果带宾语则把宾语放在补语的后面构成"V 曼 VCO"的说法。

（4）VP 是连动或兼语形式。

厂长到曼到县底去开会？（ts'oŋ⁵¹ tsoŋ⁵¹ tɔ⁴⁴ mã³⁵ tɔ⁴⁴ sɿ³¹ ti ke⁴⁴ kæ⁴⁴ hui³¹？）_{厂长去没去县里开会？}

你喊曼喊老张来吃饭？（ŋ³¹ hã⁵¹ mã³⁵ hã⁵¹ lɔ⁵¹ tsoŋ⁴⁴ le³⁵ ts'ia³¹³ fã³¹？）_{你叫没叫老张来吃饭？}

喊不喊渠来打牌？（hã⁵¹ pu³⁵ hã⁵¹ tʃi³⁵ le³⁵ ta⁵¹ pæ³⁵？）_{叫不叫他来打牌？}

这类正反问句的格式是"V曼VOVP"，重叠的是前面第一个动词。

（5）VP含有介词短语。

你出来时把曼把门锁好？（ŋ³¹ ts'u³⁵ le⁴⁴ sʅ⁴⁴ pa⁵¹ mã³⁵ pa⁵¹ mien³⁵ so⁵¹ hɔ⁵¹？）_{你出来时有没有把门锁好？}

渠对曼对你哇咖固些话？（tʃi³⁵ tui³¹ mã³⁵ tui³¹ ŋ³¹ ua⁵¹ ka ku³⁵ ʃie³⁵ hua³¹？）_{他对没对你说过这些话？}

毕业后你掂曼掂渠联系过？（pi⁵¹ ie³⁵ he³¹ ŋ³¹ t ʅ⁴⁴ mã³⁵ t ʅ⁴⁴ tʃi³⁵ l ʅ³⁵ ʃi⁴⁴ ko³¹？）_{毕业后你和没和他联系过？}

这类正反问句的格式主要是"P曼PVP"，如果介词带宾语则是"P曼POVP"的格式。重叠的部分主要是介词，这和普通话不太一样，普通话中有些也是采用介词肯定否定叠加的方式，而有些则不能。例如，"你出来时把曼把门锁好？"中的"把曼把"在普通话中不能说成"把没把"。

三　否定词为"冇"的正反问句

安仁话中"冇"是一个表示否定意义的动词，和动词"有"〔iɯ³¹³〕相对。常用来表示对事物的领有、具有或存在的否定。"冇"构成正反问句只与"有"搭配在一起。在安仁话中"冇"构成的正反问句主要有以下两种格式。

1. "有冇……"式

"有冇"相当于"有没有"，后面只能接名词或以名词为中心的词组。

你现在有冇空？（ŋ³¹ ʃ ʅ³¹³ tsa⁴⁴ iɯ³¹³ mɔ³⁵ k'en³¹？）_{你现在有没有空？}

操场上有冇人？（tsɔ⁴⁴ tsoŋ³⁵ soŋ⁴⁴ iɯ³¹³ mɔ³⁵ ŋ³⁵？）_{操场上有没有人？}

你身上有冇钱？（ŋ³¹ sen⁴⁴ soŋ³⁵ iɯ³¹³ mɔ³⁵ tsʅ⁵¹？）_{你身上有没有钱？}

安仁方言中还存在此类正反问句的另一个同义表达形式"有不有"。例如，上述例句也可以说成：

你现在有不有空？（ŋ³¹ ʃ ʅ³¹³ tsa⁴⁴ iɯ³¹³ pu³⁵ iɯ³¹³ k'en³¹？）_{你现在有没有空？}

操场上有不有人？（ts'ɔ⁴⁴tsoŋ³⁵ soŋ⁴⁴ iɯ³¹³ pu³⁵ iɯ³¹³ ŋ³⁵?）操场上有没有人？

你身上有不有钱？（ŋ³¹ sen⁴⁴ soŋ³⁵ iɯ³¹³ pu³⁵ iɯ³¹³ tsʅ⁵¹?）你身上有没有钱？

2. "有……冇"式

"有……冇"中间可嵌入名词或以名词为中心的词组。

你现在有空冇？（ŋ³¹ ʃʅ³¹³ tsa⁴⁴iɯ³¹³ keŋ³¹ mɔ³⁵?）你现在有没有空？

操场上有人冇？（ts'ɔ⁴⁴ tsoŋ³⁵ soŋ⁴⁴ iɯ³¹³ŋ³⁵ mɔ³⁵?）操场上有没有人？

有电影看冇？（iɯ³¹³ tʅ³¹ ien⁵¹ kã³¹³ mɔ³⁵?）有没有电影看？

"有冇……"式和"有……冇"式表达的意思一样，"有……冇"式实际上是"有冇……"式中的"冇"移位的结果。

四　"不""曼"正反问句的区别

如上所述，在安仁话中，"不"和"曼"都可用于正反问句中，分别构成"V 不 VP""VP 不""V 曼 VP""VP 曼"的说法。其中"V 不 VP"和"VP 不"意义差不多，后者可以看作前者的省略形式。同样"V 曼 VP"和"VP 曼"意义也差不多，后者也可以看作前者的省略形式。但是，"V 不 VP"与"V 曼 VP"以及"VP 不"与"VP 曼"都存在较大的差别。大体上来说，"V 不 VP"和"VP 不"主要用来询问主观态度，时间可以指现在或将来，可以看作一种未然体，所询问的事情大都还没有发生；而"V 曼 VP"和"VP 曼"主要用来询问客观情况，时间可以指现在或过去，可以看作一种已然体，所询问的事情已经发生。具体来说，安仁方言中"不"和"曼"构成的正反问句可以从以下几个方面进行比较。

（1）"V 不 VP"和"VP 不"一般是对"未实现"的提问，而"V 曼 VP"和"VP 曼"一般是对于"实现"的询问。如：

你吃饭曼？

你吃饭不？

第一句主要是问对方是否已经吃过饭了，有时也说成"你吃曼吃饭？"意思差不多，因为询问的事情已经发生，所以句子中常出现表示完成体的助词，如"咖""哒"等。如：

你吃咖饭曼？

你吃哒饭曼？

其中"咖"侧重于表示完成，"哒"侧重于表示经历，但不管怎样表示的动作都已经结束。

第二句主要是问对方想不想吃饭，有时也说成"你吃不吃饭？"意思也差不多，其中"吃饭"还没有发生，所以句子中不能出现"咖""哒"等表示完成的助词。下面的说法在安仁话中都是不能成立的：

* 你吃咖饭不？

* 你吃哒饭不？

（2）当句子的主语是具有主观能动性的个体时，"V 不 VP"和"VP不"询问的是主观上的愿望或能力，"V 曼 VP"和"VP 曼"询问的是客观的效果或结果。如：

渠来不？

渠来曼？

第一句着眼于对"他"主观态度的询问，问他想不想来，第二句则着眼于对客观结果的询问，主要是问他来了没有，并不涉及他的主观态度。

（3）"V 不 VP"和"VP 不"主要询问事物是否具有某种状态，比较而言是静态的；而"V 曼 VP"和"VP 曼"询问事物的某种状态是否已经出现，比较而言是动态的。如：

你会开车不？

你会开车曼？

第一句询问是否本来就具有"开车"的能力，第二句询问是否学会了开车。

又如：

　　饭熟哒不？

　　饭熟哒曼？

　　第一句是对"熟"这一性质的提问，是问是否具有这一性质，问的是状态，是静态的；第二句侧重于问"熟"这一性质或状态是否已经实现，问的是变化，是动态的。

　　（4）"V不VP"和"VP不"询问的可以是惯常性的、相对永久的恒态活动，而"V曼VP"和"VP曼"多用来询问偶然的或一次性的暂态活动。如：

　　小王吃酒不？

　　小王吃哒酒曼？

　　第一句询问一种习惯或爱好，第二句则询问的是偶然的一次行为。因此第二句动词可以受时态助词修饰，而第一句的动词则不能。

　　又如：

　　屋底落雪不？

　　屋底落雪曼？

　　第一句询问的是家乡有没有下雪这一惯常忭的自然现象。第二句实际上已经肯定有下雪这一现象，它主要问的是这一现象已经发生没有。

　　（5）"V不VP"和"VP不"带有探求结论、断言的意味，判断性较强，而"V曼VP"和"VP曼"倾向于纯粹进行事实或事件的描述，陈述性较强。

　　铁树开花不？

　　铁树开花曼？

　　第一句问的是铁树有没有开花这一现象，具有较强的判断性，第二句问的是铁树开花这一现象发生了没有，陈述性较强。

　　又如：

老李身体好不？

老李身体好曼？

第一句问老李身体好不好，带有探求结论、断言的意味。第二句问老李身体恢复健康了没有，实际上暗含老李以前身体并不怎么好，整个问句倾向于纯粹进行事实或事件的描述。

五　特殊正反问句

在安仁话中还有一些由上面这些基本的格式变化而来的特殊正反问句，常用于在话语中表达特定的疑问。

1. 到曼到 + VP

在安仁话中，询问进行和持续情况，正反问格式除了用"VP 曼"或"V 曼 VP"外，还可以用"到曼到 + VP"的形式，如：

渠到曼到看书？（tʃi^{35} tɔ^{44} mã^{35} tɔ^{44} kã^{313} su^{44}？）他在不在看书？

固时唧渠到曼到打牌？（ku^{35} s ȵ^{35} tʃi tʃi^{35} tɔ^{44} mã^{35} tɔ^{44} ta^{51} pæ^{35}？）这时候他在不在打牌？

我哇咖固久，你到曼到听？（ŋɔ^{31} ua^{31} ka ku^{35} tʃɯ^{51}，ȵ^{31} tɔ^{44} mã^{35} tɔ^{44} t'ioŋ^{31}？）我说了这么久了，你在不在听？

"到曼到"实际上是"到曼到固底"的省略形式。在安仁话中"到固底"是一个表示进行时态的标记形式，这一格式实际上是表示进行的标记形式"到固底"的肯定和否定形式重叠形成的"到曼到那底"正反问句格式进一步省略而成的，一般来说都可以把省略的部分补上，意思也一样。例如，上面的句子换成下面的说法意思也一样：

渠到曼到固底看书？

固时唧渠到曼到固底打牌？

我哇咖固久，你到曼到固底听？

"到曼到 + VP"询问的进行情况都是发生在现在的，都是现在的事实，有时也可以用"是不是到 + VP"的格式来强调。上述例子多数情况下也可以作如下表达：

渠是不是到看书？

固时唧渠是不是到打牌？

我哇咖固久，你是不是到听？

2. 是不是＋VP？

这一格式是判断动词"是"的肯定形式和否定形式叠加形成的，从本质上来看这也是属于"V不VP"形式的正反问句。和上述"V不VP""V曼VP"正反问句格式不同的是，这类正反问句在安仁方言中既可用于已然态，又可用于未然态，它是安仁方言中正反问句的一种通用的格式。根据其使用条件的不同又可以细分为以下几类。

（1）是不是＋要＋VP？

作业做完哒是不是要检查一下？（tso^{35} ie^{44} tsa^{31} uã^{35} ta s^{31} pu^{35} s ʔ^{31} iɔ^{31} tʃ ʔi^{51} tsa^{44} i ha^{44}？）作业做完了不是要检查一下？

现在是不是要休息一下唧？（ʃ ʔi^{313} tsa^{44} s^{31} pu^{35} s ʔ^{31} iɔ^{31} ʃiɯ^{44} ʃi^{44} i^{35} ha^{31} tʃi？）现在是不是要休息一下？

嬉咖固久是不是要看书哒？（ʃi^{35} ka ku^{31} tʃiɯ^{313} s^{31} pu^{35} s ʔ^{31} iɔ^{31} kã^{313} su^{44} ta？）玩了这么久是不是要看下书了？

这一正反问句的形式主要表示强调意味，它主要强调"VP"所表示的动作行为，"VP"表示的动作行为都是未然的。这一格式实际上并不是一种询问而是表示说话者的一种委婉的建议。有时也用"该"来代替"要"构成"是不是＋该＋VP"，表达的意思差不多，不过，用"该"语气显得比用"要"强硬些。如：

作业做完哒是不是该检查一下？

现在是不是该休息一下唧？

嬉咖固久是不是该看书哒？

（2）是不是＋到＋VP？

小张是不是到看电视？（ʃiɔ^{51} tsoŋ^{44} s^{31} pu^{35} s ʔ^{31} tɔ^{44} kã^{31} t ʔi^{313} s^{44}？）小张是不是在看电视？

妈妈是不是到弄饭？（ma^{44} ma^{44}s^{31} pu^{35} s^{31} tɔ^{44} leŋ^{31} fã^{31}？）妈妈是不是在做饭？

渠固时唧时是不是到上网？（tʃi³⁵ ku³⁵ sʅ³⁵ tʃi sʅ³¹ pu³⁵ sʅ³¹ tɔ⁴⁴ so ŋ³¹ uã⁵¹?）_{他这个时候是不是在上网?}

这一个格式是表示进行态的强调形式，"到"表示的是进行态，在安仁话中是表示进行态的"到那底"的省略形式。这一格式在强调的同时还带有试探性，问话人希望自己的猜测能够得到证实。

（3）是不是 + VP + 哒？

渠是不是发财哒？（tʃi³⁵ sʅ³¹ pu³⁵ sʅ³¹ fa³¹³ tsæ³⁵ ta?）_{他是不是发财了?}

你是不是吃咖饭哒？（ŋ³¹ sʅ³¹ pu³⁵ sʅ³¹tsʻia³¹³ ka fã³¹ ta?）_{你是不是吃了饭了?}

地板你是不是拖咖哒？蛮干净咯（ti³¹ pan⁵¹ŋ³¹ sʅ³¹ pu³⁵ sʅ³¹ tɔ⁴⁴ ka ta? mã³⁵ kã⁴⁴ tʃien³¹ ke）。_{地板你是不是拖过了?很干净的。}

这一格式也表示强调或试探性的询问。和前一种格式不同的是，这一种格式可以适应一切时态。除此之外，"是不是"在句子中的位置也比较灵活，它可以出现句子中任何需要强调的词语前，如"地板你是不是拖咖哒？"这句话也可以说成：

地板是不是你拖咖哒？

地板你拖咖哒是不是？

3. 有不有 + NP

"有不有"后面只能接名词或以名词为中心的词组构成"有不有 + NP"格式。这一格式相当于普通话中的"有没有 + NP"这一说法，常用来表示对事物的领有、具有或存在的询问，如：

你有不有空？（ŋ³¹ iɯ³¹³ pu³⁵ iɯ³¹³ keŋ³¹?）_{你有没有空?}

教室有不有人？（tʃiɔ³¹ sʅ³⁵ iɯ³¹³ pu³⁵ iɯ³¹³ŋ³⁵?）_{教室里有没有人?}

天冷哒，你有不有衣裳穿？（tʻi⁴⁴ loŋ³¹ ta, ŋ³¹ iɯ³¹³ pu³⁵iɯ³¹³ i⁴⁴ sã⁵¹ tsʻu ĩ⁴⁴?）_{天冷了,你有没有衣服穿?}

在安仁话中和"有不有"表达意思相同的还有"有冇 NP?"和"有 NP 冇?"两种格式。对此上文已经论述过，这里就不再赘述了。

根据安仁方言中不存在"不有"的独用形式可以推测，"有不有"这种正反问句的特殊形式是在大量存在的"V 不 V"正反问句的形式基础上类推产生的。普通话中无此种类推，是由于受到已经存在的"有没有"形式的抑制，而在安仁方言中不存在普通话中"有没有"这种正反问类型。因为，在安仁方言中不存在"没有"这个词，与之相对应的是"冇"，对应普通话中"有没有"的形式是"有冇"，所以"有不有"不受抑制而产生。

六　安仁方言中正反问句的紧缩形式

安仁方言中正反问句的紧缩形式表现为重叠式的正反问句。在安仁方言中，一般说来能构成重叠式正反问句的词类以动词为主，还有少量的介词，形容词基本上不能构成重叠式正反问句。

1. 正反问句的重叠形式

构成重叠正反问句的动词可以是普通动词，也可以是助动词。动词后面还可以带宾语或补语。当动词是单音节时只要将它重叠一次即可，构成的重叠式正反问句的格式是"VV"式，如：

渠是是你老弟？（tʃi³⁵ sɿ³¹³ sɿ³¹³ ŋ³¹ lɔ³¹ ti⁴⁴?）_{他是不是你弟弟？}他是不是你弟弟？

老张打打麻将？（lɔ⁵¹ tsoŋ⁴⁴ ta⁵¹ ta⁵¹ ma³⁵ tʃioŋ³¹?）_{老张打不打麻将？}老张打不打麻将？

你会会开车？（ŋ³¹ hui³¹ hui³¹ kæ⁴⁴ tsʼe⁴⁴?）_{你会不会开车？}你会不会开车？

如果是双音节，则重叠第一个音节即可，构成的重叠式正反问句的格式是"AAB"式，如：

你喜喜欢唱歌？（ŋ³¹ ʃi⁵¹ ʃi⁵¹ huã⁴⁴ tsʼoŋ⁵¹ ko⁴⁴?）_{你喜不喜欢唱歌？}你喜不喜欢唱歌？

渠现在愿愿意来？（tʃi³⁵ ʃi³¹³ tsa⁴⁴ uĩ³¹ uĩ³¹ i³¹ le³⁵?）_{他现在愿不愿意来？}他现在愿不愿意来？

现在可可以走哒？（ʃ ĩ³¹³ tsa⁴⁴ko⁵¹ ko⁵¹ i⁵¹ tse⁵¹ ta?）_{现在可不可以走了？}现在可不可以走了？

上述情况不单适用于动词。对其他可以构成重叠式正反问句的词语，如介词，单双音节重叠的情况也和上面的情况类似。我们根据重叠部分的不同，具体又将其分为以下几种情况。

（1）普通动词的重叠构成的正反问句。

第一类，单纯的动词谓语。

今日开学，是是？（tʃ ĩ⁴⁴ i³⁵ kæ⁴⁴ ʃo³⁵, sɿ³¹ sɿ³¹?）_{今天开学,是不是？}今天开学,是不是？

渠等下来来唻？（tʃi³⁵ t ĩ⁵¹ ha⁴⁴ le³⁵ le³⁵ læ⁴⁴?）_{他等下来不来？}他等下来不来？

你一个人怕怕？（ŋ̩³¹ i³⁵ ko³⁵ ŋ̩³⁵ p'a³¹ p'a³¹？）你一个人怕不怕？

第二类，动宾谓语句。

你等下打打球？（ŋ̩³¹ t ̍ĭ⁵¹ha³¹ ta⁵¹ ta⁵¹ tʃiɯ³⁵？）你等下打不打球？

小李晓晓得下棋？（ʃiɔ⁵¹ li⁵¹ ʃɔ⁵¹ ʃɔ⁵¹ te ʃia³¹ tʃi³⁵？）小李知不知道下棋？

你喜喜欢唱歌？（ŋ̩³¹ ʃi⁵¹ ʃi⁵¹ huã⁴⁴ tsó̍ŋ³¹ ko⁴⁴？）你喜不喜欢唱歌？

除此之外，一些表存在或判断的动词如"有""是"等，也常可以重叠带宾语构成正反问句，如：

桌子上有有灰尘？（tso³⁵ tsi⁵¹ soŋ³¹ iɯ³¹³ iɯ³¹³ hui⁴⁴ ts'en⁴⁴？）桌子上有没有灰尘？

固本书是是你咯？（ku³⁵ pen⁵¹ su⁴⁴ s ̍ʅ³¹ s ̍ʅ³¹ ŋ̩³¹ ke⁴⁴？）这本书是不是你的？

第三类，动补谓语句。

你赶赶得上渠？（ŋ̩³¹ kã⁵¹ kã⁵¹ te soŋ³¹ tʃi³⁵？）你赶不赶得上他？

饭吃吃得饱？（fã³¹ ts'ia³¹³ ts'ia³¹³ te pɔ⁵¹？）饭吃不吃得饱？

你打打得渠赢？（ŋ̩³¹ ta⁵¹ ta⁵¹ te tʃi³⁵ioŋ³⁵？）你打不打得他赢？

水烧烧得开？（su⁵¹ sɔ⁴⁴ sɔ⁴⁴ te kæ³⁵？）水烧不烧得开？

第四类，连动谓语句。

渠等下来来嬉？（tʃi³¹ t ̍ĭ⁵¹ ha⁴⁴ le³⁵ le³⁵ ʃi³⁵？）他等下来不来玩？

你克克学校读书？（ŋ̩³¹ ke³¹ke³¹ ʃo³⁵ ʃiɔ³¹ tu³⁵ su⁴⁴？）你去不去学校读书？

你还弄弄饭吃？（ŋ̩³¹ hæ³⁵ leŋ³¹ leŋ³¹ fã³¹³ ts'ia³¹³？）你还做不做饭吃？

这类连动重叠的正反问句，其疑问的重点都在第一个动词上，其余动词都是未实现的动作，前面的动作是后面动作实现的基础，所以重叠的都是前面的动词，后面的动词不再重叠表示提问。

（2）助动词重叠构成的正反问句。

助动词构成正反问句，问的重点是施事者对某项事情的主观意愿或能力。在句子中，重叠的助动词修饰一般动词，充当状语，如：

固件事渠愿愿做？（ku³⁵ tʃ ̍ĭ³¹³ s ̍ʅ³¹ tʃi³⁵ u ̍ř³¹ u ̍ř³¹ tsa³¹？）这件事他愿不愿意做？

你到底会会来？（ŋ̩³¹ tɔ³¹ ti⁴⁴ hui³¹ hui³¹ le³⁵？）你到底会不会来？

你哇渠该该打？（ŋ̩³¹ ua³¹ tʃi³⁵ kæ⁴⁴ kæ⁴⁴ ta⁵¹？）你说他该不该打？

渠肯肯帮你？（tʃi³⁵ k ̍ĭ⁵¹ k ̍ĭ⁵¹ poŋ⁴⁴ ŋ̩³¹？）他肯不肯帮你？

现在可可以走哒？（ʃ ̍ĭ³¹³ tsa³¹ ko⁵¹ ko⁵¹ i⁵¹ tse⁵¹ ta？）现在可不可以走了？

你还敢敢再偷东西？（ŋ³¹ hæ³⁵ kã⁵¹ kã⁵¹ tsa³¹ te⁴⁴ teŋ⁴⁴ ʃi⁵¹？）你还敢不敢再偷东西？

（3）介词重叠构成的正反问句。

可用于重叠的介词包括以下一些：行、从、到、在、得、给、归、替、按、依、比、掂、和、向等。这些介词重叠形式在句子中也一般作状语，如：

老王到到屋底困觉？（lɔ³¹ oŋ³⁵ tɔ³¹ tɔ³¹ u³⁵ ti huen³¹³ ko³¹？）老王在不在家睡觉？

你行行固边走？（ŋ³¹ hoŋ³⁵ hoŋ³⁵ ku³⁵ p ĭ⁵¹ tse³¹³？）你从不从这边走？

固只垱归归渠管？（ku³⁵ tʃia⁵¹ toŋ³¹ kui⁴⁴ kui⁴⁴ tʃi³⁵ kuã⁵¹？）这个地方归不归他管？

你哇还按按照渠略意思做？（ŋ³¹ ua³¹ hæ³⁵ ã³¹ ã³¹ tʃi³⁵ ke i³¹³ si⁴⁴ tsa³¹？）你说还按不按照他的意思做？

我南还掂掂渠嬉？（ŋo³¹ lã⁴⁴ hæ³⁵ t ĭ³⁵ t ĭ³⁵ tʃi³⁵ ʃi³⁵？）我们还和不和他玩？

你老弟比比你高？（ŋ³¹ lɔ³¹³ ti⁴⁴ pi⁵¹ pi⁵⁵ ŋ³¹ kɔ³⁵？）你弟弟比不比你高？

2. 正反问句重叠形式的来源

安仁方言中重叠形式的正反问句从表面上看是由动词的重叠构成的，其实是由原来的正反问句省略了中间的否定词紧缩而成的。正反问句中的动词重叠和普通动词重叠相比较有以下几点区别：①从韵律上看，普通动词重叠式为"重轻"模式，而正反问重叠式为"中重"模式。②从多音节重叠的形式上来看，正反问只能重叠第一个音节，普通动词重叠式有的是重叠第一个音节，如"帮帮忙"；大多数是完全重叠，如"休息休息"。③正反问重叠式可以重叠的动词范围大于普通动词重叠式，如表能愿、趋向、判断的动词小类都不可以进入传统的动词重叠式，但是可以进入正反问重叠式。此外，某些非持续性动词也只能进入正反问重叠式。④和普通动词重叠相比较，正反问重叠式在后面经常带有语气词。

在安仁方言中，重叠式正反问句省略掉的否定词只能是"不"，不能是"曼"或"冇"。也就是说，在安仁话中只有"V 不 V"式的正反问句可以省略"不"紧缩成"VV"式，而"V 曼 V"式的正反问句则不能省略"曼"紧缩成"VV"式。比如，"你吃吃饭？"在安仁话中只表示"你吃不吃饭？"的意思，并不表示"你吃曼吃饭？"的意思，因此不会存在歧义。

安仁话中重叠式的正反问句有两种形式。当动词是单音节时只要将它重叠一次即可，构成的重叠式正反问句的格式是"VV"式；如果是双音节，则只重叠第一个音节，构成的重叠式正反问句的格式是"AAB"式。这两种紧缩的正反问句，都省略了中间的"不"字，前者是从"V 不 V"式中省略"不"而成的，后者是从"A 不 AB"式中省略"不"而成的。这体现了语言运用的经济原则。通常，紧缩式和原式在口语中都说，不过相比较而言紧缩式更常见，只有在正式场合或表示强调的时候才使用原式。

第七章　结语

鲍厚星（2003）曾提到，当前方言调查研究的模式主要有以下三种：第一种是采用一个参照系，利用一个已有的语法框架来观察一个新的方言，研究中通常是以现代汉语共同语的语法体系为参照。这种研究方法具有简单易行的特点，但由于方言和普通话语法之间的差异，不利于对方言中一些特殊的语法现象进行挖掘与分析，具有一定的局限性。第二种是单独构建本方言的整个语法系统，主要是利用描写语言学的方法，对方言的语法特点和面貌进行系统、全面的描写和分析。这种研究方法虽然可以避免第一种方法的局限性，但其本身又不胜烦琐，虽面面俱到却又难以突出方言的特色。第三种是着眼于本方言的特殊语法现象研究，以方言的特殊语法现象为方言语法研究的切入点，对方言语法的特殊现象进行深入认识后，再逐渐扩大研究的视野。这种研究方法不在于全面展示方言的语法概貌，而是以突出方言特殊的语法现象、语法规律为原则，以点带面，对方言的语法特点进行研究。

以上三种方言研究采用的框架都有一个共同点，那就是立足方言事实，发掘方言语法特点。

相比而言，第三种方法具有较强的可操作性，对方言语法的特殊现象认识深入后，可再逐渐扩大研究的视野，从词法到句法，从方言点到方言片，最后在一个比较大的范围内反过来再关照方言点的语法特点，这样的研究框架应该是切实可行而且值得提倡的。

本书对安仁方言的语法研究，主要采取的就是第三种研究方法，主要立足于安仁方言语法系统本身，不在于全面展示安仁方言的语法面貌，而是以突出方言特殊语法现象、特殊语法规律为原则，重点通过对安仁方言中一些比较有特色的语法现象的研究，如方言语法在词法、句法上的特点，以点带面，对安仁方言的语法面貌和特点进行比较深入的研究和探讨，总结出其中带有规律性的东西，并同时与普通话及周边方言进行共时的比较和某些历时的考察，以加深对方言语法现象历史发展的认识。具体来说，主要包括以下几个方面。

一 词法方面

本书主要研究了安仁方言的语缀和词类。

语缀方面主要是对安仁方言中一些常用的语缀的意义和用法逐个地进行考察和研究，并按照语缀出现的位置分成前缀、中缀、后缀几个部分，同时还考察了一些复合语缀的使用情况。总体说来，安仁方言的语缀存在以下几个特点：①数量比较丰富，其中既有意义完全虚化的典型语缀，又有意义正在虚化但还没有完全消失的类语缀。相比之下，后者的数量相对多一些。②彼此发展不平衡，有的语素能产性很高，可以和许多实语素搭配，甚至还可以和其他语缀一起构成复合语缀，而有些语缀的能产性极低，只能和极少数几个实语素搭配。③关系错综复杂，在安仁方言中，前缀、中缀和后缀，词缀、结构缀和句缀在形式上有时是交叉的，同一个语缀形式，可能既作前缀又作中缀，也可能既作词缀又作结构缀或句缀。④不少的语缀在构词的同时还具有转类（转变词类）、变义（改变词义）、增义（增加感情色彩）、分类（区分小类）、指义（指示意义、消除歧义）、衍音（增加音节）等形态功能。

在词类方面，本书主要研究了安仁方言的代词、语气词和否定副词的使用情况。之所以选择上述词类，是因为和其他词类相比较而言，这类词具有较强的封闭性，比较能体现方言的特色。安仁方言中的代词包括人称代词、指示代词和疑问代词三大类，这几类代词和普通话相比既有相同之处，又有较强的方言特色。语气词也是安仁方言中一个比较有特色的词类，本书也对其进行了考察。具体说来，安仁方言中的语气词有以下几个特点：①数量较多，方言色彩较浓。安仁方言中常用的语气词有 20 多个。和普通话相比，其中有的语气词可以找到普通话大致对应的形式，有的则很难找到。此外，不少的语气词能读全调，能重读，音值能延长，不像普通话那样读轻声。②使用频率高，安仁话中不少语气词有表停顿或提示下文的作用，它可以用于句子中任何一个成分的后面。③关系复杂，同一种语气意义往往可以用不同的语气词来表示，同一个语气词有时可以用于不同的句式，表示不同的语气意义。安仁方言中的否定副词有"不""冇""曼""莫"四个，和普通话的主要否定副词"没""不""别"相比，二者之间存在不整齐的对应关系。其中一个比较突出的语言特点是安仁方言里不存在"没有"这个否定词，而是用"冇"和"曼"分别表示普通话的"没有"；而"曼"在一定的场合下又能兼表普通话"不"的部分功能。

二　范畴方面

本书主要研究了安仁方言的程度范畴和时体范畴两个方面。

对于程度范畴，本书主要从形容词的程度表达、程度副词和句法格式的程度表达三个角度探讨了其特点。其中形容词的程度表达主要包括附加和重叠两种手段。附加是一种构词或构形的方式，由附加法构成的词称作派生词，派生词都是由词根和词缀组合而成的。由附加法构成的状态形容词，通常是由词根附加含程度义的词缀构成的。安仁方言中形容词的重叠形式也比较丰富。和普通话相比，有些重叠形式和普通话类似，但在语法意义和用法上存在一些差异。在表示程度的意义上，各种重叠方式也不尽相同，有的重叠后表示的程度没有发生变化，有的表示程度的加深，有的表示程度稍微减弱。在程度副词方面，本书主要考察了"忒""蛮""好""死"四个常用的程度副词，分析其句法、语义上的特点，并比较了它们彼此之间的区别。在句法格式的程度表达上主要有前加状语法、后加补语法和固定格式法，书中对这些方法都逐一进行了考察和研究。

在时体范畴方面，本书主要根据动作或事件的不同情状以及在时间轴上的不同表现，把安仁方言中的时体范畴分为先行、起始、进行、持续、存续、完成、已然、经历、可能、短时、尝试、反复12个方面，并从这12个方面对安仁方言的各种时体范畴的语法形式、语法意义及功能、特点进行详细的描写和分析，同时以普通话的时体系统为参照系进行了共时的比较，试图较完整地整理出安仁方言中的时体表达系统。

三   句法方面

在句法方面，本书主要考察了安仁方言中的"得"字句、"到"字句、双宾句、比较句、正反问句几大句型，初步研究它们的特点。

"得"和"到"都是安仁方言中较为常见的词语，具有多种意义和用法，可以构成多种不同的句式。本书主要考察了安仁话中"得"和"到"的各种不同的意义以及构成相应的句式的特点和用法。双宾句是一类比较重要的句型，本书主要考察安仁方言双宾句的各种句法表现。具体包括双宾句的谓词、双宾语的次序、宾语的介引成分、宾语的位移及隐现、歧义双宾句和双宾兼语混合句等几个方面。在比较句方面，本书主要根据比较的目的不同把安仁方言的比较句分为等比句、差比句、极比句、递比句四类，并考察了它们在安仁方言中的使用情况，详细说明了其句式特点及使用条件。安仁方言的正反问句属于"VP 不 VP"型，主要有"V 不 VO"和"VP 不"两种格式。安仁方言中的正反问句根据否定词的不同又可以分为三大类：一是否定词为"不"的，二是否定词为"曼"的，三是否定词为"冇"的。否定词不同，正反问句的意义、内容和形式都存在一系列差异。具体来说又有以下六种基本句式：①V 不 VP；②VP 不；③V 曼 VP；④VP 曼；⑤有冇……⑥有……冇。本书都对其进行了考察和研究，并比较了彼此之间的一些区别。

总体来说，安仁方言的语法特点远远不止上面提到的这些，还有许多研究工作值得去做，许多问题还可以进一步深入挖掘。但是，由于时间、精力的关系以及笔者学力的限制，许多问题还没来得及展开研究，或者虽然研究了但还只停留在比较粗浅的探讨上，这些问题都有待在以后的研究中进一步强化和深入。这些都是笔者今后努力的方向。

参考文献

安仁县志编纂委员会编《安仁县志》，中国社会出版社，1996。

鲍厚星：《长沙方言研究》，湖南教育出版社，1999。

鲍厚星：《方言语法研究与田野调查》，载戴昭铭主编《汉语方言语法研究和探索》，黑龙江人民出版社，2003。

鲍厚星、颜森：《湖南方言的分区》，《方言》1986年第4期。

陈昌仪：《赣方言概要》，江西教育出版社，1991。

陈满华：《安仁方言》，北京语言学院出版社，1995。

陈满华：《湖南安仁方言词汇》，《方言》1995年第2~4期、1996年第1期。

陈满华：《安仁方言的结构助词和动态助词》，载胡明扬主编《汉语方言体貌论文集》，江苏教育出版社，1996。

陈满华：《湖南安仁方言的句段关联助词》，《中国语文》1993年第3期。

陈晖：《涟源方言研究》，湖南教育出版社，1999。

陈平：《论现代汉语时间系统的三元结构》，《中国语文》1988年第6期。

储泽祥：《邵阳方言研究》，湖南教育出版社，1998。

崔振华：《益阳方言研究》，湖南教育出版社，1998。

戴耀晶：《现代汉语表示持续体的"着"的语义分析》，《语言教学与研究》1991年第2期。

戴耀晶：《现代汉语时体系统研究》，浙江教育出版社，1997。

戴耀晶：《试论现代汉语的否定范畴》，《语言教学与研究》2000年第 3 期。

戴维·克里斯特尔编《现代语言学词典》，沈家煊译，商务印书馆，2000。

丁声树：《现代汉语语法讲话》，商务印书馆，1999。

董秀芳：《"不"与所修饰的中心词的黏合现象》，《当代语言学》2003 年第 1 期。

房玉清：《动态助词"了"、"着"、"过"的语义特征及其用法比较》，《汉语学习》1992 年第 1 期。

范继淹：《是非问句的句法形式》，《中国语文》1982 年第 6 期。

龚千炎：《谈现代汉语的时制表示和时态表达系统》，《中国语文》1991 年第 4 期。

何洪峰、程明安：《黄冈方言的"把"字句》，《语言研究》1996 年第 2 期。

龚千炎：《现代汉语的时间系统》，《世界汉语教学》1994 年第 1 期。

胡明扬：《北京话的语气助词和叹词》，《中国语文》1981 年第 5～6 期。

胡明扬主编《汉语方言体貌论文集》，江苏教育出版社，1996。

胡裕树主编《现代汉语》，上海教育出版社，1998。

黄伯荣、廖序东主编《现代汉语》，高等教育出版社，1984。

黄伯荣主编《汉语方言语法类编》，青岛出版社，1994。

黄伯荣等编著《汉语方言语法调查手册》，广东人民出版社，2001。

黄正德：《汉语正反问句的模组语法》，《中国语文》1988 年第 4 期。

候精一：《现代汉语方言概论》，上海教育出版社，2002。

金立鑫：《试论"了"的时体特征》，《语言教学与研究》1998 年第 1 期。

李蓝：《湖南方言分区述评及再分区》，《语言研究》1994 年第 2 期。

李荣等编著《中国语言地图集》，朗文出版（远东）有限公司，1987。

李荣：《现代汉语方言大词典》，江苏教育出版社，2002。

李临定：《现代汉语句型》，商务印书馆，1986。

李如龙、张双庆主编《动词谓语句》，暨南大学出版社，1997。

李如龙：《方言与音韵论集》，香港中文大学中国文化研究所吴多泰中国语文研究中心，1996。

李如龙：《汉语方言学》，高等教育出版社，2001。

李如龙：《客家方言研究》，福建人民出版社，2009。

李如龙：《汉语方言的比较研究》，商务印书馆，2003。

李向农：《现代汉语时点时段研究》，华中师范大学出版社，1997。

李志藩：《资兴方言》，海南出版社，1996。

李永明：《衡阳方言》，湖南人民出版社，1986。

李永明：《长沙方言》，湖南人民教育出版社，1991。

李宇明：《词语重叠的意义》，《世界汉语教学》1996年第1期。

李宇明：《动词重叠的若干句法问题》，《中国语文》1998年第2期。

李宇明：《双音节性质形容词的 ABAB 式重叠》，《汉语学习》1996年第4期。

李艳华：《湖南安仁方言中几组有特色的程度标记》，《现代语文》（语言研究版）2006年第12期。

吕叔湘：《现代汉语语法提纲》（油印本），1976。

吕叔湘：《中国文法要略》，商务印书馆，1942。

吕叔湘：《现代汉语八百词》，商务印书馆，1999。

吕叔湘：《汉语语法分析问题》，商务印书馆，1979。

吕叔湘：《汉语语法论文集》，商务印书馆，1984。

吕叔湘：《疑问、否定、肯定》，《中国语文》1985年第4期。

吕叔湘：《近代汉语指代词》，学林出版社，1985。

吕华萍：《安仁方言词语考释》，《湖南冶金职业技术学院学报》2006年第6期。

吕华萍：《安仁方言的程度副词》，《大学时代》（B版）2006年第4期。

吕华萍：《湖南安仁方言古词语考释》，《职业时空》2008年第8期。

罗昕如：《新化方言研究》，湖南教育出版社，1998。

罗昕如：《湖南方言与地域文化研究》，湖南师范大学出版社，2001。

罗昕如：《湘方言词汇研究》，湖南师范大学出版社，2006。

罗昕如：《湘语和赣语的否定词及其相关否定表达比较》，《河池学院学报》2010 年第 2 期。

罗昕如、曾达之：《湘语与赣语的特殊名词后缀 "首/场/头"》，《武陵学刊》2010 年第 7 期。

罗自群：《现代汉语方言持续标记的类型》，《语言研究》1994 年第 1 期。

罗自群：《现代汉语方言 "VP + （O） +在里/在/哩" 格式的比较研究》，《语言研究》1999 年第 2 期。

罗自群：《现代汉语方言持续标记的比较研究》，中央民族大学出版社，2006。

刘勋宁：《现代汉语句尾 "了" 的来源》，《方言》1985 年第 1 期。

刘勋宁：《现代汉语词尾 "了" 的语法意义》，《中国语文》1988 年第 5 期。

刘勋宁：《现代汉语句尾 "了" 的语法意义及其与词尾 "了" 的联系》，《世界汉语教学》1990 年第 2 期。

刘长征：《递及比较句的语义理解及制约因素》，《汉语学习》2005 年第 2 期。

刘丹青：《苏州方言重叠式研究》，《语言研究》1986 年第 1 期。

刘丹青：《吴语的句法类型特点》，《方言》2001 年第 4 期。

刘丹青：《语法调查研究手册》，上海教育出版社，2008。

刘丹青：《语序类型学与介词理论》，商务印书馆，2004。

刘月华：《动态助词 "过$_2$" "过$_1$" "了$_1$" 用法比较》，《语文研究》1988 年第 1 期。

马庆株：《汉语动词和动词性结构》，北京大学出版社，2005。

马真：《程度副词在表示程度比较的句式中的分布情况考察》，《世界汉语教学》1988 年第 2 期。

马希文：《北京方言里的 "着"》，《方言》1987 年第 1 期。

聂仁发：《否定词 "不" 与 "没有" 的语义特征及其时间意义》，《汉语学习》2001 年第 1 期。

彭兰玉：《衡阳方言语法研究》，中国社会科学出版社，2005。

彭兰玉：《衡阳方言的语气词》，《方言》2003 年第 2 期。

钱曾怡：《汉语方言研究的方法和实践》，商务印书馆，2002。

桥本万太郎：《汉语被动式的历史·区域发展》，《中国语文》1987 年第 1 期。

饶长溶：《汉语层次分析录》，北京语言文化大学出版社，1997。

石毓智：《汉语语法化的历程》，北京大学出版社，2001。

石毓智：《论现代汉语的"体"范畴》，《中国社会科学》1992 年第 6 期。

石毓智：《肯定和否定的对称与不对称》，（台北）学生书局，1992。

邵敬敏：《现代汉语疑问句研究》，上海教育出版社，1996。

盛银花：《湖北安陆方言的否定词和否定式》，《方言》2007 年第 2 期。

盛银花：《湖北安陆方言的两种正反问句》，《方言》2011 年第 2 期。

太田辰夫：《中国语历史文法》，蒋绍愚、徐昌华译，北京大学出版社，2003。

吴启主：《常宁方言研究》，湖南教育出版社，1998。

吴振国：《助词"着"在若干方言中的对应形式》，载陈恩泉主编《汉语双方言论文集（三）》，汉学出版社，1994。

吴振国：《汉语动词重叠的时间特征》，《汉语学报》2000 年第 1 期。

吴福祥：《语法化与语法研究》，商务印书馆，2009。

吴福祥：《南方语言正反问句的来源》，《民族语文》2008 年第 1 期。

汪国胜：《大冶方言语法研究》，湖北教育出版社，1994。

汪国胜：《湖北大冶方言的语缀》，《方言》1993 年第 3 期。

汪国胜：《大冶话里的状态形容词》，《湖北师范大学学报》1994 年第 2 期。

汪国胜：《湖北方言的"在"和"在里"》，《方言》1999 年第 2 期。

汪国胜：《大冶方言的"把"字句》，《中国语言学报》2001 年第 10 期。

汪国胜：《大冶话的"倒"字及其相关句式》，《华中师范大学学报》

1992 年第 5 期。

　　汪国胜：《大冶方言的双宾句》，《语言研究》2000 年第 3 期（a）。

　　汪国胜：《湖北大冶方言的比较句》，《方言》2000 年第 3 期（b）。

　　汪国胜：《湖北大冶方言两种特殊的问句》，《方言》2011 年第 1 期。

　　王力：《中国现代语法》，商务印书馆，1943。

　　王力：《中国语法理论：王力文集》第 1 卷，山东教育出版社，1984。

　　王力：《汉语史稿》（上、中、下卷），中华书局，1980。

　　王力：《汉语语法史》，商务印书馆，1989。

　　王力：《汉语被动式的发展》，《语言学论丛》第 1 辑，商务印书馆，1957。

　　伍云姬：《湘方言动态助词的系统及其演变》，湖南师范大学出版社，2006。

　　伍云姬：《湖南方言的代词》，湖南师范大学出版社，2000。

　　伍云姬：《湖南方言的动态助词》，湖南师范大学出版社，1996。

　　邢福义：《汉语语法学》，东北师范大学出版社，1997。

　　邢福义：《语法问题发掘集》，湖北教育出版社，1992。

　　邢福义：《否定形式和语境对否定度量的规约》，《世界汉语教学》1995 年第 3 期。

　　邢福义：《汉语语法三百问》，商务印书馆，2002。

　　邢福义：《语法研究中的"两个三角"的验证》，《华中师范大学学报》2000 年第 5 期。

　　邢福义主编《现代汉语》，高等教育出版社，1991。

　　谢自立、刘丹青等：《苏州方言里的语缀（一）》，《方言》1989 年第 2 期。

　　谢自立、刘丹青等：《苏州方言里的语缀（二）》，《方言》1989 年第 2 期。

　　徐慧：《益阳方言语法研究》，湖南教育出版社，2001。

　　徐杰：《普遍语法原则与汉语语法现象》，北京大学出版社，2001。

　　徐杰：《疑问范畴与疑问句式》，《语言研究》1999 年第 2 期。

徐通锵：《历史语言学》，商务印书馆，1996。

钟隆林、王箕裘：《耒阳方言研究》，四川出版集团，2008。

詹伯慧：《现代汉语方言》，湖北人民出版社，1985。

詹伯慧：《汉语方言及方言调查》，湖北教育出版社，1991。

朱德熙：《与动词"给"相关的句法问题》，《方言》1979 年第 2 期。

朱德熙：《语法讲义》，商务印书馆，1982。

朱德熙：《语法答问》，商务印书馆，1986。

朱德熙：《现代汉语语法研究》，商务印书馆，1980。

朱德熙：《汉语方言里的两种反复问句》，《中国语文》1985 年第
1 期。

朱德熙：《变换分析中的平行性原则》，《中国语文》1986 年第 2 期。

朱德熙：《汉语方言里的两种反复问句》，《中国语文》1985 年第
1 期。

张伟然：《关于湖南安仁方言中句段关联助词的讨论》，《中国语文》
1999 年第 2 期。

张伟然：《关于〈安仁方言〉的若干问题》，《湘潭师范学院学报》
1998 年第 1 期。

左思民：《现代汉语的"体"概念》，《上海师范大学学报》（社会科
学版）1997 年第 2 期。

左思民：《试论"体"的本质属性》，《汉语学习》1998 年第 4 期。

图书在版编目（CIP）数据

安仁方言语法研究／周洪学著 . —北京：社会科学文献出版社，
2015.8

（华侨大学哲学社会科学文库 · 文学系列）

ISBN 978 – 7 – 5097 – 7729 – 9

Ⅰ. ①安…　Ⅱ. ①周…　Ⅲ. ①湘语 – 语法 – 研究 – 安仁县
Ⅳ. ①H174

中国版本图书馆 CIP 数据核字（2015）第 147134 号

华侨大学哲学社会科学文库 · 文学系列

安仁方言语法研究

著　　者／周洪学

出 版 人／谢寿光
项目统筹／王　绯　刘　荣
责任编辑／曹义恒

出　　版／社会科学文献出版社 · 社会政法分社 （010）59367156
　　　　　地址：北京市北三环中路甲 29 号院华龙大厦　邮编：100029
　　　　　网址：www. ssap. com. cn
发　　行／市场营销中心（010）59367081　59367090
　　　　　读者服务中心（010）59367028
印　　装／北京季蜂印刷有限公司

规　　格／开　本：787mm × 1092mm　1/16
　　　　　印　张：17.25　字　数：272 千字
版　　次／2015 年 8 月第 1 版　2015 年 8 月第 1 次印刷
书　　号／ISBN 978 – 7 – 5097 – 7729 – 9
定　　价／69.00 元